Jostein Sæther

Wandeln unter unsichtbaren Menschen

„Schritte"

In dieser Reihe erscheinen exemplarische Arbeiten
mit experimentellem anthroposophischen Charakter.

„Schritte" heißt:

Die Autoren wagen

Schritte in neue, unbekannte Gebiete;
Schritte auf dem Schulungsweg;
Schritte als Ausdruck des In-Bewegung-Seins, des Unterwegs-Seins.

Jostein Sæther

Wandeln unter unsichtbaren Menschen

Eine karmische Autobiographie

Verlag Urachhaus

Für Sigrid Mørch-Reiersen (1895–1986) in Geist-Verbundenheit,
für meine Lebensfreunde in Liebe,
für meine Zeitgenossen in Dankbarkeit,
für meine Kinder Elona und David in Hoffnung.

Ich trage Ehrfurcht vor den vielen Seelen,
die sich in meiner Gegenwart befinden,
als Menschen abermals ihr Los gestaltend.

Wie manche mögen zu den Großen zählen,
doch kann ich ihre Vorzeit nicht ergründen,
nur ahnen kann ich, wie sie ruhlos waltend

Uraltem Neues weisheitsvoll verbinden.

Christian Morgenstern

ISBN 3-8251-7257-0

Erschienen 1999 im Verlag Urachhaus

Umschlagbild: Lichtgrafik von Rolf Egloff, Wurmlingen
Druck: Offizin Chr. Scheufele, Stuttgart

Inhalt

Obwohl wir in Erfüllung der Pflicht, die Macht Gottes
und die Milde des Erlösers anzustaunen und zu preisen,
durchaus unvollkommen, ja ihrer völlig unwürdig sind,
sagen wir doch im Vertrauen darauf, dass deine Fürbitte
uns ihrer würdig mache, teuerste Herrin in Christo,
Ihm unablässigen Dank, Ihm, von dem alle gute Gabe
und jegliches vollkommene Geschenk herniedersteigt,
dem Vater der Lichter, der deine Seele Seines
Wohlgefallens würdigte und sie mit Seinem wahren
und unschätzbaren Licht erleuchtete.

Erzbischof Christian von Mainz an Hildegard von Bingen

Geleitwort

Ich will mit diesem Buch versuchen, meine geistigen Erfahrungen zu beschreiben. Dabei geht es mir darum, die Idee von Reinkarnation und Karma durch Beispiele aus meiner eigenen Lebenserfahrung und meditativen Forschung zu beleben. Das Buch ist insofern ein individueller Erfahrungsbericht von karmischen und übersinnlichen Erlebnissen, der den Charakter meines persönlichen Erkenntniswegs vermitteln soll.

Von Jugend auf war die Anthroposophie Rudolf Steiners (1861–1925) durch Studium, künstlerische und pädagogische Wirksamkeit, durch meditative Tätigkeit und Karmaübungen ein Teil meines Lebens. Seit 28 Jahren nun ist die Anthroposophie für mich nicht nur ein Lebensmotiv, sondern die Quelle, in der ich den Sinn meines Lebens fand.

Die vielfältigen, von den unterschiedlichsten Gesichtspunkten her erfolgten Darstellungen der Anthroposophie durch Rudolf Steiner sind inzwischen in der von Marie Steiner (1867–1948) konzipierten Gesamtausgabe (GA) nahezu vollständig veröffentlicht worden. Sie sind der Hintergrund, vor dem die Motive dieses Buches geprüft werden können und sollten. Ich verstehe das Buch als Frucht einer Erkenntnisarbeit, die ohne Rudolf Steiners Leistungen, besonders auf dem Gebiete seiner Karmaforschung, nicht zustande gekommen wäre.

Dieses Buch ist keine wissenschaftliche Arbeit, sondern eine Darstellung in erzählerischer Form, in der ich einiges Methodische sowie geistige Schulungsschritte beschreibe. Manche Themen sind so ausführlich behandelt, dass sie, wie ich hoffe, als Ausgangspunkt für das eigene Üben dienen können. Ich stelle einige Übungen von Steiner so dar, wie ich sie interpretiert und praktiziert habe. Ein Übungsbuch im eigentlichen Sinne liegt damit aber nicht vor. Außerdem sollte immer beachtet werden, dass ich meine individuellen Erlebnisse beschreibe. Die meditativen Erfahrungen und geistigen Begegnungen, die ich schildere, sind aber solcherart, dass man sie mit den von Steiner in seinen

Büchern und Vorträgen allgemein beschriebenen, vergleichen kann. So ist es möglich, aus dieser individuellen Besonderheit allgemeine Gesichtspunkte zu gewinnen, die für jedermann fruchtbar sein könnten.

Ich bezeichne dieses Buch als »karmische Autobiographie«. Das bedeutet, dass ich den Weg durch meine früheren Inkarnationen beschreibe, wie ich sie durch meditative Arbeit gefunden zu haben meine. Dabei habe ich von anderen Menschen, sei es von Rückführungstherapeuten oder Hellsehern, keine direkte Hilfe bekommen. Nur bei einer einzigen Gelegenheit, die noch beschrieben werden soll, habe ich von einem Mitwanderer eine bestimmte Anregung zur Weiterarbeit erhalten.

Es liegen heute schon von mehreren Autoren Bücher vor, in denen Inhalte aus früheren Leben und karmische Zusammenhänge zwischen mehreren Inkarnationen in Romanform behandelt werden. Dazu gehören die Bücher »Einweihung« von Elisabeth Haich (1897–1989) und »Und die Wölfe heulten« von der Schwedin Barbro Karlén. Die Romanform schafft eine gewisse Distanz, die dem Leser wahrscheinlich hilft, die behandelten Ereignisse frei aufzunehmen und sich ein eigenes Urteil darüber zu bilden. Die Bücher der Engländerin Jenny Cockell sind hingegen keine Romane. Sie beschreibt ihre letzte Inkarnation als ihre eigene Erinnerung, direkt und ohne Umschweife. Der sogenannte »schlafende Prophet«, der Amerikaner Edgar Cayce, gab in seinen Vorträgen (»readings«) ebenfalls direkte Hinweise zu sieben früheren Inkarnationen.

Ich habe mich entschlossen, ebenfalls ohne Umschweife über alle meine mir bekannten früheren Inkarnationen zu schreiben, und ich werde hier versuchen, gründlich zu motivieren, warum ich das so geradeheraus tue. Da ich mir vollkommen bewusst bin, dass dies gegen die normalen Gepflogenheiten verstößt und weil eine Begründung gefordert werden wird, müssen diese einleitenden Worte umständlich werden.

Ich weiß, dass dieses Buch, das ja sozusagen aus der anthroposophischen Welt entstanden ist und innerhalb derselben veröffentlicht wird, gerade auch hier etwas ganz Neues ist. Wie die oben Genannten durchbreche auch ich eine alte Tradition, die selbst von Rudolf Steiner als noch gültig betrachtet wurde: dass man nämlich in der Öffentlichkeit nicht über eigene frühere Inkarnationen spricht oder schreibt. Es wird behauptet und zu belegen versucht, dass Steiner indirekt in Vorträgen für die Mitglieder der Anthroposophischen Gesellschaft z. B. bei der

Weihnachtstagung in Dornach 1923–24 über seine Inkarnationen und die einiger damals anwesenden Zuhörer sprach, ohne den direkten Hinweis auf sein gegenwärtiges Ich oder die der anderen zu geben. Der Steiner-Schüler Walter Johannes Stein soll in einem Zeitschriftenaufsatz etwas über ein eigenes früheres Leben geäußert haben, doch gehört dies eher zu den Ausnahmen in der anthroposophischen Geschichte.

Es gibt meines Erachtens keine neue Regel, die besagt, dass man seine eigenen Inkarnationen heute veröffentlichen müsse. Ich habe mich jedoch für eine Veröffentlichung meiner Forschungsergebnisse entschieden, um dadurch für die Karmaforschung im Sinne Rudolf Steiners zu wirken. Meine Ergebnisse sind auf den durch Steiner angegebenen Forschungswegen entstanden. Eine wesentliche Aufgabe dieses Buches sehe ich auch darin, andere Karmaforscher anzuregen. Ich finde es daher am ehrlichsten, wenn ich mich selbst vorstelle, bevor ich karmische Zusammenhänge über andere Individualitäten veröffentliche.

Ich möchte darauf hinweisen, dass ich zu dieser Tat, die sich als eine künstlerische verstehen lässt, Joseph Beuys als eine Art Vorbild sehe, und zwar darin, wie er sich seiner Kunst eingeschrieben hat. Ich möchte eine anthroposophische Karmaforschung zukünftig so verstehen, dass sie eine Ichprägung bekommen kann, in der der Mut gezeigt wird, etwas Konkretes aus der karmischen Vergangenheit mit der heutigen anthroposophischen Situation zu verbinden, in der man selber als Karmaforscher steht.

Ich bin der Meinung, dass die Karmaforschung Rudolf Steiners von uns Anthroposophen bis jetzt zu wenig in den Mittelpunkt der Arbeit gestellt worden ist. Die Karmavorträge begann er am 16. Februar 1924 zu halten, am selben Tag, an dem er die erste sogenannte Klassenstunde der Freien Hochschule für Geisteswissenschaft hielt. Eine konkrete Forschung anhand der geisteswissenschaftlichen Mittel, die er in diesen Vorträgen und in dieser Schule beschrieben hat, liegt bis heute, nach mehr als 70 Jahren, meines Wissens nur in sehr geringem Maße vor. Diese Hochschule, in der die Karmaforschung als Forschungsaufgabe ersten Ranges betrieben werden sollte, hat bis jetzt nur einen Geistesforscher gehabt, nämlich Rudolf Steiner selbst, der schon vor 74 Jahren verstorben ist. Das verstehe ich als einen Anachronismus vor der wissenschaftlichen Welt, die ja die Anthroposophie bisher nur sehr wenig wahrgenommen hat. Wir Anthroposophen könnten im Anschauen dieser Tatsache einmal zu erleben versuchen, was Schamgefühl ist. Ich muss sagen, dass ich mich angesichts dieser Situation schäme. Wenn es nach Steiner keine Geistesforscher mehr geben würde, wäre dies sicher nicht in seinem Sinne. Ich glaube, dass er sich viele Nachfolger wünschte.

Das größte Problem der Anthroposophie heute sehe ich darin, dass sie zu sehr zu einer Frage der Gruppenzugehörigkeit geworden ist. Sie fungiert für viele Anthroposophen als eine Art moralischer Gruppenkodex. Ein ethischer Individualismus, als freies, individuelles und immer anders aussehendes Handlungsmodell, das Steiner in seinem Buch »Die Philosophie der Freiheit« wohl proklamierte, ist bisher kaum zu einer sozialen Realität geworden. So wirken sich in anthroposophischen Arbeitszusammenhängen und Lebensgemeinschaften dieselben karmischen Kräfte und Störfaktoren aus wie überall in der übrigen Gesellschaft. Karmaerkenntnis oder Karmaforschung als sozialer Umwandlungsimpuls, wie sie von Steiner gemeint waren, gibt es also meines Erachtens sehr wenig. Liest man die Schilderung in den Karmavorträgen, die sich prophetisch auf unsere Gegenwart hin orientiert, und versucht man daraus eine Zeitcharakteristik zu gewinnen, so muss man folgern, es hätte sich bis heute ein ganz anderes Vorhandensein des Karma-Bewusstseins entwickelt haben sollen. Um aus dieser Sackgasse herauszukommen, die meines Erachtens ein unerhört tragisches Problem ist, erscheint es mir richtig, einen radikalen Schritt zu machen: Ich bin zu gewissen karmischen Erkenntnissen gekommen, die ich nicht als Privatsache für mich behalten möchte. Ich kann sie nicht salonfähig machen; ich kann nur versuchen, sie begreiflich zu machen, indem ich sie in ihrer Gesamtheit veröffentliche.

Ich durchbreche mit dieser karmischen Autobiographie also die bisherige Vorgehensweise, weil ich glaube, dadurch zu einer zeitnotwendigen Umwandlung beizutragen. Ein Geistesschüler oder Meister in den sogenannten neuen Mysterien darf sich demnach, im Sinne der »Philosophie der Freiheit«, öffentlich vorstellen, wenn er dies will und es als etwas für andere Menschen Gutes versteht. Was gewöhnlich als Esoterik bezeichnet wird, muss damit das schärfste Licht und die härtesten Blicke der Öffentlichkeit aushalten können. Die Intimität früherer Inkarnationen gehört im wahrsten Sinne zu einer okkulten Esoterik.

Ich halte es aber heute für möglich und sogar erforderlich, solche Intimitäten in größerem Maße zu veröffentlichen, jedoch muss die eigene Individualität der Verantwortungsträger dieser Tat sein. Das Mysterienhafte bei einer solchen Tat muss man der geistigen Welt überlassen. Es kann sich ja später auch durchaus zeigen, dass sie im Nachhinein als ein sozialer Fehler anzusehen ist.

Eine eventuelle Einweihung in die neuen Mysterien wird sich, wie es Josef Beuys und in seiner Nachfolge andere proklamierten, im Hauptbahnhof oder »auf der Straße« vollziehen können. Wenn so etwas einmal geschieht, stellt sich die Frage: Wie kann ein solcher Mensch seine Erlebnisse beschreiben, sodass er sich als Eingeweihter legitimieren kann, ohne dass er sofort von einer Anzahl luziferisch gesinnter Anhänger umarmt und von ahrimanisch gesinnten Gegnern abgelehnt oder verspottet wird? Ich hoffe, dass ich mit dem Stil meiner Darstellungen diese Tendenzen, die ich leider schon mehrmals bei oder nach verschiedenen Veranstaltungen erlebt habe, ein wenig mildern kann. Ich bin der Überzeugung, dass die geistige Welt, oder präziser: die michaelische Zeitlenkung, die die geistige Entwicklung der Menschheit mitverantwortet, einem inkarnierten Menschen, der sich gegenüber der Michaelschule auf Erden verantwortungsfähig fühlt, heute die Freiheit gibt, seine karmischen Erkenntnisse selbst zu verwalten, ja sogar zu veröffentlichen. Schon 1996 begann ich öffentlich in Vorträgen über mich selbst zu sprechen. Dabei hat sich die geistige Welt bis jetzt nicht von mir zurückgezogen, sondern ich hatte weiterhin die Inspiration, mich begleitet zu fühlen und mit vielen neuen Begegnungen ausgerüstet zu werden, in denen ich die Bestätigung für mein Forschen und Handeln gefunden habe. Wie ich diese Zusammenarbeit mit geistigen Wesen verstehe, wird im Buch durch viele Beispiele beschrieben.

Meine Zukunftserwartungen in den 70er- und 80er-Jahren, als ich mich hoffnungsvoll einlebte in die von Rudolf Steiner prophezeiten Endzeitgeschehnisse des zwanzigsten Jahrhunderts mit einer neuen Stufe der anthroposophischen Beiträge zur Kulturlage aus den erwarteten Begegnungen von Platonikern und Aristotelikern, wurden in den 90er-Jahren ganz anders erfüllt, als ich es erwartet hatte. Ich erkannte mich selber plötzlich als Einen, der zu diesen Geschehnissen beitragen konnte. Als ich zwischen 1994 und 1997 die karmischen Hintergründe des zwölften Jahrhunderts zuerst durch gedankliche Erkenntnisstudien und dann durch höhere Bewusstseinsstufen entdeckte und mein eigenes Beteiligtsein daran fand, wurde mir klar, dass ich versuchen konnte, diese Erkenntnisse in das Zeitgeschehen hineinzustellen. Das wollte ich denn auch tun, und ab August 1997 setzte ich all meine Zeit für die Karmaforschung ein, indem ich meine frühere Tätigkeit als bildender Künstler und Kunstlehrer für diese neue Aufgabe größtenteils zur Seite stellte.

Meine Erfahrungen in meditativer Arbeit, mit der kritischen geistigen Lage und seelisch-gesundheitlichen Not der Menschheit in den 90er-Jahren, haben mir gezeigt, dass die Karmaerkenntnis viel realer als früher ins Bewusstsein kommen muss, wenn die anthroposophischen Kulturbeiträge für die allgemeine Kultur maßgeblicher werden sollen. Es muss ein Schritt gemacht werden von den allgemeinmenschlichen Gesichtspunkten aller Fragen zu einem Individuell-Realen, so sagte ich mir oft. Dieses Muss, das ich in den Nöten unserer Zeit erschaut habe, darf aber nicht zwanghaft zur Geltung kommen. Jeder muss selbst frei entscheiden können, wohin er gehen will, oder was er an Ideen, Gedanken und Anregungen aufnehmen möchte. Insofern enthalten meine Darstellungen nur meine individuellen Forschungsmotive, die als solche kritisch und frei aufgenommen oder abgelehnt werden können. Ich behaupte aber, wie gesagt, dass sie keinen privaten Charakter haben, sondern zum allgemeinen Geistesgut der lange erwarteten 90er-Jahre gehören dürften. Insofern erfolgt die Veröffentlichung aus innerer Pflicht gegenüber der geistigen Welt sowie gegenüber den Menschen, die auf derselben Suche sind wie ich.

So ergeht die Widmung des Buches auch in drei Richtungen: Erstens zu einer verstorbenen Freundin, die die Verbindung zur geistigen Welt repräsentieren kann, zweitens zu meinen Zeitgenossen und Freunden, die mit mir im Ringen um das Neue gestanden haben und fernerhin stehen wollen, und drittens zu meinen Kindern als Ausdruck der nächsten Generation, die ihre Schritte aus karmischen Kräften in das nächste Jahrhundert machen können, wenn wir ihnen einen geeigneten Boden vorbereiten.

Um dem Leser zu helfen, mich bei diesem Entschluss zu verstehen, dass ich anders handle, als Steiner es tat, möchte ich noch einige meiner Überlegungen aus den letzten Jahren wiedergeben. Der Gedanke, eine karmische Autobiographie zu schreiben, nahm im Herbst 1996 Gestalt an, nachdem ich anhand einiger Karmaübungen Rudolf Steiners zu vielen imaginativen Erlebnissen gekommen war, die mir für mich und für viele Menschen aus meiner Umgebung gefundene frühere Inkarnationen zeigten. Die weitere meditative Arbeit führte dann zu einer Fülle von geistigen Begegnungen mit Verstorbenen, Elementarwesen und höheren geistigen Wesen böser und guter Art, sowie geistigen Erfahrungen, die ich in Anbetracht der Beschreibungen Steiners als Initiationszusammenhänge bezeichnen will.

Nach den ersten gedanklichen Überprüfungen dieser geistigen Erkenntnisresultate begann ich in Vorträgen, Seminaren, Gesprächen und Konsultationen in Schweden und Norwegen, Menschen in Zweigen der Anthroposophischen Gesellschaft darüber zu erzählen. Es fiel mir ein, dass dies die richtige Vermittlungsart von geistigen Erfahrungen sei. Ich las nochmals viele Vorträge und Schriften von Steiner und fand Äußerungen, die ich früher nicht beachtet hatte, jetzt aber als Bestätigungen meiner Tätigkeit sehen wollte. In einem der ersten Karmavorträge von 1924 betonte Steiner sogar, dass karmische Zusammenhänge am besten in erzählerischer Form weitergegeben werden sollten, weil unser Zeitalter vom Intellektualismus so stark durchdrungen sei, dass es vielleicht nur auf solche Art möglich sei, derartig intime Motive zu vermitteln.

So zögerte ich zunächst, öffentlich über meine Erfahrungen schriftlich zu berichten. Ich versuchte jedoch im Dezember 1996 einigen Freunden innerhalb der Freien Hochschule für Geisteswissenschaft in Schweden, in deren Kreisen ich zu Hause war, einen ersten kurzen Bericht von meinen Erfahrungen als Privatdruck zu geben. Dies führte jedoch zu keiner weiteren Zusammenarbeit mit diesen Freunden auf dem Felde der Karmaforschung, ein Anliegen, um das ich mich längere Zeit bemüht hatte.

Als ich einem Freund, der meine früheren künstlerischen und literarischen Ambitionen kannte, aus meinen karmischen Imaginationen erzählte, meinte er, ich solle Romane schreiben. Das wollte ich zuerst nicht, da ich fühlte, es würde einem inneren Zeitbedürfnis, das ich erkannt zu haben meinte, nicht entsprechen. Ich hatte die Welt um mich her angeschaut und erlebte bei vielen Menschen eine Sehnsucht, direkte individuelle Mitteilungen von geistigen und karmischen Erlebnissen zu hören. Ich stellte meditativ die Frage an die geistige Welt, ob sie mir bei der öffentlichen Weitergabe helfen wolle. Wie ich eine solche Antwort erlebte, werde ich an entsprechender Stelle im Buch beschreiben.

Als ich dann durch Nothart Rohlfs eingeladen wurde, einen Aufsatz über Karmafragen für die Zeitschrift »Die Drei« zu schreiben, fiel mir das nun leicht. So erschien im März 1997, neben eher traditionellen Aufsätzen anderer Autoren zum selben Thema, meine erste, sehr verkürzte, aber für anthroposophische Zusammenhänge ungewöhnliche Veröffentlichung über meine Karmaforschung, in der ich die für mich selbst gefundene mittelalterliche Inkarnation als Christian von Buch (1135–1183) beschrieb. Die Nummer erschien als ein Beitrag zur Goetheanum-Tagung über Reinkarnation und Karma zu Ostern desselben Jahres in Berlin, an der ich auch mit einer Gesprächsgruppe teilnahm.

Als ich die Erfahrung machte, dass in anthroposophischen Publikationen der Aufsatz keine Aufmerksamkeit fand, wohl aber einzelne Menschen meine mündlichen Darstellungen gern aufnahmen und weitere schriftliche Darstellungen erbaten, sah ich es als meine Aufgabe, weitere Veröffentlichungen aus meinen Forschungen zu versuchen. Ich wollte zuerst etwas über Atlantis schreiben, weil mir dieses Thema immer mehr am Herzen lag und weil ich dachte, dass solche Motive breitere Aufnahme finden würden als beispielsweise Schilderungen aus dem Mittelalter. Eine Veröffentlichung dieser Arbeit konnte aber nicht sofort realisiert werden, trotz guter Gespräche und eines – allerdings nicht veröffentlichten – Interviews mit der Redaktion der Zeitschrift »Das Goetheanum«, mit der ich in Berlin in Kontakt gekommen war.

So begann ich im August 1997 in meinem Geburtsort in Norwegen mit der ersten Fassung dieses Buches, weil ich anderen Menschen einen Gesamtüberblick meiner Erfahrungen und Forschungen geben wollte. Ich plante zuerst, meine gefundenen Inkarnationen als einzelne, für sich dastehende Geschichten darzustellen, und aus dem jetzigen Leben nur so viel mitzuteilen, wie aus sachlichen Gründen für das Verständnis meines Übungsweges notwendig wäre. Von den intimen geistigen Begegnungen mit Elementarwesen, Verstorbenen und höheren Wesen wollte ich nur einige Beispiele und Andeutungen geben. Die besonderen intimen Initiationserlebnisse, die ich seit November 1996 durchgemacht hatte, gedachte ich nur durch lapidare Andeutungen zu beschreiben.

Dann erschienen im März 1998 endlich die drei Aufsätze über atlantische Orakel in »Was in der Anthroposophischen Gesellschaft vorgeht«, dem Mitteilungsblatt für deren Mitglieder, nicht aber im öffentlichen Teil der Wochenschrift »Das Goetheanum«, wie ich gehofft hatte. Wegen ihrer erzählerischen Form ohne erkenntnismäßige Kommentare, die sie auf Wunsch der Redaktion bekommen hatten, entstand im Leserkreis viel Unsicherheit über meinen Schulungsweg und meine Forschungsmethode, was zu vielen Fragen und Behauptungen führte. Mein ursprünglicher Wunsch, mit anderen anthroposophischen Forschern in Kontakt zu kommen, nahm andere Wege, als ich es mir vorgestellt hatte.

Als ich im letzten Jahr zu vielen interessanten und fruchtbaren neuen Begegnungen mit Menschen in vielen europäischen Ländern kam, die auch geistige und karmische Erfahrungen gehabt hatten oder aufgrund von Schwellenerlebnissen in Krisensituationen lebten, wuchs meine Überzeugung von der Wichtigkeit, einander geistige Erlebnisse und Erfahrungen zu erzählen, sich gegenseitig anzuhören und meditative Hilfeleistungen zu geben. Dadurch findet man direkte Hilfe in seinen eigenen Bestrebungen. Ich dachte, es sei an der Zeit, solche Gespräche auch öffentlich zu führen. Als ich versuchte, mit meinen Erkenntnissen in die Öffentlichkeit zu treten, musste ich bei vielen Anthroposophen – interessanterweise häufig in Verantwortungspositionen innerhalb der Anthroposophischen Gesellschaft – kritische Bemerkungen, Vorbehalte, ja sogar große Angst und Ablehnungshaltung erleben, was mich zuerst überraschte. Ich bemerkte, dass ich in meinen Darstellungen zu wenig beachtet hatte, meine methodischen Schritte und Erfahrungen gedanklich genügend nachvollziehbar aufzuzeigen. Insofern half mir die Kritik, mich mündlich immer besser ausdrücken zu lernen und in Aufsätzen nüchterne Klarheit anzustreben. Ich ging diesem Phänomen aber auch geistig nach und erkannte dann, dass solche negativen Verhaltensweisen sowohl aus karmischen Ursachen, als auch aus Einflüssen geistiger Art verstanden werden konnten.

Als ich durch Hüter- und Schwellenerlebnisse aus eigener Erfahrung und nicht nur aus der Beschreibung Rudolf Steiners verschiedene Einblicke in die Wirksamkeit von geistigen Gegenmächten bekommen hatte, erfuhr ich, dass es möglich ist, sich selber mit allen aus der Karmaerkenntnis gewonnenen Seelenfähigkeiten in die geistige Lage der

Gegenwart hineinzuversetzen. So entschloss ich mich, das Buch anders zu schreiben als ich es zuerst geplant hatte und manche meiner innerlichsten intimen geistigen Erlebnisse ganz offen zu schildern.

Ich entschloss mich darüber hinaus auch, einen autobiographischen Überblick meines jetzigen Lebens mit vielen Ereignissen aus der Kindheit und Jugend als ersten Teil des Buches zu schreiben, mit Charakterisierungen von und Anekdoten über Menschen, die für meine Entwicklung eine wichtige Rolle gespielt haben. Auf diesem Wege wollte ich erreichen, dass der Leser einen persönlicheren Eindruck von meinem Leben bekommen kann; wie ein farbiges Mosaik, das sich jedoch nicht nur aus einer Reihe von Miniporträts von Freunden, Mitstudenten, Lehrern und Künstlerkollegen zusammensetzt, sondern darüberhinaus aus Einzelheiten, Begebenheiten, Spielen, Projekten und verschiedenen Orten komponiert sein soll. Damit möchte ich zeigen, dass viele Lebensmotive der Kindheit und Jugend, die zunächst nebensächlich erscheinen, von besonderer Bedeutung für das große Ganze sind, weshalb ich sie auch sehr detailliert beschreibe. Auf diese Weise hat man, wenn man die Darstellungen der früheren Inkarnationen im dritten Kapitel liest, die »Miniaturen« meines Lebens im Gedächtnis und kann einige karmische Fäden und Verbindungen finden. Es ist ein wichtiger methodischer Aspekt in der Karmaforschung, mit diesem vielschichtigen Reichtum an Details in der Erinnerungs- und Biographiearbeit umzugehen. Rudolf Steiner weist darauf hin, dass gerade vermeintliche Kleinigkeiten Hinweise für aufschlussreiche Erkenntnisse beinhalten können. Im vierten Kapitel behandle ich einige solcher Beispiele eingehender.

So enthält diese karmische Autobiographie in der vorliegenden Form als ersten Teil meinen heutigen Lebenslauf bis zu der Lebenskrise im Jahr 1995. Die Menschen, die meine Biographie so weit mitgeformt haben, werden oft namentlich erwähnt, wenn sie verstorben sind oder heute in hohem Lebensalter stehen. Zu den Menschen, die hier durch Charakterisierungen, aber ohne Namen, erwähnt werden, gehören viele andere Menschen, die mich auch mitgeprägt haben, die aber in diesem Zusammenhang unsichtbar bleiben müssen. Ich habe versucht, solche Ereignisse, die damals zu schmerzlichen sozialen Konflikten führten, so zu beschreiben, dass nicht die persönlichen Verhaltensweisen interpretiert sondern nur die äußeren Tatsachen sichtbar gemacht werden. Dadurch hoffe ich, dass diese Freunde, die teilweise auch namentlich genannt werden, sich in meiner Darstellung wiederfinden können, ohne sich falsch beurteilt zu fühlen.

Im zweiten Teil beschreibe ich meine Arbeit mit den Karmaübungen und zu welchen weiteren Ergebnissen mich das meditative Üben im Herbst 1996 führte. Das Motiv, das Steiner mit einem alten Ausdruck als »Bauen einer Hütte« bezeichnet, wird ein Schwerpunkt in diesem Kapitel sein, und zwar mein meditativer Umgang mit diesem geistigen Übungsfeld.

Im dritten Teil folgen die Erzählungen von den zwölf Inkarnationen – eine erste in Lemurien, drei folgende in atlantischer Zeit und die weiteren acht in verschiedenen nachatlantischen Kulturen – die ich seither für mich gefunden habe. Zu diesen erschauten Ereignissen füge ich einige notwendige kulturgeschichtliche und anthroposophische Zwischenbemerkungen ein.

Im vierten Teil gehe ich tiefer auf bestimmte Initiationserfahrungen ein, die mir seit November 1996 aus der geistigen Michaelsschule – ich bezeichne meine geistige Forschungsstätte mit diesem allgemeinen Begriff aus der Anthroposophie Rudolf Steiners – gegeben wurden. In diesem Kapitel versuche ich zu zeigen, dass ich auch höhere Erkenntnisstufen als rein imaginative durchgemacht habe.

Die Forschungen, die ich bis Ostern 1997 durchgeführt hatte, vermittelten mir viele Schlüssel, um zu verstehen, mit welchen Individualitäten ich in diesem Leben gelebt habe. Hinter fast allen Namen der verschiedenen Männer und Frauen, die ich im dritten Teil geschildert oder erwähnt habe, konnte ich in meinen karmischen Umkreisen in verschiedenen Ländern Personen wiederfinden. Ich konnte uns durch die verschiedenen Lebensläufe verfolgen und verstehen, woraus der eine und der andere Umstand in karmischen Beziehungen entstanden ist. Um dem Leser beim Erkennen der Zusammenhänge von Leben zu Leben zu helfen und eventuelles Spekulieren zu verhindern, möchte ich für einige wenige dieser Individualitäten, wenn sie heute in der geistigen Welt der Verstorbenen leben, die karmischen Zusammenhänge, so wie ich sie heute verstehe, enthüllen. Für andere, die noch in ihren heutigen Verkörperungen stehen, lege ich einige Zusammenhänge frei, die nicht bis zur Gegenwart fortgeführt werden.

Ich verstehe die Veröffentlichung dieser karmischen Zusammenhänge als Studien- und Forschungshilfe für geistsuchende Menschen, die eine anthroposophische Karmaforschung entwickeln wollen. Alles, was ich in diesem Buch an geistigen Erlebnissen und karmischen Tatsachen weitergebe, ist solch ernster Natur, dass ich um angemessenes Feingefühl bitte, wenn der Wunsch besteht, etwas davon öffentlich zu benutzen und mitzuteilen. Für mich ist es eine große Herausforderung und ein Wagnis, mit diesen intimen Motiven so spirituell nackt vor die Welt zu treten.

Meine Beschreibungen werden nur durch wenige Hinweise auf und Zitate von Rudolf Steiner ergänzt. Es wäre vielleicht wünschenswert, mehr davon zu haben. Das so zu tun, wie es in der sogenannten anthroposophischen Sekundärliteratur üblich ist, würde aber den Rahmen dieser Arbeit sprengen.

Zu den Aufgaben dieses Buches gehört es auch, einige Forschungsresultate der anthroposophischen Geisteswissenschaft Rudolf Steiners – die ich als bekannt voraussetze – von meinem Gesichtspunkt aus zu bestätigen. Sie beziehen sich zuerst auf seine Darstellungen in den Büchern »Aus der Akasha-Chronik« und »Geheimwissenschaft im Umriss«, in denen er atlantische Kulturformen beschreibt.

Des Weiteren geht es mir darum, seine geisteswissenschaftliche Karmaforschung, die zu begründen er als seine Hauptaufgabe betrachtete, in manchen Gesichtspunkten zu bestätigen. Ich hoffe anhand einiger Beispiele durch die Veröffentlichung meiner Reinkarnationsreihe einiges aufzuzeigen bezüglich der allgemeinen karmischen Gesetze sowie gewisser Ausnahmen, die Steiner in seinen Karmavorträgen veranschaulicht hat, ohne diese aber eingehend zu interpretieren. So etwas bedürfte einer eigenen eingehenden Arbeit. Ich hege die Hoffnung, dass diese Reinkarnationsdarstellung so umfangreich ist, dass sich andere Forscher ermutigt fühlen, ihr mit Steiners Mitteln nachzugehen und sie zu überprüfen. Die Geschichten aus den verschiedenen Kulturen könnten auch Lehrern neues Unterrichtsmaterial an die Hand geben.

Abschließend möchte ich noch einige Aufgaben für die Zukunft beschreiben, die mit dem Begriff des Manichäismus in Zusammenhang stehen.

Eigentlich wäre es nach dem bereits Angeführten überflüssig zu sagen – trotzdem: Es geht mir absolut nicht darum, durch die Beschreibungen meiner früheren Inkarnationen und damaligen Positionen in der Welt etwas für die Gegenwart zu gewinnen. Es liegt mir fern, meiner heutigen Persönlichkeit einen Namen in der Öffentlichkeit zu machen oder anderen Gewinn daraus zu schlagen. Ich bin mir aber bewusst, dass das Buch heftigste Entrüstung hervorrufen kann. Dies hat mit der Frage nach den beschriebenen, historisch bekannten Persönlichkeiten zu tun. Neben den nicht bekannten Lebensläufen beschreibe ich einige Inkarnationen von mir, die ich in drei Fällen mit geschichtlich bekannten Namen in Zusammenhang setze. Ein geschichtlich nachweisbares Frauenleben hatte ich in der Römerzeit, das Leben eines Mannes – ich habe seinen Namen schon erwähnt – spielte sich im Hochmittelalter ab, und ein anderes, geschichtlich sehr bekanntes Frauenleben ist in der Gegenreformationszeit zu finden. Allein zwei dieser Persönlichkeiten zu seinem »karmischen Eigentum« zu rechnen, wäre an sich schon, so mögen viele Leser denken, eine hochmütige Behauptung. Dazu aber nun noch mit jener anderen berühmten Frauenpersönlichkeit aufzuwarten, kann nicht anders denn als Ausdruck einer Geisteskrankheit angesehen werden. Es mag nahe liegen, mir Halluzinationen zuzuschreiben, jedenfalls zu behaupten, ich sei ein Phantast.

Schon zu Rudolf Steiners Zeit sollen sich in seinem Umkreis nach Behauptungen verschiedener Zeugen, gleichzeitig achtzehn angeblich wiedergeborene Maria Magdalenen befunden haben. Ich weiß, dass ich mit der Inanspruchnahme dieses Frauenlebens des sechzehnten Jahrhunderts eine Art »seelischer Enthauptung« erfahren könnte. Es könnte als eine Art usurpatorische Handlung gedeutet werden. Ich weiß, dass die Anthroposophie, die ich vertreten will, dadurch in ein schlechtes Licht geraten könnte, wenn unsachliche öffentliche Diskussionen und Auseinandersetzungen entstünden. Ich meine aber, dass in der gegenwärtigen Zeit tausende und abertausende bekannter Persönlichkeiten aus der Geschichte, einige von ihnen auch in anthroposophischen Zusammenhängen, inkarniert sind. Man sollte daher keine Angst davor haben, ihnen eines Tages zu begegnen oder zu entdecken, dass man selbst einmal im Rampenlicht der Geschichte gelebt hat. Es könnte durchaus eine interessante Herausforderung sein, wenn einige dieser Persönlichkeiten sich selber vorstellten. Dadurch könnten wir uns vielleicht daran gewöhnen … Ich möchte durch diese Veröffentlichung ferner zeigen – und dies ist mir ein zentrales Anliegen –, dass die heutige Auffassung des Geschichtsverlaufs in vielen Fällen durch das Licht karmischer Erkenntnisse ergänzt, korrigiert und sogar umgeschrieben werden kann und muss.

Es muss noch ausdrücklich gesagt werden, dass jedes Menschenleben in der Vergangenheit, das nicht unter bis jetzt bekanntem Namen in Quellen und Aufzeichnungen sozusagen herausragt, ein genau so wichtiges Glied der Menschheitsentwicklung ist, wie die geschichtlich bekannten Leben. Die unbekannten Leben warten noch darauf, ein Teil der Geschichte zu werden. Im Akasha gibt es keinen qualitativen Unterschied zwischen Menschenleben und Menschenleben; also sollten wir lernen, die irdischen Unterschiede als Ausdruck von wandelbaren gesellschaftlichen Standorten und Gesichtspunkten anzusehen, die wir im Laufe der Zeit verändern müssen. So könnten wir von einer »karmischen Evolution« sprechen.

Ich möchte außerdem betonen, dass es mir nicht primär darum geht, darzustellen, *wer* ich in den früheren Leben gewesen bin, sondern darum, *wie* ich war und dass die Entdeckung dieses karmischen »Wie« sich im heutigen Wie-ich-bin zeigt. Warum ich zu dieser mehr allgemeinen Frage auch die damalige Persönlichkeit mit ihrem geschichtlichen Umkreis teilweise beschreiben möchte, hat also damit zu tun, dass ich es für wichtig halte, anderen Menschen, die mich kennen, oder Menschen in den Kreisen, in denen ich mich bewege, zu zeigen, in welcher Richtung sie geschichtlich suchen könnten, um ihre eigene karmische Vergangenheit zu finden.

In dieser Herausforderung, sich mit meinem Schicksalsweg durch die Kulturen der Erde zu befassen und auseinanderzusetzen, liegt für die Leser gleichzeitig eine schicksalsmutige Handlung, die Gutes bringen kann, wenn alles so verstanden wird, wie es hier gemeint ist.

Wenn diese Veröffentlichung durch Verschweigen oder Kritik ohne gründliche, vorurteilslose Prüfung abgelehnt würde, müsste der moderne Geisteskampf andere Wege finden. Die Idee von Reinkarnation und Karma wird meines Erachtens in den nächsten Jahrzehnten zu einem der größten Umbrüche des sozialen Lebens führen können, wenn Menschen sie in den konkreten Lebenszusammenhängen als realen Impuls finden. Menschen werden dann im Zusammenleben aus karmischer Erkenntnis neue moralische Impulse und Verhaltensweisen entwickeln können, die die alten Traditionen in großem Maß herausfordern würden. Im Buch werde ich leider nur andeuten können, wie sich mein Leben dadurch verändert hat. Dass es mit der Entwicklung einer freien Liebesfähigkeit zu tun hat, die zu einem erweiterten Verantwortungsgefühl für Erde und Mitmenschen führen kann, ergibt sich hoffentlich aus dem Zusammenhang.

Wenn jemand durch denselben Weg, den ich hier beschreibe, oder durch andere Wege, die in michaelischem Sinne gegangen werden, zu Ergebnissen kommt, die den meinen widersprechen, muss ich eine neue Selbstuntersuchung machen. Würden sie, entgegen meiner Vermutung, ergeben, dass die Kritiker Bestätigung finden, so müsste ich herauszufinden versuchen, warum ich zu falschen Ergebnissen gekommen bin. Mein heutiger Standpunkt ist aber, dass ich bezüglich dessen, was ich hier veröffentliche, aus der Wahrheit geschöpft habe. Ich lade alle ein, meine Ergebnisse mit allen zugänglichen wissenschaftlichen wie geisteswissenschaftlichen Mitteln zu untersuchen und zu prüfen.

Die wichtigste Aufgabe dieses Buches gründet sich in meiner tiefsten Hoffnung, dass ich für andere Menschen ein Orientierungspunkt sein könnte, wenn sie auf die eigene Suche nach früheren Inkarnationen gehen und relevante Geisterfahrungen suchen. Ich verstehe mich im Ausgangspunkt nicht als ein Geisteslehrer im alten Sinne – mein einfacher erzählerischer Stil wird dies hoffentlich zeigen –, sondern ich möchte in Gemeinsamkeit mit anderen Geistesschülern Wege zur Entwicklung einer zukünftigen Geisteskultur mitgestalten. Insofern wendet sich diese Veröffentlichung nicht nur an Anthroposophen, sondern an alle einzelnen Menschen und Menschengruppen, die Reinkarnation und Karma als Lebensimpuls erleben möchten.

»Wenn Menschen zusammen das Geistige in innerer Ehrlichkeit suchen, dann finden sie auch die Wege zueinander von Seele zu Seele.« Diese Worte Rudolf Steiners waren für mich immer ein Leitstern in meinem esoterischen Streben. So suche ich mit dieser karmischen Autobiographie weitere Gesprächspartner und Mitwanderer in diesem Streben. Wenn das Buch auch andere Leser finden und ermuntern würde, als nur solche, die sich Anthroposophen nennen möchten, wäre das ein gutes Karma für die Zukunft.

Der Titel »Wandeln unter unsichtbaren Menschen«, der einem Satz Rudolf Steiners entnommen ist, hat für mich mehrere Bedeutungen. Eine liegt darin, dass man die geistige Welt mit den ungeborenen und verstorbenen Menschen als Realität im Alltag sucht. Eine andere bezieht sich darauf, dass man das höhere Ich im anderen Menschen sucht und sich nicht wegen äußerer, für die Sinne sichtbarer Züge von ihm abwendet. Eine dritte liegt darin, dass man die Erfahrungen aus früheren Erdenleben bewusst in der gegenwärtigen Persönlichkeit unsichtbar in sich zu tragen versucht, sodass man aus diesen heraus anders denken, fühlen und handeln kann, als man es ohne diese Karmaerkenntnis täte.

Das Buch ist auf Deutsch geschrieben, auch wenn mir das keineswegs leicht fiel. Ich hoffe, dass einiges von meiner skandinavisch geprägten Sprach- und Denkart erkennbar geblieben ist. Durch das Schreiben in der deutschen Sprache habe ich noch eine weitere Umschmelzung des ganzen Materials, das ich unsichtbar immer in meiner Seele mit mir trage, vollziehen können. Ob ich dadurch die von Steiner beschriebene notwendige zweimalige Umschmelzung von geistigen Erlebnissen in allen meinen Erfahrungen, die ich hier beschreiben werde, geleistet habe, lasse ich offen.

Ich möchte mit dem Buche zeigen, dass man durchaus »von der Straße« oder besser »aus dem Tal« kommen kann und doch von der göttlich-geistigen Welt für seine ehrliche Suche ernst genommen werden kann. Dieses auf individuelle Art erlebte Aufgenommensein durchkraften zu können und nachher psychisch gesund zu bleiben, heißt auch: die neuen Mysterien tätig zu vollziehen. Ich möchte mit dem Buch die Probe machen, ob es heute möglich ist, nicht nur indirekt und allgemein über dieses Thema anhand von Steinerzitaten zu reden, sondern auch direkt und individuell über eigene Erfahrungen zu sprechen.

Ich habe diese karmische Autobiographie aus einem Bewusstsein geschrieben, dass sie Antwort sein sollte auf eine geistige Frage, die mir in Meditationen gestellt wurde. Sie sollte der Versuch sein, mit dem heutigen Zeitgeist verbunden sich einem von Rudolf Steiner begründeten neuen Mysterienwesen anzuschließen, wo versucht werden sollte, eigene vermittelte Inkarnationen zum Ausgangspunkt einer geisteswissenschaftlichen Karmaforschung zu machen. Ich wollte diesen Versuch in der Liebe zu dem Wesen Anthroposophia machen, um die Karmaforschung Rudolf Steiners als modernen Kulturfaktor neu zu begründen und weiterzuentwickeln.

So sehe ich es heute als eine Aufgabe, sich mit den innersten Impulsen Rudolf Steiners vom Anfang dieses Jahrhunderts nicht nur erkenntnismäßig durch Studium und Denken, sondern auch denkend und fühlend durch die übende Tat zu verbinden. Wenn meine Forschung in großem Maße abgelehnt oder missverstanden werden sollte, wie es ja seitens einiger prominenter Anthroposophen schon geschehen ist, müssen von anderen Menschen andere Wege gesucht werden. Damit berühre ich die Frage des großen Ernstes, aus dem jeder Satz dieses Buches geschrieben ist.

Es ist meine Hoffnung, dass ich durch diese Arbeit, die auch aus größtmöglicher innerer Ehrlichkeit geschrieben ist, die Herzen der Leser erreiche, ohne ihrer individuellen Freiheit nahezutreten, um an einer echten modernen Spiritualität, die zwischen Menschenherz und Menschenherz aus Liebe zur Wahrheit entstehen kann, an der Schwelle des neuen Jahrtausends ein wenig mitschaffen zu können.

Es gibt sehr viele Menschen, die durch ihr Verhalten, ihr Verständnis, durch freundschaftliche, moralische und finanzielle Unterstützung und durch eigene Karmaforschung mir in der Zeit des Schreibens geholfen, mich unterstützt und bestätigt haben. Eine Liste dieser Freunde würde sehr lang werden, sodass ich mich darauf beschränke, nur einige Namen zu nennen; dabei habe ich die anderen aber nicht vergessen. Ich danke ihnen allen hiermit aus meinem tiefsten Herzen! – Der Eurythmistin Gudrun D. Gundersen danke ich für viele intime Gespräche über geistige Schulung und Karmafragen, ihre ständige Ermunterung und die Seelenwärme, die ich in ihrem offenen Hause erleben durfte, als ich in Norwegen Vorträge und Seminare hielt. Dem Autor und Religionshistoriker Hans-Jørgen Høinæs in Dänemark danke ich für seine freundschaftliche Begleitung, öffentliche Unterstützung und für viele Quellen- und Literaturhinweise besonders zum Mittelalter. Dem freien Forscher und Denker Lothar Foos danke ich für fruchtbare Auseinandersetzungen und Erkenntnisgespräche und für sein Interesse, meinen imaginativen Berichten – insbesondere denen über die atlantischen Orakel – mit seiner profunden Kenntnis des Werks Rudolf Steiners nachzugehen und sie prüfen zu wollen. Unter den Freunden, die mir mit der deutschen Sprache geholfen und Korrektur gelesen haben, möchte ich in erster Linie Julia Cremer, dann Klaus Wein danken. Ohne das liebevolle Einleben Julia Cremers in die letzte Fassung des Manuskripts und ihre Umsetzung in lesbare deutsche Sätze wäre der Text nicht rechtzeitig zur Druckreife gelangt. Meiner Frau Constanze und vielen neuen Freunden und Freundinnen, die ich in den letzten zwei

Jahren in mehreren Ländern Europas und jetzt zunehmend im Ruhrgebiet gefunden habe, danke ich, dass sie mir das große Vertrauen geschenkt haben, meine Bestrebungen und meine beratende Wirksamkeit als lebensanregend zu sehen.

Ein besonderes, schmerzliches Gefühl der Trauer, das ich mir hier anzudeuten erlaube, ist verbunden mit meinen lieben Kindern, ihrer Mutter und denjenigen ehemaligen Freunden und Kollegen in Schweden, die ich wegen der Umstände um dieses ungewöhnliche Projekt verlassen habe.

Der Verlag Urachhaus zeigt viel Mut, indem er die Herausgabe wagt. Das ist ein Zeichen der Zeit. Ein menschlicher Ausdruck dieses Faktums ist mein Verleger Frank Berger, dem ich zu danken habe dafür, dass er sich durch die Herausgabe bereit zeigt, gegebenenfalls mit mir zusammen im Licht der Öffentlichkeit zu stehen. Das Buch wird Begegnung auslösen. Insofern wird es zum Karma unserer Zeit gehören. Wie diese Begegnung ausfallen wird, entscheidet jeder freie Mensch, der es lesen wird.

In einem Vortrag am 22. August 1924 (in GA 243) in Torquay, England, sprach Rudolf Steiner folgende Worte, die ich als Brücke betrachte, über welche ich das Buch der Welt übergebe:

»Es muss zunächst dasjenige erforscht werden, was aus der geistigen Welt erforscht werden soll, durch diejenigen Menschen, die in ihren gegenwärtigen Leben Kräfte zu Hilfe nehmen können aus früheren Inkarnationen, die sie befähigen, dasjenige herauszubringen, was notwendig ist, um zu forschen; dass ferner das, was so erforscht wird, von einer Anzahl von Menschen, von immer mehr und mehr Menschen aufgenommen werde, verstanden werde in Ideen, wie es verstanden werden kann; und dass dadurch, wenn in gesundem Verstehen das spirituell Erforschte aufgenommen wird, gerade für diese anderen Menschen aus dem Verstehen heraus die Grundlage geschaffen wird, auch wirklich in die geistige Welt hineinzuschauen. – Denn ich habe es ja oftmals ausgesprochen: Es ist der gesündeste Weg, um wirklich in die geistige Welt hineinzukommen, sich zunächst mit der Lektüre zu befassen oder mit dem Aufnehmen dessen, was aus der geistigen Welt verkündet wird. – Nimmt man diese Gedanken auf, so beleben sie sich innerlich, und der Mensch kommt hinein in das Verstehen nicht nur, sondern auch in das Erschauen, so wie es sein Karma zulässt. Und gerade auf diesem Punkt muss man sich in die Anschauung vom Karma streng hineinfinden.«

Pfingsten 1999
Jostein Sæther

I

Mein Lebenslauf

Jede Tätigkeit muss doch einen Sinn
und ein Vorbild haben.

Seneca in »Von der Seelenruhe«

Meine erste Erinnerung

Ich wurde am 3. Februar 1954 in Sunndal, Norwegen geboren. Sonne, Mond, Merkur und Venus standen im Sternbild des Wassermanns, Jupiter in den Zwillingen, Mars und Saturn im Skorpion, Uranus im Krebs, Neptun in der Wage und Pluto im Löwen.

Die Geburt fand statt an einem Mittwochmorgen um 9 Uhr, als die Hebamme nach einer langen Wartenacht kurz eingeschlafen war. Meine Eltern haben erzählt, dass ich schnell und unkompliziert zur Welt gekommen bin. Mein Vater, Ingar, saß beim Frühstück in der angrenzenden Küche und mein zwei Jahre älterer Bruder Georg spielte auf dem Boden. Meine Mutter, Turid, wollte mir nach dem Brauch ihrer Familie den Namen Mikal geben. Meine Patentante, die auch bei der Geburt anwesend war, widersetzte sich diesem Wunsch und sagte: »Er soll Jostein heißen.« Und so geschah es.

Meine erste Erinnerung reicht zurück bis zu einem Zeitpunkt kurz bevor ich drei Jahre alt war. Ich wurde von meinem Vater durch ein Loch in der Decke des Schlafzimmers zum Speicher hochgehoben. Da stand eine Kiste mit seinen vielen Werkzeugen. Ich sollte einen Schraubenzieher holen. Ich sehe mich, mit dem Schraubenzieher in der rechten Hand, schreiend dastehen, weil ich nicht zu meinen Eltern, die mich beide da unten mit hochgestreckten Armen erwarteten, hinunterkommen wollte. Ich wollte lieber da oben bleiben, die Kiste weiter untersuchen und das Licht anschauen, das durch ein kleines Fenster hereinleuchtete.

In der zweiten Erinnerung bin ich genau drei Jahre alt. Ich spiele draußen mit Georg und zwei anderen Kameraden. Wir springen hinunter in den am Wegrand aufgepflügten Schnee. Dann kommt ein Auto, das bei uns anhält. Wir laufen nach Hause und ich erblicke zum ersten Mal meinen neugeborenen Bruder Torbjørn. Ich fühle mich in der Mitte zwischen zwei Brüdern, einem größeren und einem kleineren.

Weitere Erinnerungen kehren zum darauf folgenden Sommer zurück. Wir wohnten da für mehrere Monate in der Schreinerei meines Vaters, die als Wohnung eingerichtet war, weil das als Holzfällerhütte gebaute Wohnhaus, in dem ich geboren wurde, erweitert und mit einem neuen Stockwerk versehen werden sollte. – Es ist ein sonniger Tag und meine Mutter erlaubt mir, meine neuen Stiefel zu tragen. Ich gehe mit bewussten Schritten die Schreinereitreppe hinunter und zu den Erdbeerbeeten hinüber. Da stehe ich lange, den Mund voller Erdbeergenuss, mit den neuen Stiefeln in der Sonne.

Mein Vater war Schreiner von Beruf und baute unser Haus selbst, nur bei besonders schwierigen Arbeiten bedurfte er der Hilfe eines Verwandten. Viele meiner Kindheitserinnerungen haben mit seiner Tätigkeit zu tun. An einem Tag durfte ich mit ihm in einem Lastwagen von seiner Arbeitsstelle zur Sandgrube mitfahren. Es war ein neues Erlebnis, die großen Hebekräne, Bagger und die vielen Menschen bei der Arbeit erleben zu können.

Mein Vater machte uns kleine Holzschiffe, mit denen wir auf einem kleinen Nebenbach des Flusses Harema spielten, der vor unserem Haus vorbeifließt. Da bauten Georg, der gleichaltrige Nachbarsohn Odd, Arnfinn, der ein bisschen weiter weg wohnte, und ich Landungsbrükken für die Schiffe und Brücken für unsere Spielautos. Auf einem übrig gebliebenen Sandhaufen in einer Ecke des Grundstücks spielten wir damals viel zusammen. Georg hat später erzählt, dass ich mir nie meine Hände schmutzig machen wollte. Ich säuberte sie immer an meinen Kleidern. Nichtsdestotrotz wurde ich damals Spezialist im Bauen kleiner Sandhäuser, die immer auch Balkone haben mussten, die mit Hilfe von Nägeln konstruiert wurden.

Auf Fotografien habe ich mich selber mit einem großen Holzpferd auf Rädern gesehen. Ich habe keine Erinnerungen an dieses Pferd, weil es schon als ich zwei Jahre alt war an einem Frühlingstag von Odd in die Harema geworfen wurde. Einige Kilometer von unserem Hause entfernt mündete dieser Fluss in den größeren Fluss Driva. Vor den Sandbänken bildete die Harema einen stillen Teich, in dem wir im Sommer badeten und am Ufer große Sandstädte bauen konnten. Im Winter gingen wir dorthin zum Schlittschuhlaufen.

Im Winter als ich fünf Jahre alt war, waren wir dort auf dem dünnen Eis. Es gab eine Rinne. Ich fiel plötzlich hin und glitt ins kalte Wasser. Ich sank unter die Eiskante und nur durch die schnelle Reaktion von Georg und die gemeinsame Hilfe der anderen Knaben, Odd und Arnfinn, wurde mein Leben gerettet. – Ich erinnere mich, wie ich nach diesem einschneidenden Erlebnis mit den steifgefrorenen Kleidern über die schneebedeckten Ackerfurchen nach Hause gehe. Vor diesem

Ereignis enthält meine Erinnerung nur einzelne Ereignisse und Situationen. Nach diesem Wassererlebnis ist es, als ob mein Gedächtnis alles aufgezeichnet hat. Ich kann mich noch heute an alle möglichen Situationen im Detail erinnern, nicht nur an die äußeren Umstände, sondern auch an meine seelischen Reaktionen.

Nachdem das angebaute Haus auf dem Dach neue Steinplatten bekommen hatte, gab es an einer Ecke einen Haufen zerbrochener Platten. Unser Gemüsegarten zwischen dem Wohnhaus und der Schreinerei erstreckte sich schräg nach unten bis hin zur Harema, daneben verlief der Weg zu einem Nachbarn. Georg wollte mir zeigen, wie tüchtig er war, die kleinen Platten in die Luft gleiten zu lassen, und wie weit er sie werfen konnte. Ich stand da und versuchte zu sehen, wo sie landeten. Dann spürte ich plötzlich im Hinterkopf einen Schmerz und sah, wie das Blut hinabrann. Danach erinnere ich mich, wie meine Mutter mich pflegt und mich den ganzen Tag streng auf dem Sofa liegen lässt. Plötzlich aber, wie ich so still daliege, öffnet sich die Tür und herein tritt Georg mit allen Nachbarskindern. So viele Menschen hatte ich noch nie bisher in unserem Hause erlebt. Das fand ich toll.

Allein im Keller

Einmal, als wir noch in der Schreinerei wohnten, folgte ich meiner Mutter zum großen Haus, die dort etwas in der Wohnung zu tun hatte. Wegen der Bauarbeiten mussten wir über die Kellertreppe gehen, um hinaus zu kommen. Als sie auch im Waschkeller noch etwas erledigen musste, spielte ich im Halbdunkel mit etwas. Eine Weile war ich mit mir selber beschäftigt. Dann entdeckte ich plötzlich, dass ich im dunklen Keller allein war.

Ich ging zur Aussentür, sie war aber verschlossen. Die obere Tür war selbstverständlich auch abgeschlossen. Ich fing an, »Mama« zu schreien. Meine Mutter kam aber nicht. Erst als ich eine »riesenlange« Zeit geweint und in die Hosen gemacht hatte, kam sie und fragte, was ich denn da allein im Keller mache. Sie hatte gedacht, ich sei mit Georg zu Odd hinübergelaufen.

Ein anderes Mal, ich war schon fünf, kam ich nach Hause und niemand war da. Die Haustür war sogar abgeschlossen. Ich erinnere mich, dass ich weinend auf der Straße hin und her lief. Die Schwester von Odd, die dreijährige Gerd, kam mit mir, tröstete mich und sagte, wir wollten gemeinsam meine Eltern suchen. Im nächsten Augenblick kamen sie vom Einkaufen zurück.

Kurz darauf stehe ich im Wohnzimmer am Fenster. Ich esse eine Banane, gucke das Gewitter an und bin glücklich. Nie in meinem Leben hatte ich später Angst vor Blitz und Donner, weil ich erfahren hatte, dass nach der Einsamkeit der Regenbogen gekommen war.

Bei den Großeltern in Nordnorwegen

Ich habe viele Erinnerungen an meine Mutter, die in unserer Kindheit immer zu Hause war. Sie war ein stiller Mensch, der uns Kinder immer im Bewusstsein hatte. Wir durften überall spielen, aber wenn wir nicht rechtzeitig zuhause waren, kam sie uns holen.

Meine Mutter war an der Helgelandsküste in Nordnorwegen geboren und als das einzige Mädchen unter drei Brüdern aufgewachsen. Ihre Eltern hatten einen kleinen Bauernhof bei Ullvangen in der Gemeinde Leirfjord. Daneben war ihr Vater, Johannes Mikalsen, Fischer und Schreiner. In vielen Ferien reisten wir nach Norden, in meiner frühen Kindheit mit dem Zug, später mit dem Auto. Ein großartiges Erlebnis war es, als wir einmal in Trondheim unseren Nachtzug suchten. Wir überquerten vor einer riesigen Lokomotive, die ihren Motor laufen hatte, die Gleise.

In der großen und mit vielen modernen Maschinen ausgestatteten Schreinerei, wo Großvater im Winter Fensterrahmen produzierte, durften wir uns aufhalten, um Holzboote und Holzzüge zu schnitzen. Viele Stunden verbrachten wir drei Brüder zusammen auf einem Spielplatz am Hügelrand hinter dem Wohnhaus mit dem Einrichten von Eisenbahnlandschaften. Hier war der Boden anders als bei uns. Die Erde war rötlicher und die Felsen an vielen Stellen von schieferartigem Stein, den man zerbröckeln konnte. So konnten wir hier eine für unsere Bahn notwendige Grube anlegen.

In die Heimat meiner Mutter führt mich eine meiner ersten Erinnerungen. Ich spiele mit Georg und zwei älteren Mädchen, wobei das eine mit uns verwandt ist. Wir laufen hinein in einen Birkenwald mit einer kleinen Lichtung. Die hellgrünen Äste bilden ein sanftes Dach über uns, durch das das Sonnenlicht schillernd hereinleuchtet. Die Stimmung mit dem freudigen Lachen der Mädchen und meiner Freude am Leben, zusammen mit meinem Bruder in diesem Lichtwald, erweckt in mir eine Sehnsucht nach einem erhabenen, göttlichen Geheimnis, das, wie ich plötzlich weiß, in einer unsichtbaren Welt existiert. Das Gefühl von etwas Geistigem kam damals auf. Die entsprechenden Begriffe dazu habe ich selbstverständlich erst später gefunden.

Bei den Großeltern in Helgeland waren wir im Juli immer bei der Heuernte dabei. Das Gras wurde mit dem Mäher geschnitten, vor den sie ihr weißes Norwegerpferd gespannt hatten. An hügeligen Stellen oder da, wo der Boden von Felsen durchbrochen wurde, auf dem das Pferd mit dem Mäher nicht gehen konnte, mähten sie das Gras mit der Sense. Die Männer – Großvater, die drei Onkel und mein Vater – gingen mit gewetzten Sensen in einem diagonalen Zug neben- und hintereinander. Die Frauen zogen hinterher und harkten das Gras mit Holzrechen zusammen. Es wurde auf Grasharfen gelegt. Die Kinder durften sich mit kleineren Sensen an den Ackerkanten üben. Wir müssten aber auch beim Auflegen auf die Harfen mithelfen, sagte Großvater, wenn wir beim Kaffeetrinken Saft und Kuchen haben wollten.

Mit meiner Großmutter – sie hieß Dagny – durften wir mitkommen, wenn sie ihre einzige Kuh melken oder den Hühnern oder Schafen Futter geben sollte. In ihrem Arbeitsraum neben der Schreinerei ließ sie die Milch durch einen Separator laufen. Sie buk selbst all das Brot, welches die vielen Sommergäste jeden Tag zu essen bekamen. In der großen Küche gab es einen Ofen, der mit getrocknetem Torf gefeuert wurde. Großvater nahm uns einmal mit, um uns das Torfmoor zu zeigen. Es war ein Gemeindemoor, auf das aber viele Bauern ihre eigene Torfscheune gebaut hatten, so auch unser Großvater. So etwas kannten wir nicht aus unserer Heimat. Im Moorboden gab es überall tiefe Gräben, aus denen der Torf ausgestochen wurde und in der Scheune als schwarze Stücke zum Trocknen auf Gerüste gelegt wurde.

Meine Mutter stand mit ihrer Mutter oft in der Küche bei der Zubereitung des Mittagessens oder beim Geschirrabwasch. Wir folgten

Großmutter zum Gemüsekeller, um Kartoffeln und Möhren zu holen. Die Luft in diesem unterirdischen Raum war aufregend kühl und herb. Zum Frühstück kamen wir beim Geräusch der Kaffeemühle, die Großmutter immer freudig drehte, die steile Treppe herunter. Nach dem Mittagessen mussten wir eine Stunde ganz ruhig sein, weil dann die Männer schlafen wollten. Wir durften im Haus bleiben, mussten aber still sein, wenn wir uns im selben Zimmer aufhalten wollten. Wir lasen, zeichneten am Tisch oder spielten Karten.

Bei dem oft guten Wetter liefen wir Brüder mit den zwei Vettern, Finn und Rune, zu dem ganz nahe gelegenen kleinen Fjord. Hier spielten wir in und unter den zahlreichen Fischhäusern, die zum Trocknen auf Holzpfosten auf den Klippen standen. Der Geruch der aufgehängten Fischnetze, die Rufe der Seevögel und der Wasserspiegel ermunterten uns zum Baden. Mit Begeisterung beobachteten wir das herannahende Salzwasser bei Flut.

Im Ruderboot des Großvaters begaben wir uns öfters mit unseren Eltern hinaus zum Fischen, oder wir begleiteten Großvater oder Onkel Einar, um die Netze zu reinigen und gefangene Fische zu holen. Zu Hause konnten wir zusehen, wie Großvater bestimmte Fischarten in der Salzlake pökelte und andere in seiner Räucherei aufhängte. Das Sägemehl aus seiner Schreinerei füllte er in den kleinen Ofen und der Rauch zog wie Nebelschwaden zu unserem Eisenbahnspielplatz.

Der interessanteste Spielplatz bei unseren Großeltern war aber doch der große Speicher über der Schreinerei. Bei Regen waren wir oft da. Dort oben hing immer Dörrfisch, den wir fast ebenso gut als Kaugummi verwenden konnten, wie den gekauften. Hier gab es alte Möbel, Kleider, Schuhe und Spielzeug aus der Kindheit unserer Mutter. Wir durften mit allen Sachen spielen, wenn wir alles an genau dieselbe Stelle zurücklegten. Wir probierten die alten Kleider und spielten damit Theater füreinander oder wir spielten Versteck. Weil das Dach fast bis auf den Boden reichte, gab es viele Stellen, wo man sich verstecken konnte. Derjenige, der unten in der Schreinerei stehen und bis fünfzig zählen sollte, hatte große Schwierigkeiten, die anderen zu finden. Man konnte aber versuchen, durch das Geräusch der laufenden Füße auf dem Dachboden herauszuhören, wo sie sich zu verstecken versuchten. Beim Ausruhen lagen wir auf dem Boden in einer Ecke, wo Stapel alter Wochenzeitschriften und Familienmagazine aufbewahrt wurden. Wir blätterten die vielen Jahrgänge durch, um die gezeichneten Abenteuerserien anzuschauen und später, als wir älter geworden waren, noch einmal zu lesen.

Sonntags war bei den Großeltern richtig Sonntag. Alle trugen Festtagskleider. Die Männer und Jungen hatten weiße Hemden und Krawatten an. Hier habe ich angefangen, wie meine Onkel das Haar nach hinten zu kämmen. Mein Vater hatte übrigens schon als junger Mann einen kahlen Kopf. – Dann durften wir in der Glasveranda stehen und durchs Fernglas gucken und Onkel Per erzählte von seinen Reisen in fremde Länder. Er und Onkel Einar waren Seeleute. Als Weihnachtsgeschenk bekamen wir von ihnen immer eine Dose mit englischen Karamellbonbons geschickt. Der dritte Onkel, Roald, war Schreiner. Wir bewunderten ein Modellsegelschiff, das er als Jüngling gebaut hatte. Es stand in unserem Gästeschlafzimmer. Später hatten wir viel Freude an den Zeitschriften, die wir im Schlafzimmer von Per fanden, mit Basteltricks, die wir nachmachen konnten, und den neuesten Erfindungen aus aller Welt.

Eines Sommers, ich war fünf, sollten wir mit unserer Mutter mit dem Zug nach Hause fahren. Vater war wegen seiner Arbeit schon vor uns abgereist. Onkel Per und Onkel Einar begleiteten uns, als wir den Autobus nach Mosjøen nahmen, wo wir bis Mitternacht auf den Zug warten mussten. Georg und ich bekamen jeder ein Geschenk von den Onkeln. Torbjørn war damals zu klein für solche Geschenke. Georg erhielt eine ovale Dose, die aufgrund einer nicht fixierten Kugel im Inneren in ungleichmäßigen Bewegungen über den Boden rollte. Ich bekam eine kleine Ziehharmonika, die ich lange Zeit immer bei mir trug.

Damals fuhren nur wenige Autobusse auf dieser Strecke. So mussten wir viele Stunden im Stadthotel auf den Zug warten. Das wurde für Georg und mich sehr langweilig und wir alberten inzwischen herum. Onkel Einar wollte aber Ruhe haben und sagte, er würde uns in den Keller hinunterschmeißen. Er saß auf einer Kiste. Wir durften aber nicht lange unter den Deckel gucken. Nur ganz kurz ließ er uns in das Dunkel darunter blicken. Er erzählte, dass von dieser Kiste aus ein Schacht bis zum Keller führte. Wir wussten nicht, ob wir ihm das glauben sollten oder nicht.

Sunndal – ein Spielort in Licht und Schatten

Zu Hause angekommen, freuten wir uns, alles wieder zu sehen: die Blumenpracht vor dem Haus, unsere Spielplätze im Garten und am Bach – und wie die Erdbeeren und Möhren gewachsen waren. Wir liefen dann schnell zu Odd, um unsere Sommererlebnisse zu erzählen, und mit ihm auf dem Hof »Bakkain«, wo seine Großeltern wohnten, die meine Taufpaten waren, zu spielen. Beffa, sein Großvater, hatte eine Fahrradwerkstatt in seiner Traktorgarage. Wir durften zuschauen, wenn er die Fahrräder reparierte. Mich nannte er »Steinjo«. Warum, wusste ich nicht; er hatte aber auf dem Hof eine sehr große und alte Katze, die »Jo« hieß.

Beffa, der eigentlich Ola hieß, schenkte uns, als wir ein bisschen älter waren, alte Fahrradspeichen. Wir bogen sie zu Revolvern und flochten bunten Sprengdraht um deren Handgriffe, den Arnfinn von seinem Vater bekommen hatte. Dieser arbeitete in der Gemeinde beim Wegebau und konnte nach Sprengarbeiten solche benutzten Drähte für uns einsammeln. Für alle möglichen Spielzeuge benutzten wir in meiner Kindheit diese geliebten farbigen Drähte. Die so entstandenen Revolver, die nicht ungefährlich waren, wurden mit Schwefel aus Streichhölzern und mit Grobsalz in den kleinen »Magazinen«, den Schrauben also, »geladen«. Wenn sie über einer Streichholzflamme gezündet wurden, machten wir unsere ersten Erfahrungen mit den chemischen und mechanischen Zusammenhängen der Welt. Wir kamen bei solchen Spielen meist ohne gefährliche Unfälle davon. Meine Cousine Rune aber verlor wegen Unachtsamkeit mit Dynamit drei Finger an einer Hand.

Daneben hielt Ola auch Schweine – beim Schweineschlachten waren wir natürlich auch dabei; die Blutpfannekuchen gehörten zum Standardessen in diesen Herbstwochen – und baute Kartoffeln an. Außerdem ruderte Ola, mein Patenonkel, Lachsfischer aus Oslo oder Deutschland auf dem großen Lachsfluss Driva herum. An vielen Stellen durfte man nicht ohne Karte angeln. Weil aber Odds Vater Lachsfischer war, wussten wir immer, wohin man gehen konnte, ohne von Berufsfischern entdeckt zu werden.

Die Driva verläuft in mäandrischen Schleifen durch Sunndal. So bildeten sich durch das etwa zwei Kilometer breite Tal wechselseitig die Landschaften mit Bauernhöfen und Siedlungen heraus. In unserer Gegend lagen hintereinander sieben Höfe verstreut entlang der Kiesstraße, die durch das etwa zwei Kilometer lange, von der Flussschleife umgebene urbare Land verlief. Dazu gab es in der Nähe der Höfe dreizehn Wohnhäuser. Jenseits der Driva, entlang der Landstraße, gab es zwei Dörfer. Im größten, welches Furu hieß, befand sich der Dorfladen, die Schule und das Jugendhaus.

Die Sunndalberge zu beiden Seiten des Tals erheben sich bis auf nahezu zweitausend Meter. Das Tal ist nach Südosten gerichtet. Der höchste Gipfel auf der anderen Seite des Flusses heißt Furunebba. Er ist umgeben von mehreren spitzen Gipfeln, deren gemeinsame Silhouetten einem einbalsamierten Pharao ähneln. Das entdeckten wir schon als Kinder. Das Land auf unserer Seite der Driva, östlich der Harema, heißt Hoven, nach dem ältesten und größten Hof. Es gibt hier Grabhügel aus der Zeit der Wikinger. Bis vor wenigen Jahrhunderten lag auf Hoven eine Kirche, die aber einer Flussüberschwemmung zum Opfer fiel. Dann baute man eine neue Kirche im Gemeindehauptort Sunndalsøra, etwa vier Kilometer weiter westlich von uns. Noch heute heißt diese Kirche »Hov kirke«. Das Gebiet nördlich der Harema heißt Mæle. Unser Haus lag auf Hoven, als Kinder nannten wir aber die ganze Gegend Mæle.

Die Harema wird von zwei Flüssen gespeist, die dort zusammenströmen, wo der Berg im Tal seinen Fuß hat. Auf unserer Seite bilden die Gipfel runde Formationen, wie kahle Köpfe. Zwischen den Gipfeln, dem Hovenmann und dem Litl-Kaldkinn, liegt das Haremdal auf etwa achthundert Metern Höhe. Von einer bestimmten Stelle auf dem Pfad nach oben zum Haremdal aus entdeckten wir auf dem Kaldkinn-Gebirgsrand das Profil eines Indianers. Auf seiner Adlernase wuchs eine Tanne.

Der kurvenreiche Pfad zum Haremdal wurde im zweiten Weltkrieg von den Deutschen als Pferdesteig neu angelegt. Oben im Tal hatten sie eine Wanderhütte gebaut, die aber in meiner Kindheit verfallen war und kein heiles Dach mehr hatte. In dieses Tal wanderten wir als Kinder oft gemeinsam zum Spielen. Einmal liefen wir sogar zweimal am selben Tag dorthin. Das schnelle Hinunterlaufen wurde sogar zu einem richtigen Sport für uns Knaben. Wo das Tal nach innen endete, musste man eine Schlucht emporklettern. Diesen Pfad nahmen die Jäger, das heißt

unsere Väter, jeden Herbst, um Rentiere, Hirsche und Wildvögel zu erlegen. Einmal erblickten wir nicht weit entfernt auf einem Schneeflecken ein Rentierrudel. Es war ein erhabener Augenblick, dieselbe Luft zu atmen wie diese stolzen, aber scheuen Tiere.

Im Krieg hatten die Deutschen viel gute Arbeit in Sunndal geleistet. Die Hauptstraße durch Sunndalsøra wurde als die breiteste im ganzen norwegischen Staat angelegt, selbstverständlich so, dass Militärflugzeuge sie auch als Landebahn benutzen konnten. In unserem Gebiet wurde die Straße gerade restauriert und über die Harema eine neue Betonbrücke gebaut. Am Betonrand war die Jahreszahl 1941 eingeprägt. An den Steinmauern unter dieser Brücke, »Haremkloppa« genannt, übten wir das Klettern. Auch in den Bäumen der kleinen Wälder am Fluss verbrachten wir viel Zeit und bauten so manche Holzhütte.

An einem Ort in der Nachbarschaft war eine alte Kalesche abgestellt worden. Auf den Holzsitzen, die noch mit Leder bezogen waren, konnten wir stundenlang sitzen und gemeinsam phantasieren, wohin wir wohl über die hohen Berge in die Fremde fahren wollten. Später als ich in der Schule den norwegischen Dichter Bjørnstjerne Bjørnson entdeckte und dabei sein Gedicht mit der Rätselfrage, was es wohl jenseits des Berges gäbe, musste ich an diese Erlebnisse auf der Kalesche denken.

Der strenge Bauer

Viele Jahre hindurch vergnügten wir uns im Sommer mit Indianer- und Cowboyspielen. Ich liebte die Indianer; später entdeckte ich eine Serie von Emigrantenbüchern, in denen das Indianermotiv die Hauptsache war. In einem Abfallhaufen des nächsten Bauernhofs »Østigar« fand ich einen fast neuen Hut, den ich immer bei diesem Spiel trug. Es konnte aber auch gefährlich sein, im entlegenen Gebiet, »Kvennhusora« genannt, zu spielen, wegen der seit dem Krieg nicht mehr benutzten Mühlen. Da grasten nämlich die Ochsen des Bauern Lars »Østigar«, den wir aber nicht mochten, weil er so streng war und uns immer ausschimpfte. Ich erinnere mich einer Situation als Fünfjähriger:

Ich bin der Kleinste unter den Kindern und wir sind in diesem Gebiet. Da kommen plötzlich die jungen Ochsen gelaufen, angeführt von einem großen Stier namens »Vildoksin«. Die anderen Jungen schwingen sich über die Steinmauer und in letzter Sekunde packt mich Odds Onkel Einar, der etwa sieben Jahre älter ist als ich, und hebt mich über die Mauer. Da kommt der böse Stier mit den spitzen Hörnern dicht unter mir vorbeigerannt. Ich aber bin gerettet.

Lars »Østigar« hatte an der Straße seine Milchrampe. Jeden Morgen wurden die mit frischer Milch gefüllten Kannen von einem Molkereilastwagen abgeholt. Wir stellten ein leeres Fünflitergefäß dorthin und konnten dann am Nachmittag unsere Milch holen, die wir vor der Kühlschrankzeit in einem kleinen Wasserbrunnen neben der Harema zur Kühlung stehen ließen. Der Bauer erhielt seine leeren Gefäße zurück, dazu bekam er Butter und Käse. – Eines Tages gehen Georg, Odd, Arnfinn und ich dorthin und sehen mehrere braune Pakete. Wir denken, er hat so viele, dass wir sicher eins davon mitnehmen dürfen. Wir laufen schnell fort und verstecken uns in einer Ruine aus dem Krieg. Als wir den Inhalt des Pakets ausgepackt haben und den unangenehmen Geschmack von Altkäse auf der Zunge spüren, schauen wir hoch und blicken in die zornigen Augen des Bauern. – Das, was die Erwachsenen »Gewissen« nannten, entdeckte ich durch solche Erlebnisse.

Im selben Sommer, ich war Fünf, ging ich mit meiner Mutter neben einem allgemein zugänglichen Pfad und pflückten Walderdbeeren. Da kam Lars »Østigar« und jagte uns davon. Er sagte: »Sie haben keine Erlaubnis, in meinem Gebiet Beeren zu pflücken.« Meine Mutter versuchte sich mit ihm zu verständigen. Sie konnte seinem harten Temperament aber nichts entgegensetzen. Sie fing an zu weinen und wir liefen nach Hause. Ich tröstete meine Mutter; es war schlimm, sie wegen eines bösen Erwachsenen weinen zu sehen. – Jetzt wusste ich, was Unrecht hieß.

Ein ander Mal kam er und behauptete, wir hätten seine Kälber und sein Pferd aus dem Gehege gelassen. Ein Gatter stand offen. Wir erwiderten, wir seien zu diesem Zeitpunkt nicht dort gewesen. Der allgemeine Wanderpfad zum Haremdal verlief ja über sein Land und oft wanderten auch fremde Menschen auf diesem Pfad, sagte ich. Später konnte ich erkennen, dass dieser Lars »Østigar« mir eigentlich viel gegeben hat, was mein Selbstbewusstsein in der Kindheit entwickelte.

Spiel und Sport

An zwei Stellen hatten die Onkel von Odd ein Schaukeltau mit Wippe aufgehängt. Das machte viel Spaß, konnte aber auch gefährlich sein. Einmal fiel Georg so schlimm herunter, dass ihm für mehrere Minuten der Atem stockte. Ich habe keine Erinnerung daran, dass ich einmal heruntergefallen wäre. Den Atem verlor ich aber mehrmals; im Winter einmal auf einem Stückchen schwarzer Isolierpappe sitzend beim Rodeln, ein ander Mal beim Sturz nach einem Skispringen, das wir oft nach der Schule übten.

Während mehrerer Monate zwischen Oktober und März kam die Sonne nicht über die hohen Berge zu unserem Grundstück. Am 3. März feierten wir Kinder mit Jubel die Ankunft der Sonne, die sich langsam, Tag für Tag, dem angrenzenden Acker näherte. Die Winter meiner Kindheit waren immer voller Schnee. Wir liefen viel Ski. Am liebsten waren wir an der kleineren Sprungschanze. Da konnte man höchstens 24 Meter springen. 22 Meter war dort mein persönliches Maß. Auf der großen Schanze, wo man bis zu 40 Meter springen konnte, sprang ich 28 Meter. Noch lieber als das Skifahren war mir das Schlittschuhlaufen. Diesen Sport trieben wir in den ersten Jahren auf verschiedenen zugefrorenen Teichen oder auf dem Eis der Driva. Später radelte ich mit Odd zum Sportplatz im Dorf Grøa, drei Kilometer nach Osten, oder zum Hauptsportplatz von Sunndalsøra. Als Jugendlicher war ich zusammen mit Odd im Fußballclub von Grøa und kam durch die Knaben-Liga-Kämpfe auch in andere Gemeinden in Møre und Romsdal, unserer Gegend.

Der Übergang vom Winter zum Frühling war die Zeit der vielen Lawinen. Oft konnte die Landstraße in der Nähe der Hängebrücke, die wir auf dem Schulweg überqueren mussten, von Schneemassen verschüttet werden. Als mein Freund Arnfinn ein Jahr alt war, wurde das ganze Haus dieser Familie von einer Lawine innen völlig mit Schnee gefüllt. Der Hof »Bakkain«, der meinen Pateneltern gehörte und der früher westlich der Harema lag, wurde einmal vor meiner Zeit durch eine Lawine zerstört und deshalb auf der östlichen Seite am heutigen Ort neu aufgebaut. Deswegen hatte Ola seinen Acker an zwei voneinander getrennten Stellen. Im April kam dann die Eisschmelze auf den Flüssen, die zu spannenden, aber gefährlichen Eisschollenspielen reizte.

Das Zeichnen

Zu Hause zeichnete ich viel. Meine Mutter, die schöne Porträts zeichnete, stickte, »Rosenmalerei« betrieb und am Flussufer Steine für künstlerische Bilderrahmen sammelte, unterstützte diese Tätigkeit. Meine Brüder und ich hatten ein Lieblingsthema gemeinsam: Wir zeichneten oft kompliziert ausgedachte Häuser auf buckelige Riesensteine, wobei alle Häuser mit Türmen und Balkons durch Pfade oder Holzleitern miteinander verbunden wurden.

Ein anderes Thema, das mir viel Spaß machte, das ich aber später, während der Schulzeit allein weiterpflegte, war das Zeichnen von Karten fremder Länder und Inseln mit geheimen Orten, Städten, Höhlen und Eisenbahnen. Die Wälder, Seen, Siedlungen und Gebirge wurden minutiös eingezeichnet. Ich liebte es, den Atlas zu betrachten und die Geographie der ganzen Welt gründlich kennen zu lernen. Als Kleinkind schon fing ich an, die Autobusse mit dem charakteristischen Profil des Chauffeurs mit seiner Schirmmütze zu zeichnen.

Außerdem liebte ich es, das Schattenspiel der Gebirgshänge in Helldunkel nachzuahmen und auch die Gesichter alter Menschen mit allen Falten um Mund und Augen zu zeichnen. Ab dem Alter von etwa neun Jahren spezialisierte ich mich im Zeichnen auf Schauspielerporträts, die ich in Zeitungen fand. Am liebsten porträtierte ich »The Saint«, den englischen Schauspieler Roger Moore, mit seinem charakteristischen Lächeln und der kleinen Warze links von seiner Nase, nach Fotografien. Weil ich damals noch nicht mit Tusche zeichnete, konnte die Lokalzeitung ein solches Porträt, das der Redakteur, angeregt von einem Freund von mir, zu Gesicht bekam, nicht publizieren. Als Zwölfjähriger nahm ich teil an einem Fernkurs in Zeichnen mit Hilfe von Lehrbriefen. Da erwachte auch meine Liebe zum Aquarellmalen.

Andere Spiele waren selbstverständlich Puzzles und Monopoli. Ein solches Puzzle bestand aus dem schönen Bild einer mitteleuropäischen Stadt mit Fachwerkhäusern und einer Bogenbrücke über der Straße. In der Küche bei Odd, wo ich mich immer wie zu Hause fühlte, spielte ich Karten mit seiner Mutter und seiner Großmutter, meiner Patentante, »Mommoma« genannt. Bei Odd hörte ich zum ersten Mal Grammofonmusik. Sie hatten Schallplatten mit dem berühmten schwedischen Künstler Karl Jularbo. Auf Anregung von Odd kaufte ich mir in den Jugendjahren mein erstes Tonbandgerät.

Mit fünf Jahren brachte ich mir das Lesen bei. Als Georg in die Schule kam und meine Eltern ihm bei den Hausaufgaben halfen, saß ich auf der anderen Seite des Arbeitstisches und lernte zuerst die Buchstaben in umgekehrter Stellung. Dann war es bald nicht mehr schwierig, den richtigen Zusammenhang zu verstehen. Eines Tages, als ich zum Bauernhof »Hiter« ging, um Eier zu kaufen, was ich auch immer gern tat, erzählte ich der Bauersfrau voller Stolz, dass ich lesen könne. Durch das Lesen eröffnete sich mir eine neue Welt: die Welt der Bücher. Wie oft habe ich erlebt, als ich zu Hause saß und las, dass Freunde draußen mit mir spielen wollten.

Ein Buch, das ich mehrmals in meiner Schulzeit ausgeliehen habe, handelte von der Vogelschau, und davon, wie man in der Natur ohne moderne Hilfsmittel überleben kann. Und ich las die norwegischen Volksmärchen über die drei Brüder; am liebsten waren mir aber die Geschichten von Hans Christian Andersen.

Die ersten Schuljahre

Am ersten Schultag wurde ich von meinem Vater mit seinem roten Motorrad der tschechischen Marke Jawa die zwei Kilometer zur Schule gefahren. Danach musste ich immer mit den anderen Kindern laufen oder mit dem Fahrrad fahren. Die ersten drei Jahre gingen wir jeden zweiten Tag zur Schule, ab der vierten Klasse dann jeden Tag; wir hatten aber immer einen Tag frei, oft in der Mitte der Woche. In der Schule fand ich neue Kameraden. Zuerst lernte ich Atle kennen, der auf unserer Seite nahe der Hängebrücke über der Driva wohnte. Er und seine Geschwister wurden »christlich« erzogen. Bei uns gab es in meiner Kindheit kaum religiöse Fragen. Einmal erzählte sogar meine Mutter, sie habe auf einer Internatsschule in ihrer Jugend aus Protest gegen das altertümliche Reglement das neue Testament in den Ofen geworfen.

Später lernte ich Arnstein kennen. Er wohnte neben meinen Kusinen in dem Dorf Hoelsand, auf der anderen Seite der Driva. Mit Atle, Arnstein und anderen Kameraden spielte ich in der Umgebung und auf den Höfen auf seiner Seite des Talflusses. Mit diesen zwei Freunden radelte ich jeden schulfreien Tag nach Sunndalsøra. Hier gingen wir immer in die Bibliothek, häufig auch in ein Café, oder wir zogen zum Ufer des Sunndalsfjords auf die eine Seite der Aluminiumfabrik, die hier am Ende des Tals ein riesiges Gebiet bedeckte. Diese Fabrik, die heute von der staatlichen Aktiengesellschaft Hydro betrieben wird und in der meine Brüder zusammen mit etwa zweitausend Menschen arbeiten, erhält ihren elektrischen Strom durch die großen Wasserkraftanlagen der Aura-Werke. Schon vor dem ersten Weltkrieg kam die moderne Technik in diesen kleinen Ort, der heute mit den zugehörigen Nachbarorten etwa 10 000 Einwohner hat.

Ich darf sagen, dass meine Kindheit und Jugendzeit von dem Spannungsfeld zwischen alter Bauerntradition und modernem Zivilisationsleben geprägt wurden. Eine interessante Tatsache zeigte sich durch die von der Fluor-Emission der Aluminiumwerke deformierten Schafschädel, die Lars »Østigar« während vieler Jahre unter seinem Stall an einem Balken aufhängen ließ. In den siebziger Jahren hörten die Bauern im niedrigeren Teil von Sunndal wegen der Abgase ganz damit auf, Milchkühe und Schafe zu halten. Unsere Gartenbeeren bekamen von denselben Abgasen eine Art zusätzlicher Haut. Heute ist jedoch diese damalige Umweltverschmutzung glücklicherweise viel geringer geworden. Als ich erwachsen war, entdeckte eine Ärztin bei mir im Gehirn eine Aluminiumvergiftung, die vermutlich mein schlechtes Kurzgedächtnis erklären kann.

In der Schule mochte ich mehrere Fächer sehr gern. Ich war wissensdurstig und machte meine Hausaufgaben gut. Die Lesestücke für Religion, Geschichte und Geographie lernte ich oft fast auswendig und konnte dadurch den Lehrerinnen und Lehrern immer antworten; meine rechte Hand war oft in die Luft gestreckt. Ich erinnere mich noch an die Geschichten aus dem alten Testament. Am liebsten hörte ich die von Joseph und seinen Brüdern in Ägypten und von den Träumen des Pharao. Ab der vierten Klasse gingen wir zwei Tage in der Woche in eine größere Schule. Dort bekamen wir Gymnastik, Werkunterricht, Kochen in der Schulküche und Englisch. In diesen Jahren war mein

Lieblingsfach allerdings Schönschrift, was wir leider nur einmal in der Woche hatten.

Einmal hatte ich von meiner Mutter neue schwarze Filzgummischuhe bekommen. Für ein mit anderen fremden Klassen durchgeführtes Orientierungsfach mussten wir die Schuhe in der Eingangshalle stehen lassen. Als ich nach der Stunde hinauskam, stand da statt meiner neuen Lieblingsschuhe ein Paar gleicher alter Schuhe auf dem Boden. Ich sprach sofort meine Lehrerin an; ich meinte sogar zu wissen, wer der Dieb war. Zu meiner Verzweiflung und Erschütterung jedoch ging die Lehrerin offenbar der Sache nicht weiter nach. Ich musste die alten behalten. Man konnte ja nicht beweisen, dass ich von uns zwei Buben derjenige war, der die Wahrheit sprach!

In unserer Heimatschule, die nur zwei Klassenzimmer, dazu Lehrerzimmer und Bibliothek hatte, ging es meist sehr freudig zu. Ab und zu geriet ich dennoch in einen Ringkampf, meist mit Arnfinn. Wegen Kleinigkeiten fing ich an ihn wegen seiner roten Haare zu hänseln. Dann griff er mich an, und der Streit war nicht mehr zu vermeiden, doch wurden wir meist von der Schulglocke oder dem Lehrer selbst getrennt.

In der vierten bis sechsten Klasse hatte ich einen Lehrer namens Ingolf Sæther – er war nicht mit mir verwandt –, der im Unterricht immer auf verschiedenerlei Art Äpfel benutzte. Beim Rechnen teilte er die Äpfel mit einem Taschenmesser. Das Besondere daran war Folgendes: Wenn wir Schüler Aufgaben lösen sollten, saß er auf dem Katheder, teilte die Apfelstücke in noch kleinere Stückchen, um sie aufzuessen. Gleichzeitig aber schabte er sich mit dem kleinen Messer die Ohren rein.

Viele Jahre nach seinem Tod erzählte mir Torbjørn, dass der Lehrer als Knabe von seinem Großvater ein Taschenmesser bekommen hatte, das ihm aber später verloren ging. Er hat sich dann als Erwachsener sehr bemüht, wieder solch ein Messer zu finden und zu kaufen.

Aus einem Schrank in unserem Klassenzimmer, dessen Türen nie verschlossen waren, konnten wir immer Bleistifte, Schreibhefte und andere Hilfsmittel holen. Eines Tages, kurz vor Schulschluss, als der Lehrer im Lehrerzimmer das Telefon abnehmen musste, gingen wir Jungen zum Schrank und füllten uns die Taschen mit neuen Füllhalterpatronen. Später, an der Bushaltestelle bei der Hängebrücke, legten wir die Patronen in schönen langen Reihen auf die Fahrbahn. Wir versteckten uns hinter der Mauer am Wegrand, um auf unsere älteren Geschwister zu warten, die mit dem nächsten Autobus von der anderen Schule kommen sollten. Wir hatten aber nicht damit gerechnet, dass unser Lehrer, der oft mit demselben Bus nach Hause reiste, jetzt, als der Bus herankam und mit den Vorderreifen die Patronen überfuhr, als Erster aus dem vollen Bus stieg, um die Jugendlichen aussteigen zu lassen. Selbstverständlich entdeckte er die Tinte samt den zerplatzten Patronen auf der Straße – wie auch seine Schüler, die hinter der Mauer große Augen machten. Am nächsten Schultag hielt er uns eine ganz schöne Standpauke!

In den Pausen wurde meist eine Art Schlagball gespielt. Darüber hinaus liebte ich Weitsprung und das Sprinten. Einmal lief ich mit Gummistiefeln die 60 Meter in 9,1 Sekunden. Bei den winterlichen Sporttagen, an denen alle Schulen der ganzen Gemeinde teilnahmen, war meine Bestleistung ein 5. Platz im Skisprung. Da ich auch in die 5. Klasse ging, fand ich diese Platzierung gut.

Die Welt

In meinem neunten Lebensjahr kam ein neuer Einschlag in mein Leben. Das war das Fernsehen. Bis dahin hatten wir nur ein Radio, neben dem wir ja schon seit Jahren jeden Samstag zwischen drei und vier Uhr voller Spannung dem Kinderhörspiel gelauscht hatten. Von nun an entdeckte ich mehr und mehr von der Welt: Sport, Politik, Debatten, Dramen und später die Kriminalserien. Seit ich sieben war, hatte ich schon viele Indianer- und Cowboyfilme im Kino auf Sunndalsøra gesehen. Für die winterlichen Kinoprogramme mussten wir damals oft eine Stunde lang in der Kälte Schlange stehen, um Karten zu kaufen.

Den Mord an Präsident J. F. Kennedy erfuhr ich als etwas Schreckliches. Ich entdeckte, dass vieles in der Welt krank war. Ich begann, mit den freiheitlichen Sozialisten zu sympathisieren. Später, während der Gymnasialzeit, abonnierte ich eine Sozialistenzeitung und wurde für zwei Jahre Mitglied der Jungsozialisten, die aber gegen die Marxisten-Leninisten kämpften. Von da an war ich gegen Waffen aller Art und wurde selbstverständlich später Militärdienstverweigerer. Die Jagd mit Pfeil und Bogen, später mit der Schrotflinte auf Wildvögel, die meine Brüder und ihre Freunde betrieben, machte ich fast nie mit. Als Georg die ausgestopfte Eule »Hubron«, die in meiner Kindheit im Wohnzimmer stand, und die die jungen Jäger als Lockvogel benutzen wollten, im Wald vergaß, sodass sie von Wind und Wetter ganz zerstört wurde, wurde ich sehr zornig auf ihn.

In einer Kindheitsphase liefen wir überall in den Wäldern und an den Fjordklippen umher, um Vogeleier zu suchen. Man durfte nur ein Ei aus jedem Nest nehmen. Wir bohrten zwei Löcher und bliesen das Eiweiß und Eigelb vorsichtig aus. Es war nicht immer so einfach, die zerbrechlichen Eier mit ihren vielfarbigen Mustern heil nach Hause zu bringen.

Die wunderschönen Landschaften meiner Heimat boten vielerlei Gelegenheit zu allen möglichen Spielen und Beschäftigungen. An den dunklen Herbstabenden wurden auch mal Äpfel aus den Gärten der Bauern gestohlen. In den Bäumen bauten wir Hütten, außerdem stellten wir Paddelboote her, um die Stromschnellen in der Driva zu durchkreuzen. Die Höhlen am Rand des Gebirges wurden erforscht und vor dem Eingang mit Holzbrettern umbaut. Wir kletterten an den Klippen und rollten Steine über die Felsvorsprünge hinunter. Einmal kam der Bauer Fredleiv »Håven« und wollte wissen, ob wir eins seiner Kälber auf diese Weise getötet hätten. Wir waren es zwar nicht gewesen; doch hatten wir am selben Vormittag fremde Fahrräder nicht weit von seinem Hof gesehen.

Valsøyfjord

Es gab eine andere, mildere Landschaft, die unserer Familie auch viel Freude machte. Es war die Heimat meines Vaters in Valsøyfjord: Wir mussten etwa zwei Stunden mit dem Auto fahren, einmal mit der Fähre einen Fjord überqueren, dann weiter nach Nordwesten an sieben, acht weiteren Fjorden vorbei. Mein Vater ist auf dem großen Bauernhof »Gullikbakkain« aufgewachsen. Die Besitzer aus unserer Familie reichen bis ins siebzehnte Jahrhundert zurück. In meiner Kindheit ließ mein Onkel Sverre, der damalige Besitzer, einen Bautastein aufstellen, auf dem er die lange Namensliste in eine Kupferplatte eingraviert hatte.

Mein Vater hatte noch fünf andere Geschwister. Drei Schwestern wohnten mit ihren Familien in Sunndal. Den zweiten Bruder habe ich nie erlebt. Nachdem er an einer Jugendschizofrenie erkrankt war, lebte er immer in einer Anstalt. Mein Großvater Gullik Sivertsen Sæther war ein kleiner, aber willensstarker Mann, der den Hof sein Leben lang modernisierte und ausbaute. Er verwandelte auch die sehr schmalen steil abschüssigen Hänge in weitere Ackerflächen. Am liebsten hat er sein Waldland mit neuen Tannen bepflanzt. Erst heute werden durch seinen Enkel diese großen Waldflächen für den Abtransport des Holzes durch eine neue Waldstraße zugänglich gemacht.

Mein Großvater erzählte mir in hohem Alter – er starb mit über neunzig Jahren –, dass er nie vergessen könne, wie ein Pfarrer in einen Grenzstreit verwickelt war, der zu Ungunsten meines Großvaters ausging, was sein Vertrauen in den Pfarrer sehr verletzt hat. Seither hatte er an der Kirche kein gutes Haar mehr gelassen. Er sagte mir, ich solle Schullehrer werden; man sei dann Staatsangestellter mit langen Ferien, betonte er. Er und meine Großmutter Jonetta hatten in ihrem langen Arbeitsleben nie Ferien gehabt.

Die Stimmung am Hof in Valsøyfjord war immer heiter und gemütlich, auch während der politischen Diskussionen, die oft geführt wurden. Dies war vor allem zwei Menschen zu verdanken: einmal dem Kinderliebhaber Onkel Sverre, der noch kleiner war als sein Vater, aber trotzdem größere Hände hatte; zum andern trug wohl meine Großmutter Jonetta das Hauptverdienst an dieser guten Stimmung. Ich erinnere mich an sie zum Beispiel in der Küche nach der Melkarbeit. Sie stand da in ihrem geblümten Kleid, um für uns Kinder Pfannkuchen oder Waffeln zu backen. Nach ihrem Tod durfte ich ihre »Bratkuchen-« oder Waffeleisen erben.

Von all den Spielen, die wir hier während dieser Jahre mit unseren Kusinen gepflegt haben, erinnere ich mich speziell an einen Sommer, als wir Gleitflugzeuge kauften. Die hundertmeterlangen steilen Hügelabhänge waren wie geschaffen dafür. Wir liefen hinab und hinauf, tagelang, mit unseren lieben Spielzeugen. Ich fragte mich, ob es wohl einmal auch möglich werden würde, dass der Mensch fliegen könne.

Der Löwentraum

Ich hatte verschiedene Fliegeträume. In einem Traum flog ich dicht über dem Erdboden in der Umgebung unseres Hauses. Ich hatte einen ähnlichen Propeller wie Astrid Lindgrens »Karlson vom Dach«. Bei mir war aber die Schraube hinten am Rücken unsichtbar. In einem anderen Traum konnte ich hoch über den Berggipfeln schweben und den Wasserfällen hinab folgen, in das Wasser hineingleiten und wieder in die Luft hinausfliegen. Endlich konnte ich im Tal landen. Da war aber die Fähigkeit zu fliegen verloren und ich musste unter vielen Strapazen den langen Weg nach Hause wandern.

Ich hatte auch mehrere Fallträume. In einem wiederkehrenden Traum fiel ich mit Skiern an den Füßen einen tiefen Brunnen hinab. Die Skispitzen ritzten die Steinmauer mit einem fürchterlichen Geräusch. Dann hörte der Brunnen plötzlich auf und ich fiel weiter in reine Luft hinunter. Ich wachte aber immer auf, ohne Boden zu erreichen.

Ein Traum mit Löwen war besonders eindringlich. Ich reiste zuerst mit meiner Familie im Ruderboot über einen Fjord. Dann kam eine Wanderung in einer Landschaft, wo ich zuletzt allein übrig blieb. Ich kam zu einem großen Gebäude. Durch eine Nebentür rechts konnte ich hineingelangen. Ich ging durch mehrere kleinere Zimmer, bis ich vor einem großen Saal stand. Ich trat ein und merkte, dass in der Mitte kein Boden war. Ich schaute nach unten und entdeckte viele wilde und hungrige Löwen. Es gab plötzlich keinen Weg mehr zurück und ich musste all meine Kräfte sammeln zu einem Sprung über den Löwenabgrund. Merkwürdigerweise gelang es mir hinüberzukommen und es war glücklicherweise das Außentor nicht verschlossen. Ich hatte mich gerettet und die Löwen blieben drinnen.

Erste Erfahrungen mit dem Tod

Mein Großvater Johannes starb, als ich neun war. Stärker als meine eigene Trauer fühlte ich die Trauer meiner Mutter mit. Sie reiste allein zum Begräbnis und als sie zurückkam, wollte ich genau wissen, wie er gestorben war und warum so etwas geschehen muss.

Zu dieser Zeit kannte ich schon durch ihre Wochenzeitungen den Reinkarnationsgedanken. Dieser Gedanke wurde mir sofort selbstverständlich. Ich konnte ihn aber zuerst nicht mit dem Sterben meines Großvaters in Verbindung bringen. Später sprach ich mit meiner Mutter über diese Fragen und es entwickelte sich zwischen uns eine Verbundenheit, die bis zu ihrem frühen Tod 1987 reichte.

In meinem zwölften Lebensjahr waren wir nochmals in Nordnorwegen. In diesem Sommer fand ich dort einen neuen Freund, den Sohn einer Jugendfreundin meiner Mutter. Bei mehreren Gelegenheiten trafen sich unsere Familien und ich unterhielt mich mit diesem Freund über verschiedene Lebensfragen, über unsere Erlebnisse mit Mädchen, über männliche und weibliche Geschlechtsorgane und andere »geheime« Themen. Eines Abends kam die Nachricht, dass sein Vater vermisst wurde. Zuletzt war er in seinem Motorboot hinausgefahren, um nach den Fischnetzen zu schauen. Das Boot wurde aber im Fjord von einem anderen Fischer leer gefunden. Ich fuhr zusammen mit dem Freund in diesem Boot hinaus, um nach seinem Vater zu suchen. Wir sprachen nicht viel. Wir wollten aber die Hoffnung nicht aufgeben, ihn doch irgendwo zu finden.

Nach einigen Tagen wurde der Leichnam jedoch von Tauchern auf dem Meeresboden in der Nähe der Familienbrücke gefunden. Ich war von dieser Nachricht schmerzlich betroffen. Mein Freund aber nahm den plötzlichen Tod seines Vaters sehr ruhig hin. Das hat mich tief beeindruckt.

Die Pfingst- und Johannifeuer

Im Jahr 1967 erhielt mein Vater das Baurecht in Grødalen, einem an das Sunndal angrenzenden Gebirgstal, etwa 800 Meter über dem Meer, wo viele Nachbarn und Bekannte von uns schon Hütten gebaut hatten. Mein Vater erledigte all die Vorarbeiten an den vielen Bauhölzern in seiner Schreinerei und in wenigen Tagen wurde dann die Hütte, auf einem Hügel mit Birken und Kiefern ringsherum, errichtet. Wir Brüder halfen so viel wie möglich mit. Die Jahrgänge von Hüttenbüchern erzählen von allen Ereignissen, Entwicklungen und Verwicklungen, die sich am »Hausin« – das wurde der Name der Hütte – im Laufe der nächsten Jahrzehnte abspielten.

In den kleineren Ferien hatten wir früher Tagesausflüge dorthin oder in andere Gegenden, oft zum Valsøyfjord gemacht. Von nun an verbrachten wir viele Ferienzeiten hier; zu Ostern aber waren wir immer da. Nur zu der ersten Osterfeier auf »Hausin« konnte meine Mutter nicht mitkommen. Sie war zum vierten Mal schwanger, im Alter von 38 Jahren. Wir hatten uns immer nach einer Schwester gesehnt, und am Tag nach dem Nationalfeiertag, dem 17. Mai, kam Dagny Helen zur Welt. Ich ging damals schon in die siebte Klasse.

Mit meinen Brüdern pflegte ich in diesen Jugendjahren immer weniger Kontakt, außer zu Hause. Wir hatten verschiedene Freunde und entwickelten unterschiedliche Interessen. Einerseits trieb ich weiter Sport und hatte meinen Umgang mit Odd, Arnstein und anderen Kameraden, zu denen auch mehrere Mädchen aus der Nachbarschaft gehörten. Abends trafen wir uns, spielten Popmusik wie Jim Reeves, Beatles und Bob Dylan und sprachen über Gespenster, Filme und alles, was sonst noch aktuell war. Andererseits war ich viel zu Hause, passte auf meine Schwester auf, begleitete ihre ersten Lebenserfahrungen ganz aus der Nähe und vertiefte mich außerdem in meine vielen Bücherprojekte.

Als ich eines Tages mit Arnstein und Atle nach der Schule auf dem Heimweg war, führte ich ein neues Spiel ein. Wir fuhren mit den Rädern über den Weggraben zu einem abgeernteten Getreideacker, ließen uns auf die Erde fallen und spielten dann, wir seien Verstorbene. Mit ausgestreckten Armen liefen wir in großen Bögen hin und her. Ich versuchte mir vorzustellen, wie es jenseits der Schwelle des Todes aussehen könnte. Wir sprachen über einen Menschen, der seinen Tod durch Selbstmord gefunden hatte.

Zweimal im Jahr trafen sich alle Menschen aus Mæle zum Tanzen in der Natur. Dies geschah zu Pfingsten und zu Johanni. In den Wochen davor sammelten wir trockenes Reisig und Äste, die der Sturm von den Bäumen gebrochen hatte. Es wurden riesengroße Feuer entzündet. Das Pfingstfeuer lag oft am Fuße des »Hovenhammar«, einem großen Felsabhang, von dem wir das Feuermaterial von oben hinunterwerfen konnten. Das Johannifeuer fand wegen der Waldbrandgefahr meist am Drivafluss statt. Die Kinder brachten Sprudel und Kekse mit, die Erwachsenen tranken Bier oder selbstgebrannten Schnaps. Dies in unserem Land wegen der strikten norwegischen Alkoholpolitik sehr verbreitete ungesetzliche Selbstbrennen lernte ich in früher Jugend kennen. Wir machten es auch selbst, bei jemandem zu Hause, wenn die Eltern verreist waren, oder in einer der Waldhütten, die Georg und seine Freunde gebaut hatten.

Das Tanzen stand aber im Mittelpunkt meines Interesses. Einige Väter spielten die Ziehharmonika, oder es wurde zu Popmusik vom Tonband getanzt. Ich verliebte mich in verschiedene Mädchen, und bei diesen Tanzfesten konnte ich meiner Seelenhaltung nachgehen und sie weiterentwickeln. Später gehörten die an Samstagabenden stattfindenden Tanzveranstaltungen in verschiedenen Lokalen der Gemeinde ringsum zum sozialen Höhepunkt der Woche. Einige Jahre lang pflegte ich diese Interessen mit anderen Freunden aus unserem Schulkreis in einem Jugendclub.

In der Schule wurden wir bei manchen Fächern in drei Stufen je nach Intelligenzreife eingeteilt. Ich gehörte zu den Besten in der Klasse, was aber in jeglicher Hinsicht nicht nur positiv war, weil ich von einigen Jungen wegen meines »Besserwissens« schikaniert, ja von einem Mitschüler zwei Jahre lang regelrecht drangsaliert wurde. Ich wusste mich schon zu schützen, sodass es zu keinen schlimmen Kämpfen kam. Es war aber schrecklich zu erleben, dass die Lehrer, die in den Pausen Aufsicht hatten, von solchem »mobbing«, das oft im Schulgarten entstand, kaum Notiz nahmen.

Seit der dritten Klasse brauchte ich eine Brille. Meine sogenannte Hornhautverkrümmung wurde dadurch entdeckt, dass ich Schwierigkeiten hatte, die Untertitel im Fernsehen zu lesen. Ich trug die Brille, bis ich einundzwanzig war, dann legte ich sie aufgrund einer Sehverbesserung selbst ab. Ich erinnere mich, als ich fünf war, dass ich zu Hause auf der Treppe stand und auf die anderen Kinder ärgerlich war, die im Schnee spielten, weswegen, weiß ich nicht mehr. Da warf plötzlich Erik, der Onkel von Odd, einen Schneeball, in dem ein Stein versteckt war, und traf mein linkes Auge. Mein linkes Auge war das schlechtere. Es war alles andere als lustig, von anderen Jungen, die keine Sehschwäche hatten, »Brillen-Jesus« genannt zu werden.

Der Schießplatz

Eine Möglichkeit, sich als Jugendlicher Geld zu verdienen, war, auf dem Schießplatz auf Furu zu arbeiten. Wir waren eine Gruppe von Jungen und Mädchen, die in den Zielgräben mit langen Zeigestäben die jeweiligen Schüsse anzeigen sollten. Jeder Schuss auf der runden Zielscheibe hatte sein Zeichen, das wir mit einer genauen Markierung der oben am Stab befestigten runden Scheibe – die auf der einen Seite schwarz und auf der anderen weiß war – angeben mussten.

Nach jeder Schussrunde mussten die Löcher in der Pappzielscheibe mit kleinen Papierchen mit einem Pinsel zugeklebt werden. Es gab zwei Zielrahmen, die von Hand hoch und runter geholt wurden. Jede Schießrunde hatte zehn Schuss. Wenn ein Loch fehlte, hatte der Schütze einen Fehlschuss gehabt. Das wurde mit einer hin und her gerichteten Bewegung markiert. Ein Volltreffer ins Schwarze wurde mit einer sich auf der Stelle drehenden Bewegung angezeigt, sodass schwarz und weiß als ein blinzelndes Zeichen von den Schießrichtern gesehen werden konnte.

Wir kommunizierten mit der Schießleitung mittels altmodischer Mobilradiosender. Als Neuling durfte man nicht sofort mit der Zeigestange arbeiten. Es waren normalerweise zwei Mitarbeiter an jedem Zielort, und wenn der eine zeigen musste, hatte der andere parat zu sein zum Kleben. Nach der harten Arbeit an so einem langen Samstag war das Geld wohlverdient.

Dann radelten wir am Abend direkt zum Kiosk, um Süßigkeiten oder Wild-West-Serien und illustrierte Jules-Verne-Ausgaben einzukaufen. Wer schon sechzehn war, kaufte sich eventuell ein erotisches Herrenmagazin. Eine Zeit lang wurden die Teenager-Zimmerwände flächendeckend mit Fotografien von hübschen Frauen tapeziert.

Die Zeit der Motorräder

Nach der Konfirmation begann für mich ein neuer Lebensabschnitt. Von einem Teil des Konfirmationsgeldes kaufte ich Ola »Bakko« sein altes Motorrad ab. Mit Georgs Hilfe, er besaß schon ein eigenes Kraftrad, restaurierte ich das Rad und lackierte es um in den Farben Signalblau und Signalrot. Glücklicherweise hatte ein Fahrradhändler in alten Kisten noch »Villiers«-Motorersatzteile liegen. Dieses Fabrikat war schon seit langem nicht mehr im Handel. Kaum hatte ich das nötige Alter erreicht, machte ich den Motorradführerschein.

Die viele Zeit, die ich dieser neuen Beschäftigung widmete, hatte aber einen schlechten Einfluss auf die Schularbeit. Meine Leistungen Ende der neunten Klasse waren zunächst nicht gut genug, um mir einen Platz auf dem Gymnasium zu sichern, das ich wegen seiner naturwissenschaftlichen Ausrichtung am liebsten besucht hätte. In meiner frühen Jugend hatte ich mir sehnlich gewünscht, entweder Tierarzt oder Architekt zu werden. Als ich dann aber mit Englisch in den sprachlichen Zug des »Tingvoll Gymnas« aufgenommen wurde, musste ich anfangen, mir eine andere Zukunft auszumalen. Was mich auch interessierte, war eine künstlerische Ausbildung. Jetzt überließ ich mich aber dem Schicksal.

In meiner Kindheit und Jugend waren meine Erfahrungen mit eigenen Krankheiten oder Unfällen mit Verletzungen nicht so eingreifend. Wie alle Kinder musste aber auch ich selbstverständlich die Geheimnisse der Leiblichkeit durch solche Veränderungen entdecken und erfahren. Zum Augenarzt mussten wir nach Molde fahren, einer Stadt, die durch ihre Rosen und Jazzfestivals bekannt geworden war. Mit Zwölf wurde mir ein wachsendes schwarzes Muttermal an meiner rechten Hand wegoperiert, und mit Siebzehn musste ich mich einer Mandeloperation unterziehen. Dieser Aufenthalt im Krankenhaus zu Molde wurde aber durch eine Begegnung mit einer liebreizenden jungen Patientin versüßt.

Zum Gymnasium auf Tingvoll

Auf Tingvoll, etwa fünfzig Kilometer von Sunndalsøra in Richtung der Landeshauptstadt Kristiansund, bekam ich eine Studentenwohnung, zusammen mit sieben anderen Studenten im selben Haus. Hier fand ich sofort neue Freunde. Es zeigte sich, dass das Studentenhaus, »Holan« genannt, im Dorf wegen seiner traditionellen Trinkgelage einen schlechten Ruf hatte. Während des ersten Trimesters benutzte auch ich mein Stipendium wie die anderen Saufbrüder zum Erwerb von Rhabarberwein.

Mit den Mitstudenten Jostein D., Einar-Bjørn und Jo begann ich aber auch meine eigentlichsten Interessen weiterzuentwickeln. Wir bestellten UFO-Zeitschriften und esoterische Literatur aus Schweden.

Ich hatte schon früher durch eigenes Suchen die Philosophie entdeckt und war daher bereits mit Sokrates, Platon und dem Neuplatoniker Plotin vertraut. In diesem kleinen Kreis diskutierten wir die Thesen von Erich von Däniken und beschlossen, die Bibel nach unseren Vorstellungen umzuschreiben. Wir bestellten Bücher über Reinkarnation und parapsychologische Phänomene und untersuchten das Christentum, wie es im lokalen Missionshaus gepflegt wurde. Die Religionsstunden in meiner Klasse wurden zu einem Hauptanliegen, weil ich dann dem Lehrer, der wie wir wussten, bekennender Christ war, polemische Fragen stellen konnte. Ein Trimester lang war ich auch Redakteur der Wandzeitung im Gymnasium und schrieb Aufsätze zu diesen Themen.

Neben den Hausaufgaben befasste ich mich in diesen Studienjahren viel mit Literatur. Das Aufsatzschreiben war für mich schon von früher her ein wichtiges Gebiet. Als Zwölfjähriger hatte ich angefangen, eine Kriminalgeschichte zu schreiben, die aber nie beendet wurde. Jetzt verwandte ich viel Mühe auf meine Aufsätze in der Schule. Henrik Ibsen und seine Dramen »Peer Gynt«, »Die Wildente« und »Wenn die Toten erwachen« sprachen mich zutiefst im Herzen an. Ich entdeckte den norwegischen Dichter Sigbjørn Obstfelder, die deutschen Dichter Goethe, Schiller und Heinrich Heine, und ich begann, eigene Gedichte zu schreiben – in einem symbolistischen Stil.

Ich ließ mir die Haare wachsen und hörte gerne Musik von Bob Dylan, Simon and Garfunkel, The Rolling Stones und Creedence Clearwater Revival. In unserem Studentenhaus gab es weder Badezimmer noch Dusche. So wurde die Schwimmhalle ein häufig besuchter Ort am Wochenende.

Im Frühling 1971 – ich war 17 – beschloss ich mit einigen gleichgesinnten Kameraden, das schulterlange Haar fallen zu lassen. Wir tonsurierten zuerst den Schädel, nach einigen Tagen ließ ich alles abschneiden. Zu Hause fand diese Tat keinen Beifall, auch nicht bei den früheren Freunden, die ich zu einem Tanzfest auf Grøa begleitete. Ich fühlte mich von dem alten Freundeskreis ausgeschlossen und ging gesenkten Blikkes den langen Weg nach Hause, mitten durch die Sommernacht. Ich erlebte die Einsamkeit wie das Erwachen aus einem Traum.

Ein geistiges Reinkarnationserlebnis

Nachdenklich, aber zufrieden kam ich zu Hause an und ging zu Bett, konnte aber nicht einschlafen. Mehrere Stunden lag ich wach und durchdachte einige Episoden aus meinem Leben. Plötzlich überkam mich ein starkes und ungewöhnliches Gefühl. Ich erlebte es so, als ob ich bald sterben würde und dachte, wenn dies mein Schicksal sei, so solle der Tod kommen. Ich bekam keine Angst und sofort war das Sterbegefühl weg.

Vor meinen Augen entfaltete sich eine Bilderwelt, die ich sogleich als Bilder aus einem früheren Leben als Mann im Amerika des neunzehnten Jahrhunderts erkannte. Ein Name – Ronald B. Dixon – war verbunden mit diesem Menschen, den ich als mich selbst auf dem damaligen Sterbebett erblickte. Die Bildfolgen gestalteten sich am Schluss zu einem merkwürdigen Zeitbogen, der sich in dem Datum »3. Mai 1953« auflöste. Nachher erkannte ich, dass dieser Tag genau neun Monate vor meiner Geburt lag. Er konnte also als mein Konzeptionsaugenblick angesehen werden.

Während dieses Erlebnisses war ich hellwach und ich konnte meine Situation – mich selbst als in meinem Jugendzimmer im Bett liegend – vollbewusst wahrnehmen. Am nächsten Morgen, als ich das Erlebnis im Tagebuch niederschreiben wollte, merkte ich, dass die Erinnerungen sehr schwer festzuhalten waren.

In der nächsten Zeit versuchte ich einigen Familienmitgliedern und Freunden das erschütternde, aber zugleich erhabene Erlebnis zu erzählen. Als nur wenige Menschen überhaupt ein Verständnis dafür zeigten, oder mir Hilfe als Bestätigung geben konnten, beschloss ich zu schweigen. Alle Angst und Zweifel, die ich bis dahin dem Übersinnlichen und dem Tod gegenüber gehabt hatte, waren von nun an völlig verschwunden. Ich hatte die geistige Welt als eine persönliche Wahrheit erlebt.

Die Begegnung mit der Anthroposophie

Im folgenden Herbst des zweiten Studienjahres intensivierte ich mein Streben in zwei Richtungen. Einerseits kaufte ich mir einen amerikanischen Heimtrainer, um meinen physischen Körper aufzubauen. Während einiger Monate zum Beispiel erhöhte ich mein Gewicht um fünf Kilogramm durch extra Proteinzusatz. Andererseits fing ich an, anhand der Angaben eines Verfassers, der in Indien gelebt hatte, zu meditieren.

Eine entscheidende Begegnung im Spätherbst dieses Jahres führte zur Begegnung mit der Anthroposophie Rudolf Steiners.

Durch einen Hinweis des Vaters von Einar Bjørn entdeckten wir Arnold Wangsmo. Er war in der Öffentlichkeit durch seine Zeitungsaufsätze bekannt geworden und hatte sich in verschiedenen Debatten auf »freidenkerische Art« eingesetzt, wie der Bauer zu »Holan« es ausdrückte. Er selber hielt Wangsmo für zu spitzfindig, unserer Generation würde er aber sicher gefallen, meinte er. Wir – die Gruppe von fünf jungen Männern und einer jungen Dame – nahmen sofort mit Wangsmo Kontakt auf und gingen eines Sonnabends zu ihm. Es wurde uns gleich klar, dass wir es mit *dem* »Philosophen von Nordmøre« zu tun hatten – der Ausdruck stammte aus einem Zeitungsinterview mit ihm.

Wangsmo rauchte die ganze Zeit, als wir bei ihm im Wohnzimmer saßen, und erzählte. Er hörte sich unsere Fragen an und begann über Rudolf Steiner zu sprechen. Er erzählte auch von seinen Jahren mit den sogenannten Anthroposophen Einar Sørensen und André Bjerke im »Riksmålsforbundet«, einer in Norwegen bekannten Vereinigung für den Zweig der norwegischen Sprache, das »Riksmål«, der sich aus dem Dänischen entwickelt hatte. Es gibt ja seit dem neunzehnten Jahrhundert in Norwegen mehrere Schriftsprachen, die bis heute miteinander im Kulturstreit stehen. In den fünfziger Jahren setzten sich viele Anthroposophen in diesem öffentlichen Kampf für eine spirituelle Sprachkultur ein.

Arnold Wangsmo erzählte weiter von seinem Briefwechsel mit dem in Skandinavien berühmten Dichter Alf Larsen. Dieser war in den dreißiger und vierziger Jahren ein bekannter Kulturkritiker, durch die Monatsschrift »Janus«, die er zwischen 1933 und 1941 herausgab. Dabei machte er sich in der Öffentlichkeit zu einem Vertreter der Impulse für die soziale Dreigliederung Rudolf Steiners, mit deren Hilfe er den Nationalsozialismus durchschaute und kritisierte, der in Norwegen durch Vidkun Quisling verbreitet war.

Wangsmo erzählte von dem Dichter Olav Aukrust, der auch Anthroposoph gewesen war, aber in der Sprachart schrieb, welche sich aus den norwegischen Dialekten entwickelt hatte. Und er rezitierte lange Passagen aus »Himmelvarden«, Aukrusts Hauptwerk, in dem dieser seinen geistigen Schulungsweg anhand von Seelen- und Naturbildern entwickelte. Wangsmo sprach über das Denken und die Bedeutsamkeit wahrer Ideen. Er sprach über Reinkarnation und Karma und erzählte, dass sich im Geburtsaugenblick die Sterne und Planeten als ein Ausdruck dieses kosmischen Moments dem physischen Gehirn des Neugeborenen einprägten. Er sprach über das Christentum und über den Christus als kosmisches Wesen, das er Logos nannte.

Ich wusste, dass ich in dieser Nacht mein Schicksalsmotiv gefunden hatte. Die Anthroposophie war ein Ausdruck in der Welt für das, was ich immer in meinem Herzen getragen hatte. Hier bekam ich durch einen Menschen, der nicht von sich selber sprach, sondern immer Hinweise gab auf andere Menschen, eine Antwort auf meine tiefste Lebensfrage: Was ist der Sinn eines Erdenlebens? – Wir gingen mehrmals zu ihm; der kleine Kreis schrumpfte aber zusehends, bis nur ich allein noch die zwei Kilometer zu Fuß zu ihm ging. Ich war der einzige aus dem Studentenkreis, der den Kontakt mit ihm bis heute aufrechterhielt. Später wurde ich auch mit seiner Frau, Margot, und den zwei Söhnen bekannt, die alle mit der Anthroposophie verbunden sind.

Wangsmo kam auch zu Besuch zu uns in Sunndal und meine Eltern fanden es interessant, ihn kennen zu lernen. Beide fingen an, Steiner zu lesen. Meine Mutter und ich hatten schon immer untereinander Bücher ausgetauscht und so ging es weiter. Sie wurde mit der Anthroposophie eng verbunden. Mein Vater aber verband sich zuerst nur mit Steiners sozialen Ideen. Durch unsere Gespräche jedoch erlebte ich eine Veränderung in seiner bis dahin nur auf die praktische Seite des Lebens gerichteten Art. Er griff das Gedichteschreiben wieder auf, das er in seiner Jugend hatte einschlafen lassen. In den folgenden Jahren konnte man seine Naturgedichte und kleinen politischen Essays in der Ortszeitung lesen. Er setzte sich für die Lokalpolitik ein und wurde in den Gemeinderat gewählt.

Arnold Wangsmo lieh mir anthroposophische Literatur und alte norwegische anthroposophische Zeitschriften aus. Ich begann Bücher von Steiner, Friedrich Rittelmeyer, Emil Bock, Hermann Poppelbaum und anderen beim »Vidarverlag« in Oslo zu bestellen. In der Weihnachtszeit 1971 kam das erste Postpaket mit Steiners Vorträgen über »Das Johannesevangelium«, »Wie Karma wirkt« und noch anderen Schriften. In den nächsten anderthalb Jahren bekam ich regelmäßig neue Büchersendungen aus Oslo, die ich auf meinem Pult zuvorderst links im Klassenzimmer auspackte. Ohne mich vom anthroposophischen Studium abhalten zu lassen, das mir von nun an eine Angelegenheit wie Essen und Schlafen wurde, bestand ich mein Abitur mit guten Noten.

Neben der englischen Sprache und dem Französischen – Letzteres ging mir nach einigen Jahren leider ganz verloren – legte ich in diesen Jahren den Grund zur Beherrschung der deutschen Sprache. Die deutschen Klassiker aus der Romantik, besonders Goethe, Schiller und Novalis, wurden von nun an lange Zeit in Originalsprache meine poetischen Begleiter.

Sokrates und Platon

Durch Wangsmo wurde ich ermutigt mich in eine Zeitungsdebatte einzuschalten, bei der auch die Anthroposophie kritisiert wurde. Mit seiner Hilfe schrieb ich meinen ersten öffentlichen Aufsatz. Es ging um die Anthroposophie als philosophische Weltanschauung, die durch eine spirituelle Perspektive zu neuen sozialen Impulsen führen konnte. Im Sommer des Jahres 1972, als ich auf einem Bauernhof zweier alter Schwestern bei der Arbeit half, schrieb ich einen weiteren Aufsatz in zwei Teilen, der hieß »Logos – oder das schaffende Wort«.

Im zweiten und dritten Gymnasiumsjahr betrieb ich die Pensumstudien mit großem Interesse. Das Studium der Schriften und Vorträge von Steiner sowie anderer Autoren, die ich las, hatte prägenden Einfluss bis in meine Schulaufsätze, die ich am liebsten zu literarischen oder philosophischen Themen schrieb. Als Abschlussarbeit zum Abitur schrieb ich eine Studie über Sokrates und Platon, anhand Steiners Beschreibungen in dessen Büchern »Goethes Weltanschauung« und »Das Christentum als mystische Tatsache«. Besonders beeindruckte mich das Motiv der gekreuzigten Weltseele bei Platon und die Haltung des Sokrates in seiner Sterbesituation.

Von nun an wurden, wie bei Wangsmo, die Dichter Aukrust, Larsen und Bjerke für viele Jahre zu meinen Begleitern. Ein Gedicht von Alf Larsen, das die Wirkungen des Auferstandenen in der Natur beschrieb, löste in meiner Seele bestimmte Gefühle aus. Seine humoristischen Grotesken in der Sammlung »Stimmungen an den Ufern des Okeanos« inspirierten mich später, Ende der siebziger Jahre, die eigenen poetischen Versuche wieder aufzugreifen.

Durch einen Essay von Alf Larsen kam ich mit den Romanen von Olav Slåtto in Berührung. Ich las seine Romanserie »Die Geschichte des Røgnald-Volkes« und begleitete die Hauptperson durch ähnliche schmerzliche Erfahrungen wie im Drama »Brand« von Henrik Ibsen.

In meinem persönlichen Leben machte ich meine eigenen Schritte durch Liebesleid und soziale Missverständnisse durch. Eine Episode, die mein Verhältnis zum Alkohol veränderte, war folgende: Am Fasching und den Tanzveranstaltungen im Gymnasium nahm ich freudig teil. Eines Abends ging ich zu solch einem Fest. Ich hatte eine Weinflasche in der Tasche versteckt, als ich durch eine offene Hintertür das Gebäude betrat. Ich ging den dunklen Flur entlang, als plötzlich mein Klassenlehrer vor mir stand. Er durchschaute sofort meine Absicht und sagte: »Das hätte ich nicht von dir erwartet, Jostein.« Ich schämte mich und sagte, ich würde sofort nach Hause gehen. Auf dem Heimweg warf ich die noch ungeöffnete Weinflasche in den Straßengraben. Seit diesem Vorfall hat der Alkohol keinen entscheidenden Einfluss mehr auf meinen Lebensweg gehabt.

Sigrid Mørch-Reiersen und »Brücke über den Strom«

Durch Arnold Wangsmo erfuhr ich, dass es in Schweden ein nordisches anthroposophisches Jugendseminar gäbe. Ich bekam die Adresse und bat schriftlich um Prospekte. Im Winter 1973 entschloss ich mich, im Sommer eine Jugendtagung, und vom Herbst an »Allmänna linjen«, ein Einführungsjahr, mitzumachen. Ich erhielt für beides einen Platz und nach dem undramatischen Abitur und einer Ferienarbeit – dem Pflanzen von tausend kleinen Tannenbäumen, die mir dieselbe Summe in norwegischen Kronen einbrachte – machte ich mit dem Zug über Oslo meine erste Auslandsreise.

In Oslo besuchte ich Sigrid Mørch-Reiersen, die im Stadtteil Bygdøy wohnte. Sie war eine alte Anthroposophin, 1895 geboren, mit der ich durch die Bibliothekarin des Vidar-Zweigs im Jahr zuvor in brieflichen Kontakt gekommen war. Während der nächsten Jahre, fast bis zu ihrem Tod 1986, stand ich mit ihr in Verbindung. Kam ich auf meinen weiteren Reisen durch Oslo, so besuchte ich sie. Sie beantwortete meine Fragen zur Anthroposophie und sagte, Rudolf Steiner habe darüber gesprochen, dass man mit jemandem, von dem man geträumt habe, in einem früheren Leben zusammen gewesen sei.

Sie sprach über die Waldorfpädagogik und meinte, ich solle Waldorflehrer werden. Ihre eigenen Kinder hatten die Waldorfschule in Oslo besucht. In ihrem Berufsleben war sie von der Ausbildung her Hauswirtschaftslehrerin gewesen, hatte aber auch einige Jahre in einer Blindenschule als Literaturlehrerin gewirkt. Später erfuhr ich, dass sie allen Menschen gegenüber, mit denen sie in Kontakt kam, eine besondere, liebevolle Haltung zeigte.

Sie schenkte mir mehrere Jahrgänge einer norwegischen Zeitschrift über Waldorfpädagogik. Das Besondere zwischen uns wurde aber das Thema der Verstorbenen. Sie schenkte mir die Schriftenreihe »Brücke über den Strom«, die Berichte enthält von einem im ersten Weltkrieg gefallenen Musiker, Siegward genannt. Durch seine auf der Erde weiterlebenden Schwestern vermittelte er manches aus seinem nachtodlichen Dasein in der geistigen Welt. Es beeindruckte mich, dass Rudolf Steiner diese Berichte als wahre geistige Dokumentationen bestätigt hatte. Zehn Jahre nach Sigrids Tod sollte sich zeigen, wie die damaligen Gespräche mit ihr über diese Fragen in meiner Seele zu einer unerwarteten Erfahrung führten.

Der erste Aufenthalt in Järna

Beim Einsteigen in den Pendelzug in Södertälje hatte ich die ersten Begegnungen mit schwedischen Anthroposophen. Es war ein heißer Sommertag und als ich meinen schweren Rucksack abstellte, blieb ich neben einer älteren Frau und zwei Herren, einem älteren und einem jüngeren, stehen. Es waren Rut Nilson, Arne Klingborg und Urban Forsén, mit denen ich in den nächsten Jahrzehnten viel zu tun haben sollte.

Durch Rut Nilson angeregt, begann ich die Geschichte des Grals zu studieren. Ihre noch im hohen Alter gehaltenen Vorträge über den Weg des Parzifal und ihre Erforschung der Rosenkreuzerbewegung in England im siebzehnten Jahrhundert gaben mir das Gefühl, dass sie zu diesen geistigen Strömungen gehörte. Sie erzählte von ihren persönlichen Begegnungen mit Rudolf Steiner in Dornach und vom Brand des ersten Goetheanum, den sie vor Ort miterlebt hatte. Sie schilderte in prophetischen Bildern, dass in Zukunft auf allen Hügeln der Welt, wo anthroposophische Gemeinschaften sich als Kulturinseln zusammenfänden, Doppelkuppelgebäude entstehen würden. In ihrem Zweig »Björkagruppen« fanden sich Menschen zusammen, die sich durch ihre gemütliche, humorvolle und herzenswarme Ausstrahlung angezogen fühlten.

In Urban Forsén begegnete ich einem Menschen, der mir als ethisches Vorbild erschien. Durch seine zurückhaltende und milde, aber selbstbewusste Art angeregt, begann ich meine Wirkung auf andere Menschen zu untersuchen. Um mir ein Taschengeld zu verdienen, arbeitete ich jeden Nachmittag in dem Laden »Robygge«, den er gegründet hatte. Ich kaufte mir pflanzengefärbte Garne, die er im Laden verkaufte, um bunte Mützen und Westen zu häkeln. Für viele Jahre fand ich hier meinen Stil: mit heller Baumwollkleidung, Bart und halb lang geschnittenem

Haar. Durch Urban entdeckte ich die Menschenweihehandlung der Christengemeinschaft, über die ich bis dahin nur gelesen hatte.

Mit dem Kennenlernen Arne Klingborgs begann sich ein karmisches Hauptmotiv in meinem Leben zu zeigen. Es sollten noch viele Jahre vergehen, ehe es zur vollen Entfaltung kam, aber durch seine begeisternde Art wurde die künstlerische Ader in meiner Seele neu belebt. Ich entdeckte durch ihn die Welt der Farben und begann wieder zu malen.

Eine entscheidende Begegnung

Eine vierte entscheidende Begegnung in dieser Zeit war die mit Jørgen Smit. Ich bin zum ersten Male mit ihm brieflich in Kontakt gekommen im Winter 1973, als ich mich um einen Platz am Seminar bewarb. Seine freundliche und sachliche Art, sich auszudrücken, sowie die etwas zerknitterte, aber zierliche Handschrift hat auf mich sofort einen guten Eindruck gemacht. Als ich dann im Sommer diesem menschlichen Giganten in physischer und geistiger Hinsicht begegnete, wurde mir klar, dass ich unbedingt Mitglied der Anthroposophischen Gesellschaft werden wollte.

Ich ging zu ihm für ein erstes Gespräch unter vier Augen. Ich wollte ihm als Erstes von dem geistigen Reinkarnationserlebnis als Siebzehnjähriger erzählen. Als er dann sagte, es erschiene ihm nicht als Vision, sondern deute auf ein imaginatives Erlebnis hin, war ich sehr befriedigt. Ich erkannte, dass er über geistige Erlebnisse Bescheid wusste und wurde sofort Mitglied der Anthroposophischen Gesellschaft. Später in dieser Zeit brachte er mir in einem anderen Gespräch Klarheit über Fragen der avatarischen Wesenheiten.

Als ich in »Robygge« arbeitete, kam Jørgen oft in den Laden, um Neuerscheinungen kennenzulernen oder etwa ein Stück Seife zu kaufen. Dann gab es immer Gelegenheit, mich über anthroposophische Fragen zu informieren. Während eines solchen Gesprächs fragte ich ihn: »Jørgen, wenn du einmal ein Buch schreiben wirst, wovon wird es handeln?« Er sah mich ganz freundlich und freudig, aber ernsthaft an und sagte: »Dann werde ich ein Buch über Tycho de Brahe schreiben.«

Als ich dann nach dem Grund dafür fragte, hat er mir kurz geantwortet und ist dann schnell aus dem Laden gegangen. Ich wusste schon von der Bedeutung, die Rudolf Steiner in seinen Karmavorträgen dieser Individualität Julian Apostata-Herzeloyde-Tycho de Brahe für die Entwicklung der Anthroposophie in unserer Zeit zuschreibt, und war von Jørgens Antwort auf meine Frage nach seinem Buchvorhaben nicht enttäuscht.

In seinem Unterricht in der pädagogischen Ausbildung, die ich bis 1975 durchlief, haben mich bei ihm drei Dinge stark begeistert. Als Erstes seine allmorgendlichen Hinweise zum Planetenstand. Diese seine Beziehung zur Bedeutung der Planeten zeigte sich auch dadurch, dass er sich in diesen Jahren um die praktische Herstellung eines Planetenkalenders für den Verkauf im oben genannten Laden kümmerte. Zweitens seine Bemühungen, uns Studenten Rudolf Steiners Sprachgestaltungsübungen selber zu vermitteln und mit uns zu üben. Diese Dinge haben mich damals so stark ergriffen, dass ich mehrere Jahre lang diese Übungen fortsetzte. Drittens ging es um sein Verhältnis zur Zeit. Auf diesem Gebiet habe ich mehrere Beispiele erlebt, von denen ich gern einige erzählen möchte.

Beim Mittagessen gab es um Jørgen Smit immer eine heitere Ansammlung von jungen Menschen, die etwas von ihm hören wollten. Oft stellte er auch uns Fragen. Einmal ging es um die Frage der Schichtarbeit. Als ich von den Jahren meines Vaters in einer Aluminiumfabrik berichtete, wollte er unbedingt alles darüber wissen, auch über die eventuellen schädlichen Einwirkungen auf seine Gesundheit. Als er nach mehreren Jahren eine Vortragsreihe über die Bedeutung der Rhythmen in der Natur und im Menschenleben in Järna hielt, erkannte ich einige Beispiele aus diesen Tischgesprächen wieder, jetzt aber eingebaut in einen großen Zusammenhang.

Meinen Erfahrungen nach bewahrte Jørgen Smit in seinem privaten Leben eine gewisse Objektivität und Distanz anderen Menschen gegenüber. Ich erlebte einige Situationen, in denen er diese Haltung mit gewissem Humor zeigte. In Schweden ist die Lucia-Feier in der Adventszeit ein feierlicher Höhepunkt jedes Jahres. Am Seminar machte ich während der ersten Studienjahre dieses Fest mit, das im Dunkel des frühen Wintermorgens stattfand. Man ging mit Kerzen und Gebäck zu jedem Haus und sang für die Menschen, die noch im Bett lagen.

Bei Jørgen wurden wir enttäuscht, weil er sozusagen mitten in der Nacht nicht im Bett lag, sondern voll angekleidet, mit einem Buch in der Hand in seinem Wohnzimmer saß. Entweder wollte er uns nicht im Bett empfangen, oder er stand immer schon so früh auf. Im nächsten Jahr verhielten wir uns vor dem Besuch bei ihm ganz besonders leise. Trotzdem saß er wieder angekleidet im Wohnzimmer. Unseren Gesang nahm er mit Freude entgegen.

Jørgen war ein musikalischer Mensch. Er spielte Bassblockflöte zur Begleitung im Chor am Seminar. Er hatte ein sicheres Gehör und man konnte sich auf seine mächtige, aber runde Bassstimme immer stützen. Menschen, die eine Verabredung mit ihm haben wollten, kennen sicher die Situation, dass er seinen Kalender aus der Tasche zog und schnell die nächsten Tage oder Wochen durchblätterte, um eine freie Stunde zu finden. Diese Möglichkeit habe ich für mich selten in Anspruch genommen. Als er nach seiner Berufung nach Dornach im Jahre 1975 jeden Winter zu Vortragsreihen nach Järna zurückkam, wollte er sich immer wieder über die Lebens- und Arbeitssituation bestimmter Menschen orientieren. Etwa in der Mitte der achtziger Jahre saß ich einmal mit ihm beim Kaffeetrinken. Wir hatten uns da eine halbe Stunde lang gut über zwischenmenschliche Fragen unterhalten, als ich ihm eine Frage stellen wollte. Mitten während meiner Frage stand er plötzlich auf und ging, ohne ein Wort zu sagen, davon. Ich war überrascht, begriff nicht, ob ich vielleicht eine falsche Frage gestellt hatte; aber er hatte sie ja nicht einmal zu Ende gehört! Dann guckte ich auf die Uhr und sah, es war genau drei Uhr. Also hatte er jetzt vielleicht eine Verabredung!

Einmal wurde er mit einigen anderen Norwegern, zu Besuch in Järna in einer künstlerischen Werkgemeinschaft, in der ich arbeitete, herumgeführt. Die Führung ging ziemlich schnell, weil nur wenige Fragen zu unserer malerischen und künstlerischen Arbeit kamen. Wir blieben dann längere Zeit in meinem Wohn- und Schreibzimmer, weil Jørgen alles über eine Buchneuerscheinung wissen wollte, in der ein schwedischer Kunstprofessor einige meines Erachtens falsche Interpretationen über das Wirken Rudolf Steiners geäußert hatte.

Für meine pädagogische Studienhospitation reiste ich zur Rudolf-Steiner-Schule in Bergen, der Stadt an der Westküste Norwegens, in der er über zwanzig Jahre als Waldorflehrer gewirkt hatte. Später arbeitete ich in der Heilpädagogik in der Nähe von Bergen und konnte in diesen

Jahren viele der Menschen kennen lernen, die damals zu seinem Schicksalsumkreis gehört hatten. Von seinem Wirken in Dornach und anderswo konnte ich später viele Anekdoten, Berichte, Geschichten und Bestätigungen hören von Menschen, die ihn unmittelbar in den betreffenden Situationen erlebt hatten. So konnte ich mir nach seinem Tode 1991 ein Gesamtbild seiner Biographie verschaffen, sowohl aus eigener Erinnerung als auch durch die von anderen.

Auf welche Art ich meine, Kontakt mit dem verstorbenen Jørgen Smit gefunden zu haben, möchte ich in einem späteren Kapitel beschreiben.

Studien am Rudolf-Steiner-Seminar

Eine andere Begegnung war die mit Walter Liebendörfer. Seine Vorträge am Seminar und seine Aufsätze über Biologie, Zoologie und Embryonalentwicklung in der pädagogischen Zeitschrift »På väg« regten mich an, mich nochmals einzulassen auf Debatten in der Lokalzeitung zu Hause in Norwegen über Darwinismus und Entwicklungslehre. Ich schrieb einen Aufsatz, in welchem ich den goetheanistischen Gedanken vertrat, dass der Mensch zuerst als spirituelles Wesen erschaffen war, dann aber als physischer Mensch in den irdischen Entwicklungsstrom eingetreten ist. Ich war ein bisschen enttäuscht, als meine anthroposophischen Gedanken in der Zeitung keine Leserreaktion hervorriefen.

Unter den Mitstudenten am Seminar fand ich während dieser ersten zwei Jahre in Järna mehrere neue Freunde. Von diesen möchte ich nur einen solchen Freund hervorheben. Er hieß Terje und war neun Jahre älter als ich. Er war Anfang der sechziger Jahre Jugendmeister der Schlittschuhnationalmannschaft in Oslo gewesen. Er spielte Gitarre und sang schöne Lieder von schwedischen Liedermachern. Während des pädagogischen Studienjahrs, das auch er mitmachte, wohnte ich bei ihm und seiner Frau Pia in ihrem Haus im Dorf Järna. Sie baten mich, ihr Trauzeuge zu werden. In ihrer Heimat spielte ich mit Pias Kindern. Oft lag ich mit dem fünfjährigen Tobias auf dem Boden und spielte genauso begeistert wie er mit seiner Holzeisenbahn.

Zu ihrem Haus kam der Priester der Christengemeinschaft, Uwe Lemke, zu einer Studiengruppe. Er war durch sein Buch über Gotland und dessen Kunstschätze bekannt geworden. In einer dieser Studiengruppen, an welcher ich mit Terje und anderen Freunden teilnahm, lasen wir die Vorträge Rudolf Steiners über »Ägyptische Mythen und Mysterien«. Eine der Teilnehmerinnen hatte sogar ein ägyptisches Profil, das uns die Gelegenheit gab, humoristische Kommentare über unsere eventuellen früheren Inkarnationen zu äußern. In diesen Jahren hatte ich ein Moped, mit dem ich auch die umliegenden wunderschönen Landschaften an der Ostsee entdecken konnte. Ich las die Karmavorträge, begann regelmäßig Karmaübungen zu machen, dazu die Nebenübungen von Steiner und zeichnete und malte viel.

Ein großes Erlebnis 1974 war die Studentenaufführung des Dramas »Das Lamm und das Wildtier« (Lammet och vilddjuret) von August Strindberg. Es ist ein kaum bekanntes und selten aufgeführtes Drama über das Urchristentum. Terje spielte den Kaiser Nero. Ich spielte einen Römer, der beim Vorüberwandern von Josef, Maria und dem Jesuskind auf der Bühne eine Rede über den Zeitenwandel hielt. Nach dem Golgatha-Ereignis in Rom wurde er in den Katakomben Christ. Arne Klingborg, der das Stück inszenierte, beurteilte meine Darstellung bei der Premiere als »zu pathetisch«.

Die Holzplastik in Dornach

Im August dieses Sommers machte ich eine Interrail-Reise durch Europa. Zum ersten Mal kam ich nach Dornach. Mitten in der Nacht stieg ich aus einem Taxi und konnte das zweite Goetheanum in der Wirklichkeit erleben. Es war zu spät, um eine Übernachtungsmöglichkeit zu suchen, so fand ich stattdessen einen geeigneten Ort für meinen Schlafsack auf einer Wiese unter einem Baum oberhalb des Goetheanums.

Am nächsten Morgen bekam ich durch die Vermittlung eines freundlichen Waldorflehrers aus Fulda, der im Goetheanum zu Hause war, für eine Woche ein Bett im Heizhaus. Er hatte auch Zugang zu einem Schlüssel des Gruppenraums. Die große Holzplastik Rudolf Steiners mit dem Menschheitsrepräsentanten zwischen den Gegenmächten Luzifer und Ahriman, die ich aus dem Kunstunterricht von Arne Klingborg von Fotografien her gut kannte, machte besonderen Eindruck auf mich. Der Lehrer führte mich auch in den Urnenraum. Viele Jahre später, als ich von dem sogenannten Urnenstreit nach dem Tode Rudolf Steiners las, konnte ich mich an diese Augenblicke erinnern.

Ich durfte einige Szenen aus dem Faust sehen. Außerdem beteiligte ich mich nach einer Tagung an den Putzarbeiten im großen Saal. Es wunderte mich, warum es dort drinnen nicht erlaubt war, bei der Sommerhitze mit nacktem Oberkörper den Boden zu putzen. – Meine Reise führte mich mit verschiedenen Erlebnissen nach Österreich und Jugoslawien. Ich besuchte zum Beispiel Wiener-Neustadt und ein anderes Dorf (Neudörfl), in dem Rudolf Steiner einmal als Kind gelebt hatte.

Ich beschäftigte mich in dieser Zeit viel mit der Biographie Steiners und plante zu seinem fünfzigsten Todestag einen Aufsatz für eine norwegische Zeitung zu schreiben, der aber wegen anderer Aufgaben nicht abgeschlossen wurde. Am Seminar in Järna arbeitete ich auch in der Bibliothek, nicht um Geld zu verdienen, sondern um die vielen Bücher dort kennen zu lernen und wegen der guten Stimmung in diesem schönen Haus, das der dänische Architekt Erik Asmussen, genannt »Abbi«, gezeichnet hatte. In der Bibliothek, die damals von Karin Ruths-Hoffmann geführt wurde, trafen sich junge Menschen zu ihren Lesestunden aus Romanen von Walter Ljungquist. Karin gehörte zu den alten Anthroposophen in Järna, die das Seminar mitbegründet hatten. Sie hat ihre Begegnung mit Rudolf Steiner in dem Buch »Wir erlebten Rudolf Steiner« beschrieben.

Der Autor Walter Ljungquist

Diesen schwedischen Dichter, nach dessen Romanen in den vierziger Jahren mehrere Filme gedreht wurden, begann ich jetzt mit Intensität zu lesen. In Antiquariaten in Stockholm, wohin ich öfters mit dem Zug fuhr, konnte ich die gesamten Werke von Ljungquist kaufen. Sein Roman »Der Sturm« wurde für meine weitere Entwicklung als Mensch und Anthroposoph ausschlaggebend. Hier wurde die Lebenskrise eines Mannes in Ichform wiedergegeben, d.h. so wie dieselbe Hauptperson diese Krise in späterem Alter im Rückblick ansah und durchlebte. Ich erlebte in den Romanen von Walter Ljungquist die besondere Seelenqualität der Wirkung und Initiative eines Ichs durch die einfühlsame Empfindungsseele, so wie Rudolf Steiner es als charakteristisch für die schwedische Volksseele beschrieben hat. Die vielen Jahre, die ich später in Schweden leben sollte, konnte ich durch dieses Motiv verstehen als etwas, das ich aus karmischen Gründen gesucht hatte.

Mein erster Vortrag im Zweig der Anthroposophischen Gesellschaft in Bergen handelte von Walter Ljungquist und seinem Streben, die Anthroposophie im Leben und in der Natur wieder zu finden.

Drei Jahre in der Heilpädagogik

Zwischen 1975 und 1978 lebte ich auf Garnes, einem Ort zwischen zwei Fjorden in der Nähe von Bergen. Ich hatte nach dem Studium in Järna die Absicht, Literatur und Kunstgeschichte auf der Universität in Bergen zu studieren. Daraus wurde nichts, weil mir keine weitere Verschiebung des Zivildienstes gewährt wurde. Auf Hinweis und Empfehlung zweier Musiker, die ich in Järna kennen gelernt hatte, die jetzt dort arbeiteten, bekam ich einen Platz in dem heilpädagogischen Heim Rostadheimen, das von Åslaug und Edvin Nysæther in den sechziger Jahren gegründet worden war.

Die Nysæthers hatten in den fünfziger Jahren beide auf Saltå, einer heilpädagogischen Institution bei Järna, mitgearbeitet und waren mit dem Heilpädagogen Hans Glaser eng befreundet. Mit Åslaug hatte ich gemeinsame Interessen in der Malerei. Sie malte auch gern und leitete die Weberei. Ich wurde bei ihr als Helfer aufgenommen. Gemeinsam kauften wir uns gleichzeitig, weil wir dadurch einen guten Preis erzielen konnten, neue Nähmaschinen und ich begann eigene Kleidungsstücke herzustellen. Mit ihr begann eine tiefe Freundschaft, die sich viele Jahre nach ihrem frühen Tod 1980 in einem anderen Licht zeigen sollte.

Mit Edvin und den Betreuten, die in der Gartenbaugruppe waren, arbeitete ich zusammen, als das Grundstück »Bjørkhaug«, auf dem später Werkstätten gebaut wurden, von der alten Bauersfrau Regina Garnes gekauft wurde. Ihren seit dem Kriege betriebenen Rhabarber- und Schnittlauchanbau pflegten wir noch eine Zeit lang weiter, bis das ganze Gelände langsam in biologisch-dynamischen Gartenbau umgewandelt wurde.

Ermuntert von den zwei Musikern, Gerd-Eva und Odin, versuchte ich das Brachland meiner Seele, die Unmusikalität ein wenig zu beackern: Ich spielte ein bisschen Choroiflöte und fing jetzt mit der Leier an. Ich übernahm den Religionsunterricht der jüngeren Betreuten und trug auch in den Sonntagsfeiern eine gewisse Verantwortung.

Ich wurde wegen meines jugendlichen Enthusiasmus und der Ausbildung in Järna sofort in den Verantwortungskreis des Heimes aufgenommen. In den Konferenzen wurde der heilpädagogische Kurs Rudolf Steiners mit dem anthroposophischen Arzt Egil Tynæss durchgenommen und der Physiotherapeut und Bruder von Edvin, Ingmann Nysæther, brachte uns Steiners Sinneslehre näher.

In den folgenden zwei Jahren wirkte ich als Lehrer auf Rostadheimen. Ich war damit also für kurze Zeit Staatsangestellter. Hier machte ich meine ersten pädagogischen Erfahrungen mit den seelenpflegebedürftigen Kindern und Jugendlichen. Für die vereinzelten Erwachsenen wurde durch den Kauf von »Bjørkhaug« die Möglichkeit geschaffen, eine Stiftung namens »Verdandi« zu gründen, die die Förderung der erwachsenen Betreuten hinzufügen sollte.

Beim Entwickeln der Statuten für diese Stiftung wurde ich mit einem Professor der Handelshochschule in Bergen, Leif Holbæk-Hansen, bekannt. Er hat ein Standardwerk zur Nationalökonomie in drei Bänden geschrieben, in dem er Rudolf Steiners Soziale Dreigliederung unter den Fragestellungen der Weltwirtschaft betrachtet. Für die Kontakte zu den Behörden erstellte ich ein Schema unseres sich an der Dreigliederung orientierenden Organisationsmodells.

Die Jahre auf Rostadheimen vermittelten mir das Gefühl, richtig erwachsen geworden zu sein. Anhand der fruchtbaren sozialen Stimmung an diesem Arbeitsplatz, die ich später nie mehr in dieser intimen Art erfuhr, entdeckte ich, dass sich die Anthroposophie in das praktische und menschliche Zusammenleben eingliedern ließ. Die Worte von Rudolf Steiner, die wir bei den wöchentlichen Studienabenden lasen, wurden im Alltag zur Realität: »Wenn Menschen das Geistige in innerer Ehrlichkeit suchen, dann finden sie auch die Wege zueinander von Seele zu Seele.«

Ein anthroposophisches Jugendforum in Bergen

Im Winter 1977 begegnete ich Mette, die später in den achtziger Jahren, nach ihrer Ausbildung als Heilpädagogin, die Leitung von Rostadheimen übernahm. Wir pflegten durch fast zwei Jahre eine enge Lebensbeziehung. Durch sie kam ich aus meiner seelischen Einsamkeit heraus, die ich nach außen hin niemandem hatte zeigen wollen.

In Jan fand ich einen neuen Freund, durch den ich bestimmte Jugendkreise in Bergen kennen lernte. Wir trafen Freunde von ihm und diskutierten neben der Anthroposophie die Rolle des Anarchismus in der Geschichte und in der gegenwärtigen Gesellschaft. Von ihm beeinflusst, probierte ich ein einziges Mal die Wirkung von Haschisch. Ich konnte dadurch verstehen, wie viele Menschen, die eigentlich das Geistige suchen, sich durch solche und noch stärkere Drogen in Sackgassen hineinbegeben.

Jeden Dienstag nahmen wir, die kleine Gruppe von Anthroposophen aus Garnes, den Zug durch den Tunnel nach Bergen, um die Zweigvorträge zu hören. Hier folgte als Höhepunkt dieser Jahre die Vortragsreihe über die im Hintergrund der Geschichte wirkenden Kräfte, gehalten von Karl Milton Hartveit, Niels-Gustav Hertzberg, Hans-Jørgen Høinæs und Bjørn Moen. Hartveit ist durch seine Bücher über New Age und die Freimaurerei in Skandinavien bekannt geworden. Mit den drei Letzteren freundete ich mich bald an. Mit ihnen konnte ich »Kolumbus« mitbegründen, ein Jugendforum, gedacht als eine Alternative zur Zweigarbeit, die in dem von Moen betriebenen vegetarischen Speisehaus »Kornelia« jeden Donnerstagabend stattfand. Høinæs wurde später Autor mehrerer Bücher. Er hat Gedichte, Romane und Fachbücher zu Mittelalterforschung und New Age geschrieben, die ich sehr schätze. Zusammen mit seinen Kollegen im Speisehaus gab Moen das

»Kornelia«-Kochbuch heraus. Beide waren Redakteure anthroposophischer Zeitschriften in Norwegen und Dänemark gewesen. In »Kolumbus« hielt Hertzberg einen glänzenden Vortrag über das zwanzigste Jahrhundert, in dessen Mitte er das Bild »Guernica« von Picasso stellte.

Ich versuchte in dieser Zeit, meine weiteren Studien zum Thema Reinkarnation und Karma durch zwei Vorträge darzulegen. Über Geschichten der Aborigines in Australien, des sog. schlafenden Propheten Edgar Cayce und die modernen Rückführungsmethoden durch Hypnose versuchte ich den Reinkarnationsgedanken als Erkenntnisaufgabe zu beschreiben. Außerdem hielt ich einen Malkurs mit einfachen Experimenten zu Goethes Farbenlehre.

Arne Krohn-Nielsen, »eine wandelnde anthroposophische Bibliothek«, hielt anlässlich einer Aufführung von Becketts Drama »Endspiel«, zu dem wir alle ins Stadttheater gingen, in »Kolumbus« eine Einführung dazu.

In meiner Freizeit begann ich, das Werk von Jens Bjørneboe zu lesen. Neben seinen Dramen, von denen ich eines später in Stockholm sah, ließen mir seine Romane über die Geschichte der europäischen Bestialität keine Ruhe. Ich las die beiden Romane »Die Stille« und »Der Augenblick der Freiheit« fast in einem Atemzug. Angeregt von seinem sozialen Verantwortungsgefühl wurde ich Mitglied von KROM, einer Organisation, die sich mit den Rechten Gefangener befasste.

Rückkehr nach Järna, um Kunst zu studieren

Auf einer Reise nach Järna im Sommer 1977 konnte ich mich über eine neue Initiative Arne Klingborgs bei ihm selbst erkundigen. Er hatte einen neuen künstlerischen Studienkurs, »Konstnärliga linjen«, eingeführt. Aufgrund meiner Erfahrungen mit den Betreuten und der Erkenntnis, dass die Kunst in sich pädagogischen und therapeutischen Wert hat, entschloss ich mich, an diesem Kurs teilzunehmen. Mette half mir durch ökonomische Unterstützung diesen Entschluss auszuführen.

So kam ich im Herbst 1978 nochmals nach Järna. Ich wohnte im ersten Trimester in einer Studentenwohnung in »Almandinen«, dem

Musikhaus mit dem gewölbten Dach, in dem noch die alte Rut Nilson wohnte. Ich half ihr im Garten und tippte für sie Briefe auf meiner Schreibmaschine. In mehreren schönen Gesprächen konnte ich noch in diesem einen ihrer letzten Lebensjahre unsere Beziehung vertiefen. Ich erinnere mich deutlich, wie sie Anfang der achtziger Jahre am Fenster im Speiseraum zu stehen pflegte und auf das Essen wartete. Sie sprach nicht mehr viel. Doch ihre Lippen umspielte immer ein mystisches Lächeln, als ob sie ganz andere Dinge schaute als unsere Zänkereien zwischen »den anthroposophischen Parteien«.

Mit der ebenfalls alt gewordenen Karin Ruths-Hoffman nahm ich wieder Kontakt auf. Ich begegnete ihr in ihrer Wohnung und half ihr beim Bügeln. Das konnte ich gut nebenher tun, wenn ich ihren Geschichten lauschte. Sie war damit beschäftigt, ihre Memoiren zu redigieren und erzählte mir viele Anekdoten aus ihrem Leben, so z.B. von den Begegnungen mit Emil Bock und anderen Anthroposophen auf dem Kontinent, mit denen sie Kontakt pflegte und gepflegt hatte.

Ich verbrachte viel Zeit damit, nach den künstlerischen Übungen in den bildenden Künsten im »Magasinet«, wie unser Unterrichtsatelier genannt wurde, auch meine poetischen Bemühungen zu pflegen. In den nächsten Jahren schrieb ich mehrere Gedichtsammlungen. Wann immer ich sie irgendwelchen Verlagen geschickt hatte, bekam ich sie zurück. Ich hatte einen hohen Anspruch an mich selber, aber es kam nie zu einer Veröffentlichung. Bei einigen Gelegenheiten las ich Gedichte vor, und das stellte mich ausreichend zufrieden.

Ich lernte nun mehrere Künstler und Architekten als Lehrer schätzen. Leider führt es zu weit, alle diese Menschen, von denen ich aus ihrer besonderen Art viel aufgenommen habe, im Einzelnen zu beschreiben. Ich lasse ihre Namen nur einmal anklingen: Außer Arne Klingborg waren es Rex Raab, John Wilkes, Wive Larsson, Lars Fredlund, Fritz Fuchs, Åke Fant († 1997), Erik Asmussen († 1998), Niels Sonne-Frederiksen und Göran Kranz.

Im zweiten Trimester zog ich um nach »Trompeten«. Es wurde mir im Hause von Rut Nilson ein wenig zu ruhig. Ich suchte das Zusammensein mit anderen Studenten und fand dort Zeitgenossen, mit denen ich über Kunst, Poesie und Lebensfragen sprechen konnte. Dadurch, dass ich mich in eine Frau verliebte, zerbrach die Beziehung zu meiner Freundin in Norwegen. Zwar wurde aus dieser Situation keine neue feste Bindung, aber die Umstände, die jetzt auftraten, führten zu dem Entschluss, nicht wie geplant nach Rostadheimen zurückzukehren, sondern mich in Järna niederzulassen. So blieb ich, wenngleich unter verschiedenen Adressen, die nächsten neunzehn Jahre bis 1997 dort wohnen.

Ich verband mich mit Aufgaben bei den großen Ausstellungen über Architektur und Gartenkunst, die Arne Klingborg zwischen 1980 und 1983 in der Kunsthalle »Liljevalchs« in Stockholm initiierte und arrangierte. Aus meinem künstlerischen Studienjahr gab es mehrere junge Künstler, die als Bildermaler an den Ausstellungen mitwirken wollten. Gemeinsam suchten wir ein geeignetes Atelier, und so entstand durch die Unterstützung des Ökonomen Åke Kumlander, der uns einen hohen Betrag aus der Stiftung »Agape« vermittelte, das »Skilleby Ateljé«. Wir restaurierten auf dem Hof Skilleby eine aus dem neunzehnten Jahrhundert erhaltene Getreidescheune und malten mit an den hunderten von Bildern für die Ausstellungen.

Zwei Farbenmenschen

Die großartigen und in der Öffentlichkeit geschätzten Ausstellungen von Arne Klingborg sind durch Buchveröffentlichungen dokumentiert. Da sind Reproduktionen einiger Bilder wiedergegeben, zum Beispiel zu Gaudis Architektur, die ich damals gemalt habe. – Die Wochen vor der Eröffnung der Ausstellung »Der unvollendete Funktionalismus« im Mai 1980 werde ich nie vergessen. Im Zentrum der Arbeit – menschlich, sozial, künstlerisch und praktisch gesehen – saß, schrieb, textete, promenierte, malte, lief, kletterte, lauschte, dirigierte, unterrichtete, redete und horchte ein unsichtbares Wesen in Menschengestalt, das in den Künsten Gartenbau und Architektur, Skulptur, Malerei, Musik, Poesie und Dramaturgie, Eurythmie und Geistesmenschliches aus eigener Erfahrung Selbsterlebtes einbrachte. Es war Arne Klingborg. Uns über 60 Mitarbeitern aus mehr als 10 Ländern der Welt war er nicht nur ein fördernder Lehrer, sondern er war auch ein Freund, wenn uns etwas nicht gelang. Ich habe ihm zu danken, nicht nur dafür, dass er mir die

Augen geöffnet hat für den Zusammenhang zwischen den Künsten, sondern weil er die Anthroposophie als wirksames Wesen in seinem künstlerischen Schaffen sichtbar machte, ohne darüber unnötig viel zu reden.

Zur selben Zeit trat ich bei Fritz Fuchs in die Lehre ein. Er war ein in Deutschland und Skandinavien geschätzter Farbgestalter und langjähriger Mitarbeiter von Arne Klingborg gewesen. Fritz hatte die Impulse und die Technik der transparenten Lasurmalerei von Klingborg aufgegriffen und weitergeführt. Drei Jahre lang war ich Mitarbeiter in »Färgbygge« – was soviel wie »Farbenbau« bedeutet – einer Firma, die Fritz zur Herstellung der deutschen Aglaia Kasein- und Bienenwachsfarben gegründet hatte. Mit Fritz Fuchs konnte ich mich in vielen Fragen verständigen. In den Arbeitspausen erzählte er von seinen zahlreichen Reisen und Begegnungen mit Menschen innerhalb Europas. Wir sprachen über Theater, und in den 90er-Jahren, als wir die Zusammenarbeit neu aufgriffen, verfolgte er mit Interesse meine Initiativen und Versuche in Järna.

Eine Künstlergemeinschaft

So begann schon 1979 eine Arbeitstätigkeit, bei der ich während der nächsten Jahre in mehreren Ländern viele tausende Quadratmeter von Architekturflächen mit lasierenden Farbschichten bemalt habe. Dadurch kam ich an viele Waldorfschulen, anthroposophische Einrichtungen, aber auch verschiedene Bauprojekte in der sogenannten gewöhnlichen Welt. An vielen Orten auch außerhalb Skandinaviens lernte ich immer mehr neue Menschen und Arbeitsweisen kennen.

Von 1982 an wurde »Skilleby Ateljé« eine selbstständige Firma. Wir gründeten sie ein Jahr später als wirtschaftliche Stiftung, deren eventueller ökonomischer Überschuss einen Saalbau auf dem Seminargebiet unterstützen sollte. Während der ersten Jahre wechselten die Teilnehmer im Atelier. Ich zog eine junge Künstlerin zu unseren Projekten heran. Wir blieben für mehrere Jahre enge Mitarbeiter und gestalteten gemeinsam viele Projekte in Norwegen. Auf einer Auftragsreise in

Cornwall, England, beschlossen wir, uns ganz zusammenzutun. Sie vermittelte mir Wesentliches hinsichtlich der Ausbildung des ästhethischen Sinnes. Außerdem verdanke ich ihr das Üben der Gewissenhaftigkeit und des Verantwortungsgefühles gegenüber jeder Arbeitsaufgabe, die man übernommen hat, und bei der andere Menschen dann erwarten, dass man sie auch zur abgesprochenen Zeit durchführt. Meine Schwäche im Kurzzeitgedächtnis brachte mich oft in schwierige Situationen, aus denen sie mich häufig in letzter Minute rettete.

Mit meiner Lebensgefährtin betrieb ich während der Wintermonate einige Jahre lang in unserem Atelier die Nähwerkstatt für die sogenannten Robygge-Lampen, die »Abbi« Asmussen mit seiner Frau Mucha entworfen hatte. Es war eine ästhetische Befriedigung, die mit der Maschine an den Kanten perfekt genähten, weißen Baumwollstücke an den aufgehängten Armaturen in unterschiedlicher, farbiger Umgebung zu erleben. Heute werden diese Asmussen-Lampen industriell hergestellt. In mehreren Städten Finnlands, Schwedens und Norwegens hatten wir von der Kultur-Stiftung am Seminar den Auftrag, die pädagogische Wanderausstellung »Miljø som ger liv« (»Lebensschaffende Umgebung«) in verschiedenen Museen zu arrangieren und auf- und abzubauen. In Trondheim, Norwegen entwarfen wir zusammen mit anderen Mitarbeitern aus dem Ateljé 1982 eine norwegische Variante dieser erfolgreichen Ausstellung, die dann als Wanderausstellung lobende Beachtung fand.

1984 kauften wir in Hölö, einem Nachbardorf von Järna, auf dem Hof Smedsta ein altes Haus, das wir renovierten. 1988 wurde unsere Tochter Elona Maria geboren und 1991 kam unser Sohn David Johannes zur Welt. 1989 bauten wir ein Haus auf einem Grundstück in der Umgebung von Skilleby, das wir gemeinsam mit anderen Mitarbeitern des Ateliers, die für ihre Familien ebenfalls eigene Häuser bauten, kauften.

In den ersten Jahren war das Atelier ein sozialer Treffpunkt. Es wurden Poesieabende und Zusammenkünfte für Künstler arrangiert. In dieser Zeit entstanden in Järna mehrere Künstlergemeinschaften und Architekturbüros, die mit den Impulsen des Rudolf-Steiner-Seminars verbunden waren.

Künstlerisches Üben und der Impuls der Wandmalerei

In meiner meditativen Forschung der letzten Jahre konnte ich erkennen, wie diese früheren Erfahrungen im Künstlerischen für manche Schritte im Übersinnlichen von grundsätzlicher Bedeutung gewesen sind. Diesen Zusammenhang, den Rudolf Steiner in vielen Vorträgen sehr ausführlich ausgearbeitet hat, werde ich hier leider nicht begründen können. Ich halte es aber zum Verständnis meines Werdeganges für notwendig, einige Erfahrungen und Projekte aus diesen Arbeitsjahren zu skizzieren.

Bei den vielen Ausstellungs- und Messeprojekten, an denen ich mitarbeitete oder die ich geleitet habe, ging es oft um Aufgaben, bei denen etwas zu kopieren oder so genau wie möglich wiederzugeben war, etwa Photographien oder eigene an Ort und Stelle gemachte Skizzen von Architektur oder Landschaften. In anderen Situationen, z. B. im Kunstunterricht, waren Bilder aus der Kunstgeschichte originalgetreu wiederzugeben. Oft geschah das anhand von Reproduktionen, ergänzt durch eigene Beobachtungen in Museen oder auf Studienreisen, bei denen man den Originalen nachgehen konnte. Der Wert des Sich-Hineinlebens in Bilder und die persönliche Wiedergabe sind ein pädagogisches Motiv, das in den Waldorfschulen immer erkannt wurde. Ich meine hier eine Fähigkeit geübt zu haben, die für ein objektives Sich-Einleben in die lebendige imaginative Welt erforderlich ist.

Die Tätigkeit der Lasurmalerei als Farbgestaltungsfaktor, die sich besonders für Innenräume eignet, ist zugleich ein soziales und ein künstlerisches Üben. Bei kleineren Wandflächen kann man sie allein ausführen; die Zusammenarbeit auf großen Flächen aber, mit zwei oder mehr Kollegen, schult ein besonderes Raumgefühl und die Fähigkeit, die eigenen Körper- und Handbewegungen in Harmonie mit denen der Anderen zu finden. Es entsteht dadurch im besten Falle ein »soziales Gehör«, das Klarheit darüber verleiht, was die Bewusstseinsseele für eine menschliche Hülle bedeuten kann. Für die Entwicklung der sogenannten Imaginationsseele – ein Ausdruck Rudolf Steiners – in der meditativen Tätigkeit wären solche Erfahrungen im Sozialen sicherlich eine fruchtbare Grundlage.

Seit 1982 hatte ich Gelegenheit, in Projekten mit verschiedenen Architekten, z. B. Erik Asmussen, Thomas Broman, Lars Danielsson, Hasse Nejdeman, Espen Tharaldsen und Håkan Zetterström, für die ich die Farbgestaltung machte, zahlreiche Wandmalereien und malerische Bildgestaltungen auszuführen. In solchen Wandbildern, die ich bei einigen Gelegenheiten auch mit anderen Künstlern gemeinsam ausführte, bestand die Aufgabe darin, diese Gestaltungen der Gesamtidee der Architektur und Farbgebung einzugliedern. Ich versuchte in mehreren Projekten, die Idee des Farbgestaltungsplans in den oft non-figurativen Bildern aufzugreifen. Oft mussten solche Vorschläge zu Wandbildern vorher dem Bauherrn, den Mitarbeitern der betreffenden Einrichtung und dem Architekten in Skizzen gezeigt werden. In anderen Situationen hatte ich freie Hand und konnte im Verlauf des Lasurauftrages die Wandbilder als spontane Gestaltungen entstehen lassen.

Bei einem Auftrag 1985 für eine Kirche in der Nähe von Stockholm malte ich auf Wunsch der Gemeinde eine figurative Darstellung der Jordan-Taufe. Das große Bild von 5 mal 8 Metern war kein Altarbild, sondern es wurde auf eine der Seitenflächen in dem achteckigen Raum gemalt. In dieser Zeit befasste ich mich eingehend mit den christologischen Themen in der Anthroposophie, musste aber zugleich versuchen, den Priester und die Baptisten-Gemeinde zufrieden zu stellen, die keinerlei anthroposophische »Symbole« haben wollten sondern eine allgemeine Darstellung des Täufer-Motivs.

In mehreren Altersheimen und Einrichtungen für Menschen mit altersbedingter Gedächtnisschwäche in Südschweden malte ich Anfang der 90er-Jahre auch viele figurative Darstellungen, in denen ich versuchte, die versunkenen Erinnerungen der alten Menschen an ihr Leben auf dem Lande koloristisch zu interpretieren.

Viele Jahre lang erarbeitete ich mit anderen Künstlern Skizzen für pädagogische Wandbilder der Klassenzimmer in Waldorfschulen. Diese künstlerische Aufgabe, die Rudolf Steiner für sehr wichtig hielt – es liegen von ihm Anregungen und Hinweise zu einem gesamtkünstlerischen Bildentwurf für Waldorfschulen vor – konnte ich nur einmal in der Steinerschule in Gjøvik, Norwegen anfänglich durchführen. In einer anderen Waldorfschule in Norwegen führte ich zweimal mit Schülern der zwölften Klasse Wandbilderprojekte in Treppenhäusern und Fluren durch.

Lange Zeit lebte ich auch mit der Aufgabe, Altarbilder für die Christengemeinschaft zu malen. In einer Arbeitsgruppe malten wir Skizzen, führten Gespräche mit Priestern und älteren Malern, versuchten uns durch eurythmisches Üben der schwierigen Aufgabe zu nähern, den auferstandenen Christus zu erleben. Auch wenn ich in diesem Zusammenhang nie einen Auftrag erhielt, war das Einüben in dieses Feld für mich doch sehr wichtig. Zu den Erfahrungen bei der Menschenweihehandlung trat dadurch – bei der Beobachtung der eigenen Unfähigkeit, Christus wahrhaftig gestalten zu können – das andere Gefühl, dass die Bildfläche nahe an die geistige Welt grenzt.

Mit anderen Künstlern nahm ich mehrmals an Gruppenausstellungen in anthroposophischen Zusammenhängen sowie in öffentlichen Galerien teil. Neben der Tätigkeit als Lehrer und Lasurmaler malte ich im Atelier viel mit Tempera auf Leinwand. Hier entwickelte ich einen persönlichen Stil in sowohl sehr großen als auch sehr kleinen nonfigurativen Bildern. Ich suchte in kräftigen kompositorischen Flächen »imaginative« Farbräume zu schaffen, in denen dramatische Gestaltungen mit kleineren Formen auftauchten. Eine Zeit lang versuchte ich, die Bildfläche mit pointillistischen Punkten und Strichen aufzulösen. In der Ei-Tempera-Technik, bei der man die Farbe sehr rasch auf die Leinwand auftragen muss, um einen lebendigen Ausdruck zu bekommen, fühlte ich mich mit meinem sanguinischen Temperament so recht zu Hause.

Im Herbst 1988 wurde ich von einem Anthroposophischen Zweig in Stockholm eingeladen, eine Sonderausstellung zu machen. Für diese Gelegenheit malte ich mehrere Bilder, in denen ich versuchte, meine Gedanken und Gefühle in Farbenzusammenhänge zu bringen, die mit dem Thema der Schwelle zur geistigen Welt zu tun hatten. In einer Serie von Bildern versuchte ich aus den klaren prismatischen Farben, besonders aus Rot und Grün, zu dunklen Mischungen zu kommen. Beim Malen auf einem dieser Bilder hatte ich das Gefühl, vor einem unsichtbaren Abgrund zu stehen. Jeder Pinselstrich wurde zu einem Tasten in eine für die physischen Augen unsichtbare Welt. Für einen kurzen Augenblick fühlte meine Seele sich als vor der Tür ihrer wahren Heimat stehend. Im nächsten Moment war das erhabene Erlebnis verschwunden. Ich musste den Pinsel niederlegen und beim Betrachten des Entstandenen sachlich konstatieren, dass das Bild fertig war.

Der bewegte und freie Pinselstrich

Einer der älteren Maler, die ich am Seminar als Lehrer in Kunstgeschichte gehabt hatte, war Kurt Wegner. Er hielt Lichtbildervorträge. Besonders einfühlsam sprach er über die Kunstschätze in Chartres und über orientalische Kunst. Er war ein hervorragender Aquarellist und kam gern zu uns, um unsere Bilder anzuschauen. Wenn er uns des öfteren zu sich in sein Atelier einlud, um uns seine Bilder zu zeigen, konnte er stundenlang erzählen von seinen Wanderungen durch norwegische und schwedische Landschaften, wo er Motive für das Malen elementarischer Stimmungen gesucht hatte.

Kurt Wegner machte mich aufmerksam auf den bewegten und freien Pinselstrich, der in einem Bild sichtbar werden musste. Das war für mich, der bis dahin nur auf das frische Kolorit geachtet hatte, was ich bei Arne Klingborg gelernt hatte, etwas ganz Neues. Wegner übersetzte mehrere Bücher aus dem Deutschen. Anton Kimpflers kleines Buch »Das Ereignis der Gemeinschaft: Die Geisteswissenschaft und die neue Christusoffenbarung« (Freiburg 1981) wurde in seinem schwedischen Sprachkleid für viele Menschen in Skandinavien fast zu einem Kultbuch.

Nach dem Tode Kurt Wegners, Mitte der achtziger Jahre, hielt ich Totenwache. Sein Atelier war mit vielen Blumen geschmückt. Sein Antlitz hatte sich stark gewandelt. Es war jetzt von allen Falten befreit. Ein jugendlich reines Licht entstrahlte seiner Stirn. Ich bekam den Eindruck: Eine alte Seele ist durch den Tod verjüngt worden.

Zeitfragen

Schon im künstlerischen Studienjahr entwickelte ich eine Freundschaft mit Didrik. Er hatte in Uppsala Ästhethik studiert und war auf dem Dorf in der Region Östergötland aufgewachsen, wo der Autor Walther Ljungquist gelebt hatte. Didrik kämpfte gegen eine aufkommende Erblindung. Lange Jahre bis zur Umschulung zum Masseur arbeitete er jedoch in unserem Atelier und später in der Firma »Färgbygge«. Er war ein Mitarbeiter der anthroposophischen Monatszeitschrift »Antropos«, die damals von der Anthroposophischen Gesellschaft herausgegeben wurde.

Er brachte mich mit deren Redakteurin, Ingrid Sahlberg, in Kontakt. Ihr war ich schon 1978 auf der nordischen anthroposophischen Sommertagung in Dänemark begegnet, als sie einen Kurs mit Arne Krohn-Nielsen über russische Literatur gehalten hatte. Es entwickelte sich schon bald zwischen uns eine enge Zusammenarbeit und tiefe Freundschaft. Ab 1980 wurde ich fester Mitarbeiter der kleinen Redaktion. Nach Didrik betreute ich während vieler Jahre auch das Layout der Zeitschrift.

Bis 1987 schrieb ich zahlreiche Aufsätze und Essays. In einer größeren Arbeit über das Thema »Der Kampf gegen das Ich« verfolgte ich Motive anhand von Beispielen, die ich in Schriften von Friedrich Schiller, Jacques Lusseyran und Robert Jungk gefunden hatte. Aus »anthroposophischer« Sicht schrieb ich Aufsätze über Adam Mikiewicz, Friedrich Nietzsche, Janusz Korczak, Andrej Sacharov, Joseph Beuys und Andrej Tarkovskij sowie über Erscheinungen in der skandinavischen Film-, Kunst- und Literaturwelt.

In einem dieser Aufsätze über das Ich von 1982 verfolgte ich die Beschreibungen von Robert Jungk über die Konsequenzen, die die Atombombe über Hiroshima 1945 für die dort lebenden Menschen gehabt hatte. Ich schrieb:

»Heute – viele Jahrzehnte später – können wir erleben, dass es das Erschrecken in der Welt gibt als eine Art permanenter Seelenhaltung. Warum? Weil Menschen nicht fähig sind, in ihrem Ich aufzuwachen. Und erst ein Erwachen im Ich lässt den Menschen in das übersinnliche, ätherische Element eintauchen, in dem die Zukunftssamen ruhen. Dieses Aufwachen hängt davon ab, dass der Mensch seine eigenen Ziele ergreift, auf die Bedürfnisse der Mitmenschen aufmerksam wird und sich ernsthaft den Zeitaufgaben stellt. Diese Aufgaben stimmen oftmals nicht überein mit den Zeitforderungen, die das Gemeinwesen von den Menschen zu erfüllen verlangt. Sie sind vielmehr Aufgaben, die in intimer Weise mit der Schicksalsrechenschaft einzelner Menschen und Menschengruppen zusammenhängen. Wenn daraufhin Menschen in ihren Ichen zur Erkenntnis der Schicksalsfrage kommen, zur Frage der Wirkung des Karma durch wiederholte Erdenleben, dann kann der Egoismus im Ich überwunden werden, und der eigene Wille – nicht der Wille von anderen –

kann angespornt und gestärkt werden, so dass moralische Phantasie den Menschen begleiten kann, wenn die Aufgaben gelöst und durchgeführt werden sollen. Und Christus, der in der ätherischen Welt anwesend ist, wird dem Menschen als Ratgeber zur Seite stehen, so prophezeit Steiner am 14. Oktober 1913 in Kopenhagen.«

Im Jahre 1985, wenn ich mich recht erinnere, reiste ich mit Frau Sahlberg über Göppingen, die alte Stauferstadt, nach Dornach zur ersten Journalistentagung. Es war ein interessanter Augenblick, als sie in die Diskussionen zwischen den zwei Lagern im damaligen Streit zwischen »Das Goetheanum« und »Info 3« eingriff und sagte, dass wir nicht aus Skandinavien gekommen seien, um dieses lokale Geplänkel anzuhören. Sie meinte, es gäbe für anthroposophische Journalisten wichtigere Fragen zu besprechen, zum Beispiel die, wie man sich zur Öffentlichkeit verhalten sollte.

Selbst pflegte sie regelmäßigen Kontakt mit verschiedenen Kulturpersönlichkeiten in Stockholm. Sie war und ist befreundet mit mehreren Redakteuren der großen Zeitungen. So schickte sie die Nummern von »Antropos« nicht nur an die etwa 500 bis 600 Abonnenten, sondern auch an solche Personenkreise. Einige Male begleitete ich sie zu den wöchentlichen Themenabenden im »Club der Presse«. Sie war ein feinsinniger Kritiker, nicht nur vieler, ihrer Ansicht nach schädlicher Tendenzen in der heutigen Welt, sondern auch jeglichen anthroposophischen Sektierertums. Ingrid Sahlberg war sehr kritisch, ja sogar ablehnend gegenüber vielem in Bezug darauf, wie sich die anthroposophische Sache in Järna entwickelte. So bekam ich durch sie eine notwendige Korrektur zu den Verhältnissen in Järna, mit denen ich mich so tief verbunden hatte. Mir wurde klar, dass sie kaum je einmal die Inhalte meiner Aufsätze kommentierte. Auch wenn ihr eigentlich vieles in meiner Gedankenart fremd war, ließ sie mich ruhig weiterarbeiten, um meinen Weg zu finden. Als ich nach 1988 wegen meiner Familiensituation nicht mehr für die Zeitschrift arbeiten wollte, hoffte sie immer, ich würde eines Tages als Mitarbeiter zurückkehren. Heute ist Ingrid Sahlberg im Alter von 88 Jahren noch immer Redakteurin dieser kleinen freiheitlichen anthroposophischen Publikation.

Mein Leben lang verfolgte ich die politischen und kulturellen Ereignisse in der Welt. Zu der Zeit als ich für »Antropos« arbeitete, abonnierte ich jahrelang eine Zeitung, die Übersetzungen aus den renommierten ausländischen Zeitungen zusammenfasste. Ich hatte das Bedürfnis nach einer breiteren Orientierung als der, die man durch das schwedische Fernsehen und die Stockholmer Zeitungen bekam. Hier möchte ich nur zwei Ereignisse berühren, die mich durch ihre Hintergrundsfragen und gesellschaftlichen Konsequenzen damals tief erschütterten.

Es war an einem Abend im Februar des Jahres 1986. Ich hatte einige Freunde zu Besuch, mit denen ich in einer Hochschularbeit stand. Wir sprachen über viele Fragen der anthroposophischen Entwicklung in der Welt und einer der Freunde erzählte von seinen Beziehungen zu Menschen außerhalb anthroposophischer Kreise. Im gemeinsamen Versuch weiter in die Zukunft zu schauen, um Möglichkeiten zum fruchtbaren Austausch mit Nichtanthroposophen zu suchen, meinte er, dass wir Kontakte mit Sozialdemokraten pflegen sollten. Im weiteren Gespräch, das bis Mitternacht dauerte, kamen wir auf den schwedischen Präsidenten Olof Palme zu sprechen. In fast euphorischen Erläuterungen wurde über seine Tätigkeit als Friedensunterhändler gesprochen. – Früh am nächsten Morgen rief mich ein anderer Freund an, der am Gespräch teilgenommen hatte, und erzählte, dass Palme ermordet worden sei. Der Mord beschäftigte mich wie tausende anderer Zeitgenossen in den nächsten Jahren.

Im August 1991 war ich mit einem großen Wandmalereiauftrag in einer Kirche des schwedischen Missionsverbandes tätig. Das non-figurative Motiv sollte entstehen in der Begegnung und Konfrontation zwischen verschiedenen Tönen von Rot und Blau. Ähnliche Motivaufgaben hatte ich in manchen Malkursen bearbeitet. Ich hegte auch immer noch die Idee, dass Politiker mit ihrer Neigung zu unsachlichen Provokationen und Auseinandersetzungen mit Andersdenkenden durch einfache Malübungen ihre Seele entwickeln könnten.

Mitten im Arbeitsprozess kam im Fernsehen die Nachricht über den Staatsstreich in Moskau und die Gefangennahme Michail Gorbatschows, dessen weitere Ereignisse zu seinem Sturz führten. Ich musste trotz meines starken Mitgefühls und Engagements für ihn meine malerische Arbeit fortsetzen und ruhig beenden. Dieses Zeitereignis aber wollte sozusagen meinen Pinselstrichen und Farbfluten einverleibt werden. Ich wollte, dass meine besten Gefühle und der Wunsch, es möge in Russland und in der übrigen Welt zum Frieden kommen, in meinem Bild zu einer Art Gebet würden, das die geistige Welt wahrnehmen könnte.

1980 wurde ich von Anna Hallström, einer Eurythmistin, die in enger Zusammenarbeit mit Jørgen Smit stand, eingeladen, bei der internationalen Jugendtagung in Järna einen Malkurs zu geben. Das führte dazu, dass ich ab Herbst auch als Dozent ans Seminar berufen wurde. Bis 1995 gab ich in verschiedenen Ausbildungsgängen Kurse in Wandmalerei, Aquarellmalen, Zeichnen, Goethes Farbenlehre, Ästhetik und Bühnenbildgestaltung.

In der ersten Hälfte der 80er-Jahre kam der damalige Leiter der Sektion der bildenden Künste in Dornach, Hans Herrmann, nach Järna, um über anthroposophische Künstler zu sprechen. Er besuchte auch unser Skilleby Ateljé. Ein guter Kontakt wurde geknüpft, so dass ein Maler, der die Ausbildung bei Herrmann in Dornach durchlaufen hatte, und ich zu einem Sektionstreffen nach Dornach fahren wollten. Die Reise konnte aber nicht stattfinden, weil Herrmann in der Zwischenzeit zurückgetreten war und das Treffen deshalb abgesagt wurde.

Nach einiger Zeit ging ich mit einem anderen Künstlerfreund zu Arne Klingborg, um Einzelheiten bezüglich bestimmter Fragen der künstlerischen Zusammenarbeit zu besprechen. Wir aus der jüngeren Generation hatten den Eindruck gewonnen, es sei an der Zeit, in Schweden eine Abteilung der Sektion zu gründen. Arne war aber im Moment mit anderen Fragen und Aufgaben beschäftigt. Anstatt zu unserer eigentlichen Angelegenheit zu kommen, drehte sich das Gespräch um ganz praktische und künstlerische Angelegenheiten des Seminars. Jedem von uns wurde schlichtweg die Frage gestellt, ob wir nicht einige Kurse von ihm übernehmen wollten. So kam es dazu, dass mein Freund die Verantwortung für den künstlerischen Ausbildungsgang übernahm und ich selbst bestimmte Kurse aus dem ersten Studienjahr, und dass wir dazu gemeinsam mit Arne als seine Helfer den Kurs über Goethes Farbenlehre mitmachten.

Von 1990 an, als Christian Hitsch neuer Leiter der Sektion geworden war, und von der Architektin Eleanor Hill Edwards nach Järna eingeladen wurde, ging die Arbeit an der schwedischen Sektionsgründung weiter. Frau Edwards war von Arne Klingborg für die große Architekturausstellung 1979 nach Järna gerufen worden. Jetzt machte ich mit ihr und anderen Architekten, Bildhauern und Malern, die zur jüngeren Generation gehörten, die Sektionsarbeit, die Christian Hitsch im Sommer 1991 bei der internationalen Hochschulkonferenz in Järna als solche bestätigte. Wir wollten aus unserem Kreis heraus keine nationalen Sektionsleiter ernennen, sondern für die entsprechenden Aufgaben immer aus dem Konkreten arbeiten. So reiste in den nächsten Jahren immer ein anderer Künstler aus Schweden nach Dornach, um uns zu repräsentieren.

Mehrere Künstler, besonders aus der älteren Generation, wollten unseren freien Stil nicht unterstützen, und während der interessanten Auseinandersetzungen, die entstanden, wurde der Kreis, der mit über zwanzig Hochschulmitgliedern angefangen hatte, immer kleiner. Ungeachtet dieser meines Erachtens tragischen, aber notwendigen Entwicklung, luden wir die Eurythmistin Inger Hädelin ein, vor den Gesprächsrunden mit uns anhand von Motiven aus den sog. Klassenstunden Eurythmie zu üben.

In diesem Kreis gab ich einmal einen Beitrag zu den ersten Klassenstunden, in dem ich seelische Prüfungen an der Schwelle zur geistigen Welt skizzierte, und zwar anhand von Bildern Edvard Munchs, mit dem ich mich immer sehr verbunden gefühlt hatte. Im letzten Treffen, das ich im Sektionskreis kurz vor meiner Abreise aus Schweden hatte, berichtete ich über meine meditative Arbeit und meine Karmaforschung.

Ein nordischer Goetheanum-Gedanke

Seit 1979 nahm ich an einem offenen Saalbau-Kreis am Seminar teil. Hier wurde mehrere Jahre lang die Idee konkretisiert, die seit Anfang der 60er-Jahre immer lebendig gepflegt worden war: auf dem Seminargelände einen Saal zu bauen. Es war zuerst daran gedacht worden, einen sehr offenen und freien Saalraum mit Bühne zu bauen, wobei die Zweckräumlichkeiten als freistehende Nebengebäude gedacht waren. Die Eurythmie und die Mysteriendramen von Steiner standen immer im Zentrum der vielen begeisternden Gespräche. Diese Anfangsidee, die ich sehr ansprechend fand, wurde aber später aufgegeben.

Bei internationalen Architektentreffen in Järna, von denen ich mehrere mitmachte, wurden die Baupläne bearbeitet. 1984 wurde dann eine nordische Stiftung gegründet, die die Förderung des Saalbaues zum Ziel hatte. Aus dem großen Kreis bildete sich ein Vorstand, der die Ideen in die Wirklichkeit umsetzen sollte. So entstand das sogenannte »Antroposofins Hus«, das Haus der Anthroposophie in Skandinavien, das noch nicht ganz fertig gestellt war, als es 1992 eingeweiht wurde. Eine betriebsleitende Aktiengesellschaft, die im Auftrag der schwedischen Anthroposophischen Gesellschaft die Trägerschaft des Saalbaus übernahm, benutzte von nun an den allgemeinen Namen »Kulturhuset i Ytterjärna«. Mit diesem geographisch orientierten Namen ist dieses nordische Abbild des Goetheanum-Gedankens in der Öffentlichkeit rühmlich bekannt geworden.

Viele Künstler, die aus der ersten Gemeinschaftsstimmung heraus an dem Bauprojekt teilnehmen wollten, entdeckten, dass es in den Abschlussphasen nicht mehr möglich war, direkt mitzuarbeiten, weil der Bauvorstand die künstlerische Leitung Arne Klingborg persönlich übertragen hatte. Das konnte aus der langen Entwicklung in Järna nicht anders sein, wo immer alles aus einem kleinen Kreis von Pionieren entstanden war; aber viele Menschen hatten dennoch lange gehofft, dass es nicht zu einer Beauftragung käme. Aus meinem Blickwinkel als Zaungast versuchte ich zwischen den Positionen zu vermitteln, entdeckte aber bald, dass es zu keiner offeneren Arbeitsweise mehr kommen konnte, in der die vielen Künstler mitmachen konnten.

In einem Brief an Arne Klingborg schlug ich vor, andere Flächen im Saalbau für diejenigen Künstler freizugeben, die ihm bei der großen Deckenmalerei nicht helfen durften oder konnten. Ich meinte, dass die Hochschulmitglieder im vorbereitenden Kreis der Sektion sich ja mitverantwortlich fühlten für den Saalbau und deshalb gern auch praktisch-künstlerisch teilnehmen wollten, und schrieb, dass die entstandene Situation im Moment Unsicherheit unter den Künstlern schaffe.

In einer Sitzung mit einem daraufhin einberufenen Kreis von Künstlern und Architekten schlug Klingborg etwas anderes vor, nämlich dass im Kulturhaus zur Eröffnungsfeier eine Ausstellung stattfinden könne. Diese Ausstellung wurde von dem Kunsthistoriker und Bildhauer Åke Fant und dem Maler Karl Schulz-Köln arrangiert. Über dreißig Künstler nahmen teil. Schade war aber, dass so wenige Menschen die schöne

Ausstellung zu Gesicht bekamen, weil aufgrund der Brandschutzbestimmungen keine Werbung gemacht werden durfte. Die Ausstellung hing nämlich in Räumlichkeiten hinter der noch nicht fertig gestellten Bühne. Es hätte gefährlich sein können, sich dorthin zu begeben.

Im Frühling 1991 durfte ich aufgrund von Umständen, die hier nicht erörtert werden sollen, als Arne Klingborg seine große Deckenmalerei im Kulturhaus malte, als Mitarbeiter an der Ausmalung teilnehmen. Es war eine einzigartige Situation, unseren geliebten Lehrer in seinem hohen Alter so gesund und jugendlich dabei zu erleben, wie er diese große Aufgabe auf seine Weise löste. Nach der Einweihung kam mir jedoch von anderen Künstlern, die nicht mitgemacht hatten, viel Kritik und weniger Lob zu Ohren über diese Deckenmalerei mit dem Hauptthema aus den vier Jahreszeitenimaginationen Rudolf Steiners. Weil ich an dem Projekt zuletzt noch hatte mitmachen dürfen und deshalb die Entstehung verfolgen konnte, musste ich mir sagen, dass die Malerei aus den gegebenen Umständen heraus nicht anders aussehen konnte. Viele gute Kräfte sind aber in das Bild hineingezaubert worden, die in der Zukunft noch lange sonnenhaft strahlen werden.

Selbsterkenntnis und soziale Initiativen

Die Michaelitagung in Dornach 1993 brachte für mich einen inneren Umschwung, nicht wegen der Inhalte der Tagungsvorträge, der dramatischen Plenumssituationen oder der Gesprächsgruppen, sondern durch einzelne Gespräche mit verschiedenen Menschen über die Nachricht eines Erdbebens in Indien, bei dem über vierzigtausend Menschen umgekommen sind. Die innere Selbstüberwindung und das Üben des Mutes, die mich dazu führten, vor mehreren hundert Menschen im Schreinereisaal beim Mittagessen kurz über dieses Erdbeben zu berichten, stellten mich vor die Frage: Wie kann ich im Alltagsleben einen Weg finden zu einem inneren Kontakt mit den Verstorbenen? In dieser Frage lebte während dieser Tage ein starkes Gefühl, dass der verstorbene Jørgen Smit etwas von mir erwartete.

Ich lebte seit dieser Zeit sehr bewusst mit den Jahresthemen, die der Vorstand in Dornach für die Mitglieder in aller Welt als Arbeitsthemen, bis zur Jahrhundertwende, vorgeschlagen hatte. Parallel bearbeitete ich meine Biographie, speziell anhand aller Situationen, in denen ich mit anderen Menschen in besonderen Initiativsituationen gestanden hatte, die aber aufgrund verschiedener Umstände nicht verwirklicht werden konnten.

Einige dieser Situationen möchte ich erwähnen. Um 1981 stand ich in einer Initiative zusammen mit Künstlerfreunden um den Waldorflehrer und Dichter Hans-Jørgen Høinæs in Norwegen. Außerhalb der mittelalterlichen Stadt Tønsberg wollten wir auf einem schönen Anwesen am Fjord, mit Parkanlage und mehreren alten Gebäuden, ein anthroposophisches Seminar gründen. Wir führten einige gute Gespräche mit Politikern und den Behörden der kleinen Gemeinde. Es entstand viel Interesse für unsere Initiative, die alten Gebäude zu erhalten, statt sie abzureißen. Es gelang uns aber nicht, genug Geld für den Kauf aufzubringen. Die Gruppe von Künstlern hat sich anschließend auf ganz Europa verteilt und die einzelnen Mitglieder haben sich dort für andere anthroposophische Initiativen oder Aufgaben eingesetzt.

Mehrere Jahre lang setzte ich mich ein für das Projekt »Skillebytunet«. Auf dem Hof unseres Ateliers auf Skilleby, der von alters her aus drei großen Bauernhöfen bestanden hatte, waren durch Zusammenlegung zweier Höfe mehrere Gebäude frei geworden. Mit einigen anthroposophischen Betrieben wurden etappenweise Gespräche geführt, um eine Handwerker- und Künstlergemeinschaft zu gründen, in der jeder ökonomisch selbstständig sein sollte. Ich engagierte mich sehr für diese Pläne, machte architektonische Skizzen und zeichnete Übersichtskarten.

Es erwies sich aber nach vielen Versuchen mit ständig neuen Teilnehmern, dass sich die Ideen bezüglich einer gemeinsamen Vorgehensweise zu stark voneinander unterschieden. Um 1986 hegte ich den Gedanken, selbst Architekt zu werden. Aus verschiedensten Gründen reichte ich den Antrag aber nicht ein.

In den Gesprächen um die Weiterführung unseres Ateliers gerieten wir Anfang der 90er-Jahre, äußerlich gesehen wegen der schlechten Wirtschaftslage, in interne Auseinandersetzungen. Mehrere von uns hatten während der vergangenen Jahre des öfteren am Seminar als Lehrer gewirkt. Dadurch musste die Leitung unserer gemeinsamen Lasurprojekte in neuer Weise besprochen werden. Unsere Lehrertätigkeit am Seminar lief finanziell über unsere Firma. Das Seminar war aber über mehrere Jahre in einer schwierigen ökonomischen Situation, so dass wir ihm lange Zeit unsere Einkünfte als Darlehen überließen. Unsere Lage wurde dadurch sehr bedrängt. Hier habe ich mein Verhältnis zum Geld und das gegenseitige Vertrauen prüfen müssen. Aus Geldnot benutzte ich einige Male meinen Zugang zu unserem Konto und ich musste erkennen, dass ich nicht reif war, offen und zeitgemäß mit den anderen Kollegen über die auftretenden Probleme zu sprechen.

Wir versuchten in den nächsten Jahren intern, ohne Hilfe von Sozialberatern, selber unsere Beziehungen zu durchschauen und die Probleme zu lösen und bemühten uns, durch Studien- und Biographiearbeit hinter unsere äußeren Handlungsmuster zu kommen. Als einer von den Kollegen in der Runde sagte, er fühle sich von meinem künstlerischen Ideenreichtum in seinem Schaffen gelähmt, wachte ich auf.

Nach weiteren Vorfällen am Seminar, in denen fast alle meine Illusionen verflogen, konnte ich den Moment nicht mehr länger vor mir her schieben, eine harte Selbstprüfung durchzuführen. Ich begann die Selbsterkenntnis durch verschiedene Maßnahmen zu pflegen. Einiges davon kam zum Ausdruck in der nicht veröffentlichten Gedichtsammlung »Der Löwentraum«, in mehreren Romanfragmenten und in einem Drama. Ich begann, eine Dramazeitschrift zu abonnieren, bemühte mich zweimal erfolglos um einen Platz für eine Dramaturgie- und Regieausbildung in Stockholm und nahm an einem Kurs für das Verfassen von Filmdrehbüchern teil. Durch innere Selbstbeobachtung und äußere Maßnahmen versuchte ich, meine Einflüsse und Auswirkungen auf andere Menschen und die Welt zu erkennen.

Als wir im Frühjahr 1996 nach der Auflösung unserer Firma die geliebten Ateliergebäude aufgeben mussten, da der Inhaber des biologisch-dynamischen Hofes andere Interessen hatte, setzte ich mich mit anderen Künstlern dafür ein, dass die Gebäude weiterhin für künstlerische Arbeit benutzt werden könnten. Ich gebar die Initiative, einen anthroposophischen Künstlerverein ins Leben zu rufen, der dann unter dem Namen »Krapp« von etwa zwanzig Mitgliedern gegründet wurde. Trotzdem war das Atelier für unsere Zwecke nicht mehr zu retten. Heute wird dort biologisch-dynamische Forschung betrieben, die ja auch sehr notwendig ist.

Mit und für Studenten

Zwischen 1992 und 1995 war ich am Seminar in Järna zweimal Leiter des Ausbildungsganges für Kunsterzieher an Waldorfschulen und einmal Leiter der Ausbildung für Monumentalmalerei. Ich versuchte in dieser Zeit, neue Lehrkräfte aus Finnland und Norwegen anzuziehen. So gelang es mir beispielsweise, den Kunstlehrer, Bildhauer und Maler Odd Lindbråten aus der Waldorfschule in Moss, Norwegen, für uns zu gewinnen, um Grafik zu unterrichten. Er bat mich, an seine Schule zu kommen und mit den Schülern der zwölften Klasse Wandbilder zu schaffen.

Mit meinen Studenten versuchte ich eine Arbeitsstimmung zu entwickeln, die jedem Studenten behilflich sein sollte, seinen individuellen Standort im Künstlerischen zu erkennen, seine Fragestellungen an die Künste zu finden und danach im Kreis gemeinsam über diese Fragen zu sprechen. Ich wollte die tieferen Erkenntnisse suchen, die mit dem Kunstimpuls Rudolf Steiners zusammenhingen und die sich aus den eigenen Erfahrungen gemeinsam erarbeiten ließen.

1992–93 schrieb ich das Drama »Pneum«, das zwar nicht aufgeführt wurde, das ich aber mit den Studenten als Übungstext für einen Bühnenbildkurs benutzen konnte. Es ging um Motive, die der Künstler im Schaffensaugenblick seinem Material gegenüber haben kann, wenn aus geistigen Fragestellungen das oft aufkommende Ohnmachtserlebnis ergriffen und dann auch als eine Schwellensituation erlebt werden kann, die seine Kunst sozial wirksam macht.

Ich erlebte im letzten Arbeitsjahr am Seminar, dass ich nur wenige Kollegen hatte, mit denen ich so sprechen konnte, wie es mir mit den Studenten möglich war. Die Situation wurde durch weitere hier nicht zu erörternde Umstände für mich so schwierig, dass ich zum Sommerabschluss 1995 kündigte.

Der Farbenraum

Bevor ich auf die Ereignisse nach meinem Weggang vom Seminar zurückkomme, möchte ich noch einiges erzählen, das zunächst Menschenbeziehungen betrifft, die in meinem Leben sehr wichtig sind. Deshalb ist es nicht sachgemäß, sie zu übergehen. Es betrifft meine Freundschaft mit den Anthroposophen Sonja Robbert und Willy Buzzi. – Zunächst handelt es sich um mein Verhältnis zur Geschichte und die Bedeutung von Meditation und Karmaübungen in meinem Leben.

Sonja Robbert erlebte ich in den 70er-Jahren als eine strenge und gewissenhafte Mallehrerin in ihrem sogenannten »Blå ateljén«, einem Unterrichtshaus auf dem Seminargelände in Järna, in dem sie seit 1972 auch wohnte. Sie war 1909 in Dänemark geboren worden, durchlief in den 30er-Jahren in Frankreich eine künstlerische Laufbahn, arbeitete Ende der 50er-Jahre für Marie Savitch in Dornach mit großen aquarellgemalten Bühnenprospekten für die Eurythmie und schuf in Farum, Dänemark, in den 60er-Jahren ihr »Blå atelier« mit Malkursen für Kinder und Erwachsene. Von dieser auch musikalischen Kulturinsel wurde sie von Arne Klingborg im Alter von 59 Jahren nach Järna berufen. Bis heute hat sie die künstlerischen und kulturellen Entwicklungen in Järna mitgemacht. Jahrelang hat sie in der Eurythmieausbildung von Gertrud Klingborg verschiedene Kurse gegeben: zur Tanzgeschichte, zu Goethes »Märchen« und seiner Farbenlehre, zu den Mysteriendramen, zu Steiners »Wesen der Farbe«, zum Jahreskreislauf und zu den Eurythmiefiguren.

Zur schwedischen Herausgabe der Vorträge Rudolf Steiners, die er 1923 in Ilkley, England, gehalten hatte – »Gegenwärtiges Geistesleben und Erziehung« – betrieb sie Forschungen vor Ort und konnte dadurch in einem Archiv alte Zeitungsaufsätze über Steiners damaligen Kurs ausfindig machen.

Ich war in ihrer gemütlichen Atelier-Wohnung immer willkommen. Wir sprachen über Kunst im Allgemeinen, über Unterrichtsfragen und esoterische Fragen der Anthroposophie. Ich ermunterte sie, einen Aufsatz für »Antropos« zu schreiben über das Kunstschaffen als Prozess-Frage. Sie führte mich ein in die Modellbühnen, die sie zu Unterrichts- und Ausstellungszwecken hergestellt hatte. Jede kleine Bühne, insgesamt gab es sieben, hatte die Proportionen der Dornacher Goetheanumbühne und war mit kleinen Transformatoren, Lichtrampen mit farbig bemalten Taschenlampenbirnen und Beleuchtungsschaltern ausgerüstet.

In den kleinen Bühnenräumen stellte sie die kleinen »Schauspieler« oder »Eurythmistinnen« aus bemaltem Papier mit den entsprechenden farbigen Bühnenbildern zu Goethes »Märchen« oder einer Szene aus einem Mysteriendrama auf. Ich half ihr mehrfach, Ausstellungen zu veranstalten, sowohl mit den Modellbühnen, als auch mit Bildern aus ihrem umfangreichen Werk. Als sie aufgrund ihres hohen Alters nicht mehr selbst am Seminar unterrichten konnte, schenkte sie diese schönen Modellbühnen dem Seminar. Bei einem Bühnenbildkurs konnte ich sie dann einsetzen. Es war für die Studenten ein schöner Moment, zu erleben wie ihre selbstgeschaffene Miniaturwelt durch das farbige Licht plötzlich zu leben begann.

Sonja Robberts Hauptanliegen spricht sich aus in ihrem Begriff »Farverummet«, der Farbenraum. Sie meinte, die Zeit der bildenden Künste im eigentlichsten Sinne sei schon längst vorbei. Jeder Künstler, auch der bildende Künstler, solle versuchen, in das Musikalische hineinzukommen, um das Geistige in der Kunst im Ichbewusstsein begreifen zu können und aus dieser Situation heraus aus dem Nichts zu schaffen. Ihre großen Bühnenprospekte hatte sie gemalt, um von den traditionellen blauen Bühnenvorhängen wegzukommen. Das farbige Licht an den farbig gestalteten Bühnenbildern sollte einen lebendigen Farbenraum vor den Zuschauern entstehen lassen, in dem die Eurythmisten die Eurythmie aus dem Augenblick schaffen konnten. Ich darf sagen, dass Sonja Robberts Farbenimpuls bis jetzt sehr wenig verstanden wurde und deshalb auch noch nicht aufgegriffen werden konnte.

Filmfragen

Einige Bücher des Norwegers Willy Buzzi las ich bereits in den 70er-Jahren. Ihn selbst aber lernte ich erst kennen, als ich nach den drei Jahren in Norwegen wieder nach Järna zurückkehrte. Er ist in Trondheim, Norwegen, aufgewachsen, sozusagen in der Nachbarschaft des

»Olafsdoms« aus dem Mittelalter, den ich als Kind auf mehreren Durchreisen erlebt hatte. Er ist einer der wenigen goetheanistischen Forscher und anthroposophischen Schriftsteller in Skandinavien. Er ist Filmforscher und sein riesiges Werk »Über den Film« sollte man unbedingt ins Deutsche übersetzen. Zu vielen Themen hat er Bücher geschrieben: über die nordische Mythologie, über die Kategorienlehre des Aristoteles, über den Zeitbegriff in der Geschichte und in der gegenwärtigen Kultur, über Agape, Eros und Sexus und über Rudolf Steiners dreizehn Reisen in die nordischen Länder.

Den Hinweisen Rudolf Steiners zur Äthergeographie folgend, entwickelte er die Idee zu einem neuen Atlas, der aber bis jetzt nicht veröffentlicht wurde. – Willy Buzzi arbeitete viele Jahre auf praktischem Gebiet zusammen mit Kurt Wegner und den Arzneiherstellern Lennart Lundström und Ragnar Wiedersheim-Paul in einem Weleda-Betrieb in Järna.

Wir führten in all den Jahren Gespräche über vielerlei Fragen. Entweder trafen wir uns in einem Café in Järna, wohin er gerne ging, um Menschen zu begegnen, oder wir trafen uns bei ihm zu Hause, wo ich auch seine Frau Kari Tøkk, eine Norwegerin mit künstlerischem Hintergrund, kennen lernte. Ich lud Willy Buzzi ein, für die Kunsterzieherausbildung eine Einführung in die Filmwissenschaft zu geben. Das tat er sehr gern und die Studenten freuten sich, einem Filmkenner unter den Anthroposophen zuhören zu können.

Unter anderem durch die vielen Gespräche mit ihm, in denen er von der Dramaturgie in Kunst und Leben erzählte, beispielsweise über die Geheimnisse von Liegen, Sitzen, Stehen und Gehen, begann ich mich für die Filmkunst des Russen Andrej Tarkovskij zu interessieren. 1985 war ich unter mehreren Eltern, Lehrern und Schülern aus »Solvikskolan« – einer der drei Waldorfschulen in Järna – Teilnehmer, als Tarkovskij zu Filmaufnahmen für seinen Film »Das Opfer« in Stockholm mehrere hundert Statisten brauchte. Es war eine besondere Situation, den schon krebskranken Filmregisseur auf der Kamera-Atrappe der »vom Kriege verheerten« Straße zu erleben, wo wir mehrmals mit nackten Körperteilen im kalten Frühlingswind vorüberlaufen sollten, um die beste Version der Szene zu bekommen. Er hat sich einem jeden von uns gegenüber so verhalten, als seien wir geistige Wesen, auch wenn er nur einige von uns von dort oben unterscheiden konnte.

Nach dem Tod Andrej Tarkovskijs schrieb ich eine Würdigung seiner Filmkunst in Form einer Studie über seinen Film »Solaris«, den er schon vor seiner Abreise aus Russland gemacht hatte. Durch parallele Beschreibungen aus dem Werk Rudolf Steiners versuchte ich zu zeigen, dass Tarkovskij durch seine Art »die Zeit zu plastizieren« eine individuelle Interpretation der Anthroposophie aus der Stimmung seiner Bilderfolgen gegeben hat. In dem Aufsatz beschrieb ich das kosmopolitische Stadium in den menschlichen Verhaltensweisen, die in Tarkovskijs Filmen meisterhaft und zart gezeigt werden:

»Alle Menschen in unserer Zeit können prinzipiell dieses Stadium erreichen. Man kann geographisch überall sein. Man muss nicht an einem Ort bleiben, z. B. dort, wo man geboren ist. Aber wenn man eine bestimmte Aufgabe übernimmt, kann man auch nicht alles tun, man muss sich begrenzen. Wenn man im Stadium der Gezwungenheit stehen bleibt, wird alles schattenhaft. Man muss durch die Heimatlosigkeit hindurch.

Die westliche Objektivitätsforderung – ›facts‹, Empirismus – ist unentbehrlich für die Weltentwicklung, aber die Opferkraft, die Opferflamme, mit der die östlichen Menschen die Menschheit begabt haben, darf nicht ausgelöscht werden. Für die Zukunft werden beide Pole vonnöten sein. Das Verbindende in beiden Richtungen, worauf es ankommt, ist die Ichanwesenheit. Wir sehen das Bild von Wissenschaft, Kunst und Religion vereinigt in einer Kultur auf der Erde; nicht abgesondert technisch im Weltraum oder in sektiererischen, weltabgewandten Gesellschaften, nein, das Urbild der »Heimat« ist den Sternen eingeschrieben, es schwimmt wie eine Insel auf dem Solaris-Ozean.

In den Kern der Anthroposophie, den sogenannten Grundsteinspruch, meißelte Rudolf Steiner dieselben Motive ein, die beschreiben, wie der Mensch im Gleichgewicht der Seele das eigene Ich mit dem Ich verbinden kann, welches sich mit der geographischen Farbenvielfalt verbunden hat, mit dem Welten-Ich, dem kosmopolitischen, makrokosmischen Ich.«

Konsonanz zwischen Malerei und Intuition

Vom Herbst 1994 an nahm ich neben der Arbeit am Seminar meist zweimal in der Woche an einem Kurs über Kunsttheorie von Platon über Kant bis zu den postmodernistischen Kunsttheoretikern unseres Jahrhunderts teil. Dieses Studium mit schriftlicher Abschlussarbeit absolvierte ich auf »Kunstfack«, einer staatlichen Kunsthochschule in Stockholm.

Meine Arbeit, die angenommen wurde, hieß: »Von der Konsonanz zwischen Intuition und Malerei. Eine Studie über Rudolf Steiners Kunstmärchen ›Das Wesen der Künste‹ von 1909 über das Verhältnis zwischen Intuition und Malerei«. – Ich beschrieb den geschichtlichen Kontext zu diesem Vortrag, den Steiner am 28. Oktober 1909 in Berlin gehalten hat und vertiefte verschiedene Begriffe wie »astralische Imagination«, »seraphisches Wesen«, »Seelenlicht«, »seelische Bewegung«, »das Innere der Farben« und andere Formulierungen, die Steiner im Vortrag benutzte. Ich versuchte, den Intuitionsbegriff, so wie er in Steiners Werk vorkommt, zu beleuchten, erklärte das Ausmaß des steinerschen Umgangs mit Farbe und Malerei und beschrieb seine Ergänzung zu Goethes Farbenlehre durch seine Vorträge über das Wesen der Farben. Ein Kapitel war Steiners Ästhetik im Kontext gewidmet. Ein anderes Kapitel behandelte Intuition und Kunstschaffen bei den Philosophen Vladimir Solovjov und Edmund Husserl, sowie den Künstlern Wassily Kandinsky und Paul Klee, alles Zeitgenossen Rudolf Steiners. Die Studie umfasste mit Anmerkungen und Literaturverzeichnis vierundvierzig A4-Seiten.

Ich schrieb diese Arbeit also in der Zeit, als sich meine Schicksalssituation in Järna zuspitzte. Um die Art meines damaligen Gedankenlebens zu zeigen, gebe ich hier ein kleines Stück aus dem Schlusskapitel wieder:

»Für mich beinhaltet Konsonanz zwischen Intuition und Malerei einen Zusammenklang von Zeit und Raum, von geographischem Ort, Bauplatz, Architektur, Raumsituation, Farbgestaltung, Wandmaterial, Interieursituation, Benutzern, Besuchern – alle diese konkreten Komponenten, vor denen ich als Künstler stehe, müssen einem bewussten

Miterleben einverleibt werden, im Schaffensaugenblick jedoch dann zu chaotischem Vergessen verwandelt werden, in einem Verhältnis zu dem Ohnmachts- und Abgrundgefühl, das im Ichbewusstsein angesichts der leeren, eventuell weißen Wand wirksam schafft, wenn die Farbeimer vor einem warten und der Pinsel zwischen drei Fingern sitzt.

Durch den Klee'schen Spalt flutet und quillt die innere Farbe hervor, kann aber erst nach Stunden und Tagen festgehalten werden in zahllosen Silikat- oder Bienenwachsschichten, glänzend vor Eifer, als wolle jemand Kontakt aufnehmen, zugleich jedoch niedergeschlagen, ohne Berauschtsein, als ob jemand Modell gestanden habe, dann aber zur Hintertür hinausgegangen ist aus Angst, als Betrüger entlarvt zu werden. Derjenige, der inmitten seiner Werke überrascht wird von engelhaften Wesen, oder auch enttäuscht von spektrenhaften, eher dämonischen Wesen, ist doch der Künstler selbst.

Eine solche gesteigerte Identifizierung mit der künstlerischen Geographie – mit klassischen Mitteln zwar, aber doch in gewisser Weise in der Nachfolge von Beuys stehend – nötigt mich zu einer Übernahme von Verantwortung, mit der die Kunst seit dem Modernismus nicht immer verknüpft wurde. Eine solche ethische Dimension im malerischen Prozess könnte im Lichte der Freiheit spontan zu einem neuen Interesse führen sowohl für das Gebiet, das man mit dem alten Ausdruck ›Volkskunst‹ bezeichnet, als auch für alle modernen ökologischen Malmaterialien.«

Die Identifikation mit Christian von Buch

Neben meiner pädagogischen und künstlerischen Berufstätigkeit haben mich Rudolf Steiners Karmavorträge aus dem Jahre 1924 als Studienmotiv besonders begleitet. Mitte der 80er-Jahre begann ich erneut, studienhalber platonische und aristotelische Motive aufzusuchen. Dieses Thema der zwei Strömungen – die Rudolf Steiner in den Karmavorträgen, da wo er über das Mittelalter sprach, von verschiedenen Gesichtspunkten aus mit den Anthroposophen unseres Jahrhunderts verband, und ganz besonders mit bestimmten Begegnungsaufgaben der letzten

Jahre unseres Jahrhunderts in Beziehung brachte – war für mich schon in den 70er-Jahren zu einem Lebensthema geworden. Ich hatte das Gefühl, dass ich mit den Kreisen der Platoniker karmisch verbunden sein könnte. Besonders innig fühlte ich mich dem Chartres-Strom verbunden und versuchte, diesen gedanklich zu charakterisieren und im sozialen Umkreis zu erkennen.

Nur wenige Anthroposophen in meiner Umgebung waren mit demselben Grad von Interesse damit beschäftigt. So legte auch ich für die 80er-Jahre die entsprechenden Fragen zur Seite und ergriff stattdessen erneut private, soziale sowie künstlerische Aufgaben. Zunehmend geriet ich jedoch in meiner nächsten Umgebung, wie schon angedeutet, in eine Sackgasse, die dazu führte, dass ich ab Winter 1996 an anderen Orten nach Arbeitsmöglichkeiten suchen musste. Durch diese dramatische und innerlich als tragisch erlebte erste Hälfte der 90er-Jahre wandte ich mich erneut historischen Studien und der modernen Kunsttheorie zu.

Neben der akademischen Literatur las ich anthroposophische Autoren wie Sigismund von Gleich, Ernst Uehli, Renate Riemeck, Christoph Lindenberg und viele andere. Ich studierte kreuz und quer, insbesondere Atlantis und die Kulturepochen. Besonders viel Zeit nahm ich mir für Ägypten und die Zeit von Ramses II. Ab Januar 1995 nahm ich sogar an einem Fernkurs der Universität Växjö teil, einer Stadt in Südschweden, wo ich viele malerische Projekte durchgeführt hatte. Wegen der weiteren Umstände konnte ich ihn aber leider nicht abschließen.

Ich hatte besondere déjà-vu-Erlebnisse auf Studienreisen in Italien 1993 und in Griechenland 1995 und konnte mich jetzt an ähnliche Erlebnisse aus England in den 80er-Jahren erinnern. Was dann in wachsendem Maße mein tiefstes Interesse zu wecken vermochte, war das europäische Mittelalter, besonders das 12. Jahrhundert. Nun war nicht mehr nur das Gebiet Frankreichs mit den Schulen von Paris und Chartres mein vorrangiger Beschäftigungsgegenstand, vielmehr traten konkrete Gestalten wie Herzog Heinrich der Löwe, Kaiser Friedrich Barbarossa und Papst Alexander III. mit allen Konflikten in und um das deutsch-römische Reich zwischen dem 2. und 3. Kreuzzug in den Kreis meines besonderen Interesses.

Ich studierte ganze Regalmeter von Spezialliteratur über Persönlichkeiten und Ereignisse der Stauferzeit und machte mir erste gedankliche Übersichtskarten über mögliche karmische Zusammenhänge zwischen dem 12. Jahrhundert und unserer Zeit. Ich versuchte, mir erkenntnismäßig einen Weg zu bahnen, der mich von den im Verlaufe meiner Studien auftretenden Ahnungen zur meditativen Erarbeitung desselben Materials führen konnte. Ich war zu der Überzeugung gekommen, dass Rudolf Steiners Hinweise auf die Lehrer und Schüler von Chartres für unsere Zeit mit viel größeren Menschenkreisen des 12. Jahrhunderts in Zusammenhang gebracht werden müssten.

In Ernst Uehlis hervorragendem Buch »Die drei großen Staufer« hatte ich kaum etwas über Chartres gefunden und in der »Geschichte der Konzilien« von Renate Riemeck konnte ich bei der Beschreibung des 3. Laterankonzils von 1179 nichts finden über die dortige Anwesenheit der Chartres-Lehrer Johannes von Salisbury und Alanus ab Insulis. So suchte ich weiter in der Literatur der neuesten Mittelalterforschung und in einigen alten Quellen, um Bestätigungen zu finden für meine Ahnungen. Dazu musste ich auch versuchen ein wenig Latein zu lernen.

Beim Lesen der Regesten des Erzbischofs von Köln, Rainald von Dassel, dem Reichskanzler Barbarossas um 1160, stieß ich auf den französischen Magister Girard Pucelle. Dieser enge Freund und Mitarbeiter des Johannes von Salisbury wirkte für eine kurze Zeit vor dem Tode Rainalds als dessen Ratgeber im Konflikt mit Papst Alexander III. So fand ich in Girard Pucelle eine Gestalt, die im Sinne einer menschlichen Brücke zwischen dem Chartres-Strom und dem Staufer-Strom vermittelte – eine Brücke, nach der mich die durch das Studium angeregte Erkenntnissuche hatte fragen lassen. Im Verlaufe meiner diesbezüglichen Beschäftigung fand ich weitere solcher menschlichen Beziehungen, z. B. den Herzog von Kärnten, Hermann, der brieflich mit dem Chartres-Lehrer Thierry in Kontakt stand.

Während meiner geschichtlichen Studien, die mich immer tiefer in die damaligen Verhältnisse eindringen ließen, kam es eines Tages im Winter 1995 unerwartet zu einem intuitiven Gedankenerlebnis. Ich konnte mich selber mit Christian von Buch (1135–1183) identifizieren, dem Nachfolger Rainalds von Dassel als Reichskanzler Barbarossas, welcher später als einer der eifrigsten Diplomaten und Heerführer des Kaisers in Italien wirkte.

Wie der Weg zu dieser auf dem Gedankenweg entstandenen Identifikation mit Christian von Buch verlief, möchte ich durch folgende Erzählung aufzeigen, in der deutlich wird, wie die Einflüsse anderer

Menschen schicksalhaft zum Stellen der richtigen Fragen beitragen können.

Als ich ganz zu Anfang der 90er-Jahre meine Geschichtsstudien betrieb, erhielt ich von einigen Anthroposophen Hinweise, die ich nicht sofort einzuordnen wusste. Ein solcher Hinweis war, ich solle das Drama »Nathan der Weise« von Lessing lesen. Ich vertiefte mich in das Drama, konnte aber nicht gleich verstehen, wie ich die Ereignisse in der Zeit des Sultans Saladin und die Ereignisse des dritten Kreuzzuges mit meiner Suche in Verbindung setzen sollte.

Ein anderer Hinweis kam von einer Frau, die nach eigener Überzeugung eine empfängliche Beziehung zu ihrem Engel hatte. Sie machte eine Andeutung auf bestimmte karmische Zusammenhänge bezüglich einiger gemeinsamer heutiger Freunde von uns, wo sie meinte, die Beziehungen zwischen denselben in einem Familiendrama im Mittelalter gefunden zu haben. Sie erzählte, dass unser Freund A wahrscheinlich im fünfzehnten Jahrhundert ein Städtegründer gewesen sei. Sie erinnerte mich an die Geschichte von Parsifals Sohn, Lohengrin. Ich hatte kurz zuvor die Oper Richard Wagners gesehen, sodass ich ihrer Erzählung in meiner Vorstellung eine gewisse Zeitstimmung zu geben wusste. Unsere Freundin B sollte damals mit A verheiratet gewesen sein. Sie selbst, damals eine Tochter der beiden, sei da von ihrer Mutter in einer für die damalige Zeit normalen Weise für ihre Zwecke sexuell missbraucht worden. Ihr heutiger Mann C, damals ein Bruder von B, und ich waren ihrer Meinung nach damals miteinander befreundet und befreiten sie in einer Rettungsaktion aus dem Einflussbereich ihrer Mutter. – Die Betreffende kam in ihren karmischen Erzählungen mehrmals auf die Stadt Lübeck zurück und meinte, ihre Geschichte habe sich dort zugetragen.

Ich studierte die Entwicklung der europäischen Städtegründungen bis zum fünfzehnten Jahrhundert und verfolgte besonders die Gründung Lübecks und den Einfluss dieser Hansestadt im Ostseegebiet. Aus diesen Studien kam ich zu Herzog Heinrich dem Löwen, den ich mit unserem Freund A in Verbindung zu setzen versuchte. So begann die minutiöse Erforschung der Geschichte des zwölften Jahrhunderts, die ich fortan betrieb.

Von Heinrich dem Löwen ging ich über zu Kaiser Friedrich I. Barbarossa und verfolgte sämtliche Verwicklungen im Reiche zur Zeit des

Kirchenschismas zwischen 1159–1176. Ich ging den Beziehungen zwischen den damaligen Persönlichkeiten nach und versuchte, verschiedene Ereignisse zu heutigen Situationen in eine karmische Beziehung zu setzen. Als ich über die Ermordung des Mainzer Erzbischofs Arnold von Seelenhofen las, belebte sich in mir die Erzählung der erwähnten Anthroposophin. Ich bekam das Gefühl, dass ihr Familiendrama aus dem Mittelalter etwas mit dieser Geschichte zu tun hatte, in der Rudolf von Zähringen und Christian von Buch um den vakanten Erzbischofstuhl kämpften. Als die Mainzer ihren eigenen Erzbischof ermordet hatten, dämmerte es ihnen, dass sie diesen Mord dem Kaiser würden büßen müssen. Sie suchten unter den großen Familien nach einem Nachfolger, von dem sie Schutz erhoffen durften und wählten Rudolf von Zähringen, da Rudolf nicht nur ein Bruder des Herzogs Berthold von Zähringen war, sondern auch ein Schwager Heinrichs des Löwen, dazu sogar noch mit dem Kaiser verwandt. Eine Fürstenversammlung unter der Leitung des Erzbischofs und Kanzlers Rainald von Dassel annullierte jedoch die Wahl und exkommunizierte die Mainzer Bürgerschaft. Die Fürsten wählten zu ihrem Kandidaten den jungen Dompropst Christian von Buch. Der Kaiser aber widersetzte sich diesen beiden Vorschlägen und installierte Konrad von Wittelsbach als neuen Erzbischof von Mainz.

Die Schwester der Brüder Rudolf und Berthold von Zähringen, die bis 1162 mit Heinrich dem Löwen verheiratet war, hieß Clementia. Ihre gemeinsame Tochter, Gertrude, wurde Ehefrau des jungen Herzogs von Schwaben, Friedrich von Rothenburg, der ein Sohn des ehemaligen Königs Konrad III. gewesen war. Dieser Herzog fiel als einer von vielen 1167 in Rom einer Malariaseuche zum Opfer. Im Herbst dieses Jahres ritten Christian von Buch, der seit 1165 neuer Erzbischof von Mainz war, und Berthold von Zähringen nach Sachsen, als Friedensunterhändler im Streit zwischen Heinrich dem Löwen und seinen sächsischen Feinden. Wahrscheinlich brachten sie auf dem Weg durch Schwaben der Witwe Gertrude die Nachricht vom Tod ihres Mannes.

In meiner Erkenntnisarbeit im Winter 1995 versuchte ich diesen Kreis der oben genannten Persönlichkeiten also in karmische Beziehung zu uns zu setzen, in dem Sinne, dass die betreffende Anthroposophin jene Gertrude gewesen sein konnte, der Freund A Heinrich der Löwe, die Freundin B Clementia von Zähringen, ihr Mann Berthold von

Zähringen und ich selber Christian von Buch. – Gertrude wurde mit dem dänischen Thronprätendenten und späteren König Knut VI. verheiratet. Es liegt nahe zu denken, dass Christian von Buch bei dieser Vermittlung mitgewirkt hat, weil er durch seine Gesandtschaft zu Anfang der 60er-Jahre für den Gegenpapst Viktor IV. schon Kontakte mit den Dänen gepflegt hatte.

Als ich dann mehrere Biographien über Heinrich den Löwen und Friedrich Barbarossa sowie noch andere Gestalten dieser Zeit las und ein Bild von der Wirksamkeit und Persönlichkeit des Christian von Buch bekam, reifte in meiner Seele der Gedanke, dass ich in einer früheren Inkarnation dieser Mensch gewesen sei. Das war mir zunächst kein angenehmer Gedanke, weil die Historiker immer auch die harten und unsympathischen Seiten dieses Heerführers hervorhoben.

In den weiteren Studien über die Zeit zwischen dem zweiten und dritten Kreuzzug konnte ich jenen früheren Hinweis auf Lessings Drama einordnen. Meine karmischen Forschungen sollten zeigen, in welchem Verhältnis die Individualität hinter der Gestalt Saladins zu meinem karmischen Umkreis der Gegenwart stand. Meine späteren karmischen Forschungen ab 1996 bestätigten dann auch die gedanklichen Erkenntnisse über Christian von Buch aus dem Jahr 1995. Im dritten Teil werde ich auf dieses Leben im zwölften Jahrhundert noch ausführlich zurückkommen.

Lebenskrise

Mit solchen geschichtlichen und karmischen Fragen war ich im Sommer 1995 beschäftigt, als mein Arzt mich wegen eines »Burn-out-Syndroms« für drei Monate krank schrieb. Ich hatte die Absicht gehabt, im Herbst die Studien in Växjö fortzusetzen, musste sie aber aufgeben. Als meine Familie in die Ferien verreiste, blieb ich zu Hause. Ich hatte keine Kraft sozial zu sein, wollte lieber allein bleiben, um auch auf unsere Angoraziegen aufzupassen. Statt nun aber praktische Arbeiten am Haus und im Garten zu verrichten, blieb ich stundenlang am Schreibtisch sitzen und schaute nur aus dem Fenster.

Ich beschäftigte mich innerlich mit der mittelalterlichen Gestalt des Christian von Buch und es formte sich eine dramatische Humoreske, die ich in zehn Tagen niederschrieb. Ausgangspunkt war das Jahr, das er zwischen 1179 und 1180 in Italien im Gefängnis verbrachte. Aus seinen Tagträumen, denen ich nachzuspüren versuchte, formten sich Bilder von einer Zukunft, in der viele seiner Zeitgenossen, verändert in Gestalt und Geschlecht, auftraten. Es entstand eine Art burleske Gralsintrige, die ich »Annorlundum« nannte, soviel wie »der andersartige Hain«. Später zeigte ich das Drama einigen Freunden, doch konnte niemand etwas damit anfangen.

Der ganze Herbst verging, ohne dass ich die Kraft fand, mit einer neuen Arbeit zu beginnen. In Schweden herrschte zu dieser Zeit eine hohe Arbeitslosigkeit. Nach Ablauf der drei Monate meldete auch ich mich arbeitslos und schrieb an mehrere staatliche Schulen, die Kunsterzieher suchten. Ich bekam in diesen drei Monaten keine Angebote und auch kein Geld vom Arbeitsamt, weil ich wegen meiner noch registrierten privaten Firma nicht beweisen konnte, dass ich zu jener Zeit kein Einkommen bezog. Es war ein besonderes Gefühl, einer ehemaligen Schülerin aus der Kunsterzieherausbildung, die noch ein Staatsexamen hatte, Ratschläge zu geben, als sie die Stelle an einer Schule bekam, die mich abgelehnt hatte. Ich blieb zu Hause hocken, erledigte die nötigsten Pflichten, saß stundenlang am Fenster und schaute die Bäume und Ziegen an.

Ich wurde nochmals für einen Monat krankgeschrieben. Die kleinsten Aufregungen brachten mich zum Weinen. Alles war schlimm, aber offenbar notwendig. Dieses sogenannte Ausgebranntsein ließ meine letzten Lebensillusionen fahren. Ich unternahm eine Reise nach Norwegen, machte Besuche, sprach mit alten Freunden und Verwandten und überlegte, mich mit oder ohne Familie nochmals in Norwegen niederzulassen.

In diesem Herbst unterzog ich mich dem fünften Selbsterkenntnisprojekt meines Lebens. Das erste war im Sommer 1971 gewesen, kurz bevor ich das Erlebnis mit dem Sterbegefühl und den Imaginationen aus Amerika hatte. Das zweite war im Herbst 1978, als ich beschloss, nicht nach Bergen zurückzukehren, sondern mich in Järna für künstlerische Aufgaben einzusetzen. Das dritte war 1985–87, in der Zeit, als ich mich mit Tarkovskij befasste und meine Mutter starb. Das vierte war in den Jahren 1991–93, vom Tod Jørgen Smits und der Michaelitagung umrahmt, in der ich die Geschichtsstudien aufnahm. Jetzt im Herbst 1995, nach dem fünften Durchgang durch meine Seele mit allen Einbildungen, Gewohnheiten, der Ungeduld, den Interessen, Wünschen, Ideen, Gedankenauffassungen, Meinungen usw. begann eine Zeit, in der ich versuchte, im Leben fortwährende Selbsterkenntnis zu üben. Diese inneren Feinde, die Goethe in seinem Aufsatz »Der Versuch als Vermittler zwischen Objekt und Subjekt« beschreibt, wurden mir zu einem wichtigen Gegenstand der Untersuchung. Dieser Versuch führte dazu, dass ich die Karma- und anderen Übungen und Meditationen Rudolf Steiners neu aufgriff.

Tintagel und Eleusis

Es gibt viele Dinge in meinem jetzigen Leben bis zur Lebenskrise im zweiundvierzigsten Lebensjahr, die ich hier nicht aufgenommen habe. Ich war bemüht, eine Auswahl zu treffen aus den vielen Erinnerungen, die beim Schreiben aufstiegen, um dem Leser das Verständnis für die weiteren Teile dieses Buches zu erleichtern. Das war nicht einfach, weil immer neue Bilder darauf warteten, beschrieben zu werden.

Im Gedächtnis lebten andere bedeutende Menschenbegegnungen, Kindheitserinnerungen, Jugendprobleme, Liebesverhältnisse und Erkrankungen, Erlebnisse und Begegnungen in Finnland und Dänemark, Reiseerlebnisse in Rom, Michelangelos Fresken in der Sixtinischen Kapelle, die heitere Begegnung mit einer Dorfbewohnerin auf Kreta, die Auseinandersetzung mit Politik und Zeitfragen, die schwarzen Flaggen 1981 im nordirischen Dungannon, der Treppenbrunnen in Mykene, der biographische Film von Kurosawa, der Kurs über vegetarisches Kochen auf Vidaråsen, die anthroposophische Tagung zur Frauenfrage in Oslo, die Reise mit Arne Klingborg zum Haus »Rüspe«, der Besuch in Weimar und Berlin noch zu DDR-Zeiten, mein kritischer Aufsatz zu Kaj Skagens Roman »Hodeskallestedet«(Schädelstätte), die erfreulichen Begegnungen mit Menschen und Natur auf Island, die Humoresken mit Künstlerfreunden nach unseren alljährlichen Aquarellkursen am

Seminar oder andere lustige Episoden mit Kollegen auf Arbeitsreisen nach Hamburg, die vielen Diskussionen und Gespräche über den Zustand in der Anthroposophischen Gesellschaft, die wunderschönen Tanzvorstellungen in »Dansens Hus« in Stockholm, meine lieben Erinnerungen aus Eurythmiekursen in Bergen – wie sollte man all das Wunderbare, Schöne, Melancholische, Traurige, Humorvolle, Dramatische, Spektakuläre und Tragische adäquat beschreiben können?

Es braucht auch nicht alles erzählt zu werden, weil jeder in seinem Leben ähnliche Erlebnisse gehabt hat, die uns sagen, dass wir auf demselben irdischen Weg sind; auf dem Wege, im Inkarniertsein das Streben zum Urselbst zu üben, um unser höheres, unsichtbares, geistiges Ich zu suchen, das uns helfen kann, das höhere Ich im anderen Menschen finden und lieben zu lernen.

Von den vielen Reisen, die mein Schicksal mir zu unternehmen erlaubte, möchte ich zum Abschluss dieses ersten Teils nur zwei Bilder erzählen, die mir später, als ich die karmischen Imaginationen bekam, halfen, meine Lebenserfahrungen zu verstehen: einzusehen, dass jede Tätigkeit, in die man hineingestellt war, einen tieferen Sinn hat, so wie es schon Seneca vor zweitausend Jahren auffasste.

Im Jahre 1981 machte ich mit einigen Künstlerfreunden eine Arbeitsreise nach Cornwall. Auf der Hinfahrt besuchten wir einige keltische Denkmäler in England, wie Stonehenge, mehrere Kathedralen sowie Schlösser und Gärten aus der Renaissance. Weil unser Arbeitgeber »Peredur Trust« uns den Auftrag gegeben hatte, in seinen sozialtherapeutischen Einrichtungen in der Nähe von Tintagel zu lasieren, hatten wir mehrmals die Gelegenheit dorthin zu fahren. Nach der sechswöchigen Arbeitsphase machten wir noch eine Reise nach Nordirland. Dieser Aufenthalt in Cornwall entwickelte in meiner Seele das Gefühl, dass ich mich auf einem eigenen Kontinent befand. Ich vertiefte mich in die Gralsgeschichte und versuchte, die damaligen Aufgaben der Artus-Ritter zu verstehen. Ich musste mir sagen, dass ich mit diesem »Kontinent«, der irgendwie unsichtbar und geistig erhalten geblieben war, innerlich verbunden bin. Die englische Landschaft berührte eine Schicht in meiner Seele, die seither immer aufklingt, wenn ich ähnliche Landschaften erlebe.

Ein ganz anderes Heimatgefühl entstand, als ich während einer

Kunststudienreise nach Griechenland im April 1995 nach Athen, Delphi, Eleusis, Korinth und Epidauros kam. Die alte Mysterienstätte von Eleusis ist heute von einer modernen Industriestadt umgeben, in einer Art, die wenige Touristen dorthin lockt. Von der rauen Fabrikluft abgesehen, fühlte ich mich an dieser Stätte sehr wohl. Im Stehen und Wandeln unter den wenigen archäologischen Resten des großen, alten Kulthauses, des Telesterions, erlebte ich, dass ich an einen Ort gekommen war, der mir sehr bekannt vorkam. Ich setzte mich an mehreren Stellen auf die Treppenstufen im Inneren und konnte im Gefühl bildhaft verfolgen, wie ich hier einmal besondere Feierhandlungen mitgemacht hatte.

II

Mein geistiger Durchbruch

Demut des Geistes, eifrig-suchende Gesinnung.
Geruhsames Leben, schweigendes inneres Forschen,
Armut, fremdes Land.

Bernardus von Chartres

Biographiearbeit

Vor Weihnachten 1995 packte ich mich selbst beim Kragen und kontaktierte einige alte Freunde. So begann eine neue Periode mit neuen Wandbild- und Unterrichtsaufgaben, zuerst in Järna, dann in Umeå, Nordschweden und in Moss, Norwegen. Die veränderte Lebenssituation im Jahr 1996 nach der Lebenskrise, wo ich nun monatelang an diesen anderen Orten wohnte, gab mir die Gelegenheit, mich neu dem inneren Schulungsweg zuzuwenden. Neben anderen Meditationen hatte ich seit den 70er-Jahren über längere Zeiträume am liebsten bestimmte Karmaübungen von Rudolf Steiner durchgeführt. Da hatten sich für mich jedoch keine beobachtbaren Resultate eingestellt.

In den 80er-Jahren hatte ich mich viel mit den Biographien von Richard Wagner, Henrik Ibsen, August Strindberg, Vincent van Gogh, Edvard Munch, Rudolf Steiner sowie anderer Dichter, Dramatiker und Künstler befasst. Gründlich vertiefte ich mich in Strindbergs dramatisches Leben und in seine Dramen. In »Antropos« machte ich einmal ein Themenheft über ihn, in welchem der schwedische Waldorflehrer Hans Möller Strindbergs Biographie anhand der Siebenjahresperioden interpretierte. Dieser Hintergrund half mir, als ich mich um 1991 mit meiner eigenen Biographie neu befassen wollte. Ich entdeckte da ein Spiegelungsgesetz, das mir später durch andere Menschen anhand verschiedener Modelle bestätigt wurde.

Ich trug eine Überschau meines Lebens in eine Parabel ein. Das 21. Jahr setzte ich an den untersten Punkt des Bogens. Jedes siebte Jahr trug ich jeweils in eine Linie ein, sodass sich die Geburt beim Anbruch des 42. Jahres spiegelte, das siebte Jahr bei 35, 14 bei 28. Vom untersten Punkt (21) aus zeichnete ich eine Linie vertikal aufwärts, die die Parabel genau in der Mitte schnitt und die ich den »Ich-Spiegel« nannte. Auf ihr konnte ich sich ergebende karmische Fragen eintragen. Ich fand heraus, dass sich bestimmte Begegnungen, Krankheiten, Krisen und andere Erlebnisse der ersten drei Jahrsiebte in anderen Ereignissen in den drei entsprechenden Siebenjahresperioden auf der anderen Seite der Linie metamorphosiert wiederfanden. Für die Jahre nach 42, so fand ich heraus, muss man die Lebenslinie wieder entlang

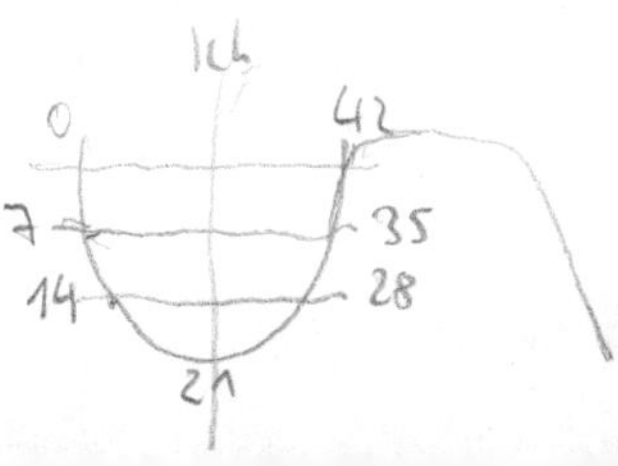

der Parabel zurücklaufen lassen. Dann lassen sich innere Übereinstimmungen mit früheren biographischen Tatsachen erkennen. Die beschriebene Parabel habe ich bei Beratungen in geistigen Schulungsfragen immer wieder benutzt, um einen raschen biographischen Überblick zu gewinnen.

Ich hatte auf diese Weise ein wunderschönes Lebensmuster gefunden, ein großartiges Lebensbild mit dramatischen, schmerzlichen, aber auch stillen und glücklichen »Punkten und Flächen«, wo karmische Hintergrundskräfte ahnbar hervorzuquellen schienen. Ich fand, dass sich die Erlebnisse in den Kindheits- und Jugendjahren in einen inneren Einklang stellten mit den Erlebnissen nach dem 21. Jahr.

In den dramatischen Ereignissen um das Jahr 1995 hatte ich diese Biographieparabel nicht mehr im Gedächtnis gehabt, aber nach der Krise entwickelte ich eine Meditation aus denselben Parabelstudien, die ich »das Füllen, Trinken und Wiederauffüllen des Lebensgrals« nannte. Diese Meditation legte ich dem neuen Üben mit der sogenannten biographischen Karmaübung von Steiner zugrunde, die ich unten beschreiben werde.

Meditation und Karmaübungen

In meinem Meditieren entdeckte ich eine Tatsache, die ich im Vergleich mit der Temperamalerei folgendermaßen charakterisieren möchte. Um Öl mit Wasser zu mischen, braucht man ein Medium. Das kann z. B. Ei sein. Das Ei hat eine bestimmte Form, die bei der Zubereitung der Temperafarbe zerschlagen werden muss, um das Medium herauszuholen. Die dann durch Mischung von Ei, Öl, Wasser und Farbpigmenten entstandene Temperafarbe lässt sichtbare Bilder auf einem dazu vorbereiteten Grund jahrtausendelang für das Auge überdauern. Die vielen alten Temperabilder auf Keramik und auf Holzunterlagen in alten Kirchen bestätigen dieses Phänomen.

Die Meditation wurde von nun an für mich eine durch das Ich aufrechterhaltene Seelenplastik – ich erinnerte mich an Tarkovskijs Beschreibungen von seinem Plastizieren der Zeit – ein individuell geschaffenes Medium im wahrsten Sinne dieses Wortes, wo geistige Tatsachen im irdischen Wachbewusstsein bewahrt werden konnten. Ich fand es wichtig, dass die Meditation, die ein prozessuales Zeitgeschehen ist, einen Eingang und einen Ausgang haben sollte. Diese bildete ich mit einem Spruch von Rudolf Steiner oder mit einer Eurythmiebewegung. Ich entdeckte später, dass innerlich meditativ durchgeführte Eurythmiebewegungen zum Erleben der Qualitäten der vier Äther führen können.

Über die Körperhaltung beim Meditieren werde ich hier nicht viel schreiben. Ich habe für mich Verschiedenes ausprobiert, sei es im Liegen, Stehen oder Sitzen. Sogar in der Badewanne sitzend konnte ich gut meditieren. Ich habe auch verschiedene Stellungen ausprobiert, ohne sie als Yoga bezeichnen zu müssen. In früheren Jahren konnte ich wegen all der äußeren Aufgaben und Pflichten nur im Bett liegend, nachdem alle anderen Familienmitglieder eingeschlafen waren, meine Karmaübungen und Meditationen durchführen. So hatte ich mich daran gewöhnt, auch in der Horizontalen liegend gut meditieren zu können, ohne einzuschlafen. Die ersten Erfahrungen anhand der Karmaübungen kamen aber, als ich sitzend meditierte.

Die sogenannten »Nebenübungen« sowie die Rückschau auf den vergangenen Tag können bestimmte ätherische und seelische Gewohnheiten beim Meditierenden entwickeln, die, wie ich bemerkte, notwendig sind, wenn man die sogenannte biographische Karmaübung von Rudolf Steiner durchführen möchte. Die Aufgabe, die »umgekehrte«, ätherische Welt zu erleben, entspricht genau diesen Übungen. Die folgende in einem Vortrag von Rudolf Steiner 1912 beschriebene Übung habe ich im Verlauf der Jahre auf verschiedene Art gepflegt.

Die erste Imagination über Eleusis

Von 1996 an begann ich diese biographische Karmaübung von Steiner mit mehr Stringenz als früher durchzuführen. Ich nahm zwei charakteristische Beispiele aus jedem Jahrsiebt und wählte sie von vornherein aus. Diesen Erinnerungen ging ich innerlich, in wandbildartigen Formationen, rückwärts nach. Ich habe es für mich nicht für notwendig befunden, mir jedes Ereignis in Rückwärtsbewegungen vorzustellen, so wie im Tagesrückblick. Wichtig war aber, so schien es mir jetzt, dass die Abfolge der Erinnerungen zeitlich wahr nacheinander meditiert wurde.

Da wo ich mit eigenen Erinnerungen nicht weiter an die ersten Kinderjahre heranreichte, versuchte ich mir durch exakte Phantasie innere Gedankenbilder bis hin zur Konzeption zu schaffen. Ich versuchte, mich aus dem Geburtsort nach oben über dem Sunndalsgebirge schwebend zu erleben. Dann kam der Moment in der Meditation, wo ich nicht einschlafen oder herausfallen sollte, sondern mich in die totale Gedanken- und Bilderleere hineinversetzen wollte. Das Ichbewusstsein musste aufrechterhalten werden. Hier hatte ich ja früher jahrelang verschiedenste Erfahrungen mit der Unvollkommenheit der eigenen Seelenkräfte erlebt. Die Geduld, auf geistige Erlebnisse zu warten, beschreibt Rudolf Steiner oft in seinen Büchern und Vorträgen. Diese Meditationsgeduld schafft in der Bewusstseinsseele die ersten Anlagen zu dem, was er Imaginationsseele genannt hat.

Ich verfolgte also eines Nachmittags im September 1996 – während ich auf einem einfachen grünen Holzstuhl in meinem weiß gestrichenen Gästezimmer, mit grünen und pfirsichblütfarbigen Textilien und einem schwarzen Möbelstück, in Umeå saß – meine eigene Biographie rückwärts bis zur ersten Erinnerung im Kindesalter, die ich zu Beginn dieses Buches geschildert habe und war bestrebt, die innere Stoßkraft des Ichs weiter in Richtung Geburt zu konzentrieren. Früher war ich in dieser Hinsicht offensichtlich zu passiv gewesen. – Nach diesen Bemühungen versuchte ich, gedanken- und gefühllos in einer Stimmung von Nichts zu schweben. Da kam ein zarter Seelenruck und ich dachte, ich würde im Alltagsbewusstsein aufwachen. Stattdessen folgte ein Aufwachen in einer lebendigen und beweglichen Bilderwelt, die ich als eine Imagination verstehen wollte.

Ich befand mich inmitten von Vorgängen, die ich sofort als etwas zu mir gehöriges Vergangenes erkannte. Ich konnte mein heutiges Denken als Ich-Gegenwart erleben und konnte gleichzeitig dazu auch die damaligen Ereignisse mit den dazugehörenden damaligen Gedanken, Gefühlen und Handlungen mitmachen. Ich war sozusagen in einer neuen Bewusstseinsdimension aufgewacht, in der zwei Zeiten zusammenfielen oder parallel liefen. In diesem Moment erkannte ich, was die Begriffe Geist-Erinnern, Geist-Besinnen und Geist-Erschauen aus Rudolf Steiners Grundsteinmeditation bei der Weihnachtstagung in Dornach 1923–24 bedeuteten.

Wenn ich diese meine erste Imagination beschreiben soll, versuche ich es mit folgenden Worten: Ich lag in einer Art Wagen, der kurz zuvor ein kleines Schiff gewesen, jetzt jedoch mit Reifen versehen war. Der Wagen wurde an seinen Ecken von vier Männern geführt und dann bald vorwärts in schnelle Fahrt versetzt. Mein heutiges Ich erkannte in dem Mann vorne rechts eine Frau im gegenwärtigen Leben. Diese Erkenntnis kam als intuitiver Einschlag in mein Bewusstsein. Die Evidenzfrage in dem Erlebnismoment war eindeutig. Mein damaliges Ich wusste, um was dies alles ging. Es waren die Mysterienspiele bei Eleusis, die jedes Jahr Anfang Februar als öffentliche Festlichkeiten und Züge von Athen aus gefeiert wurden. Damals – die Zeitangabe, um etwa die Mitte des fünften vorchristlichen Jahrhunderts, so wollte mein heutiges Ich schätzen – war ich als Aspirant für den zweiten, geschlossenen Teil der eleusinischen Mysterien aufgenommen worden. Dies war der Grund, warum ich in dem Wagen lag.

Es spielte sich etwas ab zwischen mir und dem Mann vorne rechts in dem Augenblick, als er mich in Fahrt bringen sollte. Wir erkannten einander plötzlich. Ich dachte: »Bist du hier?« Und ich wusste, dass er dasselbe dachte. Sein Gesicht zeigte zuerst sein Erstaunen, dann aber kam Ärger in ihm auf. Sofort nach dem Infahrtsetzen gelangte ich in einen dunklen Tunnel, in dem sich verschiedene geistige Erscheinungen durch Mechanismen, Masken und Schauspieler zeigten. Dann klang die Imagination langsam ab und ich beendete die Meditation in tiefer Dankbarkeit.

So könnten, für jeden Menschen in ähnlicher Weise, durch diese biographische Karmaübung die ersten Imaginationen folgen, wobei der Meditierende aufwacht in einer Geist-Erinnerung an einem genauen Ort zu einem bestimmten Zeitpunkt, oder in Handlungssequenzen einer zu den ausgewählten gegenwärtigen Erinnerungen gehörigen Situation aus einem bestimmten oder mehreren früheren Erdenleben. Wie im Übergang vom Erinnerungs- zum Imaginationsbewusstsein ein sogenannter innerer Ruck auftreten kann oder wie sich dieser Übergang erleben lässt, wird wahrscheinlich individuell verschieden sein. Ein Ruck muss auch nicht unbedingt kommen.

Das Ich kann sich meines Erachtens in karmischen Imaginationen, die durch eigenes Üben hervorgebracht wurden und die auch Einschläge höherer Inspiration und Intuition haben können, viel bestimmter orientieren, als in Imaginationen, die durch einen Rückführungstherapeuten entstanden sind. Starke innere Gefühle und das Wiedererleben von vergangenen Gefühlen wie z. B. Glück, Schmerz und Trauer sind bei wahren karmischen Imaginationen, die zu einem selbst gehören, immer beteiligt. Auch in der Regressionstherapie kommen solche wahren Imaginationen vor; das möchte ich hier betonen.

Imaginieren als Lichtseelenprozess

Als gedankliche Hilfe zum Verständnis der Art einer Imagination, des Imaginierens, werde ich hier »in Klammern« einen Exkurs zu einem wichtigen Begriff von Rudolf Steiner machen, den er im Vortrag »Die alte Yoga-Kultur und der neue Yoga-Wille. Die Michael-Kultur der Zukunft« (vom 30.11.1919 aus dem Zyklus »Die Sendung Michaels«, GA 194) beschreibt.

In diesem Vortrag schildert er die Veränderung der menschlichen Seelenverfassung durch die nachatlantischen Kulturepochen. Er unterscheidet das Verhältnis der menschlichen Seele zu sich selbst und zur Welt durch den vorchristlichen »Luftseelenprozess« und den nachchristlichen »Lichtseelenprozess«. Um diese Entwicklung am besten zu veranschaulichen, gebe ich Steiners Wortlaut wieder:

»Es gab eine Zeit vor dem Mysterium von Golgatha, da hatte die Erde eine Atmosphäre. In dieser Atmosphäre war die Seele, die zum Seelischen des Menschen gehörte. Jetzt hat die Erde eine Atmosphäre, die ist entleert des Seelischen, das zum Seelischen des Menschen gehört. Dafür ist in das Licht, das uns vom Morgen bis zum Abend umfasst, eingezogen dasselbe Seelische, das vorher in der Luft war. Dass der Christus sich mit der Erde verbunden hat, das gab die Möglichkeit dazu. Sodass Luft und Licht auch geistig-seelisch etwas anderes geworden sind im Laufe der Erdenentwickelung.«

Rudolf Steiner spricht in diesem Vortrag von der geschichtlichen Tatsache, dass die Menschen in demselben Maße, in dem der Atmungsprozess aufhörte beseelt zu sein, das Bewusstsein über die Präexistenz des Seelischen verloren ging. Nachdem wir mit dem naturwissenschaftlichen Verstandesbewusstsein die letzten Jahrhunderte hindurch diesen letzten Rest des Auffassungsvermögens einer Urkultur verloren ging, so Steiner, gibt es für den modernen Menschen durch eine neue Art des Begreifens des Mysteriums von Golgatha die Möglichkeit, im Materiellen das Geistige zu suchen. Dem erwähnten Vortrag entnehme ich die weiteren Formulierungen Steiners über diesen Schritt, den der moderne Mensch in seinem meditativen Streben üben kann:

»Wenn wir das Beseeltsein unserer Sinnesempfindungen wieder haben werden, dann werden wir wiederum einen Kreuzungspunkt haben, und in diesem Punkt werden wir den menschlichen Willen, der heraufströmt aus der dritten Bewusstseinsschicht, wie ich es Ihnen in diesen Tagen charakterisiert habe, auffassen. Da werden wir zu gleicher Zeit etwas Subjektiv-Objektives haben, wonach Goethe so lechzte. (…) Von Außen wirken die Weltgedanken in uns herein, von Innen wirkt der Menschheitswillen heraus. Und es durchkreuzen sich Menschheitswillen und Weltengedanken in diesem Kreuzungspunkte, wie sich im Atem das Objektive mit dem Subjektiven einstmals überkreuzt hat. Wir müssen fühlen lernen, wie durch unsere Augen unser Wille wirkt und wie in der Tat die Aktivität der Sinne leise sich hineinmischt in die Passivität, wodurch sich Weltengedanken mit Menschheitswillen kreuzen. Diesen neuen Yoga-Willen, den müssen wir entwickeln.«

Um die Art dieser zukünftigen michaelischen Willenskultur näher zu verdeutlichen, führt Steiner einige konkrete Beispiele an. Er nimmt das Beispiel der Flamme und beschreibt den Vorgang, mit dem Goethe seine Farbenlehre eröffnete: die abklingenden Nachbilder der physiologischen Farben:

»Das ist nicht bloß subjektiv, das ist ein objektiver Vorgang. Hier haben Sie das Objektive. Hier haben Sie die Möglichkeit, zu erkennen, wie etwas, was sich in Ihnen abspielt, in feiner Art zu gleicher Zeit ein Weltenvorgang ist. …«

Steiner nimmt noch ein Beispiel dazu:

»Trete ich einem Menschen gegenüber und sage: Dieser Mensch hat das oder jenes gesagt, was wahr oder nicht wahr sein kann – so ist das eine Beurteilung, eine moralische oder eine intellektuelle Handlung im Innern. Das klingt ebenso ab wie die Flamme. Das ist ein objektiver Weltenvorgang. Wenn Sie über Ihren Nebenmenschen Gutes denken: Es klingt ab, ist im Weltenäther als ein objektiver Vorgang; wenn Sie Böses denken: es klingt ab als ein objektiver Vorgang.«

Eine Zusammenfassung dieser Gesichtspunkte für unsere Zeit und die nächste Zukunft bringen die folgenden Äußerungen Steiners, die als vorangestellte Kennzeichnung meiner individuellen karmischen Erlebnisse und geistigen Erfahrungen gelten können:

»Das ist das Einlassen der Michael-Kultur: das Sich-Durchdringen mit diesem Bewusstsein. Wir müssen gewissermaßen, wenn wir das Licht als den allgemeinen Repräsentanten der Sinneswahrnehmung hinstellen, uns dazu aufschwingen, das Licht beseelt zu denken, sowie es selbstverständlich war für den Menschen des zweiten, des dritten vorchristlichen Jahrtausends, die Luft beseelt zu denken, weil sie das auch war. (…) Und wenn wir im Großen denken, so können wir sagen: Luftseelenprozess, Lichtseelenprozess. Und das ist etwa dasjenige, was wir in der Entwicklung der Erde beobachten können. Und mitten hinein fällt, den Übergang des einen in das andere bedeutend, das Mysterium von Golgatha.«

In meinem Leben habe ich ein Verhältnis zu diesem Lichtseelenprozess auf verschiedenerlei Weise gepflegt. Zuerst habe ich über zwei Jahrzehnte auf dem Gebiet der bildenden Künste und der Farbenlehre Goethes verschiedene Übungen und Versuche durchgeführt und Beobachtungen gemacht. Zweifelsohne konnte ich durch dieses Hineinleben in äußere Farbzusammenhänge und Bilderscheinungen bestimmte seelische Fähigkeiten üben, die mir später halfen, das imaginative Bewusstsein zu erwecken.

Des Weiteren habe ich mich um ein vertieftes Einleben in den Jahreslauf bemüht, auch wenn dies in meinem Fall nicht leicht war, obwohl ich fast nur auf dem Land wohnte. Anhand der Motive im Seelenkalender Rudolf Steiners, der Bemühungen an der Grundsteinmeditation und durch die Arbeit im heilpädagogischen Bereich und der Erwachsenenbildung bin ich immer mit der Frage der Beziehung zwischen Natur, Welt und Mensch beschäftigt gewesen.

In einer konkreten Lebenssituation saß ich z.B. eines Tages im Zug und konnte einen gewissen Nachklang bestimmter meditativer Verhaltensweisen in der jetzigen Lebenssituation in mich hineinlassen. Ich war auf dem Weg, einen Menschen aus meinem Freundeskreis zu besuchen. Ich befasste mich dabei mit meiner Seelenverfassung in tief- und weitgeführten Seelenvorgängen. Die Reise führte durch eine schöne Frühlingslandschaft. – Gleichzeitig beobachtete ich, wie das Licht der untergehenden Sonne durch kleine, schmale Spalten in der dichten Wolkendecke nach Norden und Süden schillernde Strahlen herniedersandte. Im Verlaufe der Fahrt entwickelte sich ein Lichtschauspiel, das ich als ein für meine persönliche Schicksalssituation charakteristisches Bühnenbild empfinden konnte. Als ich mich dem Begegnungsort näherte, wechselte das Lichtspiel der Strahlen zu neuen Öffnungen, die ich in meiner Phantasie als Gottessinnesorgane zu sehen glaubte, bis ein rubinrotes Herz und ein kleiner purpurn funkelnder Stern entstanden, die zuletzt die Abenddämmerung ankündigten.

Die darauf folgende Begegnung wurde von diesen Naturbildern des Sonnenlichtes so begleitet, als wollten unsere Iche sich selber als Wolken durchdringende Sonnen zeigen. – In einem biographischen Überblick gibt es viele ähnliche Situationen, in denen ein Mensch erleben kann, dass Seele und Natur wie spiegelbildlich zueinander stehen können. Wenn solche Situationen oder andere Erlebnisse und Menschenbegegnungen freudiger, dramatischer oder sogar tragischer Art in der Erinnerung gepflegt werden, ist der Schritt zu künstlerischen, sozialen und meditativen Übungen nicht schwer.

Einige Karmaübungen Rudolf Steiners, die für mich fruchtbar wurden, sind nichts anderes als das bewusste Umgehen mit solchen Erinnerungen, die ebenso gut ganz neue des letzten Tages sein, wie auch zurückliegenden Lebensabschnitten oder der Kindheit entstammen können. Die sogenannte viertägige Karmaübung aus dem Vortrag vom 9. Mai 1924 (enthalten in GA 236) werde ich hier gleich näher beschreiben und in Verbindung setzen mit Motiven aus der sog. Grundsteinmeditation Rudolf Steiners.

Die viertägige Karmaübung

Bei weiterer Arbeit und im Wechsel mit der vorigen biographischen Karmaübung machte ich die viertätige Karmaübung Rudolf Steiners anhand vieler Menschen in meinem karmischen Umkreis und ohne dass die meisten etwas davon wussten. Steiner beschreibt ja im Vortrag, dass man eine Meditation anhand einer Begegnung oder eines Ereignisses macht und dann irgendwie bis zum vierten Tag auf eine Imagination warten soll. Er beschreibt ausführlich, wie sich das Erinnerungsbild durch geistige Prozesse, die immer unbewusst ablaufen, verwandelt und sozusagen ein anderes Bild aus dem geistigen Umkreis heranzieht. In all den Jahren habe ich diese Übung aber in einer auf mich zugeschnittenen Weise weiterentwickelt.

Ich hatte oft entdeckt, dass mein Bewusstsein von der Übung im Laufe der vier Tage verschwand, oder dass ich am ersten Abend schon vor Schluss eingeschlafen war. Als ich solch eine Schwäche viele Tage oder Wochen später entdeckte, entschloss ich mich im Sommer 1996, die Übung in Form und Rhythmus zu verstärken. Ich fügte eine zweite und dritte Abendmeditation hinzu, in die ich Erlebnisse beim Aufwachen am Morgen miteinbezog. Durch dieses Verfahren empfing ich in derselben Woche wie der oben beschriebenen eine andere karmische Imagination, die eine Verbindung zwischen heute und dem Mittelalter zeigte.

Aus einer konkreten Begegnung mit einer Frau, welche mich mit tiefer Sympathie erfüllt hatte, gestaltete ich im Gedächtnis ein deutliches und farbiges Erinnerungsbild als die erste Abendmeditation. Drei Nächte und Tage hindurch pflegte ich diese Erinnerung an die konkrete Begegnung in Abendmeditationen weiter. Es gelang mir auch, die Gefühle und Sinneseindrücke in der Seele und im physischen Leib, die am nächstfolgenden Morgen nach dem Schlaf auftraten, in die Abendmeditationen miteinzubeziehen.

Am vierten Morgen wachte ich auf, zog mich an und setzte mich mit geschlossenen Augen auf einen Stuhl. Ich wusste, dass ich noch in der Vier-Tage-Übung stand und versetzte mich deshalb in eine ruhige, meditative Stimmung, ohne an etwas zu denken und ohne die frühere Erinnerung heranzuziehen. Ich kam dann in eine Art seelische Leere hinein. Ich fühlte mich ganz leer und der folgende Gedanke kam von Außen: Ich habe selber keine Kraft etwas Karmisches hervorzurufen. Ich wollte denken, ich müsse doch auf Karmaerkenntnis verzichten, aber ich konnte es nicht tun. Mein Gedankenleben wurde von der Kraft des eigenen Wollens, die ich durch mein Ichbewusstsein während der drei Tage geübt hatte, wie von einem Bumerang getroffen. Ich war wie seelisch gelähmt.

Es erschien vor meinem inneren Auge dann plötzlich ein mittelalterlicher Ritter im Stil und in den charakteristischen Farben der damaligen Zeit, in einer norditalienischen Gegend unweit von Modena. – Ich wusste sofort, dass er zu dieser Zeit, etwa Mitte der 70er-Jahre des zwölften Jahrhunderts, mein liebster Mitarbeiter war. Und ich war damals Christian von Buch! Mein heutiges Ich war in dem damaligen Ich anwesend. Ich konnte mich in einer geographischen Gegend orientieren, in der ich in meinem heutigen Leben nie gewesen bin. Ich wusste, welchen Weg wir mit unserem Ritterheer nach Modena nehmen mussten, um feindliche Hinterhalte zu vermeiden.

Durch diese beiden Erfolge hatte ich nun eine Stufe erreicht, die mir Kraft und Inspiration gab, eine individuelle meditative Praxis zu begründen, die von den Angaben Steiners, die ich bis jetzt kannte, weiterführte. Ich kam in ein für mich neues Land. Später sollte sich jedoch zeigen, dass meine Erfahrungen mit den Angaben Steiners durchaus übereinstimmten. – Nach einer Weile konnte ich in dem Ritter einen gewissen Willibald erkennen, der nach meinen weiteren meditativen Forschungen viele Jahre hindurch in der Umgebung des Mainzer Erzbischofs Christian von Buch tätig war. Weitere Imaginationen ergaben sogar, dass sein Tod in einem Hinterhalt, in den er geriet, nicht verhindert werden konnte, da Christian, der verwundet worden war, und ein anderer Ritter namens Giorgio ihn im Stich gelassen hatten, um ihr eigenes Leben zu retten. – Diese zwei Ritter, Willibald und Giorgio, habe ich leider bis jetzt noch in keiner geschichtlichen Urkunde gefunden.

Schon diese ersten Imaginationen wurden für mich zu einer Bestätigung meiner früheren erkenntnismäßigen Studien. Ich hielt zuerst jedoch alle Resultate ganz offen und überprüfte alles kritisch, was sich mir in imaginativen Erlebnissen offenbarte.

Als ich später in Kursen und Vorträgen über meine Erfahrungen erzählen wollte, versuchte ich meine Art, die Vier-Tage-Übung zu praktizieren, in einer Illustration darzustellen. Da ergab sich die Stufenfolge von 13 Schritten, die hilfreich sein kann, um diese Übung auch in Zusammenhang zu setzen mit der Grundsteinmeditation der Weihnachtstagung in Dornach 1923–24.

Folgende Übersicht kann diese Schritte im Verhältnis zur Verwandlung des vom Ich gemachten Erinnerungsbildes einer bestimmten Menschenbegegnung durch die Hüllen bis hinein in den physischen Leib aufzeigen, analog zu der Beschreibung des erwähnten Vortrags von Steiner. Einige zentrale Motive aus der Grundsteinmeditation stehen rechts, als den entsprechenden Schritten zugehörig:

1. Schritt	1. TAG	Menschenbegegnung	ICH
2. Schritt		1. Abendmeditation	»Geist-Erinnern«
3. Schritt	1. NACHT	Schlafen	ASTRALLEIB
4. Schritt	2. TAG	Aufwachen	»Geist-Besinnen«
5. Schritt		Leben/Arbeit	
6. Schritt		2. Abendmeditation	
7. Schritt	2. NACHT	Schlafen	ÄTHERLEIB
8. Schritt	3. TAG	Aufwachen	»Geist-Erschauen«
9. Schritt		Leben/Arbeit	
10. Schritt		3. Abendmeditation	
11. Schritt	3. NACHT	Schlafen	PHYSISCHER LEIB
12. Schritt	4. TAG	Aufwachen/Morgenmeditation	
13. Schritt		Mögliche Imagination	»Christus-Sonne«

Bei der Arbeit mit der Grundsteinmeditation entdeckte ich, dass sie eine kosmische Karmaübung beschreibt. Ich kam zu ähnlichen Erkenntnissen, wie sie auch bei dem Autor Athys Floride in seinem schönen Buch »Stufen der Meditation« zu finden sind. Diese Meditation ist nicht nur ein Schutz für die Karmaforschung, wie er richtig schreibt, sie wird auch zur Quelle derselben, wenn sie in die Vier-Tage-Übung eingebaut wird. Überhaupt kann die Bedeutung der Grundsteinmeditation für jegliche zukünftige geistige Forschung gar nicht überschätzt werden. Sie ist ein zeitgemäßer Schlüssel für Erkenntnisse höherer Welten.

Viele Jahre lang hatte ich den Grundsteinspruch als Abendlektüre auf dem Nachttisch bereitliegen. Ich hatte mit den dazu gehörigen Tagesrhythmen gelebt und versucht, sie in ein meditatives Verfahren zu bringen. Das gelang mir damals aber nicht. Erst durch den Erfolg mit der Vier-Tage-Übung konnte ich viele Zusammenhänge und Motive im Grundsteinspruch erkennen.

Die Begegnung mit einer Rückführungsmethode

In den 80er-Jahren wurde es üblich, zu hellsichtigen Menschen oder zu Rückführungstherapeuten zu gehen, um etwas aus früheren Leben zu erfahren. Einige Freunde von mir hatten solche Erfahrungen. Ich fand das interessant, suchte sie für mich selbst aber nicht in dieser Art. Wenn mir die Übungen Steiners keine Erfahrungen brächten, dann, so sagte ich mir, sei ich noch nicht reif für solche Erkenntnisse. Nach meinen eigenen Imaginationserfahrungen jedoch tauchte plötzlich ein Rückführungstherapeut auf, gerade als ich zwischen zwei Arbeitsterminen in Umeå nach Hause kam.

Ich kannte diesen Mann. Er war ein Freund aus den 70er-Jahren, Waldorflehrer von Beruf. Er hatte sich eine Rückführungsmethode angeeignet, die er mit seinem anthroposophischen Denken in Verbindung gebracht hatte. Dadurch hatte er vielen Menschen zu Bildern aus früheren Leben verholfen und hatte seine eigene Karmaerkenntnis auf mehrere Inkarnationen ausweiten können. Wir erzählten einander unsere Erfahrungen und teilten uns karmische Erinnerungen mit. In dem intimen Gespräch entschloss ich mich, ihn zu bitten, sich als Leiter für einen Rückführungsversuch zur Verfügung zu stellen. Ich dachte, es könne interessant sein – wenn ich durch ihn auch zu Bildern käme –, die beiden Arten von Vorgehensweisen zu vergleichen. Ich ergriff diese Möglichkeit, die mir das Schicksal gegeben hatte, zu einem persönlichen wissenschaftlichen Experiment.

Und ich bekam tatsächlich mehrere Sequenzen von Bilderfolgen. Mehrere Situationen aus dem Christian von Buch-Leben tauchten auf. Ich schaute mich, wie ich als er über die Alpen nach Italien ritt. Die Reise endete in einer Stadt, die ich als Pisa erkannte. Dann stiegen Bilder aus einem anderen Leben auf, die Situationen mit Elefanten zeigten und darüberhinaus noch aus einem dritten Leben eine sehr traurige Situation am Wasser, wo ich eine weiß gekleidete junge Frau in den Armen trug. Ich war irgendwie auf der Flucht und musste beim Erleben dieser Bilder heftig weinen.

Zu einem zweiten Versuch am nächsten Tag trafen wir die Vorbereitungen so, dass ich mich auch mit Fragen an die Zukunft befasste. Es kamen weitere Imaginationen aus eventuellen früheren Leben auf, aber auch eine Art symbolische Imagination, die ich nicht sofort deuten konnte, die mir aber einige Monate später verständlich wurde. In dieser Sitzung wurde mir auch klar, dass ich verstorbene Freunde meditativ suchen dürfe. Durch die neue Begegnung mit diesem alten Freund angeregt, begann ich sodann, neben den Karmaübungen Steiners eine neue Hauptmeditation zu entwickeln.

Das »Bauen einer Hütte« in der elementarischen Welt

Aus der über 25 Jahre dauernden Beschäftigung mit künstlerischen Anschauungen, Kunstschaffen im Allgemeinen und der Arbeit mit Farbgestaltung, Lasurmalen und Gestalten von Wandbildern in architektonisch unterschiedlichsten Räumen im Besonderen, war mir eine Vorbereitungsebene erwachsen, aus der ich nun in der meditativen Tätigkeit zu schöpfen versuchte. Ähnlich wie in den bildenden Künsten Integration entstehen kann, ließ ich im meditativen Leben verschiedene Fragmente, Teile oder Zusammenhänge aus Mantren, Sprüchen, Texten, Formen, Bildern und Erinnerungen sich zu vollem Bewusstsein erheben, um dadurch einen neuen Zusammenklang, Konsonanz zu suchen.

Im Weiteren werde ich einige Schritte dieses meditativen Arbeitens beschreiben, die notwendig wurden, um überhaupt zu einem inneren Wahrheitsgefühl gegenüber der Vielfalt des Anschauungsmaterials zu kommen und um eine Stimmung des Sich-Zu-Hause-Befindens in dem übersinnlichen Bereich zu schaffen.

Das Motiv des »Bauens einer Hütte« wurde mir in dieser Zeit bewusst. Nachdem ich einige Experimente – wenn dieser Ausdruck in dem Zusammenhang verständlich ist – mit der Flexibilität und Beweglichkeit des Ich-bewussten Astralleibes in der elementarischen Welt gemacht und aufkeimende Einschläge höherer Erkenntnisarten nicht ohne Angst erlebt hatte, wurde mir klar, dass ich einen bestimmten geographischen Ort, den ich von Natur aus gut kannte, jetzt in der Meditation aufsuchen konnte. Durch klares Denken benutzte ich Erinnerungsmotive von diesem Ort und stellte mir im meditativen Bewusstsein den Pfad vor mit all seinen Details, wie Steinen, Kuhfladen, einer Wiese, dem Wald, dem Hügel und dem Berg weiter oben. Ich stellte mich auf die Wiese am Hügel und schaute die Landschaft an, die Fjorde unter mir, die Insel auf der anderen Seite des Fjords und den Horizont nach Westen. Hier wollte ich ein Meditationshaus errichten. Ich hatte ein paar Bretter mitgebracht und schritt die Größe des Hauses ab, stellte mich an den Platz, an dem ich den Eingang haben wollte und versuchte mir von außen das einfache Rundgebäude mit der Kuppel vorzustellen. Ich ging hinein und versuchte auch, den Innenraum mit einer Nische, farbigen Fenstern und Oberlicht zu denken.

Nachdem ich meine Initiative in dieser Art durchgeführt und dadurch verschiedene Imaginationen bekommen hatte, las ich nochmals in Rudolf Steiners Buch »Wie erlangt man Erkenntnisse der höheren Welten«. Ich entdeckte dabei, dass ich wahrscheinlich schon etwas Ähnliches getan hatte, was er dort als »Bauen der Heimat oder der Hütte« beschreibt. Auf dem im Denken aufgesuchten geographischen Hügel in Norwegen habe ich also die besonderen imaginativen Bauvorhaben durchgeführt, die ich in der weiteren Schilderung aufgrund ihres Platzes in der anthroposophischen Esoterik so genau wie erforderlich aus meinen Erfahrungen beschreiben werde.

Die Initiative zum Bauen einer Hütte in der elementarischen Welt ist zunächst entstanden aus einer Frage, die ich im Anschluss an die weiterentwickelten karmischen Schauungen an eine verstorbene Freundin richtete.

In einer Meditation war ein starkes Gefühl ihrer Anwesenheit aufgestiegen. Ich fragte sofort, wie ich ihr weiterhin begegnen könne und wie sie mir, wenn das möglich wäre, bei der Suche nach gemeinsamen karmischen Zusammenhängen am besten helfen könnte. Dabei versuchte ich auch zu ermitteln, was ich für sie tun könne. Ich wurde dann von ihr aufgefordert, einen geistigen Raum so einzurichten, dass die farbigen Fenster aus dem ersten Goetheanum darin gedacht und enthalten seien. In einem solchen geschlossenen, von Farbenfluten durchströmten Raum könne sie sich gut mit mir zusammenfinden und meine karmischen Fragen in richtiger Weise zu den Geistern höherer Welten weitervermitteln.

Die ersten Vorhaben zu einer geistigen Hütte in diesem Sinne habe ich dann in dieser Zeit im Herbst 1996 geschaffen. Dann trat mir eine andere verstorbene Freundin ins Gedächtnis, nämlich Rut Nilson. Jetzt konnte ich ihr Zukunftsmotiv in einer ganz besonderen Neudeutung sehen.

Immer wieder in den nächsten Wochen zu dieser meditativen Bautätigkeit zurückkehrend, fand ich dann, dass seit dem vorigen Tag der Bau wie von selbst weitergeführt und eingerichtet worden war.

In diesem meditativen Farbenraum – zu dem ich weitere Einrichtungen schaffen konnte, indem ich Motive hineinbrachte z. B. im Sinne der Grundsteinmeditation, besonders das der Dreieinigkeit, in welche ich mich einlebte, und solchen aus der ersten Klasse der Freien Hochschule für Geisteswissenschaft – haben in den folgenden Monaten viele Begegnungen, Unterrichtungen und Schauungen stattgefunden, die von den ersten fragmentarischen Imaginationen weiterführend, durch Inspirationen bis zu Intuitionen höherer Art führen konnten.

Um Einiges von dieser mit viel Freude und Ernst durchdrungenen leiblich-seelisch-geistigen Arbeit zu konkretisieren, werde ich bald einige solcher Begegnungen mit Verstorbenen schildern. Vor dieser Schilderung aber werde ich eine notwendige Zwischenbetrachtung zum Thema geistige Heimat oder Hütte anstellen müssen.

Geistige Prüfungen

Um zu verdeutlichen, dass es sich hier um einen sehr ernsthaften und willenskräftigen inneren Schaffensweg handelt, der sich normalerweise in tiefster Einsamkeit zu vollziehen hat, werde ich einige Umstände beschreiben, die zwar den weiteren Aufbau der übersinnlichen Heimat für mich erschwert haben, mir aber den Mut weiterzuarbeiten wesentlich verstärkten.

Als ich eines Tages zum Ort der Hütte kam, fand ich all das früher so wunderbar Aufgebaute und künstlerisch Gestaltete, wo ich viele Begegnungen gehabt und Forschungen angestellt hatte, vollständig vernichtet! Auf dem Hügelboden lag, platt wie ein Pfannkuchen, mein Bau da, als wäre er ein niedergerissenes Zelt!

Erst war ich erschrocken, erfasste aber zugleich im Bewusstsein das Eingetretene als eine innere Prüfung, die sofort durchgemacht werden musste. Ich fiel nieder auf alle Viere – das geht tatsächlich auch im Geistigen – und betastete die merkwürdige Substanz, die vor mir lag. Ich suchte und fand den Eingang. Von innen her habe ich dann, in der Meditation, den ganzen Bau neu errichtet. Mit den Händen schob ich die gummiartigen Wände und das Dach nach außen, und sie fielen nicht wieder von selbst in sich zusammen. Eine neue Tragkraft wurde sozusagen von innen durch diese Prüfung geschaffen. Die geistigen Brüder und Schwestern kamen und bejubelten meine Anstrengungen!

Ein anderes Mal, etwa eine Woche später, kam ich zum Gelände und sah von der östlichen Richtung her einen dunklen Wald, der jetzt den ganzen Hügel umgab und sogar meinen Bau ganz in sich einhüllte. Ich näherte mich diesem Phänomen und konnte sofort feststellen, dass die Bäume dunkle, lebendige geistige Gestalten waren, die jetzt meine Schulungsstätte in ihre Gewalt bringen wollten. Ich erkannte die Unmöglichkeit, mit meinen jetzigen Kräften da durchkommen zu können. Da beendete ich die Meditation in der gewöhnlichen Weise und machte mich sofort gedanklich auf die Suche nach anderen Wegen zum Bau.

Schon früher, als ich noch keine Tür hatte, waren mir im Raum mehrere Überraschungen bereitet worden. So störte mich einmal ein schwarzer Vogel mitten in der Meditation. Eine Zeit lang, bis ich durch meditative Worte eine Art moderne, selbstöffnende Tür erfunden hatte, half mir mein eigener Engel als Türwächter. Ich hatte ihn einfach um diesen Dienst gebeten.

In der aufkommenden kritischen Lage entdeckte ich, dass Verschiedenes, was übersinnlich real erlebt werden kann, sich mit Ereignissen oder Tatsachen in der physischen Welt vergleichen lässt, oder richtiger ausgedrückt: Die geistigen Realitäten gaben ein neues Verständnis für das, was ich schon hier als physische Wirklichkeit kannte. Ich entdeckte, dass man die meditative Arbeit als eine reale Kunstfertigkeit betrachten kann und dass sich aus einer aus Phantasie entwickelten Kunstgeschicklichkeit ein geistiges Vermögen entwickeln ließ. – Gespräche mit einem anthroposophischen Künstlerfreund, der Grafiker und Bildhauer ist, halfen mir, diese Erkenntnisse weiter zu formulieren und diesen Zusammenhang zwischen geistigen und physischen Prozessen zu erkennen.

Mir wurde klar, dass es um die Erfindung einer geistigen Einrichtung ging, die man spiegelbildlich zur technischen Computerwelt ansehen konnte. Analog zu »the Virtual Reality« wollte ich jetzt »a Real Virtuosity« – eine reale Kunstfertigkeit – erfinden und spirituell entwickeln.

So schuf ich mit den physischen Händen als Sinnbild und realem Ausgangspunkt ein ätherisch-astrales Kommunikationsmittel im Kleinen, das mich mit meiner Hütte als Basis und deren geistigen Einrichtungen und Mitarbeitern neu in Kontakt bringen konnte. Oder präziser ausgedrückt: Ich schuf, als einen inneren künstlerischen Gedanken, diese Möglichkeit und stellte dann die Frage, ob es funktionieren werde, der geistigen Welt anheim. Die benötige Hilfe wurde mir auch wirklich zuteil und nach einiger Zeit entwickelten sich durch diese geistige Erfindung neue Möglichkeiten, auch überall im Leben, wo ich mich auf Reisen befand, im Zug, im Flugzeug oder sogar auf der Straße, konzentrierte meditative Hinwendung über die Hände durchzuführen. Die Hände vor dem Gesicht, am helllichten Tage, wurden so aus dem kindlichen Spieltrieb heraus verwandelt zu einem Tor oder Fenster in die geistige Welt. Meine Schillerstudien aus den 80er-Jahren hatten in dieser schönen Art ihre Fortsetzung gefunden.

Der kleine Hüter

Als ich mir vor einigen Jahren zur Geburtstagsfeier meines Sohnes für die kleinen Kinder geeignete Spiele im Freien auszudenken versuchte, dichtete ich eine kleine Erzählung, ein einfaches Märchen, das aus einem bestimmten Verhältnis zu der entsprechenden Naturumgebung in Järna entstand. Es entwickelte sich eine Geschichte über einen Zwergenkönig namens Schilbur und seine Tochter Da'ananda, die ein böser Zwerg gefangen genommen hatte.

Als Teil der Geburtstagsfeier halfen die spielfreudigen Jungen und Mädchen Schilbur, der von meiner Tochter in geeigneter Kleidung gespielt wurde, durch verschiedene Prüfungen im Wald Da'ananda zu retten und den bösen Zwerg auf gute Gedanken kommen zu lassen.

Als ich später ein Haus für die Angoraziegen, die ich damals mit meiner ehemaligen Frau hielt, bauen sollte, und dafür einen Namen suchte, den ich in einen Balken in der Scheune einschnitzen wollte, kam mir erneut der Name Schilbur auf die Lippen. Als ich meine Augen schloss, den Geruch von frischem Holz durch die Nase einatmete, die grasenden Ziegen in der Nähe hörte und im stillen Nachempfinden die Frage stellte: »Bist du vielleicht ein wahres Wesen, Schilbur?«, da trat mir eine Doppelgängergestalt entgegen, die in rote und blaue Gewänder gekleidet war. Sie ähnelte einem mittelalterlichen Königsgaukler. Auf dem Haupt trug sie eine merkwürdig funkelnde Krone, die nicht von Gold erstrahlte, sondern lauter kleine, bunte Sterne weit in die Umgebung hinausschleuderte. Ich erkannte das Wesen als ein frei existierendes, geistiges Eigenwesen, das aber als ein Abbild meiner innersten Wesenszüge auftrat. Das Schenken der Sterne erkannte ich als ein Bild meiner besten Eigenschaften, die aber, wenn ich sie nicht richtig verwaltete, für andere Menschen zu etwas Unfruchtbarem oder sogar Zerstörendem werden konnten.

Durch diese, nicht lange andauernde, Begegnung wurde mir klar, dass die Wesenheit kurzfristig eine Art Hauptmann verschiedener Elementarvölker in meiner nächsten Naturumgebung gewesen war. Etwa siebzehn Jahre lang hatte ich in dieser Gegend gewohnt und selber viel im angrenzenden Wald gearbeitet. – Dieses Wesen sagte: »Ich bin jetzt bereit, dir nochmals als Begleiter zur Seite zu stehen, wenn du dich zu einer bewussten Zusammenarbeit bereitfindest und das Licht deines Urselbsts sogleich mit anderen Menschen teilen möchtest. Ich wurde einmal in weit vergangenen atlantischen Zeiten von deinem Ätherleib getrennt, durch damals notwendige, aber tragische Umstände, die du selber zu erforschen hast. Jetzt aber ist die Zeit reif, dass wir uns nochmals bewusst in Verbindung setzen können.«

Seit dieser ersten Begegnung mit diesem Wesen, dem ich den Namen Schilbur gab – ich nenne ihn in diesem Zusammenhang auch weiterhin so – haben wir uns gegenseitig begleitet. Ich erkannte ihn als meinen kleinen Hüter an der Schwelle zur geistigen Welt. Im weiteren hoffe ich durch Beispiele, in denen nicht immer die Beziehung zu ihm erwähnt wird, zeigen zu können, inwiefern eine solche Begegnung für den Geistesschüler notwendig ist, um sich im Übersinnlichen zurechtfinden zu können.

Schilbur hat mir in meinem weiteren geistigen Streben und meiner Arbeit mit anderen guten Helfern großartig und unglaublich viel geholfen. Er hat mir auch viele Prüfungen bereitet. Auch habe ich durch meditative Vorgänge versucht, ihn zu befreien von seiner Fesselung an Aufgaben, an die er seit langem gebunden war. Innerhalb dieses Vorgangs führte er mich zu vielen verschiedenen Elementarwesen und ihrer Arbeit in der Natur, aber auch zu einigen für sie durch die menschliche Zivilisation entstandenen Notsituationen. Manchmal konnte ich dann den betreffenden Wesen Hilfe leisten und eine erweiterte gegenseitige Bewusstseinssphäre schaffen.

Die Wirksamkeit zweier Elementarwesen im November

An einem Novembertag war ich im Garten tätig. Es regnete und eigentlich wäre man viel lieber daheim im Warmen gewesen, um einen schönen Roman zu lesen oder Kunstbücher anzuschauen. Doch war zu dieser Jahreszeit noch viel zu tun. Vor dem nahenden Winter mussten die Werkzeuge unter Dach und Fach kommen und die Ziegen brauchten auch, wie jeden Tag, ihr Kraftfutter. Mitten im Tun wurde man dann trotz des schlechten Wetters doch glücklich, dass man angefangen hatte zu arbeiten.

So hielt ich mitten im Hin- und Herlaufen auf dem lehmigen Pfad inne. Ich hatte mir die Frage gestellt: Was machen wohl die Elementarwesen an solch einem Regentag? Ich ließ mich auf die Knie nieder und betrachtete den Waldhang. Es lag viel Laub auf dem Boden, das Wasser floss in kleinen Bächen hinunter und ich spürte den Modergeruch in der Nase. Ich schloss die Augen, hielt die Hände vors Gesicht und nahm, abwartend in die innere Dunkelheit hinein, eine fragende Seelenhaltung an.

Eine leichte Bewegung und eine Lichtaura begannen sich vor meinem inneren Blick zu gestalten. Dann stand plötzlich eine Art Frauengestalt vor mir. Deutlich schaute ich sie in ihrer zarten Gestalt. Als Erstes erkannte ich ihre Tränen. Ihre Augen waren nur Tränen und aus denen war die ganze Haltung aufgebaut. Tausende von Tränen rannen von ihren Tränenaugen hinab und verbanden sich durch ihre nach außen gerichteten großen Fußsohlen mit dem Erdboden. Sie ging völlig auf im Weinen und war in ihrem innersten Wesen trotzdem glücklich. Aus dem Inneren der braunen Gestalt richtete sich ein zartes Licht nach oben, als wolle sie mir damit sagen: »Ich weiß, meine Arbeit ist jetzt nur vorübergehend. Sie muss heute getan werden.«

Ich verstand in diesem Augenblick, dass die Natur von der alten Urweisheit immer noch mit Entwicklungswesenheiten durchdrungen ist. Ich wusste, dass sie nicht allein war. Deshalb schaute ich nach links, dorthin wo es, wie ich wusste, im Physischen einige Grasbüschel und Blaubeerkraut gab.

Da entstand ein anderes Bild. Still und in tiefen Gedanken saß dort ein grauer Herr, der sich nicht um den Regen und die Umwandlungsarbeit des anderen Wesens kümmerte. Er saß mit überkreuzten Beinen und hielt sich die Hände vor seine Brust, als wolle er etwas verstecken. Seine ganze Haltung, ja sogar die tiaraähnliche Mütze, waren von dieser schützenden Geste durchdrungen. Ich wollte ihn fragen, was er mache. Noch ehe ich in meinem Gedanken jedoch die Frage gestaltet hatte, guckte er mich schräg an und ließ eine Menge Weisheiten in mein Bewusstsein strömen, die sehr schwierig zu verstehen und auszudrücken waren.

In diesem Moment öffnete er seine Hände ein wenig und ließ mich in sein Herz hineinschauen. Da erblickte ich die allerwunderbarste blaue Farbe, die ich überhaupt je in meinem Künstlerleben gesehen habe. So etwas Schönes gibt es nicht in der physischen Welt, musste ich denken. Er gab mir also zu verstehen, dass er da sitzen müsse, um diese Farbe bis zum nächsten Frühling in seinem Herzen – nein, *als* sein Herz – aufzubewahren. Er sollte das Bewusstsein für diese bestimmte Pflanze aufrechterhalten, bis die Pflanze diese Farbe dann erst wieder neu bekommen konnte. Oder anders ausgedrückt: Er muss sein Bewusstsein jetzt auf eine solche Weise in den nächsten Frühling hinüberführen, als ob er schon da sei, so als sei er schon in der zukünftigen Frühlingsstimmung anwesend und habe dort nur die Erinnerung an unseren jetzigen Herbst. Vor diesem komplizierten Zeitzusammenhang musste mein Verstand halt machen und in derselben Sekunde war er verschwunden.

Elementarwesen im Thüringer Wald

Im Frühling 1997 war ich auf einer Wanderung im Thüringer Wald. Ich ging ein kleines Tal hinauf, in dem, wie sich später zeigte, aus einer Quelle ein Bach entsprang. Der Weg wie auch der ganze Erdboden waren übersät mit tausenden und abertausenden von Buchenblättern aus dem vorigen Herbst. Die gegen den blauen Himmel aufstrebenden Baumstämme standen da wie Säulen. Ihre Rinde wurde vom einbrechenden Sonnenlicht und den entstandenen Schatten verschiedenartig grauviolett gefärbt. Überall an den Zweigen waren die bald aufspringenden Knospen zu erkennen. Über den goldbraunen Laubteppich sauste ein wirbeliger sanfter Wind, der einmal hier, einmal dort, die Blätter immer wieder an einen anderen Platz wehte.

Ich stand da, tief beeindruckt von diesem wunderbaren Naturschauspiel. Ich bedeckte meine Augen wegen des starken Tageslichtes mit den Händen, etwa wie bei dem Relief »Klage« von Käthe Kollwitz, doch mit ganz positiver, heiterer Gesinnung und wartete innerlich fragend ein Nachbild ab. Nach einer kurzen Weile entstand die folgende Imagination:

Eine kleine, offensichtlich männliche Gestalt trat rasch auf mich zu; und schon indem er zu mir hergesprungen kam, deutete er sofort auf seine wichtige Arbeit hin. Zuerst sah ich zwei Harken, mit denen er den Blättern einen Platz anwies, an dem die Erde bedeckt werden sollte. Als er die langen Arme vor mir hochhielt, erkannte ich, dass er seine eigenen Hände und Finger zum Werkzeug umwandeln konnte. Mit seinen tausenden von Freunden, so sagte er mir, musste er in diesen Tagen genau diese Arbeit durchführen, um die Wärmewesen der Erde noch eine Zeit lang vor dem Aufsteigen zu schützen. Dann wies er auf die zusammenarbeitenden fliegenden Elementarwesen im Wind, die den ganzen Tag immer neue Geschichten und Witze erzählten und sie umtanzten, damit die Harkenmänner nicht von der mühsamen Frühlingsarbeit wegliefen. Der Wind zeigte sich, von diesem geistigen Gesichtspunkt gesehen, als schwebende, umherfliegende Wesen, die mit humorvollen Gesten den Harkenmännern um die Ohren flatterten.

Eine kleine Andeutung nur von den äußeren Farben der Natur, in einer einfachen Pastellzeichnung, machte den Elementargeistern Freude und gab ihnen neue Kraft, ihre Aufgaben fortzuführen.

Die imaginative Schau dieser Elementarwesen scheint aufgebaut zu sein aus einer Menge solcher Kreuzungspunkte, die Rudolf Steiner im oben erwähnten Vortrag über den »neuen Yoga-Willen« gekennzeichnet hat. Die Punkte sieht man selbstverständlich nicht, weil es sich um eine qualitative, geistige Tatsache handelt. Je schwächer der menschliche Wille aus dem Inneren der Seele den Weltgedanken in der elementarischen Umwelt zufließt, desto schwächer oder unsichtbarer ist die Imagination.

So wird es verständlich, dass der neue Yoga-Wille, der zu vielfachen künstlerischen, meditativen und sogar körperlichen Übungen begeistern kann, nicht ein ständig bestehendes neues Hellsehen entwickelt. Es geht vielmehr darum, immer weiter zu üben, um diese Fähigkeiten der geistigen Welt im Leben entgegenzubringen. Dann kommen dem Geistesschüler und Geistesforscher die nötigen Hilfen zu, die ganz und gar individuellen Übungen und Prüfungen entsprechen.

Die Jazzsängerin

Das Entstehen einer Imagination oder einer imaginativen Erkenntnisschau lässt sich also als ein Lichtseelenprozess beschreiben, den man als einen intimen subjektiv-objektiven Bewusstseinsseelenvorgang verstehen kann.

Eine Weiterentwicklung der verschiedenen Seelen- und Karmaübungen kann eine Fähigkeit entstehen lassen, durch die aus Geistesgegenwart im Alltag sogenannte spontane Imaginationen geschaut werden können. Ich nehme im Folgenden ein solches Beispiel, das den Charakter des karmischen Zusammenhanges zweier Erdenleben eines Menschen, dem ich früher nicht begegnet bin, in prägnantester Weise verdeutlicht. Die objektive Informationsvielfalt, die eine reale Imagination meines Erachtens kennzeichnet, lässt sich auch in diesem Beispiel gut erkennen.

Während eines Jazzkonzerts lauschte ich einmal einer dänischen Sängerin, die mit wohlklingender Stimme dem Publikum eigene Texte vortrug, den Gesang mit zarten Handbewegungen begleitend. Trotz ihrer rhythmischen Beweglichkeit und ihres schwarzen Haares war sie ein typisch nordischer Mensch. Mit geschlossenen Augen stellte ich in Gedanken die Frage: Wie hat sie ihre wunderbare Stimme erhalten? – Ein innerer Eindruck bildete die Antwort auf meine Frage:

Etwa zwanzig Meter vom Ufer eines Meeres steht, bis zur Hüfte im Wasser, ein kräftiger, schwarzer Mann. Sein Oberkörper ist nackt, Arme und Hände hängen ruhig zu beiden Seiten herab. Still steht er da, die Lippen aufeinander gepresst. In völliger Geistesgegenwart erwartet er, was kommen wird. Außerhalb meiner inneren Sichtmöglichkeit – doch klar ins Bewusstsein tretend – steht nicht weit entfernt auf dem Ufer eine größere Anzahl von Feinden jenes Mannes im Wasser. Sie halten ihre Waffen, die Pfeile ihrer Bögen, auf den Fliehenden gerichtet.

Es wird mir deutlich, wie der Führer der Verfolger an Land plötzlich ausruft: »Wenn du uns nicht verrätst, wo deine Kameraden sich verborgen halten, töten wir dich!« – Der Einsame steht jetzt umso ruhiger da und zeigt mit seiner ganzen Haltung in Körper und Gesicht, dass er seine Freunde nie verraten wird.

Es folgen einige Sekunden. Dann ertönt der Kommandoruf. Ich schaue, wie sich die aus verschiedenen Richtungen heranschwirrenden Pfeile in den schwarzen Körper des Mannes bohren. Blut strömt an ihm herab und umkränzt im Wasser den Sterbenden. Noch einen Augenblick steht er da, die Pfeile an seinem Körper betrachtend, bis er langsam ins Wasser sinkt. Die Stimmung des spiegelblanken blauen Meers mit dem roten Blut und dem schwarzen Gesicht des Toten klingt ab in der wunderbaren Abenddämmerung.

Die Freunde des Mannes wurden von ihren Feinden nie gefunden – auch das erkundet im selben Augenblick die Imagination.

Die Frage, die sich an der gegenwärtigen Jazzstimme entzündet hatte – welche ich während der ganzen inneren Schau mit offener Haltung weiter hörte und nachher als noch schöner empfand –, hatte eine dramatische und zugleich fast legendenhafte Antwort erhalten.

In dem früher erwähnten Vortrag spricht Rudolf Steiner von dem objektiven Weltenvorgang, wenn wir über Mitmenschen Gutes oder Böses denken. Dieser im meditativen Denken sich mit den Mitmenschen befassende gute Wille klingt, so Steiner, im Weltenäther ab. Ein durch Übungen oder Schicksalsgegebenheiten entwickeltes Bewusstsein oder Organ, das diese objektiven Vorgänge, die sich im Weltenäther abspielen, beobachten kann, lässt solche Imaginationen, spontan oder in der Meditation, als vielschichtige Erkenntnisse in Erscheinung treten.

Die Erscheinungsform solcher Imaginationen ist prägnanter und zugleich doch transparenter als gewöhnliche Erinnerungsbilder. Bei Letzteren haben wir es zu tun mit den eigenen Erfahrungen, Erlebnissen und Gedanken, die im zeitlichen Abstand neu ins Bewusstsein treten können, das heißt: im Gedächtnis aufscheinen. Aber immer sind sie unsere persönlichen, subjektiven Erinnerungen.

Dazu kommen aber, in der oben beschriebenen Imagination, Motive, die ich, aus diesem Blickwinkel in Raum und Zeit, das heißt in dem betreffenden Leben, sofern auch ich damals ein Leben gehabt haben sollte, nie selbst erlebt haben kann. Ein Lichtseelenprozess ist im Imaginationsverlauf vorhanden, der das Subjektive in der eigenen Seelenverfassung – im oben erwähnten Beispiel ist damit das gegenwärtige Erleben eines unbekannten Menschen und die tiefe Fragestellung im Denken gemeint – mit dem Objektiven im Weltenäther in Verbindung gebracht hat. Das heißt, vorübergehend ist in der aufleuchtenden Imaginationsseele ein Zugang zur Akasha-Chronik zustande gekommen.

Die Erinnerungen gleichen mehr in der Seele abgespielten Filmsequenzen, die ganz greifbar auftreten, aber trotzdem als unsichtbar fortgehend begriffen werden können, mitten in Gesprächen oder im Verlaufe von im Äußeren stattfindenden Handlungen. Die Imaginationen hingegen gleichen lebendigen, in Bewegung befindlichen, lasierten, transparenten Wandbildern, die eine immer weiterführende Raumtiefe und Zeitfolge entstehen lassen können. So habe ich entdeckt, dass ich als meditierender und geistforschender Mensch mich immer weiterentwickeln kann, um den entsprechenden Zusammenhängen durch eine fragende Verhaltensweise nachzugehen. Es wurde möglich, dieselben Motive und Menschen mehrmals zu schauen, oder Situationen von verschiedenen Gesichtspunkten aus zu erforschen, einmal vom Inneren der damaligen eigenen Persönlichkeit ausgehend, einmal von außen.

Begegnungen mit Verstorbenen

Als ich durch die Arbeit mit dem Aufbau einer Karmaforschung dazu kam, dass es richtig sein könnte, anderen Menschen Mitteilungen darüber zu geben, habe ich gleichwohl einige der nächsten Freunde unter den Verstorbenen im meditativen Bau gefragt, ob es gut wäre, konkrete karmische Zusammenhänge weiterzugeben. Dass es richtig sei, wurde nun von den verstorbenen Freunden, die auch mehrere der vermutlichen Zuhörer an dem betreffenden Ort im Leben gekannt hatten, in folgender Form bestätigt.

Da ich den zweifelsfreien Eindruck erhielt, dass diese Individualitäten jetzt in ihrer geistigen Lage einverstanden sind mit der Veröffentlichung ihrer Namen sowie der Hinweise auf ihre früheren Inkarnationen, wage ich hier, als meine ausdrückliche individuelle Verantwortung, diese Tat. In späteren Kapiteln werde ich dann auf drei dieser Individualitäten noch einmal zurückkommen.

Die oben schon erwähnte Freundin, die mich zum Bauen der Hütte veranlasst hatte, war in ihrem letzten Leben die norwegische Heilpädagogin und Handarbeitslehrerin Åslaug Nysæther: In einem intuitiven Geisterlebnis im meditativen Zustand nahm »Åslaug« – im Folgenden setze ich die Namen von Verstorbenen in Anführungszeichen, wenn es um geistige Vorgänge geht – mich mit kräftigen Armen in einer eurythmischen A-Bewegung zu sich und ließ mir über meine ganze Gestalt und besonders die Unterarme Wärmefluten zufließen, die bis in den physischen Leib zu spüren waren. Der Vorgang war von einer zustimmenden, guten Zuversicht durchwoben, als Antwort auf meine Frage.

Ein Mensch, den ich im Leben als einen meiner bedeutendsten Lehrer kennen gelernt habe, war Jørgen Smit. Er trat in dieser Fragesituation an mich heran, nicht wie damals als einer, zu dem man wegen seiner hohen Gestalt immer hatte aufschauen müssen, sondern jetzt als einer, zu dem ich den Blick nach unten richten musste, um ihn zu entdecken: »Jørgen« saß kniend auf einer Art Treppe, die plötzlich erschienen war, einige Stufen unter mir, und richtete sein ganzes Interesse auf meine beiden Füße und Unterschenkel, indem er durch seine Hände in mein ganzes Wesen von unten her Wärme und Leben hineingoss. Als »Jørgen« mir sein Gesicht zuwandte, sprach sein Blick folgendes: »Gut kannst du solche Zusammenhänge der Welt vermitteln, aber sprich so, dass du immer wieder, aus gedankengeprüfter Selbsterkenntnis, nur das Wesentliche weitergibst.«

Nun spürte ich die Anwesenheit eines dritten verstorbenen Freundes, der mich einmal im Leben, zur 50-Jahrfeier der Waldorfschule in Bergen, aufgefordert hatte, eine pädagogische Ausstellung zu organisieren. Dieser damals in Norwegen wirksame Däne und Waldorflehrer, Stig Pedersen, war später in der dänischen Abteilung des bekannten niederländischen NPI-Instituts – in Skandinavien SEA genannt – als Sozialberater tätig gewesen. Jetzt versuchte ich »Stig«, dessen Anwesenheit ich spürte, vor mir als gleich große Gestalt zu schauen. Mein Blick wurde aber nochmals nach unten geführt. Da schaute ich tief unten in der Erde, wie einen Punkt, einen Willensimpuls, der sofort in sekundenschneller Bewegung heraufkam und sich dann als ein Lichtpfeiler kilometerhoch durch die Decke in den Himmel über meinem Bau weiter hinauf erstreckte. Ich erkannte »Stig« in einem klingenden Wesen, das sich aus dieser Erscheinung durch eine zarte Stimme kundtat: »Ich bin ein sozialer Pfeiler. Jeder, der meine Hilfe in sozialen Initiativen haben möchte, dem stehe ich bei.«

Diese wie auch andere Verstorbene sind mir im weiteren Lebensgang in so mannigfaltigen Erscheinungsformen tiefinniglich entgegengetreten, haben mich begleitet und getragen, dass es sich lohnt, deren Mithilfe zu erfragen und erbitten. – Durch meine meditative Arbeit und durch diese Erlebnisse begann eine neue Phase der Pflege des Gebetes in meinem Leben.

In Lichtseelenprozessen, die die schwierigen Lebensumstände der Einsamkeit und Verlassenheit in der Zeit der modernen Initiation begleiten, treten dem inkarnierten Menschen nichtinkarnierte Menschen-Geist-Seelen entgegen, die ihm helfen, sich auf die richtigen Ereignisse in früheren Erdenleben meditativ vorzubereiten und sie dann später zu schauen.

In späteren Kapiteln werde ich weitere solcher Begegnungen mit Verstorbenen, die ich im Leben kannte, schildern, beispielsweise, wie sie mir Imaginationen von ihren karmischen Zusammenhängen vermittelt haben. Durch diese Art geistiger Zusammenarbeit ist die Karmaforschung für mich zu einer geistig-sozialen Herausforderung geworden.

Schulung des Denkens und das Lebenstableau

Die folgenden Beschreibungen zweier von mir geübter Schulungsmotive füge ich hier ein, um zu zeigen, dass die Frage nach der Bedeutung des Denkens bei einem solchem Meditieren, wie ich es praktiziere, immer eine Rolle spielt. Immer wieder haben mich Menschen in den letzten zwei Jahren kritisiert oder versucht, mich gegen andere auszuspielen, indem sie meine Gedankenschulung als unzulänglich beurteilten. Mit der folgenden Beschreibung möchte ich zeigen, dass geistige Forschung, wie sie Rudolf Steiner begründet hat und ich sie heute betreibe, ohne Gedankenarbeit nicht den entsprechenden geisteswissenschaftlichen Duktus bekommen kann. Damit will ich nicht behaupten, dass ich meine Gedankenschulung in ausreichendem Maße betrieben habe. Mein Weg zu geistiger Forschung kennt zwei nebeneinander her laufende Motive: das künstlerische Üben und Tun im Medium der Malerei und die Karmaübungen, in denen für mich immer die Frage nach der Bedeutung des Denkens beim Anschauen innerer und äußere Prozesse wesentlich war. Während die Schulung des Denkens bei mir nicht die Hauptfrage darstellte, da ich stärker einen Willensweg gegangen bin, ist sie doch nach dem Eintreten übersinnlicher Erfahrungen in den Vordergrund des Arbeitens getreten – und zwar aufgrund der Tatsache, dass ich meine Erlebnisse in sprachliche Ausdrucksformen gießen wollte. Ich möchte mich so mitteilen können, dass mich jeder verstehen kann. Deshalb muss ich die Schulung des Denkens immer weiter betreiben, einerseits, um meinen eigenen Erlebnissen bewusst nachgehen zu können, andererseits, um sie anderen nachvollziehbar zu machen. Ich werde später noch anhand von Erlebnissen mit Elementarwesen ein Beispiel bringen, warum eine Schulung des Denkens in der anthroposophischen Geistesforschung unabdingbar ist. Man wird meine folgenden Hinweise besser verstehen, wenn man zuvor die angeführten Vorträge Steiners liest.

Einerseits möchte ich auf die Seelenschulung durch das Staunen, die Ehrfurcht gegenüber dem Weltengrund, den weisheitsvollen Zusammenklang mit dem Weltengeschehen und durch die Hingabe an den Weltenprozess hinweisen. Zu diesem Thema kann man in den Vorträgen Steiners vom 27.–28. Dezember 1911 in Hannover (»Die Welt der Sinne und die Welt des Geistes«, GA 134) einiges lesen. Zweitens geht es um das Schauen des Lebenstableaus. Wie das in diesem Zusammenhang gemeint ist, stellt Steiner in dem öffentlichen Vortrag »Was wollte das Goetheanum und was soll die Anthroposophie« in Basel am 9. April 1923 dar (enthalten in »Anthroposophie als Zeitforderung«, GA 84).

Diese vier »Schulungsschritte des Denkens«, wie sie Rudolf Steiner nennt, habe ich auf verschiedenerlei Weise geübt. Eine einfache und zugleich vorbereitende Art besteht darin, Gedanken oder Äußerungen von Menschen, denen gegenüber man sich fremd fühlt, nachzugehen. Schwieriger ist es, diese Schritte in seelische Stimmungen umzuschaffen und in das ganze Meditationsverfahren einzupflanzen. – Schon in der Arbeit mit Biographien wie z. B. von Munch, van Gogh, Ibsen, Strindberg, Steiner und Walter Ljungquist habe ich diese vorbereitende Art der Gedankenschulung geübt. Dabei ging es mir darum, die Gedankenart des betreffenden Künstlers oder Autors zu verstehen und diese mit eigenen Begriffen, sofern ich solche finden konnte, nochmals zu beschreiben.

In einem Aufsatz über Ljungquist, der nie veröffentlicht wurde, befasste ich mich z.B. mit einem seiner Romane, in dem er eine Lebenskrise der Hauptperson von zwei Bewusstseins-Standorten aus beschrieb. Die Hauptperson hatte diese Krise in Tagebüchern beschrieben. Nach mehreren Jahren ging er sie durch und nahm vom jetzigen Beobachtungspunkt aus in der Erinnerung eine Selbstkorrektur und eine Neudeutung der Ursachen der Krise vor. Für mich war der Roman gleichzeitig eine fiktive Beschreibung einer anderen Lebenskrise des Verfassers selbst. Ich stand damals selbst nicht in einer Krise, aber ich versuchte die verschiedenen Ebenen einer seelischen Krisensituation, wie sie mir durch dieses Literaturstudium verständlich wurde, durch meine Begriffsbildung zu erfassen. Eine Krise wurde für mich zu einem Zustand der menschlichen Seele, in der sie sich selber überlassen ist, in der sie sich als an ein Ende gekommen erlebt. Nur eine freie Entscheidung, weiterzugehen und möglicherweise andere Menschen um Hilfe zu bitten, schafft die Möglichkeit weiterzukommen.

Wenn erste Erlebnisse in der elementarischen Welt auftreten, muss man mit seinem Denken zurücktreten gegenüber dem Wahrheitsgehalt der Weltgedanken, in welchen die Elementarwesen leben und wirken. Bei den Begegnungen mit Elementarwesen erlebte ich, dass mein gewöhnliches Denken, das mit dem Verstand und den Gedankenvorstellungen zusammenhängt, keinen Zugang zu ihnen bekommen konnte. Meine spiegelartigen Gedanken wurden sozusagen in meine eigene Seele zurückgeworfen, und ich wurde aufgefordert, ihnen ein anderes Denken zu zeigen. Es sollte ein Denken sein, das keine Widerspiegelung zeigte, stattdessen sollte ich mit diesem anderen Denken hineinfließen in ihren Gedankenstrom, den mein normales Denken nicht erfassen konnte. Es ging um eine Umkehrung des Bewusstseins.

Mit folgendem Bild aus der Praxis der Malerei versuche ich dieses lebendige Denken zu charakterisieren: Beim Aquarellmalen hat man einige Töpfe mit flüssigen Farben, die man mit einem Pinsel auf dem Papier zu verschiedenen Formen und Figuren vermalt. Das fertige Bild gibt ganz trocken etwas von dem wieder, was einerseits im Malvorgang durch die Handbewegungen und Pinselstriche gemacht wurde, andererseits etwas von dem Charakter der Reinheit der Farben in den Töpfen. Ich entdeckte, dass ein reines Denken, das ich den Elementarwesen zur Verfügung stellen konnte, ähnlich in Reinheit und Flüssigkeit sein musste wie die Farben in den Töpfen. Mit dem fertigen Bild meiner trockenen Vorstellungen war ich in der elementarischen Welt nicht willkommen, und wenn ich dort doch ohne Schulung des Denkens eindringen wollte, würde ich nur Schäden anrichten, die für die Elementarwesen verderblich wären.

In der Meditation gab mir meine geistige Führung bestimmte Übungen, die ich brauchte, um elementarische Eindrücke weiter aushalten zu können. Sie gehörten zur Gruppe der sogenannten Nebenübungen.

In diesem Stadium machte ich auch das Ereignis durch, welches Rudolf Steiner in einem Vortrag (1. April 1923, enthalten in GA 84) folgendermaßen beschrieb:

»Jetzt ist man durch dieses Erkenntnistor in die geistige Welt eingedrungen. Und die erste Erfahrung, die sich da ergibt (ist), dass man einen wirklichen tableau-artigen Rückblick auf sein gesamtes bisher verbrachtes Erdenleben gewinnt. Man möchte sagen: Wie in einem einzigen Augenblicke – das ist etwas radikal gesprochen, aber es ist fast so – liegt, indem förmlich die Zeit in Raum verwandelt ist, das bisherige Erdenleben vor dem Bewusstsein ausgebreitet in mächtigen Bildern. Aber diese Bilder unterscheiden sich doch von dem, was man etwa gewinnen würde, wenn man sich hinsetzen und in der Erinnerung alles heraufholen würde, was man aus seinem Erdenleben heraufholen kann und nun sozusagen fortlaufende Vorstellungen bis nahe zu seiner Geburt hin aus diesem Erdenleben gewinnen würde.«

Man kann verstehen, dass die biographische Karmaübung eine gute Vorbereitung auf diese geistige Tatsache ist. Durch dieses Lebenstableau, das als eine Imagination verstanden werden kann, kann man den sogenannten roten Faden des eigenen Lebens entdecken. Dieser Faden entspricht karmischen Gesetzen, die man vor der Geburt in der geistigen Welt als imaginative Vorschau der kommenden Inkarnation mitbekommen hat. Umgewandelt in allgemeinmenschliche Bilder ähnelt diese Lebenstableau-Imagination einem Märchen. Ich entdeckte sogar, dass ein bestimmtes Volksmärchen dieselben Motive beschreibt, die zu meinem eigenen Karma gehörten.

Mit diesen kurzen Hinweisen wollte ich zeigen, dass die Schulung des Denkens, wenn sie nicht vor dem Auftreten geistiger Erfahrungen genügend geübt worden ist, nach solchen Erfahrungen unbedingt notwendig ist. Es wird der Geistesschüler auf dem weiteren Weg zu Erlebnissen und Prüfungen kommen, die eine Klarheit und Nüchternheit im Denken fordern, die wichtiger scheint als die Früchte der Schulungen des Gefühls und des Willens. Ich möchte aber in diesem Zusammenhang ausdrücklich betonen, dass künstlerisches Üben, künstlerische Arbeit und künstlerisches Anschauen, wie sie von Rudolf Steiner und vielen seiner Nachfolger in diesem Jahrhundert angelegt und betrieben worden sind, eine zu wenig verstandene Voraussetzung geistigen Erfolges und Forschens sind.

An vorderster Stelle steht für denjenigen, der in der geistigen Welt weiterkommen will, die Tatsache der Eurythmie. Diese Kunstart ist eine Quelle, aus der die Schulung der drei Seelenkräfte in einer für die Bewusstseinsseele angemessenen Art immer geübt und entwickelt werden kann. Ohne Denken, Fühlen und Wollen aus der Suche des Geistigen im Menschen entsteht keine Eurythmie. Dort, wo Eurythmie angestrebt wird, entsteht eine dreigliedrige Seele, die einen echten Kontakt mit der geistigen Welt herstellen kann. Der Schritt dahin, hellsichtig diesen Kontakt herstellen zu können, ist sehr klein, er gründet auf einem Beobachtungsort im Ich, der es ermöglicht, sich selber kritisch anschauen zu können.

Das Initiationsmärchen

Um meine Berichte über atlantische Orakel, die ich im dritten Teil genau beschreiben werde, karmisch verständlich zu machen, erzähle ich jetzt von dem norwegischen Märchen, das sich aus meinem Lebenstableau, das ich schauen durfte, ergeben hat.

Es geht um das norwegische Volksmärchen »Der Aschenbube und die guten Helfer«. Wie viele der norwegischen Märchen beginnt auch dieses mit der Erzählung von den drei Brüdern. Die zwei Ältesten sind immer tüchtig und werden vom Vater gut unterstützt. Der Jüngste aber – Espen Askeladden – sitzt immer nur am offenen Feuerplatz und sucht in der Asche nach der Glut von gestern. Der König ihres Landes lässt vom Kirchhof ausrufen, dass er sich ein Schiff wünscht, mit dem er genau so gut übers Land wie übers Meer fahren könne. Derjenige, der ihm dieses Schiff geben kann, soll die Prinzessin und das halbe Königreich erhalten.

Die Brüder fahren sogleich – einer nach dem anderen – in den Wald, um das Schiff zu bauen. Sie werden gut ausgerüstet mit schmackhaftem Essen und einer scharfen Axt. Dem Waldmann, dem sie dort begegnen, und der ihnen Fragen stellt, geben sie nichts von ihrem Essen ab. Als er fragt, was sie zum Essen mitgebracht haben, antworten beide dasselbe: Es seien Kuhfladen. Als sie später ihren Proviant zu sich nehmen wollen, ist er zu Kuhfladen geworden. Auf des Waldmanns Frage, was sie bauen wollen, antworten sie: »Einen Backtrog.« Wie sehr sie sich dann auch bemühen ein Schiff zu machen, es entstehen nur Tröge.

Als dann auch Espen, der Jüngste, in den Wald gehen möchte, erhält er vom Vater nur trockenes Brot. Er begibt sich aber mit dem harten Kanten und einer alten Axt in den Wald; auch er begegnet dem Waldmann. Als der ihn fragt, antwortet er wahrheitsgemäß. Er teilt sein Brot mit dem Fremden, der ihn daraufhin auffordert, sich schlafen zu legen, er wolle ihm das Schiff bis zum nächsten Tag anfertigen. Am nächsten Tag erzählt ihm der Waldmann, wie er das wunderbare Schiff steuern müsse. Er rät ihm, jeden, den er trifft, mitzunehmen. Der Aschenbube sagt ihm freudig Lebwohl und begibt sich dann auf die Reise zum Königsschloss.

Espen fährt über Land und Meer. Von oben erblickt er nacheinander sechs Männer, die er in das Schiff aufnimmt. Diese guten Helfer werden dann bei der Ankunft beim König seine Rettung, da dieser ihm statt der Prinzessin immer neue Aufgaben gibt. Der Mann, der wegen seines riesigen Hungers Steine isst, hilft ihm, das Fleischlager leer zu fressen. Der Mann, der vor Durst an Tannenzapfen saugt, hilft ihm, den Wein im Keller auszutrinken. Der Mann, der sich Gewichte ans Bein binden muss, weil er sonst in weniger als zehn Minuten ans Ende der Welt fliegt, hilft ihm, das Wasser für den Morgentee der Prinzessin aus dem Brunnen vom Ende der Welt zu holen. Der Mann, der das Gras wachsen hört, hört auch, dass der schnelllaufende Helfer von einem Riesen in Schlaf versetzt wurde. Der Mann, der ein hervorragender Scharfschütze ist und mit seiner Waffe zielt, trifft auch den weit entfernten Riesen. Der Mann mit der Hand vor dem Munde hat in seinem Innern fünfzehn Winter und zehn Sommer, die er nutzt, als Espen in der Badestube das Holz verbrennen muss. Der letzte Winter wird für den König benutzt, der dem Schiffsführer erst danach seine Tochter endlich zur Ehe gibt.

Man wird finden, dass dieses Initiationsmärchen, wenn ich es mit diesem Begriff bezeichnen darf, in bildhafter Form genau die Schritte erzählt, die ein heranwachsender Karmaforscher, der einst mit dem atlantischen Merkurorakel zu tun hatte, heute gehen muss.

Wenn man jetzt die sechs guten Helfer mit den sechs atlantischen Orakeln um das Sonnenorakel – wie ich sie erstmals in einem Aufsatz in der Zeitschrift »Das Goetheanum« (in der Mitgliederbeilage »Was in der Anthroposophischen Gesellschaft vorgeht« Nr. 8, 9 und 10/1998) schilderte und in einem späteren Kapitel hier beschreiben werde – vergleicht, ist es nicht schwierig, das Marsorakel in dem Fleischhungrigen, das Venusorakel in dem Weindurstigen, das Merkurorakel in dem Schnellläufer, das Jupiterorakel in dem Grashörer, das Saturnorakel im Schützen und im Mann mit den fünfzehn Wintern und zehn Sommern das Vulkanorakel wieder zu erkennen. Anhand des Erlebnisses mit dem Lebenstableau konnte ich erkennen, dass viele Volksmärchen uralte atlantische Weisheit beinhalten.

Der Weg zur echten Erforschung früherer Inkarnationen – sowohl eigener wie auch der anderer Individualitäten –, die bis zurück nach Atlantis und Lemurien reichen können, lässt sich auf dieser Ebene finden.

Beim Finden meines Schicksalsmärchens entdeckte ich, dass etwa die Zeit zwischen den Jahren 1986–1996 der Phase entspricht, die im Märchen für Espen Askeladden die Anfangsszene zu Hause darstellt. Seine Begegnung mit dem Waldmann entspricht meinem meditativen Durchbruch im Herbst 1996, ich die ersten Imaginationen bekam und die Begegnungen mit Verstorbenen, Elementarwesen und dem kleinen Hüter hatte.

Das Erforschen meiner Reinkarnationsreihe

Als ich nach der Frauenbegegnung, die die Imagination mit dem mittelalterlichen Ritter Willibald ergab, versuchen wollte, weitere Verhältnisse zwischen uns zu verfolgen, kam ich in die ägyptische Zeit hinein und konnte die tragische Geschichte jener Frau in meinen Armen verfolgen, die mir in der Rückführung zuteil geworden war. Nachdem ich Einzelereignisse aus mehreren Inkarnationen bis zurück zu atlantischen und, wie ich dachte, wahrscheinlich lemurischen Zuständen bekommen hatte, entschloss ich mich, eine zusammenhängende »Forschungsreise« von Lemurien bis zur Gegenwart zu machen.

Ich bereitete mich vor durch Hinwendung zu den Verstorbenen, besonders zu meiner Mutter »Turid«, die bis dahin auch aufgetaucht war, und ich wandte mich an die geistigen Wesen Christus und Michael, die ich in meiner geistigen Schulungsstätte als anwesende Helfer und Lehrer gespürt hatte. Ich hatte die Frage: Darf ich diejenigen Ereignisse schauen, die in jedem Erdenleben die hauptsächliche karmische Wirkung zum nächsten Leben gebracht hatten, und darf ich sehen, wie ich die karmischen Aufgaben in der jeweiligen Inkarnation aufgegriffen habe?

Es trat eine weiterführende Folge von Imaginationen ein, die auch von Inspiration und Intuition durchdrungen waren. Sie ging von einem Leben in Lemurien aus und führte weiter zu einem Leben nach der Mitte der atlantischen Zeit. Dann erkannte ich zwei weitere Leben in spätatlantischen Zeiten, denen nachzugehen mir aber im Moment nicht wichtig erschien. Es ging weiter über Indien und China mit einem großen Sprung bis nach Ägypten, dann weiter über Griechenland und Rom bis ins Mittelalter. Bis dahin dachte ich, als das nächste Leben würde sich nun dasjenige in Amerika ergeben, das ich in dem Jugenderlebnis erschaut hatte. Ich war erstaunt und anfangs erschrocken, als erst noch ein Frauenleben inmitten geschichtlich bekannter Ereignisse der Gegenreformation auftauchte. Ich ließ alles herankommen und schaute danach Ereignisse im neunzehnten Jahrhundert, die ich zu dem Jugenderlebnis in Beziehung setzen konnte. Die fast drei Stunden lange Untersuchung führte dann zu meinem heutigen Leben zurück.

In den nächsten Wochen – ich hatte wegen meiner Lebensumstände die Möglichkeit, dreimal am Tag zu meditieren und zu forschen – untersuchte ich zuerst die Leben im Mittelalter und Ägypten, die ich im Moment als notwendige Aufgabe empfand. Immer versuchte ich, von heutigen Lebenssituationen und Menschen in meinem Schicksalsumkreis auszugehen. Wenn in den Imaginationen Situationen auftraten mit Gestalten, die ich nicht sofort identifizieren konnte, versuchte ich, dieselben Imaginationen nochmals zu bekommen, um durch die Kraft der Ich-Gegenwart die geistige Welt geduldig zu fragen. So ergaben sich nach weiterer Arbeit karmische Zusammenhänge zu über hundert Menschen zwischen beispielsweise dem Mittelalter und der Gegenwart; Menschen, die ich immer persönlich kannte oder noch kenne, weil sie noch mitten in ihrem Leben stehen. Danach ging ich auf die anderen Inkarnationen ein und versuchte, ehe ich zu geschichtlichen Quellen und Literatur überging, aus der Akasha-Chronik einen biographischen Zusammenhang zu erhalten.

Im Laufe des Herbstes 1996 gelang es mir also, Lebensmotive aus insgesamt 12 Inkarnationen zu erschauen, die ich als meine eigenen früheren Erdenleben erkannte. Darüberhinaus konnte ich für mehrere Leben auch in dazu gehörende nachtodliche Situationen hineinkommen. Für das Leben zwischen dem Tod des Christian von Buch und dem Frauenleben im sechzehnten Jahrhundert vermochte ich genaue Umwandlungsmotive meditativ zu verfolgen. Im nächsten Teil werde ich diese Inkarnationen aus der Fülle der Imaginationen nacheinander in erzählender Form beschreiben.

Akasha – ein geistiges Archiv

Ich versuchte mir in dieser Zeit eine Anschauung zu bilden von dem »geistigen Archiv«, das von Rudolf Steiner auch mit dem alten indischen Begriff »Akasha« bezeichnet wird. Ich empfand ja, dass meine Schauungen aus diesem astralischen Lichtzusammenhang von geistigen Wesenheiten höherer Hierarchien gegeben wurden. Wenn ich mich durch die genaue Vorbereitung und die entsprechende Haltung im meditativen Zustand, die durch die Hilfe der Verstorbenen erleichtert wurde, dem Akasha-Wesensbestand zuwenden konnte, hatten die Imaginationen eine Klarheit und Vielschichtigkeit, die in einem einzigen Augenblick Informationen von weiten Zeiträumen aussprach.

Ich versuchte einige Male in diesen Bilderstrom zu schauen, ohne mich auf die Bildinhalte zu konzentrieren. Aus meinen Erfahrungen mit den transparenten Farbenschichten der Lasurmalerei konnte ich jetzt eine Art mehrfacher Dimensionalität entdecken. Akasha war aus Schichten gewoben, die mit jeder Individualität in Zusammenhang standen, als habe jede Individualität eine der Schichten geschaffen. Es war ein wunderbares Gewebe der allerschönsten transparenten Farben, denen man in der physischen Welt nie begegnen könnte. Nur im Regenbogen lässt sich eine Andeutung davon erkennen. Es war, als ob man sich in einem ruhigen Raum inmitten des Akashagewebes fühlte und zugleich doch auch sofort Distanz zu den Flächenzusammenhängen hatte.

Die Stimmung, die ich mit Åslaug Nysæther auf Rostadheimen erlebt habe, die an einem Webstuhl entsteht, wenn die Fäden durch die richtigen Öffnungen gefädelt werden, lässt sich mit der Arbeit der Wesen der geistigen Hierarchien vergleichen, wenn sie unsere irdischen Schicksale in das Astrallicht einprägen. Unsere karmischen Fäden gehen durch geistige Öffnungen in Akasha bis zu sämtlichen Ereignissen früherer Zeiten, die dort noch geistig gegenwärtig sind.

Eine Kulturepochen-Unterrichtsreihe

Im November 1996 sollte ich eine Woche lang ein malerisches Projekt an der Waldorfschule in Moss, Norwegen, leiten. Die Klassenzimmertüren mussten restauriert und neu lasiert werden. Die Arbeit sollte mit Hilfe von Eltern und einigen Lehrern unter meiner Leitung durchgeführt werden. Kurze Zeit vor dem Projekt wurde ich vom Klassenlehrer der 12. Klasse angerufen und gefragt, ob ich noch dazu seine Klasse übernehmen und meine Zeit um eine Woche verlängern wolle. Die Architekturepoche stand sozusagen vor der Tür, aber der Lehrer war krank. Ob ich da wohl etwas machen könne? Zweimal in früheren Jahren hatte ich schon mit anderen 12. Klassen derselben Schule Wandmalerei-Epochen mit praktischen Projekten in Schulgebäuden mit gewissem Erfolg durchgeführt. Ob ich diesmal etwas Ähnliches tun konnte? Die Klasse erwartete wohl so etwas, doch ich hätte freie Hand. Ich beschloss, die Klasse im Hauptunterricht zu übernehmen und die praktische Arbeit mit den Türen auf die Nachmittage zu verlegen.

Da die Durchführung eines weiteren Wandmalereiprojekts zu viel geworden wäre, entschloss ich mich, eine kulturgeschichtliche Epoche mit Malen zu geben. Ich wollte versuchen, Beispiele aus meiner eigenen karmischen Entwicklung in kunstgeschichtlichen und kulturellen Lebenszusammenhängen zu schildern, ohne die Schüler entdecken zu lassen, dass ich von mir selber sprach. Dazu brauchte ich die Hilfe der geistigen Welt und bat die Verstorbenen um Unterstützung.

Am Tage vor Beginn der Epoche kam ich aus Schweden mit dem Flugzeug zum Flughafen Fornebu, südwestlich von Oslo. Der Autobus ins Zentrum fuhr dann wie immer an Bygdøy, dem Wohnort Sigrid Mørch-Reiersens vorbei. Ich blickte in diese Richtung und befasste mich innerlich mit meinen Erinnerungen an sie. Dabei wurde ich in der Seele von einer neuen Erlebnisform ergriffen:

Ich fühlte, dass »Sigrid« mir jetzt als verstorbene Menschen-Geist-Seele nahe kam, und zwar indem sie meine ganze Gestalt umschwebte. Ich spürte, wie in Gedanken ein Gespräch geführt werden konnte. Sie kam jetzt zu mir, weil sie bemerkt hatte, dass ich ihre Kräfte für meinen Unterricht brauchte.

Im Bus sitzend fragte ich sie, ob sie mir jetzt helfen wolle. Sie bestätigte mir dies und sagte, sie werde mich während der gesamten Epoche immerzu umgeben. Ich spürte, dass dies wirklich möglich sei und schenkte ihr mein vollkommenes Vertrauen und tiefe Dankbarkeit.

Bis jetzt hatte ich mich, aufgrund der Kurzfristigkeit der Anfrage und der anderen Aufgaben in Umeå, nur fragmentarisch auf den kommenden Unterricht vorbereiten können. Ich begann, beide Projekte durchzuführen, das praktisch-malerische mit den Türen und den Unterricht der zwölften Klasse. Dreimal am Tag ging ich zum meditativen Bau und fand dort »Sigrid« immer zur Hilfe bereit, damit ich die nötigen Erkenntnisse aus der Akasha heraus fände. Einmal kam sie mit einem großen Gefäß, dem sie mehrmals einen Balsam entnahm, um mich zu pflegen, was bewirkte, dass meine Seele sehr ruhig und vertrauensvoll wurde. Am Nachmittag, abends vor dem Einschlafen und früh am Morgen vor dem Aufstehen führte ich die Vorbereitungen für die nächsten Darstellungen im Unterricht durch, jedes Mal zusammen mit »Sigrid« in meiner Michaelschule.

Beim Unterricht war sie immer bei mir und schuf die nötige Hülle, die es jedes Mal ermöglichte, die richtigen Motive zu erzählen, sodass die Jugendlichen sie aufnehmen konnten. Sogar gewisse sexuelle Tatsachen z. B. aus der alten chinesischen Kultur wurden dadurch erzählbar, ohne – nach meinem Ermessen – allzu große Bestürzung oder Verlegenheit bei den jungen Menschen hervorzurufen.

Das Schiff, das übers Land wie übers Meer fahren kann

Die Idee, ein Schiff als fiktives Fahrzeug durch die Jahrtausende zu haben, wurde zu dieser Zeit in mir geboren. Dass diese Idee von der elementarischen Welt aufgegriffen und in reale Geistigkeit umgewandelt wurde, muss dem modernen Menschen als ein Wahngedanke erscheinen. Wie sich dies aber doch mitten im Berufsleben ausgestaltet hat, werde ich jetzt zu beschreiben versuchen.

In diesen Tagen stand ich telefonisch in Kontakt mit der ehemaligen Freundin aus Garnes. Im darauf folgenden Monat sollte ich ihr bei malerischen Aufgaben helfen und sprach mit ihr deswegen über Terminfragen. Wir haben uns dann noch mehrmals unterhalten und sie hat mir von ihrer Lebenskrise erzählt. Ein Motiv in ihrer Geschichte hatte mit einer alten Eiche zu tun. Der Baum wurde wegen eines Bauprojektes für das Institut, dessen Leitung sie innehatte, gefällt. Es gab divergierende Meinungen über die Lebenskraft der Eiche. Einige prominente Anthroposophen hatten sich auf die Seite der Partei gestellt, die meinte, die Eiche könne noch viele Jahrzehnte weiterleben und das Haus könne genauso gut anderswo gebaut werden. Die andere Partei stützte sich auf einen wissenschaftlichen Rapport, der die Eiche für tot erklärt hatte.

Meine Freundin, die das letzte Votum abgeben musste, konnte nicht anders, als den Rapport für richtig zu halten. Sie ließ somit die Eiche fällen. Da erwies sich aber, dass der Rapport zu falschen Schlüssen gekommen war. Der Streit zwischen den Parteien ging dadurch weiter, und sie als Institutsleiterin nahm die ganze Schuld auf sich.

Als ich jetzt den Ort der Eiche in der Meditation schauen konnte, strömte hier aus dem Erdenorganismus ein wunderbares wellendes Licht, das aber die Elementarwesen in einer Art Gefangenschaft hielt. Ich rief sofort meinen Begleiter Schilbur hinzu und fragte ihn, ob ich die Elementarwesen dadurch befreien könnte, dass aus den noch vorhandenen Lebenskräften der gefallenen Eiche ein Schiff gebaut würde, das ich in meinem Unterricht in der Waldorfschule benutzen könnte. Er sagte: »Geh schlafen und warte bis zum Morgen.«

In der nächsten Morgenmeditation ging ich früh zu demselben Ort und fand dort ein wunderbares Schiff vor, das ich mitnehmen durfte. Dieses Schiff hatte die Eigenschaft, immer neue Schiffe aus sich entstehen zu lassen und dazu so klein und so groß wie ein Menschengedanke zu sein.

In zehn Hauptunterrichtseinheiten erzählte ich den Schülern zusammenhängende biographische und allgemeine Motive aus Atlantis, Indien, China, Ägypten, Griechenland, Rom, aus dem Mittelalter, der Zeit der Gegenreformation und von den Indianerkriegen in Amerika. Jeden Morgen sind wir sozusagen gemeinsam in das Schiff gestiegen und von einem Ort zum anderen gefahren. Am Schluss des Kurses habe ich dann das norwegische Märchen mit den guten Helfern erzählt, das für jeden Schüler eine Brücke zurück zur ersten Klasse schlagen sollte.

Jedem, der am letzten Tag anwesend war, habe ich ein geistiges Geschenk gemacht, das unsichtbar von meinen Händen in die ihren übergeben wurde. In dieses Geschenk prägte ich unhörbar den Namen des höheren Ichs eines jeden Schülers individuell ein. Auf dieses Motiv des Urnamens und Christnamens des Menschen werde ich im vierten Teil zurückkommen.

Im vierten Teil werde ich auch auf die geistigen Erlebnisse mit »Sigrid« zurückkommen. In diesen zwei Wochen in Moss in der zweiten Novemberhälfte 1996 führte ich aus eigener Initiative initiatorische Übungen durch, die nur zu verstehen sind, wenn ich meine gesamte Inkarnationenreihe beschreibe. Der Grund, warum ich meine früheren Inkarnationen veröffentliche, liegt darin, dass ich damit anderen Menschen, die aus ihrem Lebensschicksal in die modernen Mysterien eintreten möchten, helfen will. Meines Erachtens hört jede allgemeine Schulungsmethode auf, auch die anthroposophische, wenn man in tiefere Schwellenerlebnisse hineinkommt. Was einem dann am besten helfen kann, ist, von einem anderen Menschen etwas darüber zu hören, wie es bei ihm aussah, als er Ähnliches erfuhr. So verstehe ich dieses Buch als »Geburtshilfe« für jeden, der sein höheres Selbst sucht, um die Zukunft zu gestalten. Die Urweisheit, die in uns steckt und die sich in den Schauungen von alten Inkarnationen finden und dann in moderner Sprache individualisieren lässt, kann uns heute am Abgrund der materialistischen Zivilisation helfen, neue Wege zu suchen und zu gehen.

Die Schulungsworte des Chartres-Lehrers und Platonikers Bernardus werden als Eigentum der eigenen Seelensprache hörbar, wenn die Individualisierung so weit kommt, wie sie kommen muss, wenn frühere Inkarnationen so deutlich erkennbar werden, wie sie hier beschrieben werden sollen. Damit möchte ich sagen, dass diese Veröffentlichung meiner früheren Inkarnationen von mir als besonderes Geschenk eines gegenwärtigen Repräsentanten der platonischen Strömung intendiert ist, als den ich mich erkenne, ein Geschenk, das die Repräsentanten der anderen Strömung, die Aristoteliker, herausfordern soll, mit mir und meinen platonischen Freunden in Austausch zu treten, einen Austausch, der bis jetzt, wenn überhaupt, nur sehr wenig zustandegekommen ist.

III
Meine Reinkarnationsreihe

»Wo ist dir erlaubt zu essen?«,
sagen sie, die Götter, zu mir.
Ich esse unter jener Sykomore der HATHOR, meiner Herrin,
und ich gebe den Rest davon ihren Tänzerinnen.
Meine Äcker sind mir in Busiris zugewiesen,
meine grünen Pflanzen in Heliopolis.
Ich lebe von Brot aus hellem Weizen,
mein Bier ist aus gelber Gerste.
Die Bediensteten meines Vaters und meiner Mutter sind mir übergeben.

O Türhüter dessen, der zu seinem Reich spricht –
öffne mir, mache mir weit den Weg,
damit ich an dem Orte wohne, an dem ich sein will.

Aus Spruch 52 des Ägyptischen Totenbuches

Der Hüllenmensch im Paradies

Noch einmal möchte ich betonen: Ich veröffentliche diese karmischen Forschungen nicht aus dem Drang, mich selber als etwas Besonderes zu zeigen. Jeder Mensch, der eine Individualität in sich trägt, ist in der Menschheitsentwicklung etwas Besonderes. Es geht mir nur darum, mich selber als konkretes Beispiel zu benutzen und anhand dessen dieselben großen Entwicklungschritte, die Rudolf Steiner darzulegen begann, einmal von einem individuellen Standort aus zu verfolgen. Dass ich dann, wie sich gezeigt hat, mehrmals auf historische Gestalten stieß, kann leider nicht verschwiegen oder aus dem Zusammenhang herausgenommen werden. Es wird sich vielmehr zeigen, dass bekannte geschichtliche Darstellungen aufgrund dieser karmischen Perspektiven teilweise umgeschrieben werden müssen. Wenn dann in Zukunft andere Karmaforscher mit ähnlichen Forschungen von ihrem Standort aus auftreten, werden wir sehen, wie viel mehr noch die Geschichte wird umgeschrieben werden müssen.

Die folgenden Imaginationen, die ich verstehe als Zusammenhänge vor dem Eintritt in die erste Inkarnation in lemurischer Zeit, haben einen Charakter, der viel schwieriger festzuhalten ist, als alles, was sich als spätere Erdenzusammenhänge zeigt.

Ich möchte diesen erlebten Zustand zunächst als »Sternenübungen« bezeichnen. Ich konnte mich mit einem menschlichen Wesen zusammenfinden, das ich als ätherisch-astralen Hüllenmenschen – das ist meine Bezeichnung – in dauerndem Lustgefühl schwebend vorfand. Dieser im Geistigen ruhende Mensch fühlt sich immer von guten Impulsen und höheren Wesen umgeben sowie von den anderen ihm nahe stehenden Hüllenmenschen umringt und durchwogt. Ich konnte dann feststellen, dass diesem Hüllenmenschen, für den ich den Namen »Arjuna« bekommen habe, von jemandem zugerufen wurde, der sich nicht mehr in der geistigen Nähe befand. Dass der andere in eine erste Inkarnation geführt worden ist, wird aber von Arjuna nicht registriert. Erst später erfährt er den Ruf von unten, als ihm dies von seinem Engel vermittelt wird. Der Name Arjuna, der mir gegeben wurde, ist derselbe, der aus dem indischen Mahabharata-Epos bekannt ist. Er steht aber nicht notwendigerweise in direkter Beziehung zu dem Epos; meines

Erachtens gibt es immer eine Reihe von Menschen-Individualitäten, die aus einer Namenskonfiguration heraus geschaffen wurden und ferner den selben Urnamen tragen.

Dann tritt ein Motiv auf, das auch einer längeren Zeitdauer entspricht. Es entsteht ein inneres, seelisches Gespräch zwischen dem nichtinkarnierten Arjuna und seiner inkarnierten Schwesterseele, hier Miriam genannt. Sie lebt jetzt als Mann in der lemurischen Kultur. Sie beschreibt in einer Art Gebet, wie sich das Leben auf der Erde darstellt. Miriam spricht zu Arjuna und bittet ihn um Hilfe, die er aus der geistigen Welt herniedersenden kann.

Ich gab mir viel Mühe, in Zusammenarbeit mit meinem Engel dieses lemurische Gebet und eine Übersetzung davon durch seine eurythmische Vermittlung zu bekommen, weil es mir nicht durch direktes inspiratives Bewusstsein zugänglich war:

Tamaga tagala Miriam mada,
Arjuna Gala, Baman; tha Gada!
Sam mada Gada Bamila.
Schimaga baga; gathada!
Timaga Dathamaga Schida! Thagawan!
Bethaman Schada Schagamila thada.
Jimaga Dathamila! Fafaga Datila!
Schustafila Thadagawan, Schama Maga!
Ara jatila, Gamamiram Iram.
Schabatila Giram! Amathidam!
Fidafatigam Iraman; tha Miriam!
Aratha Man, Arjuna!
Thada Thigam, Ma Miriam.

Ein Gebet lässet Miriam zu dir hinaufströmen,
Ihrem Freund Arjuna, der Gottesfeuer besitzt;
lenke Mildherzigkeit hernieder!
Im Kreise des Götterrates empfangen wir sie.
Die Erdenwege liegen für uns offen; leite uns vorwärts!
Sieg für das Erbarmen der Weltenvielfalt;
erkrafte unsere Hände mit Formkraft!

Wir empfangen Menschen, die Erde und Himmel
bestellen können, in die Tiefen, in die Weiten.
Mögen sich die Weltenformen unser erbarmen,
uns mit Stille beschirmen!
Lasse uns mit den Händen unser tägliches Brot pflücken,
zu unserer Zufriedenheit in Reinheit!
Die irdischen Hügel breiten sich aus, zur Freude
der Menschenseelen, in günstigem Wind.
Gib Schutz für Menschengruppen! Gib Heilwirkung!
Viele werden die Menschenwürde finden; gib sie auch Miriam!
Komm Arjuna, zur Erde als Mensch!
Deine Geistesflamme empfängt Miriam, deine Mutter.

Auch wenn Miriam mir imaginativ als Mann erscheint, präsentiert er sich im Gebet als Mutter von Arjuna. Dies entspricht wahrscheinlich bestimmten lemurischen Tatsachen, die ich nicht weiter verfolgt habe.

Nach der ersten Inkarnation von Miriam treffen sich die beiden Seelen in der geistigen Urheimat, die jetzt für Arjuna durch das Auftauchen der einmal inkarnierten Miriam eine neue Qualität bekommt. Erneut lässt sich Miriam inkarnieren. Sie wird jetzt eine Frau, die dann die Mutter des Anderen wird. So beginnt Arjuna seine Erdenwanderung als Mann, jetzt mit dem Namen Retana.

Der lemurische Bootshauer

Das Leben Retanas möchte ich kurz mit folgenden Bildern charakterisieren:

Er wächst sozusagen in einer wärmedurchfluteten Landschaft auf, wobei es schwierig ist, festzustellen, ob es sich um ein Land mit tausenden von Seen handelt oder ein Meer mit tausenden von Inseln. Überall geht Land in Wasser über und umgekehrt. Immer gibt es lagunenartige Orte, an denen wunderbare kleine Wälder zwischen Land und Wasser den Menschen das geben, was sie für ihr Leben brauchen. In diesen kleinen Wäldern wohnen sie auch.

Das Wasser ist sein liebstes Element, darum wird er von Priesterinnen zum Bootshauer berufen. Als ich ihn einmal schaute, sah er in diesem Moment aus wie ein Neandertaler. Er machte sich sozusagen klein, als er ein Holzboot fertig gemacht hatte. Sein physischer Leib, der sehr plastisch erscheint, kann den Auswirkungen der Seele und den Lebenskräften folgen und dadurch verschiedene Gestaltungsformen annehmen. Er sitzt auf der Erde und drückt seine Steinaxt an die Brust. Aus seiner Seele – und nun sieht er ganz anders aus, wie ein kleines Kind – strömt eine unglaubliche Dankbarkeit in drei Richtungen: nach außen zum Erdenumkreis, nach unten zur Erde und nach oben zum Himmel.

Ich schaue diese lemurischen Umstände und erkenne, dass die physischen Tatsachen damals ganz anders waren als heute. Es wird mir klar, dass die Verhältnisse zwischen den Elementen hier ganz anders waren, als nach der lemurischen Katastrophe. Man versteht, dass sich die Steinaxt, wie in einer mathematischen Gesetzmäßigkeit, zu dem weichen und leichten Holzstock korrekt verhält. So gesehen offenbart sich diese Kultur überhaupt nicht als physisch primitiv, sondern als hochspirituell, man könnte sagen keimhaft.

Später schaue ich Retana, wie er seine Familie, eine Frau und zwei Kinder, in einem Boot auf eine Probefahrt mitnimmt. Er gerät jedoch plötzlich in heiße Stromwirbel und das Boot kentert. Die Frau ertrinkt. Sich selber und die Kinder aber rettet er ans Land, weil er ein unglaublich guter Schwimmer ist. – Dort wird ihm gesagt, er solle die Kinder mitnehmen und sie der Gottesmutter zurückgeben. Er weiß, dass die Kinder ohne ihre irdische Mutter nicht aufwachsen können. Ohne Bedenken tut er, was ihm von der »Gada« – dem Kreis des Götterrates – aufgetragen wurde.

Ich schaue Retana, wie er, von Repräsentanten seines Volks begleitet, mit den Kindern auf den Schultern zu einem vulkanischen See auf einer Insel geht. Er wirft die zwei Kinder in den See. Er schaut, wie ihre irdische Mutter in geistiger Gestalt sie mit offenen Armen empfängt. Glücklich nimmt sich Retana dann eine neue Frau und verbessert seine Boote zur Befriedigung der Gada.

Die geistige Schule der Merkursphäre

Zwischen dieser ersten Inkarnation als Retana in lemurischer Zeit und der nächsten, die ich gefunden habe, in atlantischer Zeit als Schamu'radhin, hielt sich der geistige Hüllenmensch Arjuna nach der ersten notwendigen nachtodlichen Umwandlung in der geistigen Schule der Merkursphäre auf.

Meine weiteren Forschungen weisen darauf hin, dass jede Menschenseele, die nach der lemurischen Katastrophe zu fortschrittlichen Entwicklungen geführt werden sollte, zuerst aus einem Planetenorakel geboren werden musste. So ergibt sich, dass schon ehe eine ausgebreitete Bevölkerung auf dem atlantischen Kontinent entstand, die Orakel existierten und dass die anderen atlantischen Orakel auch in ihren ersten Stufen vom Sonnenorakel als Geburtsmysterien geschaffen wurden, die die entsprechenden Planetensphären auf der Erde widerspiegeln sollten.

Als ich der Art des Aufenthaltes in dieser Merkursphäre nachzugehen versuchte, ergaben sich Erkenntnisse, die ich in der folgenden Bildersprache wiederzugeben versuche:

Arjuna liegt in den Händen eines Wesens der höheren Hierarchien. Er soll lernen, Hüllen aus sich fortblasen zu lassen, wenn dieses Wesen ihm zuatmet. Diese nach außen wie dünne Papierstückchen aussehenden Hüllen werden von anderen Wesen zu kleinen Schiffen in der geistigen Welt ausgestreut.

In einer nächsten Phase muss Arjuna – ich nenne diese Individualität weiterhin bei diesem Namen, wenn er sich in nachtodlichen geistigen Regionen befindet – Sternenstraßen durchwandern und die zu ihm gehörenden Schiffe einsammeln. Dadurch erhält er Erkenntnisse über die Orte, zu denen er kommt, weil seine Schiffe dort bestimmte Kennzeichen bekommen haben. Ferner muss er jedes dieser Schiffe nach Hause bringen, ihm sein Merkursiegel einprägen und dann jedes Schiff noch einmal an die bestimmten Orte, die er nun kennt, wieder aussenden.

Erst wenn er erneut alle Schiffe mit den aufgedruckten Siegeln von diesen Orten zurückbekommen hat, kann er sich der Erde zuwenden und darauf vertrauen, im Merkurorakel geboren zu werden.

Atlantis und die göttliche Tau'wa

In den weiteren Abschnitten werde ich detailliert über atlantische Orakelstätten und ihre Lebensverhältnisse berichten. Ich tue dies aus mehreren Ursachen.

Ich habe bereits von dem Initiationsmärchen erzählt. Die biographischen Motive aus meiner ersten atlantischen Inkarnation zeigen für mein gegenwärtiges Leben einen karmischen Hintergrund in einer Art ätherischem Urbild, das aber in einem umgekehrten Zeitprozess verläuft. Auf diesen schwierigen, aber bemerkenswerten Zusammenhang mit gegenwärtigen Initiationsmöglichkeiten werde ich in späteren Kapiteln zurückkommen.

Aus den atlantischen Verhältnissen ergibt sich auch ein neues Verständnis für viele geheimnisvolle Tatsachen, die in den nachatlantischen Inkarnationen auftauchen. Es wird möglich, sie anzusehen wie Initiativen und Ausdrucksweisen verschiedener Kulturen, in denen sich meine Individualitätengalerie – wenn ich es so nennen darf – inkarniert hat. Eine Art Zurückgreifen auf atlantische Weisheiten, Motive und Fähigkeiten kommt später immer wieder vor.

Ferner hege ich die Hoffnung, dass meine Beschreibungen von Atlantis interessierte Menschen, Atlantisforscher, Archäologen und Sponsoren heranziehen werden, sodass einmal neue archäologische Untersuchungen an bestimmten Orten unter dem Meer und auf dem Lande, z. B. auf den Azoren und Bermudas, auf professionelle Weise durchgeführt werden können. Aus meinen imaginativen Schauungen heraus muss ich behaupten, dass bestimmte Zeichen und Gegenstände dieser Kultur in der Caldeira, dem Krater auf der Azoreninsel Corvo, zu finden sind.

Viele der im Folgenden beschriebenen Situationen wirken für unser heutiges Bewusstsein nicht nur fremd, sondern vielleicht sogar suspekt oder grausam. Dessen ungeachtet sollen die Situationen so geschildert werden, wie sie beobachtet wurden. Aus dem Zusammenhang mag sich dann ein besseres Verständnis ergeben. Die atlantischen Lebensformen in den Orakeln tragen ein Gepräge, das ganz unähnlich einer heutigen modernen Stadt ist. Menschen, Tiere und Pflanzen, sogar die Materie selbst, bildeten eine Ganzheit mit den schöpferischen Göttern und der elementarischen Welt. Alle Handlungen der Atlantier untereinander und in Bezug auf die Natur und die Tiere muss man somit in einem für sie heiligen, göttliche Bedeutung tragenden Zusammenhang sehen.

Die Atlantier hatten ein Bilderbewusstsein, das ihnen das Gefühl gab, als sei die in diesen Bildern wirkende Gottheit in ihnen selber. Diese Gottheit tat sich überall in der Natur kund: im Waldesrauschen, im Windeswehen, in den Bildern des inneren Seelenlebens, wenn es sie drängte, zu einer erhabenen Menschheitszukunft aufzuschauen. Diese Erlebnisse des großen göttlichen Zusammenhanges, die sie immer auf die Zukunft hinwiesen, nannten die Atlantier TAO oder nach meiner Auffassung: TAU'WA. Denselben in unserer Zeit wirkenden göttlichen Zusammenhang mit dem modernen Bewusstsein zu denken, heißt, die atlantische Vergangenheit schauend zu erinnern und aus dieser Geist-Erinnerung Kräfte für die Zukunft zu schöpfen. Das wäre TAO heute.

Tauwan'dorraman – das Merkurorakel

Nachdem ich in meiner Forschung dazu gelangt war, dass ich nach der Mitte der atlantischen Zeit eine Inkarnation hatte, deren Erforschung für meine weitere Karmaforschung überhaupt entscheidend sein würde, verwandte ich viel Zeit und innere Kräfte darauf, ihr nachzugehen. Durch besondere Zusammenarbeit mit den geistigen Helfern konnte ich einen Überblick über dieses Leben des Merkureingeweihten Schamu'radhin und Einblicke in die atlantischen Orakelstätten bekommen.

Namen von Menschen und Orten sind oft direkt im Erforschungsmoment aus dem inspirativen Bewusstsein zu mir gekommen, oder sie wurden auf meine Frage hin von meinem Engel durch eurythmische Bewegungen gegeben. Die häufig auftretende Zweiteilung des Namens bezieht sich auf den damaligen Gebrauch, nach der Einweihung in den Bereich der Lebensaufgabe dem Betreffenden eine Art Titel zu seinem Geburtsnamen dazu zu geben. Radhin bedeutet »Der sich überall hin Bewegende«; der Titel Schamu bedeutet »Derjenige, dem es erlaubt ist, aus den Lebenskräften heraus etwas zu formen«.

Ich kam in einem Gespräch mit dem Engel dazu, dass mein damaliges Leben von heute aus gerechnet in der Zeit zwischen 14393 und 14313 v. Chr., also im letzten Drittel der vierten atlantischen Kulturperiode, stattgefunden hat. Bei dieser genauen Datierung muss man sich hüten, sie sich physikalisch vorzustellen. Es geht darum, die Jahreszeiten rückwärts zu rechnen, dann stimmt diese Zahl. Die Zeit ist aber ein lebendiger und plastischer Prozess, sodass wir uns, wenn wir in atlantische Zeiten zurückkommen, vorstellen können, dass die Zeit sich irgendwie ausdehnt, sich immer mehr ausdehnt, je weiter wir zurück reichen, bis wir schließlich zum Austritt des Mondes zurückgelangen, vor dem es nicht mehr sinnvoll ist, unsere Zeitrechnung zu verwenden.

Es stellt sich für mich so dar, dass zur Zeit Schamu'radhins noch eine gewisse Einheit in der ganzen atlantischen Kultur herrschte, dass noch alle Kulturbildung vom Sonnenorakel ausging. – Zunächst konnte ich den Merkureingeweihten Schamu'radhin und die Menschen verfolgen, die mit ihm in der Merkuroase lebten, später jedoch auch andere Menschen in anderen Orakeln, sowie solche aus dem Volk außerhalb der Orakelstätten, denen er und seine Begleiter auf Arbeitsreisen begegneten.

Ich versuchte einmal, nachdem ich meine damaligen Reisen auf dem atlantischen Kontinent neu zu erleben vermochte, mir einen geographischen Überblick zu verschaffen. Ich konzentrierte mein Bewusstsein um die heutigen Azoren und versuchte so »hoch« zu steigen, dass ich die durchgeführten Reisen einordnen konnte. Es zeigte sich ein riesiger, zusammenhängender Kontinent, der fast den ganzen nördlichen Teil des heutigen Nordatlantik bedeckte, nach Nordwesten bis zur Labrador-See, nach Nordosten bis einschließlich Irland, nach Osten wahrscheinlich einschließlich der Atlasgebirge im heutigen Marokko und Algerien, nach Süden bis mindestens zur sogenannten »Romance Fracture Zone« (Romanchetiefe), nach Südwesten wahrscheinlich einschließlich der »Guyana-Hochebene« im heutigen Südamerika und nach Westen einschließlich der Bermuda-Inseln. Ob weitere Teile des heutigen Westeuropa und Nordamerika zu diesem Kontinent gehörten, konnte ich dem Überblick nicht entnehmen. Weil damals die Küstenlinien für Europa, Afrika und Amerika ganz anders als heute und oft weiter einwärts lagen, war es nicht leicht, die Lage des Kontinents zu bestimmen.

Das Merkurorakel, in atlantischer Sprache etwa »Tauwan'dorraman« genannt – eine Übersetzung dieses Namens wäre etwa Gottes-Menschen-Begleiter – liegt auf einer uralten vulkanischen Insel in einem Golf an der südlichen Ostküste des atlantischen Kontinents. Nach Westen erheben sich spitze Gebirgsformationen, nach Osten flutet der Ozean durch Felsenhöhlen und abgerundete Schluchten der niedrigeren Berge hinein. Hier hindurch fahren Schamu'radhin und seine Begleiter sowie andere Reisegruppen. So ist es durch Generationen hindurch viele tausende Jahre gewesen.

Im Innern dieses geschützten Kulturzentrums, in dem etwa 2000 Menschen leben, gibt es eine wundervolle Natur mit Seen, Sümpfen, Wäldern, Siedlungen, Gärten, Bächen und kleinen Tälern, in denen die Kinder auf einer Art Schlittschuhen aus Schildkrötenpanzern (Schildpatt) die feuchten, bemoosten Steinhügel hinabfahren.

Das Leben dieser Merkurgemeinschaft ist rhythmisch eingeteilt in arbeiten, Feste feiern und spielen. Im Westen gibt es ein Felsenheiligtum. Die Kinder stellen Schuhe aus Kork und Rinde her, um sie als Geschenke für das Heiligtum mitzubringen. Die Erwachsenen nehmen die Rinde eines hohen, gerade gewachsenen Baumes, die sie nach dem Trocknen rollen, mit zähen, dünnen Wurzeln zusammenbinden und schließlich in Öl tauchen. Auf diese Weise werden später auch Fackeln für religiöse Prozessionen und Arbeiten, z. B. für die Höhlenkunst, hergestellt.

Von diesem Heiligtum, dem eigentlichen Merkurorakel, gehen alle Impulse zu den zwölf Merkur-Werkgemeinschaften aus, die mit verschiedenerlei Arten der Pflege von Begegnung, Kunst, Natur, Körper und Seele zu tun haben.

Organische Architektur und Samenkultur

Eine nahe Freundin von Schamu'radhin, Trage'tana – ihr Name bedeutet etwa »Diejenige, die weitergeben kann, was sie sorgfältig gezwirbelt hat« – arbeitet zusammen mit anderen Menschen, Männern und Frauen, in einer Art Plantage. Sie tragen lange Hemden und Stiefel oder Strümpfe, die entstehen, wenn sie die Beine in flüssiges Gummi tauchen – es gibt eine eigene Werkstatt für diese Vorbereitungen zum Schutz vor bestimmten Wassertieren. Dann waten sie durchs Wasser und sammeln große Wurzelfrüchte mit Stängeln. Diese Früchte haben eine dicke Schale, die sich in einem Stück abschälen lässt. Im Inneren der Früchte befinden sich mohrrübenähnliche Samen, die durch spezielle Prozesse für die Farbherstellung zubereitet werden.

Auch die Schalen werden weiterverwendet: Sie enthalten viele ätherische Kräfte und werden dazu benutzt, schwarze, schachfigurenähnliche Stängel einer anderen Pflanze mit unendlich vielen Keimpunkten zu umhüllen. Diese werden durch die Umhüllung sehr dehnbar und zu mehreren Metern Länge auseinander gezogen. Zwei solcher Stängel werden gebogen und in einem Abstand von etwa drei Füßen voneinander an einem geeigneten Fleck so in die Erde gepflanzt, dass sie eine Art Innenraum umschließen. – Aus diesen Bogenstämmen treiben bald Sprosse aus, die, sobald sie lang genug geworden sind, ovalförmig um die Bögen herum ebenfalls in die Erde gepflanzt werden. Auf diese Weise bildet sich eine organische Hütte. Andere schnellwachsende Blattpflanzen werden dieser ersten Bauform eingepflanzt, um eine ganz feste und wasserdichte Wand zu erhalten; Eingangstüren werden später an den beiden Längsseiten zwischen den beiden Grundbögen ausgeschnitten. Solche Kleingebäude nutzt man für verschiedene Zwecke. In einigen Hütten, die man »Bagitagam« nennt, werden beispielsweise Schildkröten gehalten. Schildkrötenpanzer finden auf verschiedenste Weise Verwendung: als Trinkgefäße, zur Nahrungszubereitung und eben als Schlittschuhe.

Ein Mann namens Trage'mitram – das bedeutet »Derjenige, der sich selbst einhüllt, wenn er etwas weitergibt« – sammelt große Samenkapseln und entkernt sie. Aus der Kernmasse macht er kleine Komposthäufchen auf dem Erdboden. Sie trocknen langsam und bekommen einen Schorf. Innen bildet sich eine Art Extrakt, der als Farbe verwendet wird. Sie dient der Gesichtsbemalung bei Festen und Feiern – als eine Art kultischer Schmuck. Dazu wird eine Kopfbedeckung mit Federn getragen. Ähnlichen Kopfschmuck kennen wir von den nordamerikanischen Hopi- oder Lakota-Indianern. Die Federn wurden von Gruppen von Jugendlichen auf den Küstenklippen an der Außenseite des Merkurorakels gesammelt, wenn sich ganze Gemeinschaftsgruppen zu bestimmten Jahreszeiten für Badeausflüge ans Meer dorthin begaben.

Mitregana Gaman – das Frühlingsfest

Eine ganz besondere Festlichkeit ist in jedem Frühling die Zeremonie der Befruchtung, Mitregana Gaman. Mann und Frau werden oft schon als Kinder von den Eltern in Übereinstimmung mit der Priesterschaft füreinander bestimmt. Die Frauen müssen ab der Geschlechtsreife eine Art Lederschurz um den Unterleib tragen. Bei der Zeremonie trägt nun der Mann die Frau eine lange Strecke in den Wald hinein. In Pflanzenhütten oder -zelten findet der erste Beischlaf statt, der für beide im Grunde genommen ein tage- und nächtelanger, durch ein lethargisch machendes Mittel hervorgerufener Schlafzustand ist, welcher von Priestern überwacht wird. Der Mann wandelt, die Frau tragend, im Schlafe umher.

Die ganze Orakelgemeinschaft ist in diese jährliche Festlichkeit einbezogen. An anderen Orten auf dem atlantischen Kontinent haben schon einige Frauen und Männer den Geschlechtsakt frei durchgeführt. Das ist jedoch streng verboten. Kinder aus solchen unzeitgemäßen Vereinigungen dürfen nicht weiterleben.

Gamamila – das fliegende Fahrzeug

In seiner Beschreibung der atlantischen Kultur in »Aus der Akasha-Chronik« schildert Rudolf Steiner, dass die Atlantier fliegende Fortbewegungsmittel hatten. Als ich die Möglichkeit entdeckte, dieser für ein materialistisches Denken unwahrscheinlichen Aussage auf dem Wege des imaginativen Bewusstseins nachzugehen, wollte ich so viel wie überhaupt möglich darüber erfahren. Die folgenden Beschreibungen entstammen meinen Forschungen zu diesen atlantischen Fahrzeugen und ihrer besonderen Herstellung.

Eine organische Kunst, die meines Erachtens nur von Merkureingeweihten ausgeübt wurde, war die Herstellung der fliegenden Fahrzeuge oder Schiffe, die den Namen »Gamamila« trugen. Der Name bedeutet etwa »So inniglich mit seinen Ausgesandten verbunden zu sein, dass sie den Weg nach Hause finden werden«. Das Schiff trägt also einen Namen, der eine geistig-seelische Tätigkeit derjenigen Eingeweihten im Merkurorakel bezeichnet, die zu Hause bleiben, dadurch aber die innere Verbindung mit den Ausgesandten aufrechterhalten. Die Ausgesandten fühlen sich dann, in der Gamamila oder in deren unmittelbarer Nähe mit ihrem Heimatorakel verbunden.

Diese Fahrzeuge wurden von den umherreisenden Merkur-Eingeweihten Jahrtausende hindurch benutzt, bis in spätere Zeiten hinein, als die magischen Künste nicht mehr ausgeübt werden konnten und andere Baukünste entwickelt worden waren. – Für das Sonnenorakel, das auch die Möglichkeit zu Reisen haben sollte, wurden besondere Schiffe erstellt. Das Schaffen der Gamamila war ein kunstfertiges Zusammenwirken von Göttern, Elementargeistern, Menschen und Pflanzenprozessen – vierzig Tage und Nächte hindurch. Von der physischen Seite her hat es sich etwa folgendermaßen abgespielt:

Auf einer Art kleiner Wiese, auf der eine neue Gamamila »gebaut« werden soll, in der Nähe des Orakelzentrums, sind bereits viele Vorbereitungen getroffen. In der Umgebung gibt es spezielle Plantagen mit verschiedenen Pflanzenarten, die das Baumaterial liefern werden. – Schamu'radhin, zu dieser Zeit »erster Steuermann« einer der vielen Reisegruppen, sitzt, liegt und bewegt sich in einer organischen Form, die allmählich zu einer Gamamila entwickelt wird. Die Formsubstanz entstammt verschiedenen Pflanzenarten, die nach und nach von den Plantagen geholt werden. So verwendet man zunächst große Blätter einer kaktusähnlichen, aber plastischen Pflanze. In diese wird Schamu'radhin – ähnlich der ägyptischen Hieroglyphe »Wia« für Fahrzeug – mit beiden Händen als Ruder zwischen den Schenkeln dasitzend, eingepackt. Durch seine rhythmischen Bewegungen und alle Körperflüssigkeiten – Schweiß, Speichel, Tränen und sogar Samen und Blut – die er aussondert, wird die Gamamila von innen her geformt. Von außen formen Mitarbeiter – die späteren Mitfahrer – mit Händen und Pflanzenölen und immer neuem Pflanzenmaterial. Rings um die Gamamila herum erfüllen Tanz, Gesang, Musik und Sprechchor das wachsende Fahrzeug mit allen merkurialen Impulsen, die den atlantischen Menschen eigen sind.

Einer dieser Sprüche, die ich aufnehmen durfte, lautet etwa:

Tami maga, thamaga gamala,
Magi Thagawan, schamaga Damila;
Magi magala Lathada Gamiron.
Thada Schamirada, Gamamiron.
Bethila thada, gamathi Dana,
Methi; Ramada Gamamila Thani.
Schamu Radhinila, Mithila don.
Gamu Radhina, mamamila Thidiron,
Migara danamila, Schustafila Biron.
Mina thada, gamamila Thidilarion.
Schamu'radhin imidatila Mistira.
Methada thada, Gamamila Wivavira.
Schila Uraman, Xandorra Tauwan.

Übersetzt heißt dies:

Im Vertrauen auf der Schöpfung Kraft empfangen wir
Macht der wachsenden Samen,
Sie durch unserer Hände Macht für Reisen zu formen;
Durch die Ausscheidungen unserer Körper Nahrung
für Götter und Menschen.
Wir empfangen von den Geistern der Erde geistige
Muttermilch.
Vorwärtsfahrt empfangen wir, Aufrichtekraft in der Zeit,
Und aus Festigkeit, in Dankbarkeit, empfangen wir
das Fahrzeug.
Er, der formt, wird den Weg finden mit dem Ziel vor Augen.
Vereint mit den Mitfahrern, kommt er immer zurück
von den Zielen,
Mit neuen Aufgaben versehen, mit Nahrung und Geschenken
für die Gemeinschaft.
Die Unsrigen empfangen wir, und das Fahrzeug,
nach der Rundreise.
Schamu'radhin wird in neue Zusammenhänge eingeweiht.
Empfänglichkeit empfangen wir,
das Fahrzeug mit Flügelflug als Ganzheit.
Gelobt sei die Kunst der Vorfahren,
der Segen des heiligen Sonnenorakels.

Die fertige Gamamila konnte dreizehn Menschen mit Gepäck transportieren. Sie bewegte sich zumeist in einer Atmosphäre, die eine Konsistenz zwischen dünnem Wasser und dicker Luft hatte. Die Schnelligkeit der Gamamila lag zwischen 20 und 50 Stundenkilometern. Das Hinunterstrecken der Hände am offenen Achter verschaffte den Kontakt zur elementarischen Welt. Dadurch entstand die Vorwärtsbewegung und in einer Art Überführung zu den zwei Flügelsegeln die Steuerung nach links und rechts.

Die atlantische Atmosphäre dieser Zeit möchte ich folgendermaßen zu beschreiben versuchen: Die Luft war dicker als heute, ja nebelhaft, aber so, dass das Sonnenlicht hindurchströmen konnte, auf ganz andere Art als sie es heute bei Nebel kann. Man wurde von der viel feuchteren Luft seltsamerweise nicht nass, sondern das Wasser war mit der Luft so verbunden, dass ich sie mit einem schleimartigen Sekret vergleichen möchte. Die Luft hatte eine Art Plastizität, die jede Bewegung, sei es durch physische Bewegungen von Mensch oder Tier oder durch die Sprache, aufnahm und weitergab. Das Hören und Riechen wurde von Tieren und Menschen fast als Berührung empfunden.

Xandorra'tauwa – das Sonnenorakel

Schamu'radhin reist mit seinem Gefolge zum Sonnenorakel in den Norden. Die Gesandten des Merkurorakels sind für alle Beziehungen zwischen den verschiedenen atlantischen Orakeln zuständig; besonders wichtig aber ist die Verbreitung neuer Impulse für alle atlantischen Siedlungen und Volksstämme durch Einrichtungen und Zivilisationstechniken, die vom Sonnenorakel entwickelt wurden.

Die Gamamila folgen speziellen, über Land und Wasser in der Luft befindlichen elementarischen Straßen, die schon Jahrtausende hindurch von den Eingeweihten in Zusammenarbeit mit der geistigen Welt gebildet worden waren. Man könnte sie als ein der Erde zugehöriges Kreislaufsystem bezeichnen, in welchem die Ätherarten immer andersartig strömten als sonst wo in der Umgebung.

Die Fahrt nach Norden geht an der Ostküste entlang, durch dicke, neblige Luft. Schamu'radhin benutzt eine Flöte aus großen Hülsenfrüchten, um Tiere vom Fahrzeug zu verjagen, aber auch, um den Menschen, die in den Höhlen an den Felsküsten wohnen oder den zu besuchenden Orakelstätten die Ankunft zu verkünden. (Die Flöte hat er so hergestellt, dass er durch sorgfältiges Hineinstecken seiner magischen Hände und Finger in die wachsende Frucht von innen her Löcher erzeugte, die nach dem Trocknen, durch seine Ein- und Ausatmungsluft besondere Töne entstehen lassen.)

Zur gegenseitigen Begrüßung heben sie die Hände. In solchen Siedlungen machen die Merkurfahrer kurz Halt, um Geschenke auszutauschen oder, zur großen Zufriedenheit der Bewohner, das Angebot zur Übernachtung anzunehmen. Meistens jedoch schlafen sie abwechselnd während der Fahrt in der Gamamila. Über das mitgebrachte Essen werde ich später bei der Beschreibung des Venusorakels etwas berichten.

Nach etwa zehn oder zwölf Tagen Reisezeit kommt endlich der große Augenblick: die in Spiralen vor sich gehende Auffahrt zum höchsten (so erscheint es mir aus dem Zusammenhang der gesamtgeographischen Untersuchung für diese Zeit) Vulkangebirge des ganzen Kontinents, wohin niemand ohne fliegendes Fahrzeug aufsteigen kann. Ich finde dieses Gebirge wieder als die heutige Insel Corvo, die die kleinste der Azoreninseln ist, wo nach meiner Kenntnis bislang keine archäologischen Untersuchungen angestellt wurden.

Auf dieser hier dargestellten Reise wird Schamu'radhin von einem jungen Merkureingeweihten, Thamu'thamas – »Derjenige, der Anderen vertraut, was er von Gott empfangen hat« – begleitet, der zum ersten Mal eine solche Reise miterlebt. Und er erlebt jetzt ein großes Wunder:

Die meisten Atlantier haben nie die Sonne, die Planeten und Sterne, nie den blauen Himmel und nie einen Regenbogen gesehen. Über dem Sonnenvulkan mit dem heiligen Namen Xandorra'tauwa – Gottes-Segen-Sonnenort – strömen jedoch ständig heiße Gase aus und machen die Luft dort oben frei. Beim Aufstieg der Gamamila zum Vulkanrand sieht der junge Thamu'thamas so zum ersten Mal den blauen Himmel und die Sonne. Anfangs ist ihm diese Erscheinung jedoch zu intensiv. Eigens dafür hat er sich aber ein Rentiergeweih mitgebracht, auf das eine dünn gewalkte Fischhaut gespannt ist; damit kann er sich beschirmen. – Über den Vulkanrand hinweg geht die Fahrt hinab zum Sonnenorakel im Innern dieses Ortes, geprägt von Gebirgsformationen, mit der »Sonnentreppe« in der Mitte, mit Seeanlagen, Kanälen und Plantagen, mit zwölf verschiedenen Werkstätten, die um den ganzen Gebirgsrand herum verteilt stehen.

Sonnenkünste und Sonnenimpulse

Hier wohnen die Merkurfahrer eine Zeit lang und werden von den Sonnenmenschen bewirtet. Sie statten zu Beginn dem Sonneneingeweihten, Tami'tame'scham – »Er hat das Vertrauen der Götter, die Macht zu gestalten« – einen Besuch ab. Im Marsorakel geboren, wurde er als Erwachsener dann aber zum Sonnenorakel geholt, um für die geheime innere Leitung des Sonnenorakels die Macht nach außen zu repräsentieren. Er ist in Eselshaut gekleidet und mit einem Hirschgeweih gekrönt. Bei der Prozession hinauf auf die Sonnentreppe stehen zur Rechten weiß gekleidete Tempeldienerinnen, die den Aufstieg mit aufwärts strebenden Bewegungen begleiten. Beim Abstieg stehen sie wiederum zur Rechten mit abwärts gerichteten Bewegungen.

Der Neuling, der junge Merkureingeweihte Thamu'thamas, wird mit einer besonderen Feier begrüßt und mit dem Auftrag betraut, dem Vulkanorakel eine neue Mauertechnik zu vermitteln. Vom Sonnenorakel soll jetzt der neue Impuls ausgehen, überall auf dem atlantischen Kontinent große Heizöfen zu bauen, um die dichte Atmosphäre aufzulösen. Um diese Heiztempel herum entstehen während der späteren Jahrtausende die atlantischen Siedlungen und Städte. Die Rundtürme in Irland und Schottland sind eine späte Reminiszenz an diese Vulkantempel.

Vom Sonnenorakel gingen früher verschiedene Impulse für Kunst und Kultur aus: So wurden zum Beispiel einer Art Bambuspflanze durch Auseinanderziehen und wieder Zurücklegen der Holzfasern rundgehauene Steinplatten in die Stängel eingesetzt. Nach einiger Zeit wurde der dadurch besonders geformte Pflanzenstängel in zwei »Trompeten« auseinander geschnitten. Getrocknete Samenhäuser fanden schon zu dieser Zeit als Klappern Verwendung. Auch für diese Instrumente wurden die Wachstumsprozesse gelenkt, um besondere Effekte zu erzielen.

An der afrikanischen Küste sammelten Frauen aus der Merkurgemeinschaft, die in das Schwimmen und Tauchen eingeweiht waren, im Meer besondere Spiralschnecken. Sie wurden zum Sonnenorakel gebracht, um als Gussformen für gewisse Kristallgläser zu dienen. Ein Handwerker namens Tamu'schadhin – »Derjenige, der anderen anvertraut, was er durch Atmung gestaltet hat« – sitzt in einer Werkstatt und bläst Kristallstaub, den er zuvor in den Mund genommen hat, durch ein Rohr an die Gussformen, die über einem Rundofen hängen, dem heiße vulkanische Gase entströmen. Der Staub kristallisiert an den Schnecken aus, die später herausgeschraubt werden. Das zarte, aber doch harte Glas wird dann in einen Dreifuß aus Holz gestellt und als Trinkgefäß für heilige Mahlzeiten verwendet.

Bei dem oben beschriebenen Besuch der Merkurmenschen im Sonnenorakel ist Thamu'thamas zurückgeblieben, um in verschiedene Sonnenzusammenhänge tiefer eingeweiht zu werden. Die neue Mauertechnik soll er sich während einer längeren Zeit aneignen. Danach vermittelt er diese dann dem Vulkanorakel im Südwesten, was in einem späteren Abschnitt beschrieben werden soll.

Schamu'radhin begegnet bei diesem Besuch im Sonnenorakel der Hohenpriesterin für weibliche Tempeldienste, Tame'xan'dima – »Diejenige, die die schönen Gottesjungfrauen leitet«. Sie haben, obwohl es nicht Frühlingszeit ist, in einer Grotte eine Liebesbegegnung, die dazu führt, dass Tame'xan'dima schwanger wird. Die meditative Untersuchung dieses Erlebnisses konnte die neuen Gefühle bei dem bewussten Beischlaf, die dadurch in der Seele Schamu'radhins entstanden, wieder entdecken. Die Priesterschaft, die in der Schule der Präexistenz arbeitet, empört sich jedoch über diese unerlaubte Schwangerschaft. Als auch Tami'tame'scham durch die Kraft der geheimen Sonneneingeweihten schaut, wer die sich inkarnierende Geistseele ist, erlaubt er Schamu'radhin, die schwangere Priesterin zum Merkurorakel mitzunehmen.

Nach neun Monaten kommt ein Knabe zur Welt. Er erhält später als seinen vollen Namen Tame'mani'scham – »Er, der Kraft hat zu schreiten, wenn er still steht und etwas Neues schafft«. Er wurde dann der Nachfolger Tami'tame'schams als nach außen hin höchster Sonneneingeweihter.

Tonnaman'texila – das Marsorakel

Die zuvor erwähnten Merkurreisenden mit ihrem ersten Steuermann Schamu'radhin, der als Vermittler unter diesen zwölf Eingeweihten tätig war, haben sich während längerer Zeit mit einer neu geschaffenen Gamamila auf eine Fahrt zum Marsorakel vorbereitet. Das Fahrzeug hat gewisse Ähnlichkeiten mit den viel späteren Wikingerschiffen. Damals trat die Drachengestalt der Schiffe mehr in den Vordergrund. Der damalige hellsichtige Mensch konnte die fliegende Gamamila sogar als einen lebendigen Drachen in seiner Seele erleben. Ein Bild von dem astralischen Wesen eines göttlich-geistigen Drachenwesens ist in der Gamamila jedoch durch merkuriale Magie so in ein Pflanzendasein umgewandelt worden, dass es für die Menschen zu einem Schiff wurde, welches, gewissen elementarischen Kanälen folgend, über Land und Meer fliegen kann.

Die Fahrt verläuft von der Merkuroase, Tauwan'dorraman, durch die Schluchten im Osten, über das Wasser des Golfes nach Norden. Weiter geht sie an die Ostküste des großen Kontinents, bis sich ein breiter Fjord ins Innere eines Gebirgslandes zieht. An einem speziellen Ort kreuzen sie den Fjord und folgen den nördlichen Klippenküsten weiter nach Westen.

Im Norden dieses Landes erhebt sich ein riesiger flacher Berg, der Tauwa Gimala. Die Gamamila folgt dem Verlauf eines Tales, das sich nach Nordwesten zieht. Die Berge zur Linken sind himmelhoch. Wenn von dort ein kalter Windhauch herunterströmend die Merkurfahrer erreicht, erwacht ihre gemeinsame Erinnerung mit dem Wissen um die spitzen Gipfel dort oben, die sie Gitaxa'gila nennen. Im Tal des Flusses Tonnama'gala liegen mehrere Siedlungen; das Tal geht allmählich über in das fruchtbare Hochland.

Hier gibt es große Wälder und offene savannenähnliche Hügel, auf denen Tierrudel verschiedener Arten weiden. Überall herrscht Nebel. Die Menschen wissen dabei aber von ihrer Umgebung durch ihr inneres Bilderbewusstsein; Tierlaute und Pflanzendüfte erwecken Seelenbilder, die den äußeren Verhältnissen spiegelbildlich entsprechen.

Das Marsorakel mit dem Namen Tonnaman'texila – es bedeutet etwa »Menschen-Tierrechte-Diener« – liegt auf einer Insel inmitten eines

Sees im Inneren des Hochlandes. Der Ort war in der irdischen Frühgeschichte durch einen Meteoriteneinschlag entstanden. In der Mitte dieser Insel erhebt sich ein hohes, von Menschenhand an die schon vorhandenen Felsen angebautes Gebäude mit vier Treppen, die nach den vier Himmelsrichtungen gehen. Oben brennt unablässig ein heiliges Feuer, das die Priesterschaft durch verschiedene Tierreste und Pflanzenopfer nährt. Um das Treppenheiligtum herum stehen die Tempel der zwölf Einweihungsschulen.

Voller Freude erwartet die Marsgemeinschaft die Merkurfahrer, die ihnen helfen können, neue Bagitagams, Pflanzenhütten, zu bauen und neue Einrichtungen des heiligen Sonnenorakels, des Xandorra'tauwa, zu vermitteln. Eine Anzahl neuer Trompeten werden als Geschenk des Sonnenorakels bei der Willkommensfeier übergeben. Aus dem Merkurorakel selbst werden einige Hülsenfruchtflöten und viele Klappern geschenkt. Die Kinder und Jugendlichen erhalten Körbe mit Schnecken und Federn von Meeresvögeln. Freudig beginnen sie sogleich, damit zu spielen und sich zu schmücken. In den nächsten Tagen wird mit den Trompeten und den anderen neuen Instrumente ein feierlicher Zug durch das Land abgehalten, an dem auch Menschen aus der Umgebung teilnehmen dürfen.

Der Grundimpuls des Marsorakels besteht darin, das Tierreich mit dem Menschen zu verbinden. Alles, was mit der Jagd und der Nutzanwendung von Tieren in der Kultur zu tun hat, wird vom Marsorakel gepflegt und weiterentwickelt. So gibt es hier Werkstätten für die Bearbeitung von Skelettteilen und Hörnern für Nadeln, Pfeile, Messer und andere Werkzeuge sowie für Musikinstrumente, die auch aus Schädeln gemacht werden. Eine Gruppe von Werkstätten hat mit der Lederherstellung zu tun. Tierhäute und -felle, die z. B. für Tempeldienste benutzt werden sollen, werden von mit Giftpfeilen betäubten Tieren genommen.

Als Tame'mani'scham, der spätere oberste Eingeweihte für die nach außen gehende Wirksamkeit des Sonnenorakels, sich in alle anderen Orakel einweihen ließ, musste er auf diese Weise einen Esel einfangen, mit eigenen Händen dem lebendigen Tier die Haut abziehen, es wieder aufwecken und sein Sterben mit Gesang begleiten. Den Schmerz des geschundenen Esels musste er tief mit seiner Eingeweihtenseele verbinden. Aus der Eselshaut musste er dann seinen ersten Mantel selbst verfertigen.

In einer Werkstatt in einem kleinen Wald auf der Marsinsel stellen Frauen, die in der Monatsperiode stehen, besondere Lederschurze her, mit denen das Menstruationsblut aufgenommen wird. Später hängen sie die Lederstücke an Ästen zum Trocknen auf. Auch sammeln sie in den Hochwäldern Bienenwachs, um damit die getrockneten Riemen einzureiben. Solche Lederschurze aus dem Marsorakel, die junge Frauen sich als Unterleibschutz umbinden, bringen die Merkurfahrer mit als Geschenke für das Volk auf dem Kontinent und in anderen Orakelstätten.

Die Kinder im Marsorakel lieben alle Tiere und sitzen oft auf dicken Baumästen, um Eidechsen einzufangen. Die Bäche aus dem Gebirge der Gitaxa'gila suchen die Jugendlichen zum Baden und Fischen auf, begleitet von vogelkundigen, jungen Burschen, die auf eine Einweihung warten. Um den sonst nackten Körper tragen die Mädchen und Jungen vor der Geschlechtsreife bloß ein rot gefärbtes Lederband um die Taille, als Merkmal ihrer Abstammung.

Hamma'fafagama – das Vulkanorakel

Bei einer anderen, ganz besonderen Gelegenheit machen die Merkurfahrer eine Reise nach Süden, um den atlantischen Kontinent herum. Dort im Südwesten gibt es aktive Vulkane, die als wachsende Inseln in einer Kette das ruhigere Festland umgeben. Unterirdische Warmwasserflüsse haben einen riesigen See im Inland gebildet. An der Westküste dieses Sees erheben sich senkrechte, einige hundert Meter hohe Berghänge mit zahlreichen Felsspalten.

Als die Gamamila sich von der Seeseite her diesem Ort des Vulkanorakels mit Namen Hamma'fafagama – etwa »Seelen-Bauschutz-Meister« – nähert, steigen über dem Wasser und dem Ufer warme Dämpfe auf aus den heißen Quellen der ganzen Umgebung. Die Merkurfahrer hatten sich durch Flötentöne angekündigt, doch diesmal wirkt der heilige Ort menschenverlassen. Tiefe Ruhe prägt die Stimmung, die jetzt Schamu'radhin und seine zwölf Mitfahrer, die Radhinila, erfahren.

Allmählich kommen Hunderte von Vulkanmenschen aus unterirdischen Gräben und Höhlen und begrüßen die Merkurmenschen mit einem Sprechchor. Die vielen Stimmen der Männer und Frauen hallen von den Berghängen wider und werden weit über den See getragen:

Ugama – ugama, Giramma Magala,
Methi mada, schamaga Maga Tau'wa.
Ma methida, Schamu'ra Fafagama.
Hi'ramma Lama, Schimaga mada,
Thrusteri'gama, Mari, Methilati.
Wivavira Uraman, Hamma masda,
Teth tuda – tuda, Gala – Gala.
Henki fafa, isti Sila, Tau'wa
Xandorra, Gada – Gada.
Umaha – umaha.
Uma Hamma.

Die ganze Bevölkerung versammelt sich um die Gamamila; vom See her kommen neugierige Mädchen und Jungen in Holzpaddelbooten. Die Jüngsten hatten bisher nur durch die Erwachsenen von den fliegenden Schiffen gehört, selbst jedoch noch keines gesehen. Bald fangen sie an, aus gewachsten großen Blättern nach dem Vorbild der Gamamila Faltboote zu machen.

Im Vulkanorakel werden die Mysterien der Erde und des Feuers gleichzeitig gepflegt und geschützt. Was bis in unsere Tage aus Tibet berichtet wird, nähmlich dass Menschen mit Magie die Schwerkraft ausschalten können, wurde im Vulkanorakel von Atlantis gepflegt. So stehen bei Bauvorhaben Eingeweihte auf Bergesgipfeln an einem Felsvorsprung und lassen riesige Steinblöcke sich ohne äußere Hilfsmittel hoch in die Luft erheben. Der Hohepriester leitet von oben her den mit Musik und Gesang begleiteten Vorgang, andere Teilnehmer stehen zu beiden Seiten auf hohen Holzleitern.

Die Vulkanmenschen kennen das Innere der Erde, die Schluchten und Grotten. Sie wissen, wo man Edelsteine suchen muss; und auch die ersten Anfänge nachatlantischer Metallherstellung sind bei diesen Menschen schon angelegt.

Fafagatimir – der Feuertempel

Diesmal werden die Vulkanmenschen durch die Merkurfahrer mit der neuen Mauertechnik beauftragt. Ihr höchster Eingeweihter, Trinni'dadama – sein Name bedeutet etwa »Er, der das Ausgebreitete durch das Nadelöhr ziehen kann« – geht eine enge Beziehung zu Thamu'thamas ein, der ihm die neuen Weisheiten übergibt, was von Gruppen aus beiden Orakeln mit Gesang und Tänzen begleitet wird. In einer Wechselbeziehung entsteht so eine Feuerzeremonie, die bis in die nächsten Jahrtausende bei der Errichtung eines Feuertempels weitergepflegt wird.

An einem Ort auf einer Hochebene vereinigen sie sich, um dort den ersten Feuertempel dieser Art einzurichten. Aufgrund der geschilderten Zeremonie erhielt er den Namen Fafagatimir.

Ausgewählte Steine der vulkanischen Umgebung werden gesammelt und mit Steinäxten geformt. Aus bestimmten vulkanischen Geysiren wird langsam trocknende Lava als Mörtel genommen. Zunächst sitzen die Männer um den Geysir und warten auf den Lavaauswurf. Durch spezielle Verrichtungen und Vorbereitungen können diese Eingeweihten die sonst lebensgefährliche Hitze der Lavatropfen ertragen. Gemeinsam halten sie eine Tierhaut über die vulkanische Höhle und fangen den Lavastrom in einer elastischen Haut auf. Die noch warme Lava wird rasch zur Baustelle getragen und dort sofort für die Maurerarbeiten verwendet.

Stein für Stein wächst ein etwa fünf Meter hohes Rundgebäude in die Höhe. Nach oben hin verjüngt es sich kuppelartig und stülpt sich dann in einer Kranzkrone aus, die den Schornstein bildet. Der Fafagatimir erhält einen Eingang mit einer Steintür. Alle Ritzen werden mit Lava und Moos verstopft. An der Außenseite bekommt das Gemäuer noch eine Haut aus schnellwachsenden Pflanzenarten, die hohe Temperaturen aushalten können. Das Feuer wird in einem Steinring auf dem Boden in der Mitte des Innenraums angelegt. Die Feuereingeweihten, Männer wie Frauen, sitzen auf Steinbänken um das Feuer herum, besingen die Feuergeister in der Erde und im Sternenall und beten sie an.

In den Wäldern und an den Ufern wird getrocknetes Brennholz gesammelt. Später werden auch spezielle Brennholzlager eingerichtet. Schon zu Lebzeiten Schamu'radhins wurden auf dem atlantischen Kontinent mehrere solcher Feuertempel errichtet und von den Eingeweihten des Marsorakels besonders auf dem Hochplateau westlich der Tauwa Gimala weiterentwickelt.

Eine spätere Form dieser Vulkantempel war bis zu 12, ja 14 Metern hoch: kunstvolle Heizöfen mit doppelten Mauern, Luftkanälen und umgekehrter Verbrennung von oben nach unten. Eine riesige Feuer- und Heißluftsäule stieg von diesen Fafagatimiren in die Atmosphäre auf. Das hatte die beabsichtigte Wirkung, dass sich die Luft in der Umgebung des Tempels vom Nebel klärte.

An einem Festtag kamen Abgesandte aller atlantischen Orakel nach Süden, um das neue Wunder zu schauen und zu erleben. Die Menschen des Merkurorakels hatten mit dieser groß angelegten Reiseexpedition viel Arbeit. Zahlreiche neue Gamamilas wurden hergestellt, weil man mehrere Schiffe benötigte, um die ausgewählten Eingeweihten an ihr Ziel zu bringen.

Tauwa'mami'tagawan – die Höhlenmalerei

Die Kunst der Felsen- und Höhlenmalerei reicht zurück bis in frühatlantische Zeiten und ist meines Erachtens entstanden aus der Zusammenarbeit der Orakel von Merkur, Mars und Vulkan. Der Impuls zu dieser Kunst hatte seinen Ursprung im Sonnenorakel und wurde – durch den dreifachen Zusammenfluss verschiedener Impulse und Fähigkeiten der oben genannten Orakel – dem Marsorakel als besondere Aufgabe zugeteilt.

Die Einweihung in die Tierkunde oblag den Marseingeweihten; die Herstellung der Farben und das Handwerk der künstlerischen Ausführung den Merkureingeweihten; die Vulkaneingeweihten brachten Kohle und suchten die geeigneten Orte aus für solche künstlerischen Vorhaben, die ganz und gar in der Pflege des Eingeweihtentums standen.

Durchgeführt wurde diese Aufgabe von Menschen aus den drei Orakeln, die jeweils eine besondere Schulung erfahren hatten. In späteren atlantischen Zeiten wurden diese Impulse der Felsenmalerei auch von Menschen der Jupiter- und Saturnorakel aufgenommen und in anderer

Art mit ihren besonderen Aufgaben verbunden. Zur Zeit Schamu'radhins gab es meines Erachtens mindestens eine Schule speziell für diese Höhlenkunst, die im Marsorakel beheimatet war. Der erste Jagdmeister Abtra'muthin leitete eine Zeit lang diese Schule, bis er, als der Impuls der Vulkantempel auftauchte, sich diesen neuen Bauprojekten zuwandte. Der ehemalige Merkureingeweihte Schamu'radhin verband sich damals tief mit dem Impuls der Höhlenmalerei.

Dieser Impuls, in solch wunderbarer Weise Tiere auf die Felsoberflächen zu malen – wie beispielsweise in der 1994 entdeckten Höhle von Chauvet in Frankreich –, entsprang dem Erlebnis der Sonneneingeweihten, dass Menschen- und Tierseele gleichen Ursprungs sind. Um den Eintritt in die Erdenwelt, welche die Tiere vor den Menschen betreten hatten – das wussten die Atlantier –, in richtiger Weise zu vollziehen, mussten die Menschen sich die Wege und das Leben der Tiere liebevoll zum innerseelischen Eigentum machen. Damit sie überhaupt die Erlaubnis der Gottheit Tauwa für die Verwendung tierischer Materialien in der Kultur erlangten, mussten sie neue Wege suchen, die die ältere Form des Feueropfers ergänzen sollten. So wurden die Malereien gleichermaßen als Gottesdienst empfunden wie auch als Erziehungsmittel für die Menschen, die sich vorbereiten sollten auf zukünftige Inkarnationen und Aufgaben der Tierdomestizierung.

Mami'tagaman – das Venusorakel

Das Venusorakel, Mami'tagaman – »Menschen-Seelen-Umarmung« – genannt, ist diejenige Orakelstätte, die dem Merkurorakel am nächsten liegt. Wo der große Golf dem Binnenland des südlichen atlantischen Kontinents durch große Urwälder begegnet, erheben sich sanfte Höhen und Hügel.

An einer bestimmten Stelle strömt ein Fluss vom Meer aus in den Urwald, dessen Wasser – so ergibt es sich bemerkenswerterweise dem hellseherischen Blick – rückwärts fließt und im Erdinnern verschwindet. An verschiedenen Orten quillt das Wasser in Springquellen, Teichen, Bächen und Flüssen neu aus der Erde hervor.

Verschiedenste mineralische, pflanzenätherische und geistige Qualitäten werden von den überwiegend weiblichen Leitern und Pflegern des Venusorakels für Körperbäder benutzt, auch zur Veredelung von Gemüsen und Früchten. Das ganze Menschenleben von der Geburt bis zum Tod, soweit es das Fortbestehen des Menschengeschlechts auf Erden betrifft, scheint von diesen Wassermysterien beeinflusst zu sein.

Verschiedene Naturprodukte werden beispielsweise in lange Blätter gewickelt und in einer Quelle um einen mineralischen Stalagmiten gelegt. Die so im mineralischen Wasser behandelten Produkte werden essbar und lassen sich in der Gamamila gut transportieren, wobei sie entweder den Merkurfahrern als Reisekost dienen oder anderen Orakeln zum Geschenk mitgebracht werden.

Die Kinder werden geboren, wenn die Mütter sich in anderen Quellen befinden. Besondere Eingeweihte sind die Hebammen, die den Namen Mamiugama tragen. Diesen Ammen werden auch Kinder aus anderen Orakeln gebracht, die gewissen späteren Einweihungen vorbestimmt sind. Es werden aber auch Ammen an andere Orakelorte und in Volkssiedlungen geholt, um dort ihre Arbeit auszuführen.

Das Venusorakel trägt, im Verein mit dem Sonnenorakel, für die ganze Atlantis die Verantwortung für das Frühlingsfest, das Mitregana Gaman. Venuseingeweihte wirken überall in diesen Mysterien und sind auch in der Winterzeit dabei, wenn die Kinder geboren werden. Sonneneingeweihte der Inkarnationsmysterien, Tami'ugama'gada genannt, sind damit beschäftigt, die sich inkarnierenden Menschenseelen von ihren geistigen Sternenorten zu den richtigen Erdenorten zu begleiten und sie an ihr Ziel zu führen. Repräsentanten, die zu diesem Sonnenrat in Beziehung stehen, leiten die schon erwähnten besonderen Jugendfeste, bei denen die Verbindung zwischen Vater und Sohn, beziehungsweise Mutter und Tochter bestätigt wird.

Auch gewisse Geheimnisse des Sterbens und Hantierungen mit dem Leichnam werden im Venusorakel gepflegt. Die nachatlantische Heilkunde scheint mir in ihren ersten Anfängen aus einer Verbindung besonderer Weisheiten der Venus– und Merkurorakel entstanden zu sein.

Datila'casturaman – das Jupiterorakel

Die Mysterien des Rhythmus und der Erziehung sind Hauptaufgaben des Jupiterorakels, das von einem Ort im Nordwesten des Kontinentes ausstrahlt. Da gibt es ein Land zwischen einem Binnenmeer und der Westküste. Über den großen Wäldern und Landschaften erhebt sich ein riesengroßes Hochplateau, das man nur auf strapaziösen Wanderungen und über Brückenleitern zwischen den riesigen Bäumen finden und betreten kann. Um diese Akropole geschart, wohnen viele tausende von Menschen in verschiedenen Siedlungen, mit einer Hauptgruppe an der Küste des Binnenmeeres.

Das eigentliche Jupiterorakel scheint immer neu zu entstehen, und zwar mehr aus der Zeit, aus der Wirksamkeit als aus einer bestimmten Raumsituation. Die Verantwortlichen der Jupiter-Mysterien stehen in starkem Austausch mit der ganzen Bevölkerung, indem sie zu bestimmten Zeitpunkten Feste und gewisse Schulungssituationen für Jugendliche oder bestimmte Altersstufen veranstalten. Dann begeben sich die Jupitereingeweihten z.B. mit den jungen Menschen zur Akropole, wo sie eine Zeit lang verschiedene gymnastische und akrobatische Übungen durchführen. – Die Mysterien von den Rhythmen des Menschenlebens und der Natur werden immerzu neu aufgegriffen in den verschiedenen Gemeinschaften um die Akropole herum, die den Namen Datila'casturaman – Menschen-Urteils-Ruheort – trägt.

Nach den atlantischen Naturkatastrophen übrig gebliebene Reste dieses Hochplateaus finden sich in der Inselgruppe der Bermudas. Vielleicht wurden hier von den formenden Geistern der göttlichen Hierarchien geographische Landschaften für künftige Aufgaben zur Erziehung der Menschheit aufbewahrt.

Zuckbal'dawagan – das Saturnorakel

Während im Jupiterorakel mehr die Zeitaspekte gepflegt werden, sind es im Saturnorakel eher die Raumes- und Ortsmysterien. Das Orakel des Saturn, Zuckbal'dawagan – »Erdentiefen-Form-Finder« – genannt, ist ganz im Norden des atlantischen Kontinents zu suchen. Ein großer Wasserfall mit vielen Nebenströmen stürzt sich vom Hochgebirge hinunter in ein nach Norden hin verlaufendes Tal. An der Nordküste begegnet dieses Tal Landschaftsformen mit Sandbänken, Schwemmsand, Höhlen und Klippen, die von Öffnungen durchbrochen sind, an denen starke Windströmungen und besondere Luftverhältnisse entstehen.

Dies riesiglange Tal des Saturnorakels, das ich erschaut habe, konnte ich später auf einer Meeresbodenkarte des atlantischen Ozeans wieder finden. Es ist dieselbe geologische Meeresbodenformation, die auf Englisch »Northwest Atlantic Mid-Ocean Canyon« heißt. Er erstreckt sich über tausende von Kilometern in nordwestlicher Richtung, beginnt südöstlich des sogenannten Flemish Cap im Osten Neufundlands und endet in vielen, wie eine langfingrige Hand sich spreizenden Nebentälern, die den Meeresboden der Labradorsee bilden.

Dort konnte ich einen Mann beobachten, der Weichholz in dünne Scheiben schnitt und daraus fliegende Drachen anfertigte. Eine Schulung wird so durchgeführt, dass Kinder auf diesen Drachen von den starken Windströmumgen hoch in die Luft hinaufgetragen werden. In anderen Situationen üben sich Menschen beim Wasserfall, in Flussströmen, auf Schwemmsand, in Höhlengängen oder beim Klettern an den Felsen.

Die Vorstellungen, die durch diese Imaginationen entstehen, vermitteln den Eindruck von Einweihungen, die zur Vorbereitung dienen auf Lebenssituationen in verschiedensten Naturverhältnissen späterer Inkarnationen. Die Naturprüfungen sprechen unterschiedliche Ebenen des menschlichen Wesens und Körpers an, die zu verschiedenen Berufseinteilungen und Gesellschaftsformen in Beziehung stehen. So kann man das Saturnorakel auch als das Mysterium der Zivilisation bezeichnen.

Das Zentralgeschehen des Saturnorakels spielt sich in einer Großhöhle ab. Um einen großen Reinigungsteich in der Mitte sitzen und bewegen sich die Eingeweihten. Viele Stalaktiten und Edelsteine funkeln im Schein der Fackellichter. Auf Flößen oder im Wasser werden

Künste und Tänze ausgeübt. Die mannigfaltigen Übungen in der äußeren Natur in diesem großen nordischen Land werden in einem wunderbaren Schauspiel zusammengefasst, das einen Gemeinschaftskultus entstehen lässt. Bei Nachkommen dieser Saturnmenschen – vielen sogenannten Urbevölkerungen wie z.B. bei Indianern und Lappen – hat sich die gemeinschaftsbildende Kraft dieses Kultus bis in die Gegenwart erhalten. Hinter dieser Überlieferung verbirgt sich ein Entwicklungsmysterium, auf das ich später zurückkommen werde.

Das Schicksal eines Merkureingeweihten

Schamu'radhin wurde im Jahre 14393 v. Chr. im Gebiet des Merkurorakels geboren. Sein Vater hieß Tadga'menerthin – »Er, der sich durchdringen lässt von dem, was er aufgenommen hat« und war Eingeweihter im Merkurorakel. Seine Mutter stammte aus dem Marsorakel. In seiner Jugend lernt er viele der Handwerke kennen, die in der Merkurgemeinschaft betrieben werden. Am liebsten begleitet er die Erwachsenen, die mit der Farbherstellung zu tun haben. Auf Veranlassung seines Vaters wird er in den Orakeltempeldienst aufgenommen und zum Gamamila-Steuermann eingeweiht.

Wie schon beschrieben, kam er oft mit anderen Orakeln in Beziehung. Als Erstes wurde ihm im Sonnenorakel unter der Leitung Tami'tame'schams die Pflege der Verbindung zunächst zum Venusorakel, dann zum Marsorakel aufgetragen. Später kam er durch den Hauptvermittler der neuen Mauer-Technik, Thami'thamas, auch oft mit dem Vulkanorakel in Berührung. Weniger hatte er mit dem Saturnorakel zu tun, am wenigsten mit dem Jupiterorakel.

Mit Menschen aus dem Volk außerhalb der Orakelstätten kam er erst in einem späteren Lebensabschnitt häufig in Berührung. In seinen ersten Jahren als Steuermann begegnete er aber auf einer Rückreise an einer Klippe der Ostküste einer Frau mit zwei Kindern, die er zum Merkurorakel mitnahm, in das sie aufgenommen wurden. Diese Frau hatte ihren Mann, einen Jäger, verloren und war von ihrem Volk ausgestoßen worden. Sie lebte später im nächsten Umkreis von Schamu'radhin.

Eine besondere Tatsache, nicht nur im Leben Schamu'radhins, sondern auch für die bis zu dem Zeitpunkt vom Sonnenorakel geführten Gemeinschaften, war die außergewöhnliche Geburt Tame'mani'-schams, des späteren Hohenpriesters des Sonnenorakels. Er wuchs im Merkurorakel auf, wurde aber zur Zeit der Pubertät in das Sonnenorakel hinübergeholt und ist später mit seinem Vater Schamu'radhin zu allen Orakeln mitgefahren. Wie er im Marsorakel die Eseleinweihung erhielt, wurde oben schon beschrieben.

In der Mitte seines Lebens nun bahnen sich für Schamu'radhin und einige seiner Freunde und Mitarbeiter markante Veränderungen an. Er weilt mit mehreren Repräsentanten des Sonnenorakels, z.B. dem Maskenmeister Miriam'akatila und dem Opferpriester Thrusteri'gamon, für längere Zeit im Marsorakel, um spezielle Vorbereitungen für den baldigen Wechsel des Hohenpriesters im Sonnenorakel zu treffen.

Schamu'radhin kommt dabei enger als früher mit verschiedenen Marseingeweihten in Verbindung, z.B. mit dem Jagdmeister und Leiter der Schule der Höhlenmalerei, Abtra'muthin. Andere Marseingeweihte tragen Namen wie Mantor'agila, Katha'mardin, Milti'magisan und Magni'magisan.

Schamu'radhin wird von den Menschen im Marsorakel im Laufe der Jahre besonders wegen seiner Hülsenfrüchteflöten geliebt. Ständig entwickelt er die Flöten weiter und verbessert sie. Nun besteht die Aufgabe, gewisse Tiere, das heißt Steinböcke, die hoch in den Bergen der Gitaxa'gila leben, einzufangen. Tage und Nächte leben die Gruppen von Sonnen-, Merkur- und Marseingeweihten mit diesem gemeinsamen Ziel in den hohen Bergen. Sie wachsen sozusagen zu einer neuen Gemeinschaft zusammen, die für atlantische Verhältnisse aber keine normalen Kennzeichen trägt.

Dies wirkt sich auf diese Individualitäten im Weiteren karmisch eigentlich günstig aus, in dem Leben aber, von dem hier die Rede ist, entsteht eine verderbliche Auswirkung auf ihr magisches Vermögen.

So fließt die Kraft der Hände, die Magi Thagawan, langsam aus dem Ätherleib des Schamu'radhin und versiegt, weil er sich zu sehr mit den Interessen der Marseingeweihten verbindet. Gemeinsam machen sie jetzt aus dem astralischen Spieltrieb heraus verschiedene Versuche mit den Tieren der Gitaxa'gila. Ohne inneres und äußeres Ziel jagen sie viele Tiere in die Schluchten, wobei die Schmerzenslaute der Tiere von den Jubelrufen der Menschen übertönt werden. Als Schamu'radhin später mit den Steinbockhäuten zum Sonnenorakel zurückfahren will, zeigt sich, dass er die Gamamila nicht mehr in Fahrt bringen kann. Sein geistiger Vermittler zu den Elementarwesen hat sich von ihm zurückgezogen. Tagelang schallt ein Jammerschrei über weite Gebiete hin.

Als dem alten Tami'tame'scham, dem höchsten Sonneneingeweihten, das Unglück zu Ohren kommt, kann er nur so urteilen, dass Schamu-'radhin und seinen Mitfahrern, auch denen aus dem Sonnenorakel, eine besondere Strafe erteilt werden müsse: Sie werden in diesem Leben keine Möglichkeit mehr haben, ihr Heimatorakel wieder zu sehen!

Dies ist die eigentliche Ursache, warum Schamu'radhin sich noch tiefer mit dem Marsorakel verbindet und in die Schule der Höhlenmalerei aufgenommen wird. Später gründet er mit seinen übrigen Mitfahrern, den Radhinila, und anderen Menschen aus verschiedenen Orakeln und aus dem Volk nordwestlich von Tauwa Gimala eine neue Siedlung. Von nun an heißt er Gamu'radhin, das heißt »vereint mit den Mitfahrern«.

Nicht nur für ihn und seine Mitfahrer entsteht jetzt ein Einschnitt im Leben; auch für die ihnen verbundenen Menschen im Merkurorakel kommt ein Umbruch. Gamu'radhins Vater, der alte Tadga'menerthin, legt sein Amt nieder, reist mit einer Gruppe jüngerer Merkurmenschen zum Marsorakel und verbindet sich mit dem Sohn. Diese Tat des Sich-Verbindens von dem alten Gamamila-Eingeweihten lässt ein Karma zwischen den beiden entstehen, das sich bis in nachatlantische Zeiten immer wieder zum Guten wandelt. Er wird ein Mitbegründer der neuen Siedlung, wo er nach einiger Zeit auch stirbt.

Diese Siedlung entsteht um einen der ersten höheren Fafaga'timire herum. In hohem Alter wandert Gamu'radhin fort aus dieser Stadt mit dem Namen Timir'dorraman, um die Höhlenmalerei nach Norden weiter zu verbreiten. Im Jahre 14313 stirbt der 80-jährige im Saturnorakel.

Der höchste Sonneneingeweihte, Tame'mani'scham, ordnet seine Bestattung in der Tauwa'dorraman an. So wurde die Erinnerung an den ehemaligen Merkureingeweihten, der mit den Händen seine Laufbahn im Süden begonnen und mit den Füßen im Norden beendet hatte, weiterhin im Merkurorakel gepflegt. Viele ähnliche Schicksale gingen noch von diesem Ort aus, ehe der heilige Ort selbst in den atlantischen Fluten zerstört wurde.

Eine kurze Zwischenbemerkung

In der Zeit, als ich die Erforschung der atlantischen Orakel und Lebensverhältnisse dieses Schamu'radhin beziehungsweise Gamu'radhin durchführte und seinen weiteren Inkarnationen sowie denjenigen seines nächsten karmischen Umkreises nachgehen konnte, war es mir noch nicht möglich, tiefer in die nachtodlichen Ereignisse einzudringen. Aber nur wenn man dieser geistigen Kontinuität nachzugehen vermag, ist es möglich, in wahrhafter Weise die aufeinander folgenden Inkarnationen als zusammengehörig darzustellen. Einige solcher nachtodlichen Motive für einzelne Inkarnationen werde ich aber später vermitteln. Es schaffen jedoch auch noch andere Motive, auf die ich mehrmals zurückkommen werde, eine Verbindung zu den Inkarnationszusammenhängen, die ich hier wiedergebe.

Es wird sich zeigen, dass die atlantische Inkarnation, die ich oben so ausführlich beschrieben habe, für die nächsten Inkarnationen als eine Art karmischen Schlüssels dienen kann. Wir können dann immer den Gedanken im Gedächtnis tragen, dass das höhere Ich – genannt Arjuna – der betreffenden Individualität mit diesem Schlüssel in den Schicksalsereignissen der aktuellen Inkarnation entweder etwas öffnet oder zuschließt.

Von Atlantis bis Alaska

Auf dem noch bestehenden, aber kleiner gewordenen atlantischen Kontinent wird im Norden an einem Ort, der zum Saturnorakel gehört, im zwölften Jahrtausend v. Chr. ein Mädchen geboren, das den Namen Tanamira bekommt. Es ist, mit modernen Begriffen bezeichnet, ein sehr sanguinisches Kind.

Ich schaute Tanamira, wie sie mit anderen, häufig älteren Kindern an verschiedenen Orten der abwechslungsreichen Gebirgslandschaft spielt. Sie erwirbt sich eine großartige Beweglichkeit der Gliedmaßen, was als allgemein bekannte Eigenschaft ihres Volks im weiten Umkreis

Bewunderung findet und in vielen benachbarten Königreichen auch gesellschaftlich ausgenutzt wird.

Zu Beginn des zweiten Jahrsiebts stürzt sie dann aber von einem Felsen. Durch diesen Unfall wird sie an den Beinen verletzt. Viele Monate lang liegt sie darnieder und hat ihre Beine in Pflanzenumschläge gewickelt. Nach Abschluss der Behandlung kann sie sich trotzdem nicht auf die Beine stellen. Sie hat eine Lähmung zurückbehalten und keiner der herbeigerufenen Ärzte vermag ihr zu helfen.

In dieser Zeit geht von der Eingeweihtenleitung des Sonnenorakels, die über ihr Volk herrscht, eine ähnliche Botschaft aus, wie sie auch früher schon an andere Gemeinschaften erging: Sie müssen sich in Gruppen von genau berechneter Teilnehmerzahl aufteilen und sich auf eine Wanderung nach Westen begeben, um ein neues Land auf einem anderen Kontinent aufzusuchen. Das Land in der Ferne wird ihnen beschrieben. Dazu erhalten sie aus Häuten verfertigte Dokumente, in die kennzeichnende Hinweise für den weiten Weg eingetragen sind.

Tanamiras Vater erhält die Weisung, er müsse seine Tochter wegen ihrer Krankheit einem anderen Volk übergeben, mit dem sie dann später auswandern könne, wenn sie selber gehfähig sei. Der Vater aber liebt seine Tochter so sehr, dass er dieser Aufforderung zuwiderhandelt. Er nimmt Tanamira mit und trägt sie, zusammen mit einem älteren Bruder von ihr, auf einer Bahre.

Die Lähmung seiner Tochter wird nicht besser. Nach monatelangen Strapazen durch unbekannte Landschaften kommt ihr Volk an die Nordwestküste des Kontinents und wird von einem dort ansässigen Volk aufgenommen. Die dort lebenden Küstenbewohner wissen schon durch Vermittlung, dass sie diesen Besuch empfangen sollen. Sie sind Schiffsbauer und lehren Tanamiras Volk den kommenden Herbst und Winter hindurch alles über Schiffsbau, Segeln und das Leben am Meer. Das Mädchen gesundet aber auch während dieser Zeit noch nicht. Ihr Vater wird jetzt unter Druck gesetzt, weil herausgekommen war, dass er gegen den Auftrag der Volksleitung gehandelt hatte. Tiefe Trauer bringt es für Tanamira, ihre Familie und Verwandten eines Tages in Holzbooten in der untergehenden Sonne am westlichen Horizont verschwinden zu sehen.

Diese Trauer verwandelt aber langsam ihr Wesen und nach einigen Jahren findet sie durch eigenen Eifer und die Liebe zu ihrer neuen

Umgebung ihre Gesundheit wieder. An ihr eigenes Volk kann sie sich aber nicht mehr erinnern; es steigen nur zu bestimmten Gelegenheiten, wie in einem Traum, Bilder in ihr auf. Immer bei untergehender Sonne geht sie ans Meeresufer und dann kommen ihr die Imaginationen von Menschen, von denen sie fühlt, dass sie sie kennt. Sie schaut ihre Blutsverwandten, wie diese in unbekannten Landschaften umherlaufen und fremden Tieren begegnen. Da beginnt sie, für ihren jetzigen Menschenumkreis von diesen Imaginationen zu singen. Diese Fähigkeit der jungen Frau findet Unterstützung, indem man ihr am Ufer eine Hütte im Wasser baut. Bei Sonnenuntergang ist es dann nicht erlaubt, sie zu stören.

In den nächsten Jahren sieht man, wie die junge Frau in einem kleinen Kanu dorthin gebracht und wieder abgeholt wird. Bei Festen kommen auch Menschen von weither gewandert, um die Sängerin zu hören. Aber nur die Eingeweihten wissen, dass ihre Geschichten äußeren Erlebnissen ihres Volkes entsprechen.

Als eines Tages eine Volksgruppe auftaucht, die über das Meer weiterfahren soll, entsteht bei Tanamira eine Erinnerung und ihr wird klar, wohin sie gehört. Die nun nahezu erwachsene Frau versucht, sich unter die Seefahrer zu mischen, hat damit zunächst jedoch keinen Erfolg. Sie gehört ja nicht zu diesem Volk und wird von ihren Leitern strengstens zurückgewiesen, wenn auch viele unter ihnen ihre schönen Lieder gerne sozusagen leibhaftig mitnehmen würden.

Ein junger Mann namens Simagil, der Leiter einer kleinen Gruppe von Jugendlichen beiderlei Geschlechts, verliebt sich aber in Tanamira. Er lässt in den Bootsboden einen geheimen Raum einbauen, in dem die junge Frau versteckt wird. Die geheime Mitfahrerin wird erst entdeckt, als es schon zu spät ist, sie zurückzuschicken. Sobald sie den neuen Kontinent erreichen, wird Tanamira mit Simagil ehelich verbunden und in sein Volk aufgenommen.

Ihr weiteres Leben entfaltet sich auf den immer wieder weiterführenden Wanderungen. Große Höhepunkte ergeben sich für dieses Wandervolk, wenn es einem anderen Volk begegnet, das aber eine andere Route hat. Dann leben sie eine Weile zusammen und tauschen sich aus in all ihren Liedern, Geschichten, Erlebnissen und Handwerken. – Erst in hohem Alter erreicht Tanamira gemeinsam mit ihrem Volk das geforderte Ziel in Alaska. Ihr Mann lebt dann bereits nicht mehr, doch begegnet sie ihren ursprünglichen, noch lebenden Geschwistern, die auch dorthin gekommen sind. Ihre beiden Eltern aber sind schon vor langer Zeit aus dem Leben geschieden. Das hatte sie jedoch auf ihre Art erschaut. Auf solch schöne Weise schließt sich, fast wie in einem Märchen, noch eine atlantische Inkarnation.

Von Irland bis Kreta

Gegen Ende des zehnten oder zu Beginn des neunten Jahrtausends, ich konnte es nicht genauer feststellen, zieht ein Eingeweihter des noch zu dieser Zeit bestehenden Sonnenorakels – namens Mani'machmahan – mit etwa achthundert Menschen aus verschiedenen atlantischen Völkern über Irland weiter gen Osten. Irland ist noch durch eine Landbrücke mit dem nördlichen Teil des aus mehreren Großinseln bestehenden atlantischen Kulturgebietes verbunden.

In diesen Imaginationen gehe ich dem Wetterdolmetsch Areldingun nach, der zu dieser Zeit in Irland lebt. Sein Aufgabe bestand darin, die atmosphärischen Veränderungen wie Luftverhältnisse, Wolken, Gewitter, Regenbögen usw. zu verfolgen. All diese beständig wechselnden Wetterverhältnisse, die das Land meist von West nach Ost durchzogen, hatte er mit seiner Gruppe von Magiern zu begleiten. Die göttlich-elementarischen Schenkungen in diesen Naturerscheinungen des Luftraumes sollte er mit gewissen Plätzen zu verbinden versuchen. Dazu wurden Pflanzen, Büsche und Bäume an bestimmten Orten angesiedelt.

Mani'machmahan nimmt Areldingun und mehrere Menschen aus seinem Volk mit auf die weitere Fahrt. Der Führer dieses Wanderzuges hat die Absicht, mit dieser Menschengruppe bis in den fernen Osten zu ziehen. Der Zug geht zuerst südöstlich über das Meer und dann durch Landschaften, die wir heute Frankreich nennen. Für die weitere Reise, die jedoch Jahre lang dauert, werden immer mehr Menschen aus schon bewohnten Gebieten aufgenommen, weil unterwegs auch Menschen verstorben sind. Die Zahl der Wanderer bleibt somit immer gleich. – Mirimana heißt eine Frau, die mitwandern darf. Sie gehört einer Art

Orakelgemeinschaft an, die jetzt von Mani'machmahan aufgenommen wird.

In Gegenden in Südfrankreich, in denen schon in früheren atlantischen Zeiten Höhlenmalereien angefertigt wurden, lebt die Wandergemeinschaft für längere Zeit. Einige ausgewählte Männer, so auch Areldingun, werden von Mani'machmahan und seinen Begleitern in die Höhlen geführt. Durch die Beobachtung der Tierbilder und das Anhören der vorgesungenen Lieder entsteht in Areldinguns Seele eine tiefe Sehnsucht danach, in seinem Leben solchen Tieren zu begegnen.

Die Fahrt geht aber weiter bis zur Insel Kreta. Hier kommen Areldingun und Mirimana einander durch verschiedene Abenteuer nahe. So begegnen sie eines Tages, als sie bei den Bewohnern Kretas an einem Fest teilnehmen, auf einem Spaziergang, weit entfernt von der Siedlung, denjenigen wilden Tieren, von denen man ihnen erzählt hatte. Mirimana wird von den Stieren sehr erschreckt und klettert auf einen Baum. Areldingun aber ist von ihrer Kraft und Schönheit wie verzaubert. Er greift sich einen heruntergefallenen Ast und versucht sich ihnen zu nähern. Da laufen die wilden Tiere davon und lassen den erstaunten Wetterdolmetsch in einer Staubwolke zurück.

Als sich die Reisegruppe nach einiger Zeit bei den Schiffen für die Weiterreise nach Osten vorbereitet, ist Areldingun mit Jägern aus Kreta ins Gebirge gestiegen. Er kann sich von der neuen Tierbegegnung nicht losreißen. Er und einige seiner Freunde erhalten von beiden Lagern die Erlaubnis, zurückzubleiben. Der Abschied von Mirimana schafft eine kurze traurige Unterbrechung in seinem neuen Leben auf der Insel der Stiere. Sie folgt der Hauptgruppe um Mani'machmahan bis ins Innere des mongolischen Hochlandes, wo sich im Laufe der Zeit ein kleinerer Kreis um den großen Manu, von dem Rudolf Steiner berichtet hat, versammelt. Der aus Westen eingewanderte große Kreis, samt seinen Nachkommen schafft während der nächsten Jahrtausende einen schützenden Umkreis für die Sonneneingeweihten, die im inneren Kreis die neuen nachatlantischen Kulturimpulse vorbereiten und schöpfen.

Areldingun aber geht mit seinen Freunden sozusagen auf in dem frühakkadischen Volk auf Kreta. Er beginnt, die wilden Viehherden zu verfolgen mit der Absicht, die Leitstiere einzufangen, um zu versuchen, sie zu zähmen. Sein in Irland entwickeltes Verhältnis zu allen Lufterscheinungen hilft ihm immer, den Tieren auf die Spur zu kommen. Einer dieser ersten Versuche, solche Tiere lebendig einzufangen, misslingt ihm. Er wird eines Tages von einem der größten Stiere in einer Felsensackgasse angegriffen und tödlich verwundet. Auch in den nächsten Jahren gelingt es keinem seiner Mitarbeiter, diese wilden Stiere zu zähmen. So viele Jäger und Männer finden dabei den Tod, dass der König des Landes dies Tun verbietet.

Die Erinnerung an diesen ersten tragischen Domestizierungsversuch auf Kreta ist im Volk aber sehr lange lebendig geblieben. Immer da, wo jemand getötet worden war, wurde eine Steinsetzung errichtet. Mehrere tausend Jahre später holte man eingeweihte Zähmer aus dem fernen Persien, die neue Methoden der Viehzucht mitbrachten.

Eine indische Elefantenzähmerin

Die vorigen zwei Lebensläufe habe ich kürzer wiedergeben als die Berichte von der ersten atlantischen Inkarnation. Im Weiteren werde ich bestimmte Ereignisse und Umstände wieder ausführlicher schildern. Jetzt kommen wir in die erste nachatlantische Kultur hinein und zwar zum letzten Drittel der urindischen Kultur, etwa um das Jahr 5700 v. Chr. In den Nordwesten Mittelindiens führten mich diese Imaginationen über das Frauenleben von Ramischanda.

Ihre Eltern gehörten zur Kaste der Beschützer des Volkes. Die Vorväter dieses Volkes waren einmal von Norden gekommen und bebauten jetzt große Gebiete mit vielen Dörfern und Siedlungen zu beiden Seiten eines Flusses, der nach Westen fließt. Die Menschen nennen ihr Land Tomthawan. Neben dem Sammeln und Jagen betreiben sie auch schon Ackerkultur. In Ramischandas Dorf schaute ich solche Haustiere wie Kühe, Schweine, Hühner und Hunde.

Das Mädchen läuft in immer weiteren Kreisen um das Dorf. Bald wissen die Eltern: Sie sitzt am liebsten den ganzen Tag hoch oben in einer Baumkrone. Dort lauscht sie den geheimnisvollen Tierlauten denn Ramischanda hat die Könige und Königinnen unter den wilden Tieren entdeckt: die Elefanten. Sie möchte zu gern mit den kleinen

Elefantenjungen spielen. Im Laufe ihrer Kindheit versucht sie, den Elefanten näher zu kommen, die Eltern aber verbieten ihr diesen Drang. Das junge Mädchen versucht selbst dahinterzukommmen, wie sie sich den Elefanten nähern kann, aber vergeblich, ihr will nichts einfallen.

Einmal aber erwacht sie aus einem Traum und weiß, wer ihr helfen kann: ihr Onkel Bugthamar. Er wohnt flussaufwärts und macht Keramik- und Flechtarbeiten. Er sagt ihr, sie solle eine Opfergabe mitbringen, um die Göttin Schiwa günstig zu stimmen. Bugthamar gibt Ramischanda eine Tonschale als Opfergabe mit und rät ihr, weder den Eltern noch sonst jemandem etwas zu erzählen. Das Mädchen umarmt seinen Onkel, verspricht es ihm und geht auf Umwegen direkt zum Schiwatempel. Der Tempel liegt in einer von Klippen geschützten Ebene neben einem Teich. Sie bringt das Opfer dar und betet flüsternd mit geschlossenen Augen zu der Göttin. Danach kommt sie mit einigen Priestern ins Gespräch. Sie fragt sie prompt, was sie tun müsse, um mit den Elefanten spielen zu dürfen. Die Priester blicken einander stumm an, besprechen sich miteinander, bitten sie zu warten und verschwinden in den inneren Gemächern. Bald tritt der Hohepriester Thadgathiwan heraus. Das Mädchen weiß schon von ihm, weil er sie bei Festen immer mit gütigen Augen angeblickt hatte. Jetzt spricht er sie mit milder Stimme an:

»Liebe Tochter des guten Gumatamar, des mildherzigen Beschützers der Thomthawan. Liebe Tochter der stolzen Muritama, der Hüterin unserer täglichen Handlungen. Zu dir, Ramischanda, schaut die Göttin hernieder. Schiwa wird dich auf den Weg zu ihren lieben Kindern im Urwald leiten. Du musst aber genau so stark werden wie die Elefanten. Deshalb musst du selbst das Leben der Elefanten leben lernen.«

Unter der Leitung des Schiwatempels durchläuft Ramischanda nun während ihrer ganzen Jugendjahre besondere Vorbereitungen, zuerst im Verborgenen, dann unter voller Anerkennung ihrer Familie und der ganzen Gemeinschaft. Sie liegt auf einem Kristallbett aus Quarz und Zirkon, sie badet und schwimmt im Schlammwasser. An Lianen schwingt sie sich von Baum zu Baum und reitet auf Stieren. Aufrecht steht sie auf dem Rücken des Stieres, hält sich fest an seinen langen Hörnern und zwingt ihn, weite Strecken zu laufen, bis zum Fluss, wo sie sich dann unbeschadet ins Wasser wirft und das andere Ufer schwimmend erreichen kann.

Ihre ältere Schwester, Gangathami, ist Flötenspielerin. Eine Gruppe von Musikantinnen hilft ihr dabei, die Elefanten an die menschliche Kultur zu gewöhnen. Sie wandern bei Tag und Nacht im großen Bogen um die Elefanten herum, ohne sie zu erschrecken.

Dann kommt endlich, nach all den Jahren, der große Tag. Die fast erwachsene Ramischanda ist zur Elefantenzähmerin ausgebildet worden. Wird es ihr aber jetzt gelingen, die große Prüfung zu bestehen? Oder wird die Führerin der Elefantenherde sie wie ein Stückchen getrockneten Lehm mit dem Rüssel zerbrechen oder sie unter einem ihrer mächtigen Füße zermalmen?

Das ganze Volk ist versammelt. Gangathami und die anderen Musiker spielen zart und harmonisch auf Flöten, Sistren und Trommeln. Im Hintergrund stehen Thadgathiwan und die Schiwapriester sowie Priester anderer Kulte. Opferrauch von getrocknetem Elefantengras und süßen Früchten steigt auf. Unablässig rezitiert eine Gruppe die alten Lieder.

Einsam und nackt steht die bald neunzehnjährige Ramischanda auf der Dorfseite des Moorsees. Die Sonne steht im Zenit am blauen Himmel. Eine einzige Wolke ruht genau über der jungen Zähmerin. Ramischanda sieht sie nicht, ihre Augen sind auf den Wald gerichtet. Dann tritt die Führerelefantin heraus, gefolgt von den anderen Elefanten, wobei die Jungen sich bei den Größeren mit dem Rüssel am Schwanz festhalten. Gleichzeitig mit ihnen geht Ramischanda ins Wasser. Die Elefanten beachten sie nicht und lassen sich von ihrem üblichen Trinken, Baden und Spielen nicht abhalten. Die Elefantenjungen zeigen keine Angst, da es die Älteren ja auch nicht tun. Ramischanda macht alles genau wie die Elefanten, dann schwimmt sie über den See, steigt an Land und bleibt lehmbedeckt auf dem Ufer, wo die Elefanten sind, stehen und wartet. Der Lehm trocknet in der heißen Sonne und gibt ihr eine neue Haut. Schließlich sieht die Führerelefantin sie an, gibt ein Signal, woraufhin die anderen Elefanten sich schnell zurückziehen und verschwinden. Da stehen nun der Mensch Ramischanda und die Königin der irdischen Tiere einander gegenüber.

Die Zähmerin steht ganz ruhig und mutig da und wartet. Der Elefant geht auf sie zu und umfasst mit dem Rüssel die Taille der weiblichen Gestalt. Er hebt sie auf und macht eine Bewegung, als wolle er sie niederwerfen. Ein Aufseufzen geht durch die Menschenmenge auf der anderen Seite, die Musik verstummt eine Sekunde lang. Die eine Wolke am Himmel löst sich auf und verschwindet ins Blaue. – Ramischanda aber wird nicht niedergeworfen!

Dann spricht Ramischanda mit hoher Stimme: »Du bist Schiwas Tochter. Ich bin Schiwas Tochter. Also sind wir Schwestern. Ich möchte mit dir spielen, ich möchte auch mit deinen Kindern spielen.«

Ramischanda schaut in das linke Elefantenauge, sie sieht darin das Auge der Erde, in dem sich der Himmel spiegelt. Da gibt es keine Wolken. Ein Regenbogen wölbt sich über diesen Elefantenaugenbrunnen. Das alles sieht Ramischanda und dankt der Göttin Schiwa für ihr Leben. Der so gezähmte Elefant stellt die Elefantenzähmerin auf seinen Rükken. Und Ramischanda spricht weiter zu der Führerelefantin: »Ich bin Schiwas Tochter. Ich heiße Ramischanda. Du bist Schiwas Tochter. Ich nenne dich Latabaga.« – Was auf einer höheren Ebene in diesem Augenblick geistig geschieht, werde ich in einem späteren Kapitel beschreiben, wenn ich den Zusammenhang zwischen Mensch und Tier aus anderen Aspekten verfolge.

Der Elefant kniet vorne nieder und lässt die menschliche Elefantenführerin auf dem Rüssel herunterrutschen. Er ruft die anderen Elefanten zurück und für den Rest des Tages spielt Ramischanda weiter mit ihnen, auch mit den Kleinen. Erst nach Sonnenuntergang, als sich die Elefanten in den Wald begeben, schwimmt die Frau zum anderen Ufer zurück. Sie wird als Heldin begrüßt und gefeiert. – Einer der Prinzen von Tomthawan, Margathudin, lässt sie nach diesem ihrem Erfolg nicht mehr aus den Augen. Sie wird seine Frau und von ihnen stammen viele spätere Elefantenzähmerinnen und -führerinnen ab. Meine Forschung ergibt, dass es die Frauen waren, die jahrtausendelang die Domestizierung der Elefanten betrieben, bis in vorgeschichtliche Zeiten, als die Männer diese Arbeit übernahmen.

Auch das Hochzeitsfest von Ramischanda und Margathudin habe ich geschaut. Nach den Feierlichkeiten trägt er sie auf seinen Armen eine Leiter hinauf, die zu einer kleinen Hütte führt. Die quadratische Hütte ist zwischen vier hohe Baumstämme gebaut. Die noch lebenden Äste mit grünen Blättern sind kunstfertig verbunden, um einen überdachten Raum zu schaffen, der – wie ein Balkon – nach oben hin offene Wände hat. Hier nimmt er sie behutsam zu sich, um ihr andere Mysterien des Menschenlebens zu zeigen und zu offenbaren.

Während ihres ganzen Erwachsenenlebens setzen sich Ramischanda und ihr Volk mit Hilfe der Elefanten für die Aufgabe ein, die Urwälder zu bezwingen und Wasserkanäle anzulegen, die zu künstlichen Teichen in der Nähe von Obstgärten führen. Wenn sie nicht mit den Elefanten arbeitet, geht sie gern mit einem Rechen aufs Land und pflegt die geschaffenen Areale. Dabei trägt sie als Sonnenschutz auf dem Kopf einen breiten Schilfhut, ähnlich denen, die wir noch heute aus Ostasien kennen.

In den nächsten Jahrzehnten breitet sich diese Kultur nach Südosten aus. In einem Hochland, dessen Klima gut geeignet ist für gewisse Ackeranlagen und Obstplantagen, das aber viele Tagesmärsche vom Wohnort Ramischandas entfernt liegt, wird für das Ehepaar und seine Familie eine Residenz gebaut.

Jenseits der kleinen Berge wohnen nördliche Gemeinschaften einer anderen südlichen Kultur. Diese Menschen aus dem Süden sind auch dunklerer Hautfarbe. Mehrere Jahre nacheinander hat dieses südliche Volk aufgrund von Dürreperioden Hunger und Not zu leiden. Die Menschen im Norden können sich in dieser Zeit dank ihrer Bewässerungsanlagen dennoch gut ernähren. Menschen aus dem Süden sind gezwungen, nach Norden zu gehen. Als ihre Bitte um Hilfe abgeschlagen wird, beginnen sie zu räubern. Oftmals fallen sie nachts in die nördlichen Plantagen ein und weil diese unbewacht liegen, können sie sich gut eindecken. Diese Herausforderung wird von Ramischandas Volk nicht widerstandslos hingenommen.

Auf einem Elefanten reitet Ramischanda als Führerin eines Elefantenheeres durch die südlichen Gebiete und Dörfer. Tüchtige Jäger stellen sich ihr als Fußsoldaten entgegen. Auf beiden Seiten finden viele Menschen und einige Elefanten den Tod. Vom Hauptort dieser Kultur entfliehen die Überlebenden ins weit entlegene Gebirge und verstecken sich dort monatelang. Diese kriegerischen Maßnahmen schaffen eine Kluft zwischen den beiden Völkern, die sich im Leben Ramischandas nicht mehr überbrücken lässt.

Der Hohepriester des südlichen Volkes hat sein Leben gerettet, weil er während der Schlacht ruhig in seiner Hütte verharrte. Er heißt Brahmakatzar. Einige Tage wartet er in dem zerstörten Dorf. Da aber keine Menschen zurückkehren, begibt er sich mit einem brennenden Rauchopfergefäß in den Urwald. Tage und Nächte lang wandert er gen Süden. Als seine Kräfte abnehmen, lässt er sich mitten im Wald nieder. Da bleibt er noch einige Tage sitzen, unablässig das Rauchopfer mit getrockneten Blütenkronblättern und Kräutersamen nährend, die er einem Säckchen entnimmt. Auf diese Weise stirbt Brahmakatzar.

Nach einigen Tagen erblicken einige Mitglieder seines Stammes von einem Berg aus den Rauch. Sie wagen sich hinunter und finden ihren Meister immer noch dasitzen. Er ist tot, aber das Rauchopfer brennt noch. Ein kleiner Vogel sitzt auf seiner Hand, pickt Samen aus dem Säckchen und legt sie in das Gefäß. Die nächsten Jahrtausende hindurch, vielleicht bis heute, brennt dieses Opfer am selben Ort weiter. Die Menschen bauen hier eine riesige Stupa. Um diesen Tempel wird dann mit neuer Kraft die Weiterentwicklung dieser besonderen südindischen Kultur impulsiert.

Eine chinesische Seidenwirkerin

Jetzt machen wir einen Sprung in die Zeit der dritten nachatlantischen Kultur. Warum ich in meinem Fall keine Inkarnation in der zweiten sogenannten urpersischen Kultur gefunden habe, werde ich später zu erklären versuchen.

Um etwa 2400 v. Chr. lebt Schida Dong in einem Dorf am westlichen Uferhügel eines riesigen und langen chinesischen Sees. Aus großen modernen chinesischen Karten konnte ich ihn als den See Dongting oder Tung-ting identifizieren. Das Dorf selbst heißt Dong'du, nach dem Geschlecht, dem Schida Dong entstammt. Das Dorf besteht aus einigen hundert Rundhäusern. Die wohlhabenderen Familien erkennt man an den halbkreisförmig weiter nach außen der Zentralform angefügten Zimmern. Die Dächer sehen aus wie Schilfhüte. Die Hauptarbeit dieser Bewohner dreht sich um das Handwerk der Seidenwirkerei.

Die Landschaft erstreckt sich hügelig gen Westen. Dem Seeufer entlang nach Norden führt ein Karrenweg bis in die mehrere Tagesreisen entfernte Tempel- und Marktstadt. Noch weiter nach Nordwesten residiert König Wang. Regelmäßig reiten seine Söldner an Dong'du vorüber, entweder Richtung Norden oder gen Süden, wo sich nicht weit entfernt das Familienorakel des Königs befindet.

Niemand aus Dong'du hat Zugang zu den heiligen Gebieten dieses Orakels in der Nähe des heiligen Wasserfalls Schamintaga'nga. Die Kinder von Dong'du aber baden gerne im See und wollen auch neue Gegenden entdecken. So befinden sie sich eines Tages plötzlich am Rande des heiligen Waldes am Ufer des Sundes, der am Orakeltempel entlang verläuft. Sie betrachten das Bild des Heiligtums im stillen Wasserspiegel und verstehen nicht, warum der König zwei Tempel gebaut hat, einen auf dem Land und einen im Wasser. Als sie sich darüber austauschen, sehen sie, wie sich aus dem See ein Drache erhebt. Er zeigt den Kindern seinen Feuer speienden Rachen. Schida und ihre Freunde und Freundinnen eilen verschreckt davon.

Viele Jahre später wagt es Schida noch einmal alleine, von der Seeseite her, denselben Ort zu besuchen. Sie paddelt ein Kanu. Die Wasser liegen ruhig da und so sieht sie nochmals den Tempel und erkennt jetzt den Zusammenhang mit dem Spiegelbild. Sie stellt sich vor den zweigeteilten, stufenweise herabstürzenden heiligen Wasserfall weiter hinten im Tal jenseits des Orakelorts. Nichts Unerwartetes ereignet sich und sie paddelt glücklich nach Hause. Dort aber ist im Laufe des Tages für sie etwas Unerwartetes geschehen und vorbereitet worden.

Ein fremder junger Mann ist erschienen. Er heißt Djingotan, kommt aus einem anderen Volk im Norden und ist der vom Familienrat für sie erwählte zukünftige Ehemann. Nachdem die Beiden dem Dorf als Eheleute vorgeführt wurden, nimmt Djingotan die junge Frau in seine kräftigen Arme und trägt sie zur eigens dafür gefertigten Besuchshütte. – Sogleich macht er sich an die Vorbereitungen für die erste Liebeshandlung. Er ist ganz heiter und liebesfroh. Schida nimmt alles an, in Erwartung all des Schönen, von dem ihr schon erzählt worden war. Als sie ineinander verwoben auf dem Strohbett liegen und Schida eine wundervolle Begegnung des höchsten Himmelsgottes Schinto'schin mit dem Erdengeiste Diago'schan erlebt, nimmt Djingotan sein Messer und ritzt sie tief an der linken Seite ihrer Lenden. Das Blut fließt. Er füllt Schida und die offene Wunde mit seinem Samen. Durch diese heilige Handlung wurde die Frau für das ganze Leben zu seinem Eigentum. Kein anderer Mann kann später dazwischen kommen. Schida ist für das ganze Leben mit dem Zeichen ihres Mannes versehen.

Trotz dieses dramatischen Beginns erschrickt die junge Frau nicht. Djingotan erweist sich ihr immer als ein guter Mann. Er trägt sie zu einem kleinen Bach und pflegt sie weiter in den nächsten Tagen. Schida wird sofort schwanger. Ein besonderes Forschungserlebnis war es, ihre erste Niederkunft mit allen Gefühlen und Details zu verfolgen. Als sie herannaht, ist die nächste Verwandtschaft aus Dong'du im Hause ihres Großvaters Bami Dong versammelt. Dieser ist ein riesendicker Kerl, der bei dieser Geburt die Funktion der Hebamme ausübt. Alle sitzen und stehen in der Mitte des Rundhauses um Schida herum. Das Kind kommt hervor, Bami Dong hält es vor Schida in die Höhe. Sie sieht den schreienden Mund an und begreift, dass etwas fehlt. Sie erlebt dann, wie sich die Erde unter ihr auftut und sie sozusagen durch Dunkelheit hindurch in eine Ohnmacht versinkt.

Als sie später erwacht, liegt sie auf dem eigenen Balkon und schaut auf den See. Djingotan ist sofort neben ihr und streichelt sie liebevoll an der rechten Schulter und im Nacken. Er erzählt ihr von dem toten Kind, aber sie weiß es schon. Sein zahmer Vogel mit den schönen Farben fliegt vom Geländer auf und setzt sich neben sie, er berührt sie mit seinem Schnabel leicht an der Hand. Sie blickt nach den Blüten im Pflaumenbaum und schläft ein.

Die beiden Eheleute leben harmonisch miteinander weiter. Sie bekommen mehrere Kinder, die alle überleben. Schida arbeitet im Seidenhandwerk mit und Djingotan vermittelt anderen Mitgliedern des Dorfes seine Fähigkeiten beim Fischen. Er schwimmt im See mit Harpunen und erfreut die Einwohner von Dong'du mit seinem Fischerglück. Da er auch Schiffsbauer ist, erhält er eines Tages einen besonderen Auftrag.

König Wang hat für sein Familienorakel einen wunderschönen Holzaltar herstellen lassen. Er überträgt Djingotan die Aufgabe, ein Schiff zu bauen, das diesen Altar über den großen See transportieren kann. Dieser nimmt sich der Aufgabe freudig an. Viele Menschen aus den umliegenden Gegenden kommen herbei, um das großartige Schiff, das allein für diese einmalige Gelegenheit gebaut wird, vor seinem Gebrauch anzuschauen. Weit mehr Menschen noch versammeln sich an den Ufern, als der große Festtag gekommen ist. Im Wasser liegen nur das Altarschiff und die anderen königlichen Schiffe; niemand sonst darf fahren. Der König ist höchstpersönlich angereist und segelt mit seinem Gefolge hinter dem Altarschiff, das Djingotan selbst steuert. Als Helfer hat er einige Seeleute aus seinem Stamm, die ebenfalls eigens dafür herbeigereist waren.

Als aber Djngotan an die Stelle kommt, an der die Kinder einmal den Drachen geschaut hatten, kommt ein heftiger Wind auf und sein Schiff kentert. Der Altar ist nicht zu retten, er versinkt bis zum Boden des Sees. Djingotan taucht hinab, kann aber nichts ausrichten. Er begreift sofort, was dieses Unglück bedeutet, schwimmt unter Wasser weiter und verbirgt sich im tiefen Wald. Der König glaubt zunächst ebenso wie die anderen Menschen, Djingotan sei ertrunken. Der wird aber von königlichen Wächtern aufgefunden und ins Palastgefängnis geworfen. Erst als König Wang selber nach mehreren Jahrsiebten stirbt, wird Djingotan zusammen mit anderen Gefangenen hingerichtet und im Grab des Königs beigesetzt.

Dass ihr lieber Mann ins Gefängnis kommt, versetzt Schida in einen Jahre anhaltenden Trauerzustand, der sie auch in ihrer Arbeit ins Unglück stürzt. Beim Seidenhandwerk arbeitet sie eine Zeit lang in der Stoff-Färberei. Eines Tages ist sie vor Trauer und Ärger außer sich und leert dabei einige Farbtöpfe in denselben Bach, an dem weiter abwärts andere Frauen ihre Wäsche waschen. Dies wird vom Familienrat nur ungnädig aufgenommen. Ein andermal wird sie ebenfalls gescholten, doch aus einem anderen Grunde. Sie hatte ihre ältesten Söhne zum Markt mitgenommen. Diese sind aber in den späten Abendstunden auf ein Dach des Schinto'schin-Tempels gestiegen, um durch die kleinen Lüftungsfenster hineinzugucken. Sie werden von Wächtern entdeckt und entsprechend bestraft. Nach dieser Episode nimmt sie sich vor, den König aufzusuchen, um ihren Mann freizubekommen.

Einsam wandert sie die viele hunderte Kilometer lange Strecke zur Königsstadt im Norden. Tage und Wochen braucht sie dafür. Sie übernachtet auf Bäumen, in Höhlen oder bei guten Menschen. Jetzt kommt ihr zugute, was Djingotan sie über das Leben in der Natur lehrte. Endlich kommt sie in die Königsstadt und wird ins Schloss eingelassen. Es hat eine große runde Zentralhalle. Um diese läuft eine breite Galerie, auf der schön gekleidete alte Männer mit langem Bart und Haupthaar in mongolischem Stil schweigend auf kleinen Thronen sitzen. Wo diese runde Galerie sich zur Zentralhalle öffnet, sitzt König Wang auf einem noch höheren Thron. Schida wird erlaubt, an all diesen Männern vorüberzugehen und vor den König zu treten. Die beiden grüßen einander, sie haben sich schon vor vielen Jahren einmal in Dong'du gegrüßt.

Sie spricht die Ursache ihres Besuches aus: »Hochverehrter König meines Volkes in Dong'du – Ich, Schida Dong, möchte gerne darum bitten, meinen lieben Djingotan zurückzubekommen. Er ist so jung, dass er noch Schiffe bauen kann.« Der König unterbricht sie: »Du kommst mit guten menschlichen Wünschen. Das Urteil über deinen Mann aber hat damals schon der Gott des Windes ausgesprochen, als unser Altar vom Gott des Wassers geholt wurde. So sind deine Bitte und deine Wanderung vergebens. Djingotan darfst du selbstverständlich heute besuchen, morgen aber musst du die Heimkehr antreten.« Die Audienz ist damit beendet und die Frau wird zu ihrem Mann geführt.

Die letzte Begegnung zwischen Schida und Djingotan, die ich geschaut habe, lasse ich den Leser selber in der Akasha suchen. Sie verhilft der Frau nicht aus ihrem chronischen Seelenzustand. Als sie nach Hause zurückkommt, legt sie sich nieder und möchte am Liebsten sterben.

Einem Tempelpriester des Himmelsgottes Schinto'schin, namens Ranga Jia, der in der Tempel- und Marktstadt lebt, ist alles dies zu Ohren gekommen. Als die Einwohner von Dong'du Schida Dong dazu bewegen können, noch einmal mit dorthin zu fahren, kommt der Tempeldiener in dem Moment zu ihr, als sie im Vorhof des Tempels ihre Tempelgaben überbringt. Er spricht: »Statt deines verlorenen Mannes Djingotan gibt Schinto'schin dir eine Freundin, Schiwabej. Sie wird dir nach Dong'du folgen und den Eunuchen Barigong mitbringen. Du sollst ein neues Handwerk erlernen. Lichtträger und Fruchtopferhalter für unseren Tempel sollst du anfertigen. Schiwabej will dich auch in deiner Seele gesunden lassen.«

So wie er sagte, geschieht es. Schiwabej holt Schida langsam zurück aus der tiefen Melancholie, in die sie nach dem Unglück ihres Mannes verfallen ist. Sie lehrt Schida das neue Handwerk und auch die Kunst der Körperpflege sowie die Kunst der Gottesberührung, die Akupunktur. Barigong bereitet beiden Frauen Vergnügen mit seinem schönen Holzphallus, den er sich mit vielfarbigen Seidenschleifen um die Hüften bindet. Er holt aus dem Wald das passende Holz für die Tempelgeräte und macht sich die Mühe, auch in dem verbotenen Königswald Holz zu holen. Beim Feuer am Abend spielt und singt er für die beiden älteren Frauen oder für die Dorfgemeinschaft.

Im hohen Alter steht Schida zum letzten Mal im Garten und pflückt Maulbeerblätter. Sie fühlt ihr Lebensende herannahen und wird zu ihrem Rundhaus gebracht. Als sie noch am selben Morgen im Sterbebett liegt, ist die ganze Familie und Verwandtschaft um sie versammelt. Schiwabej ist da mit schönen Tüchern und Salben und Barigong spielt auf der Sithar leise, feine Musik. Der Tempelpriester Ranga Jia und ein anderer Priester, Tanga'ngam, sind gerade an diesem Morgen aus der Tempelstadt eingetroffen, um Lichtträger und Fruchtopferhalter abzuholen. Sie singen die Sterbehymnen.

Der Tod kommt für Schida Dong erst in dem Augenblick, als sich die Blüten des Pflaumenbaums am Balkon öffnen. Der zahme Vogel, der die alte Frau immer begleitet hat, breitet seine Schwingen aus und keiner in Dong'du sieht ihn je wieder. Die Wächter aber beim Wang-Orakel im Schamintaga'nga-Tal sehen von nun an jeden Tag einen neuen Besucher auf dem Giebel des Tempeldachs.

Es ist mir gelungen, einiges aus dem Nachtodlichen von Schida Dong zu erfahren: Ihre Geistseele tritt aus dem Leichnam heraus und schwebt über den See. Sie betrachtet Dong'du und macht sich dabei einige Gedanken: »Ich habe etwas über Versöhnung gelernt. Ich bin der Macht der Männer begegnet. Ich wollte einmal einen Versuch machen, Tempelimpulse mit dem Leben des Volkes zu verbinden. Das war mein Leben diesmal. Ich danke dir, Gott dort oben, Gott da unten, Gott im Umkreis, dass mir etwas davon gelungen ist.« Die Geistseele sieht, wie Schiwabej und Barigong den Leichnam versorgen. Er wird in Seidentücher eingewickelt und an der Grabstätte mit dem Haupte zur Erde in einen Maulbeerbaum gehängt, als wäre er ein Seidenraupenkokon. Er hängt da Tage und Nächte lang, ständig von Menschen bewacht. Zarte Musik hält Vögel und Tiere fern. Später wird der Leichnam seinem Grab in der Erde, das heißt dem Schutz des Erdengeistes Diag, übergeben, nachdem zuvor alle Körperflüssigkeiten entleert wurden.

Ein ägyptischer Schreiber zur Zeit Ramses II.

Im Folgenden werde ich einen Lebenslauf beschreiben, der sich zu den früheren hinzu ergeben hat. Er betrifft eine Persönlichkeit der 19. ägyptischen Dynastie unter Ramses II. Im Herbst 1996, nachdem ich diese Zusammenhänge meditativ gefunden hatte, las ich über die Arbeit des Archäologen Kent R. Weeks in Ägypten im Tal der Könige, wo er wahrscheinlich die sogenannten Prinzengräber fand. Lange hatte man aufgrund anderer Hinweise gewusst, dass dieser Pharao etwa fünfzig Söhne und vierzig Töchter hatte. Erst das Auffinden dieser Gräber und die Deutung der in ihnen enthaltenen Malereien und Schätze werden genauere Beschreibungen zu Lebensmotiven dieser vielen Prinzen und Prinzessinnen geben können. Ich erlaube mir nun hier, vor den Veröffentlichungen über diese neuesten Funde, detaillierte Beschreibungen zu geben über das Leben eines dieser Prinzen, den ich Ray nenne; vielleicht werden meine geistigen Forschungen später durch die archäologischen Forschungen ihre Bestätigung finden.

Ray wird etwa um das Jahr 1277 v. Chr. geboren. Ich halte mich bei diesen Zeitangaben an diejenigen, die bei Christiane Destroches Noblescourt als heutiger Standard für die ägyptischen Dynastien benutzt werden. Was ich erschaut habe, versuchte ich später mit den beschriebenen geschichtlichen Tatsachen, die sie in ihrem Buch »Ramses – Sonne Ägyptens« schildert, zu vergleichen und bezüglich der Zeitrechnung anzupassen. – Rays Vater ist der seit etwa zwei Jahren amtierende Pharao Ramses II. Seine Mutter ist eine seiner vielen Konkubinen. Ich deute ihren Namen als Entramada. In den Imaginationen erlebe ich sie als eine gute Mutter, die zusammen mit ihrem Sohn in der Hauptstadt im Delta nahe dem Palast lebt.

Der etwa fünfjährige Knabe soll eines Tages dem Pharao, seinem Vater, vorgestellt werden. Man hatte dem Knaben genau vorgeschrieben, wie er sich verhalten solle. Ray hegt aber eine Art Erwartung, dass er auf den Knien des Vaters sitzen darf. Nachdem Ramses schon Verschiedenes zu ihm gesprochen hatte, sagt er: »Dein Vater ist Osiris.« Der Knabe wendet sich um und läuft seiner Mutter in die Arme.

Ray wird in die Schreiberschule gesteckt und lernt alles, was mit der Papyruspflanze zu tun hat. Ich schaue ihn mit anderen Knaben auf dem Erdboden sitzend. Er malt mit den Fingern auf Pflanzenblätter, mit den Fingernägeln zeichnet er Bilder und schreibt Hieroglyphen in weiche Steinplatten. – Ich habe geschaut, wie sein Daumennagel später eines der wichtigsten Schreibwerkzeuge ist, damit bestimmte Hieroglyphen, die in die meterlangen Papyri eingeschrieben werden sollen, den richtigen Charakter bekommen. Ich vermute, dass, wenn je eine noch vorhandene Mumie von Ray untersucht werden sollte, seine Finger noch auf diesen Zusammenhang hinweisen werden. Aus veröffentlichten Zeichnungen über die gefundenen Prinzengräber vermag ich anzugeben, wo genau sich sein Grab weiter links vom Durchgangsschacht befindet.

Der Jüngling macht einmal, wie schon oft, unbegleitet einen Spaziergang zum Nil hinunter. Er möchte ein Bad nehmen, vielleicht auch am Ufer entlang eine kleine Bootsfahrt machen. An seiner Brücke erwartet ihn die Konkubine Etamar. Er weiß, sie hat oft im Palast ihre dunklen Augen auf seinen Körper geheftet und mit der Hand in ihrem schwarzen Haar gewisse Andeutungen gemacht. Sie nimmt ihn zu sich auf ein kleines Floß aus Schilf. Mitten im Beischlaf fallen beide ins Wasser. Etamar ertrinkt. Ray erschrickt, läuft davon und erzählt niemals jemandem von dieser Katastrophe, dass er bei ihrem Tod anwesend war.

Als Erwachsener kommt Ray im Anschluss an andere Aufgaben nach Karnak und Luxor. Im sogenannten Haus des Lebens steigt er im Verlaufe mehrerer Jahre durch verschiedene Arbeits- und Handwerksphasen zum Siegelsetzer auf. In dieser ägyptischen Institution werden gleichzeitig neue Papyri geschaffen, aufbewahrt und für verschiedene Aufträge vervielfältigt. Ich habe geschaut, wie etwa vierzig Schreiber auf derselben Seite eines langen Arbeitstisches stehen, Ray selber steht fast am linken Ende der Reihe. Durch die Öffnung oben in der Mitte der Decke strömt das Tageslicht über ihre Köpfe. Um den rechteckigen Raum herum tragen Säulen das Dach über die weiteren Räumlichkeiten. Hinter den Säulen ist es dunkler und kühler, dort unterhalten sich die Schreiber in den Pausen miteinander. Am Ende der großen Arbeitshalle, fern dem Platz, an dem Ray steht, denke ich mir das Papyrusarchiv. Beim Akt des Schreibens selbst stehen Priester oder Lektoren dabei, die alles überwachen und vorlesen. Auch die Schreiberpatrouille rezitiert alles jeweils vor und nach dem Arbeitsdurchgang.

Während der nächsten Jahre, etwa zwischen 1250 – 1243 v. Chr., steigt Ray im Rang und erhält Aufträge bei mehreren Bauvorhaben, für die ja Ramses II. bekannt wurde. Er vermittelt Texte aus alten Dokumenten, die in Wandmalereien und Wandreliefs benutzt werden sollen. Er wirkt im Süden unter dem alten Wesir Chaj, der ihn gern als seinen Nachfolger im Wesiramte von Wawat und Kusch im nubischen Lande sähe, das die Ägypter unter ständiger Besatzung halten.

Der spätere Nachfolger von Chaj, Setau, wird aber nicht, wie früher üblich, aus dem Offizierskorps gewählt, sondern kommt zu seinem Wesir-Amt durch Verdienste als ehemaliger »Schreiber allen Hornviehs« und durch die Karriere in der Staatsverwaltung. Chaj hat mehrere solcher verdienstvollen Männer in seinem Stab. Einer unter ihnen ist sein Günstling, der Schreiber Ray. Chaj setzt ihn in ein Amt ein, für das er aber nicht die richtigen Qualifikationen hat. Um den eigentlichen Würdenträger dieses Amtes – Menerthin – als Hauptmann gewisser Bauvorhaben im Süden auszuschalten, verkauft ihm Ray eine sehr alte, kostbare Papyrusschrift. Dies ist selbstverständlich absolut verboten und kann, wenn es entdeckt wird, mit dem Tode bestraft werden; doch da Ray selber Oberhaupt des Archivs ist, dem er die Schrift entnommen hat, würde das Fehlende ohnehin nicht eher offenbar werden als nach seinem Tode.

Ich habe geschaut, wie die beiden Männer beim Abschluss der Verkaufsverhandlungen oben am Felsenvorsprung stehen: der kleinere, aber elastische Schreiber und der viel größere und kräftigere Baumeister. Dann fasst Menerthin seinen jetzt rechtmäßigen Oberherrn Ray um den nackten Oberkörper und hält ihn mit ausgestreckten Armen in die Luft über dem Tal, in dem unten die Bauarbeiten viel Staub und Lärm verursachen. Menerthin sagt: »Jetzt musst du mir geloben, niemals über diesen Vertrag deine Zunge zu regen.« Ray gibt das Versprechen. – In diesen Tagen stirbt Chaj. Durch die hohe Geldsumme, die er von Menerthin empfängt, kann sich Ray bei den weiteren Vorbereitungen auf die mögliche Nachfolgerschaft im Wesiramte in den dynastischen Kreisen gute Beziehungen verschaffen.

Einer seiner Rivalen, Setau, erhält Kenntnis von diesem verbotenen Verkauf durch einen Bildhauermeister namens Muustragathichaem, der die Andeutungen darüber direkt von Menerthin hörte. Setau bewegt Menerthin, der lieber ihn anstelle von Ray als neuen Wesir sähe, zu neuen Abmachungen. Es könne ja sein, dass der Baumeister selber bestraft würde, wenn alles entdeckt würde. So wendet sich die Sache gegen Ray, indem Gerüchte verbreitet werden, dass ein Verkaufsversuch Rays von Menerthin abgelehnt worden sei. Ray reist schnell nach Norden zur Hauptstatt im Delta, um sich direkt beim Pharao vom Vorwurf zu reinigen. Er ist ja ein Sohn des Ramses; und der wolle gewiss lieber seinen eigenen Sohn als einen Fremden zum Vizekönig von Wawat und Kusch haben.

Ramses II. empfängt ihn sofort. Er lässt sich gern von Rays vielen

Arbeiten in Nubien berichten und hört ihm ruhig und freundlich zu. Als dann der Untertan dem Pharao nach dem Brauch vor dessen Abschlussrede die Füße küssen soll, setzt Ramses II. mit hartem Druck seinen rechten Fuß auf den Kopf seines Sohnes. Ray erlebt Schmerz und Bestrafung ohne Selbstmitleid. Er bleibt noch eine Weile am Boden liegen, als der Pharao mit seinen Mitarbeitern und Dienern den Königssaal verlässt. Unterdessen machen sich nicht nur einige seiner anwesenden Brüder lustig über diesen Vorgang, auch der Pharao selbst lässt ein spöttisches Lachen hören. Der arme Schreiber weiß jetzt ganz genau, was sein Schicksal sein wird. Ramses hat ihm keine Todesstrafe auferlegt, ja, er hat ihm durch sein Verhalten sogar das Leben gerettet. Doch der Vorgang bedeutet: Er muss sich sofort für längere Zeit weit fortbegeben, bis die ganze Angelegenheit vergessen ist und die Gemüter sich beruhigt haben. Aber wohin soll er fahren?

Die Antwort auf diese Frage kommt sofort, aber gänzlich unerwartet. Maathorneferure, die ehemalige hetitische Prinzessin, die schon seit einigen Jahren in Piramesse – der Palaststadt des Pharao im Nildelta – als eine seiner königlichen Frauen lebt, hat hinter einem Vorhang alles mit angehört. Als Ray noch am Boden liegt, geht sie auf ihn zu und sagt: »Du mein Sohn, Ray Kharama, als deine Beschützerin trete ich zu dir. Fahre in das Land meines Vaters im Norden. Dort wartet eine Aufgabe auf dich. Ich schicke dir mein Empfehlungsschreiben, einen Stab und vier Träger mit.«

So etwas hätte Ray sich nie vorstellen können. Er umarmt die schöne Maathorneferure und schon vor Sonnenuntergang beginnt er die Reise nach Norden.

In Hattusa erhält er einen Auftrag in der dortigen Schreiberschule und wirkt mit bei der umfangreichen Korrespondenz zwischen dem hethitischen Reich und Ägypten. Der Musiker und Instrumentenbauer Wichtagar führt ihn in die Sitten und Lebensformen von Hattusa ein, die ganz anders sind als diejenigen des ägyptischen Stils.

Hier bleibt er mehrere Jahre, bis sich die Zwistigkeiten im Süden gelegt haben und Setau in sein neues Amt als Vizekönig eingesetzt ist. Da nimmt Ray erneut mit ihm Kontakt auf und sie legen den alten Streit bei; Ray wird jetzt zu einem seiner Ratgeber. Um das Jahr 1237 v. Chr. – nun ungefähr 40-jährig – empfängt er eine Art Statthalterauftrag in Ober-Nubien. Hier kommt er in engere Berührung mit den schwarzen Nubiern. Vor einer Hochzeitsfeier zwischen einem nubischen Prinzen namens Gubomba und einer jungen Frau, Chaembasa, nimmt ihn deren Mutter, Kamitirida, zur Seite. Die Mutter fragt ihn, ob nicht ihre Tochter sein Gefallen finde. Ray, der diese Menschen schon fast ein Jahr kennt, bejaht die Frage. »Dann nimmst du sie mit und rettest sie vor dem bösen Gubomba.«

Diese Worte der schönen, trotz ihres Alters gut aussehenden schwarzen Frau wirken wie ein Zauber auf den Ägypter.

In der Nacht vor der Hochzeit entführt Ray unter Mitwirkung der Mutter die geschmückte Braut Chaembasa und flieht flussabwärts gen Norden. Er plant, nach Dendera zu fahren. Im Hathor-Tempel hat er viele Freunde, weil er dort früher mehrere Aufträge durchgeführt hat. Auf halbem Wege machen sie in einer königlichen Residenz auf der Insel Elephantine einige Tage Rast. Sie sind jetzt beide sehr verliebt in einander und machen eine Floßfahrt auf dem Nil. Nach der Vereinigung schiebt er sie auf dem Floß vor sich her, durchs Flusswasser schwimmend. Die schöne Frau lässt ihren rechten Fuß samt Fessel in die Fluten des Nils hängen. Sie vergessen Raum und Zeit und das Floß mit ihm als Motor fährt flussabwärts bis kurz vor Kom Ombo.

Da wird sie plötzlich vom Floß ins Wasser gezogen. Ein Krokodil hat sich in ihr Bein verbissen. Ray begreift sofort, was geschehen ist. Er taucht unter und sucht seine Geliebte. Zuerst versucht er, die arme Frau dem Maul des Tieres zu entreißen, was aber nicht gelingt. Dann nimmt er sein Messer, schwimmt hinter das Tier und setzt sich ihm unten im Wasser auf den Rücken. Mehrmals stößt er seine Waffe zwischen die Augen des Tieres, bis es stirbt. Es gelingt ihm, die verletzte Frau loszubekommen und aus dem blutigen Wasser ans Ufer zu bringen.

Ray trägt die Frau auf den Armen und läuft flussaufwärts. Bei den Uferanwohnern sucht er Hilfe. Mehrere schnelllaufende Jungen beauftragt er, Ärzte zu holen. Er selber läuft mit ihr in den Armen weinend weiter. Ihr weißes Kleid trocknet in der warmen Luft, das verwundete Bein hängt schlapp herunter. Ein Gespräch findet zwischen ihnen statt. Sie sagt: »Mein Beschützer, gehe niemals fort von mir.« Er sagt: »Ich werde dir immer folgen, auch wenn du stirbst.« Die schöne Chaembasa stirbt dann in seinen Armen, ehe ein Arzt sie erreicht. Sie hat zu viel Blut verloren. Ray tut alles, um sie wieder ins Leben zu rufen, aber vergeblich – weder er noch andere besitzen solche magischen Kräfte.

Einige Familienmitglieder Chaembasas, besonders aber Gubomba und sein Volk sind mittlerweile hasserfüllt. Es kommt zu einem Aufruhr, der von den Ägyptern jedoch kraftvoll niedergeschlagen wird. In geschichtlichen Annalen ist die Rede von einem nubischen Aufstand etwa im Jahr 1236 v. Chr., der von Setau niedergeschlagen wurde. Hermann A. Schlögl (Ramses II., Reinbek 1993) schreibt: »Im 44. Regierungsjahr kam es in Nubien zu einem kleinen Zwischenfall. Es scheint, dass Aufständische im Wadi Alaqi eine Truppe von Goldarbeitern angegriffen haben. Setau beantwortete den Überfall mit einer militärischen Strafaktion, die er als große Kriegstat herausstellt ...« – Meines Erachtens geht die Ursache dieses nubischen Angriffes auf die oben beschriebenen Umstände zurück.

Ray nimmt den Leichnam von Chaembasa mit nach Dendera und besorgt die Totenfeier für sie. Sein letztes Geld und noch bestehende gute Kontakte in den dynastischen Kreisen nutzt er, um ihre Einbalsamierung zu bezahlen und ein geschmücktes Grab für sie zu gestalten. Nach diesen tragischen Erlebnissen sucht er seinen weiteren Weg als Adept im Hathortempel in Dendera. Während der nächsten drei bis vier Jahre wirkt er z.B. mit bei der alljährlichen Feier, bei der die Göttin Hathor als Statue im kultischen Schiff zu Besuch in die verschiedenen Tempel am Nil gebracht wird. Hier erfährt er die Bedeutung der göttlich-musikalischen Rhythmen durch besondere Sistren, durch sesechet, das heißt »Laute durch Klappern«.

Er empfängt die Einweihung von Hathor. Es war ein besonderer Augenblick, den Moment zu erforschen, als er am dritten Tage des Initiationsschlafes in seinen geöffneten Mund aus dem Rüssel eines Elefanten ein Getränk eingeflößt bekommt. Ray liegt im offenen Sarkophag. Der Elefant durchschreitet langsam die hohe Tempelhalle und nimmt den Extrakt aus einem goldenen Gefäß, das von dem Hohenpriester nach vorne getragen wird. Nachdem der Elefant über den schlafenden Adepten hinübersteigend hinausgegangen ist, wird Ray durch Rufe geweckt. In der nächsten Phase soll er erzählen, was er im Geistigen erlebt hat. Er spricht davon. Für die anwesenden Eingeweihten ist es ein erschütternder Moment, wenn Ray seine Rede, schreiend, mit folgenden Worten beschließt: »ICH KONNTE ABER MEINE LIEBE CHAEMBASA NICHT FINDEN. ICH MÖCHTE SOFORT STERBEN.«

Nach der Einweihung ist er noch tiefer als zuvor in Trauer versunken.

Die Hathor-Leitung, unter Maanthorthebin und Amarthitina, muss seine Initiation als misslungen betrachten. Durch die euthanasische Mithilfe der Priesterin Dendraa wird ihm etwa im Jahre 1232 v. Chr. der Tod gegeben. – Ray liegt mit gekrümmtem Rücken auf einem Tischbett, das an einer Stelle einen beweglichen spitzen Metallobelisken trägt. Ray hat die Hände auf der Brust liegen, die rechte Hand unter der linken. Dendraa legt ihre Hände auf die seinen, drückt sie langsam abwärts und presst ihren Fuß auf ein Gerät, das den Obelisken hochbewegt. Dieser durchstößt dann Rays Körper. Er dreht sich durch diesen Vorgang nach rechts, sodass die Spitze oben rechts an der linken Brustwarze herauskommt und sich weiter zwischen Daumen und Zeigefinger durch die rechte Hand bohrt. Seine letzten Worte sind: »Ich sehe sie, meine Braut holt mich …«

Nach seinem Tod als Eingeweihter von Dendera – die Hintergründe seines Todes werden ja nicht bekannt gegeben und wären somit auch seiner Grabinschrift nicht zu entnehmen – gibt Ramses II. ihm seinen Jahre lang aberkannten Prinzenstatus zurück. Er lässt ihm wie anderen Mitgliedern der königlichen Familie ein Grab im Tal der Könige bereiten. – Die Erforschung der am 2. Februar 1995 neu entdeckten sogenannten Prinzengräber wird hoffentlich ergeben, ob meine meditativen Ergebnisse bezüglich des Schreibers Ray etwas Wahres enthalten.

Ein Wagenlenker von Delphi, perikleischer Bote und Ordnungsmeister von Eleusis

Um 490 v. Chr. wird der Knabe Agamon in einer Weinbauernfamilie im nördlichen Umkreis von Delphi geboren. Sein Leben umschließt das perikleische Zeitalter, 465–429 vor unserer Zeitrechnung in Griechenland. – Hier geht es darum, die Inkarnation zu beschreiben, zu der die Imaginationen über die eleusinischen Mysterienzusammenhänge gehören, die ich nach der bereits geschilderten biographischen Karmaübung bekam. In geschichtlichen Quellen konnte ich nichts darüber finden, dass es zu dieser Zeit einen Agamon gegeben habe oder dass dieser Name in Griechenland gebräuchlich gewesen wäre.

Ich habe geschaut, wie der Knabe tagelang auf dem Felsenüberhang oberhalb der Tempelstätte von Delphi liegt und hinunterblickt auf das, was sich dort unten am Orakelort abspielt. Meist sind seine Augen aber nicht nach der Tempelstätte, sondern auf das Stadion gerichtet. Auch er möchte lernen, als Wagenlenker zu fahren. Mit seinen Verwandten und Freunden im Dorf treibt er während der Knaben- und Jugendjahre alle möglichen Spiele, um Körperkräfte zu entwickeln und seine Geschicklichkeit zu erproben. Die Landschaft um Delphi mit ihren Steilhängen ist für diesen Spieltrieb wie eigens von den Göttern dafür geschaffen. Ein netter Onkel erlaubt ihnen, sich hölzerne Weinfässer zu holen. Auf solch einem Weinfass laufen sie, allein oder zu zweit balancierend, während es hinunterrollt. Gemeinsam müssen sie jedes schwere Fass erst hinaufrollen das schafft starke Muskeln an Armen und Beinen. In den wildrauschenden Bergflüssen üben sie sich, auf Holzstämmen stehen zu bleiben, und sie laufen meilenweit hoch oben in den Bergen des Parnass, wo sie mit der Armbrust Jagd auf Gebirgsvögel machen.

Als Jüngling wird Agamon ins Gymnasium von Delphi aufgenommen und zum Wagenlenker geschult. Außer den gymnastischen und olympischen Übungen müssen die jungen Athleten im Tempelbereich Dienst tun sowie praktische Arbeiten in den Gartenanlagen durchführen. Schon in Delphi, aber später auch in Olympia und Sparta wird er als Kutscher und Marathonläufer gefeiert. Einer der Kutschmeister in Olympia heißt Trapestarion.

Agamon hat andere seinesgleichen unter den Sportlern, und in Haftoteles findet er einen Freund fürs ganze Leben. Durch ihn gelangt er in jenes Gebiet der griechischen Kultur, das aus unserem heutigen traditionellen Bewusstsein heraus kaum zu verstehen ist und mit dem Wort Homosexualität belegt wurde.

Mehrere Jahre lebt er in Sparta und wirkt in der gymnastischen Erziehung von Jugendlichen mit. Unter einem Vertreter spartanischer Interessen, dem Verwalter Marion, macht er in diesen Jahren auch die ersten Erfahrungen als schnelllaufender Bote. – Mit Haftoteles erlebt er die großen Theateraufführungen in Epidauros. Hier lernt er eine Tempeldienerin der Afaia, Elitania, kennen. Die beiden Athleten dürfen im Theater-Chor mitwirken, in Epidauros ebenso wie später noch in Athen. – Durch einen Unfall beim Wagenrennen verletzt Agamon sich schwer und kommt durch Vermittlung von Elitania nochmals nach

Epidauros zurück. Unter der Pflege von zum Asklepios-Tempel gehörenden Frauen kommt es zu seiner Heilung. Eine dieser Asklepios-Tempelpriesterinnen, Mirtilia, lässt ihn in die Geheimnisse der Arzneiwirkungen einweisen.

Dieser etwa ein Jahr dauernde Aufenthalt in Epidauros macht ihm klar, dass er ein Alter erreicht hat, welches ihm nicht mehr gestattet, wie früher Sport zu treiben. Er beschließt, nach Athen zu fahren, um sein Glück zu suchen in der aufblühenden Regierungszeit des Perikles. Er bekommt zunächst einen Auftrag als Chorsänger an einem Theater. In diesen Jahren lernt er z.B. den Tragödien-Dramatiker Sophokles kennen. Neue Freunde findet er unter den Plastikern, die bei den vielen Bauvorhaben auf der Akropolis und in deren Umgebung teilnehmen. Einer von ihnen heißt Amterion. So wird er eines Tages in diesem Kreise dem Regierungsleiter Perikles vorgestellt. Als er ihm von seinen Kenntnissen über Delphi erzählt, fragt ihn Perikles, ob er als sein Botschafter dorthin reisen möchte, um vom Orakel Rat einzuholen. Agamon sagt sogleich zu. So wird er durch dieses Zusammentreffen für viele Jahre ein Bote des Perikles.

Als erstes fährt er nach Delphi. Die Priesterschaft im Apollo-Tempel kennt ihn noch von früher und empfängt ihn deshalb auch sehr wohlwollend. Die Fragenden beim delphischen Orakel dürfen ihre Antworten nur vermittelt durch die Priesterschaft hören, nie aber direkt der Pythia begegnen, der Frau, die die göttlichen Inspirationen empfängt. Als ich meditativ die Wirksamkeit der Pythia – zu dieser Zeit hieß sie Dithelia – zu erforschen versuchte, habe ich Folgendes erschaut und erkannt: Es ist ein Ort, der zeltartig durch Textilwände und -decke als Raum abgeteilt wurde. Die Luft ist erfüllt vom Rauch, der in der Mitte des Raumes unter einem Dreifuß aus dem Erdboden aufsteigt darüberhinaus wird sie durch brennende Rauchopfer weiter verdichtet. Auf dem Dreifuß, dessen Beine wie Schlangen geformt sind, sitzt in tiefer Trance die Pythia. Um sie herum stehen diejenigen Priester, die ihre Aussagen in menschliche Sprache übersetzen können. Es wird mir klar, dass dieselbe Individualität, die einstmals in dem höchsten Eingeweihten im Vulkanorakel von Atlantis lebte, jetzt in der Pythia inkarniert ist.

Schon bei seinem früheren Aufenthalt in Delphi hatte Agamon eine Frau kennen gelernt, die damals dort zu Besuch war. Sie kam aus Athen und hieß Deidera. Zwischen ihnen entwickelte sich eine enge Beziehung, die ihnen einen Sohn schenkte: Emterion. Mit seiner kleinen Familie unternimmt Agamon in den nächsten Jahren im griechischen Mittelmeerraum viele Reisen als periklеischer Bote. Sie kommen z. B. zu der griechischen Kolonie Sybaris in Italien und nach Pergamon in Kleinasien. – Als er sich eines Tages in Athen aufhält, erreicht ihn die Nachricht aus Delphi, dass sein Vater krank ist. Agamon begibt sich sofort zu ihm auf die Reise. Das schnellste Fortbewegungsmittel sind seine Füße. Er rennt die bekannten Pfade über die Täler und Berge und macht kurz südlich von Delphi eine Atempause. Dort betrachtet er seine Heimatlandschaft und das Tal, schließt die Augen und erinnert sich der Knabenjahre. Einmal war ein Stein heruntergefallen, als er von dort oben das Stadion anschaute. Der Gedanke, dass dadurch vielleicht etwas Schlimmes passiert sein könnte, hatte ihn so sehr beunruhigt, dass seine Großmutter ihn damals zum Tempelort schickte, damit er erzähle, dass er der Auslöser des Steines gewesen sei. Es war aber nichts passiert und der Knabe wurde von einem lächelnden Tempeldiener heimgeschickt.

Aus diesen Erinnerungen reißt ihn jetzt ein Gebrüll. Agamon setzt sich auf und blickt einem wilden Stier ins Auge. Blitzschnell ist er auf den Füßen und eilt den Hügel hinab. Der Stier setzt ihm nach und ist wohl viel schneller als der ehemalige Kutschmeister. Bald wird er ihm seine spitzen Hörner in den Rücken stoßen. Agamon versucht durch mehrere Richtungswechsel zu entkommen; beim nächsten raschen Sprung nach links denkt er: »Der tiefe Flussteich muss eigentlich hier unten sein.« Er fühlt sich durch Apollon selbst befeuert und macht von einem Felsenvorsprung einen Satz in die Luft hinunter. Sein Instinkt ist richtig. In einem kunstvollen Sprung erreicht er das Wasser und kann sich unverletzt ans andere Ufer retten. Der Stier aber stürzt sich in den Felsen zu Tode. So kommt Agamon, mit Hilfe einiger Onkel und Verwandten, mit frischem Fleisch als Geschenk zu seinem kranken Vater. Dies kann aber seinem armen Vater nicht gegen seine schwere Krankheit helfen; auch die Medizin nicht, die er aus Epidauros mitgebracht hat. Nach einem schönen Gespräch über die Taten des Perikles stirbt der Vater in Agamons Armen.

Die Jahre vergehen ohne weitere dramatische Ereignisse und sein eigener Sohn reift zum Jüngling heran. Als er dadurch von seinen Familienpflichten befreit und selbst zu alt ist, um weiter als Bote zu wirken, sucht er sich neue Aufgaben. Über mehrere Jahre hatte er die öffentlichen dionysischen Feste im Februar mitgefeiert. Eine Festprozession mit vielen tausenden Menschen zieht da von Athen nach Eleusis. Dazu gehören, für freie Teilnehmer am Prozessionsweg, an gewissen Orten verschiedene Prüfungen und dramatisierte Motive aus den göttlichen Mythen. Jetzt sucht er Einlass in die zweite Abteilung der eleusinischen Mysterien und wird aufgenommen. – Als ich, wie früher beschrieben, die biographische Karmaübung durchmachte, trat in der Imagination der Moment auf, in dem Agamon in einem schiffähnlichen Wagen liegt, der von vier Trägern in Fahrt gebracht wird. Den Mann, der rechts vorne steht, habe ich als den Athener Amterion erkannt. Der Wagen rollt durch unterirdische Galerien, wo er verschiedene von Schauspielern dramatisierte Begegnungen mit geistigen Zusammenhängen zu erleben hat.

Die erste Berührung mit der Mysterienschule von Eleusis hat Agamon etwa im Jahre 447; bis zu seinem Tod um 418 v. Chr. gehört er ihr an. Zuerst arbeitet er für die offenen, später aber als Ordnungsmeister in den geschlossenen Mysterien. Eine nahe Freundin findet er dort in der viel älteren Bekleidungsmeisterin, Mitami, die ihm viele Einzelheiten aus der Geschichte von Eleusis mitteilt.

Es kommt zu einem dramatischen Zwischenfall, in den aber Agamon nicht verwickelt ist: Zwischen einigen Schauspielern und der Leitung ist ein Streit entstanden. Die Schauspieler waren aus Krankheitsgründen mehrmals dazu gezwungen, andere Rollen zu spielen als die ihrigen. Da zu wenig Zeit zum Einüben blieb, war es zu schlechten Aufführungen gekommen. Eine Schauspielerin, Lysistrate, tötet das Familienoberhaupt Lagomenes. Dafür muss sie selbst mit ihrem Leben bezahlen. Der Nachfolger von Lagomenes heißt Marion, ist aber nicht derselbe, den Agamon von Sparta her kennt.

Im ersten Zehntel dieser Zeit unternimmt Agamon noch viele Reisen nach Athen. Nach den dramatischen Ereignissen in Eleusis, die aber verschwiegen werden müssen, tritt er erneut in Kontakt zu Sophokles. Ich habe geschaut, wie er am Fuße der Akropolis dem Dramatiker viele geheime Motive aus der eleusinischen Mysterientradition vermittelt. Eines dieser Motive berührt das Geheimnis der Weltenseele und das Weltenkreuz. Ich konnte aber nicht gründlicher der Frage nachgehen, ob und in welcher Form diese Dinge in den Dramen des Sophokles wieder auftauchen. Wahrscheinlich wird aber das Drama »König Ödipus« auch Einflüsse aus dieser Beziehung erhalten haben. Es entstand einige Jahre nach dem Tod des Perikles 429. Etwas sagt mir, dass Sophokles in den Gesprächen mit Agamon eleusinische Deutungen des alten Mythos vermittelt bekommen hat.

In hohem Alter sitzt der ehemalige Athlet aus Delphi oben auf dem Berg am Tempelort Eleusis und schleift und verarbeitet Kristalle, die sein Sohn Emterion in Athen als Opfergaben für Delphi verkauft. – Von all meinen Inkarnationen, die ich gefunden habe, erscheint mir die des Agamon als eine der glücklichsten.

Von der Caesaren-Mutter zur heimlichen Katakomben-Christin

Jetzt komme ich zu einem Frauenleben in der römischen Zeit, das sich inmitten sehr bekannter geschichtlicher Ereignisse entfaltete. Was ich geschaut habe, muss ich der Tochter von Marcus Antonius mit Octavia zuschreiben, die unter dem Namen Antonia minor, die Jüngere, aus zahlreichen römischen Quellen bekannt ist. Als ich zunächst viele Ereignisse im Leben einer Antonia der Jüngeren imaginativ schaute, wusste ich noch gar nicht, dass es eine Römerin dieses Namens gegeben hatte.

Nach ausgiebiger imaginativer Arbeit ging ich der Geschichte dann auch äußerlich nach und stieß dabei auf dieselben Ereignisse, die ich aus der Akasha schon kannte. Im Geistigen hatte ich aber noch andere Motive gefunden, von denen manche es notwendig machen, viele bekannte Tatsachen in ein anderes Licht zu setzen oder die sogar Perspektiven ergaben, aufgrund derer – sofern sie wahr sind – die Geschichte umgeschrieben werden muss. Ehe ich das Erschaute beschreibe, füge ich einige für den Zusammenhang notwendige historische Fakten ein.

Antonia minor wird im Jahre 36 v. Chr. geboren. Sie hat eine ältere Schwester, Antonia major. Ihre Mutter ist eine Schwester des Octavian, der als Augustus der Große in die Geschichte einging. Ihr Vater Marcus Antonius regiert eine Zeit lang den östlichen Teil des Reiches, Octavian den westlichen. Als sich aber Antonius mit der ägyptischen Herrscherin

Kleopatra verbindet und mit ihr auch Kinder bekommt, wird die Ehe mit Octavia aufgelöst. Nach dem dramatischen Tode der beiden in Alexandria erzieht Octavia in Rom auch die Kinder von Antonius mit Kleopatra.

Antonia wird, wie damals üblich, ganz jung mit Drusus verheiratet. Sie bekommen mehrere Kinder, unter denen Livilla, Germanicus und Claudius Drusus überleben. Mit ihrem Mann, der als Heerführer z.B. in Gallien und Germanien tätig ist, erlebt sie das Leben in den Provinzen. Drusus stirbt nach einem Sturz vom Pferd im Jahre 9 v. Chr. Wegen ihrer Liebe zu dem geschätzten Befehlshaber nimmt sich die noch junge Frau nicht wieder einen Mann. Sie lebt dann viele Jahre mit ihren Kindern auf dem Mons Palatinus, dem hochgelegenen kaiserlichen Wohngebiet südwestlich des Forum Romanum, bis zum Jahre 29 n. Chr., als Julia Augusta, das weibliche Oberhaupt der Familie, dem sie sich bis dahin zu fügen hatte, stirbt.

Antonia erlebt die friedliche Epoche von Kaiser Augustus mit und wird eine der Hüterinnen seines Kultes in Rom. Mit Interesse verfolgt sie die militärischen Erfolge und Strapazen ihres Lieblingssohnes Germanicus in Germanien, aber auch seinen tragischen Tod unter mysteriösen Umständen in Ägypten. Seinen Sohn, ihr Enkelkind Gaius – er wird der spätere Kaiser Caligula – nimmt Antonia in ihren Haushalt auf, als dessen Mutter Agrippina major von Kaiser Tiberius unter Hausarrest gestellt wird. Antonias schlechtes Verhältnis zu ihrem ältesten Sohn, Claudius, der Caligulas Nachfolger als Kaiser wird, wurde durch die Romane von Robert Graves weltbekannt.

Der römische Geschichtsschreiber Suetonius überliefert, dass Antonia aus Eigeninitiative ihre Tochter Livilla durch Nahrungsverweigerung ermordete. Es handelte sich dabei um eine Strafaktion wegen der Intrigen um Kaiser Tiberius, an denen Livilla beteiligt war. – Die Historiker datieren das Todesjahr von Antonia minor auf die Jahre 38 oder 39. Sie habe sich, so heißt es, wegen der aufkommenden Zwistigkeiten zwischen ihr und Caligula, selbst das Leben genommen.

Ich möchte in meinen Ausführungen über Antonia andere Tatsachen beschreiben, die Anlass geben, ihren Tod erst für das Jahr 55 anzunehmen. Wie es zu diesem eventuellen geheimen Weiterleben kam, werde ich anhand mehrerer Geschichten, zunächst aber durch folgende geschaute Begegnung beschreiben:

Die vielleicht 35-jährige Antonia macht eine ihrer gewöhnlichen Einkaufstouren in der Stadt. Sie ist, wie so oft, einfach gekleidet, damit man sie in der Stadt nicht erkenne. Auf dem Heimweg hört sie, wie in einer Nebengasse jemand weint. Sie geht hinein in das Dunkel und findet dort eine junge, kräftige Frau einsam dasitzen. Sie kommen ins Gespräch und Antonia hört sich ihre Geschichte an. Ihr Name ist Agoria. Sie wurde aus dem Hause des Bankiers Gaius Praetorius als angeblich uneheliche Tochter vertrieben. Dieser Name ist Antonia bekannt, weil sie mit Gaius Praetorius schon Finanzgespräche geführt hatte. Sie nimmt Agoria zunächst mit in ihr Haus, verschafft ihr dann eine eigene Wohnung und sogar die Anstellung in einer Bäckerei, deren Betreiber sie persönlich kennt. Agoria erarbeitet sich hier das Ansehen einer tüchtigen Bäckerin und wird nach einigen Jahren sogar die Nachfolgerin des Backstubeninhabers.

Ohne zunächst die Zusammenhänge zu verraten, bleibt Antonia mit dem Bankier in Kontakt. Sie gerät einmal in Geldnot wegen notwendiger Reparaturen infolge eines kleinen Brandes, den ihr lebensfreudiges Enkelkind Gaius verursacht hatte. Als der Bankier ihr erst kein Geld leihen möchte, kann Antonia ihn durch sexuelle Maßnahmen überzeugen. – Diese Verhaltensweisen hat Antonia minor so gut verschleiert, dass die Chronisten Entsprechendes über sie nicht verzeichnen.

Bei einem Abendspaziergang am Forum Romanum findet sie ein Buch, das offensichtlich jemand verloren hat. Sie nimmt es mit nach Hause. Bei der Untersuchung findet sie heraus, dass es ein Tagebuch von Gaius Praetorius ist. Normalerweise ist Antonia eine Römerin, der man in allen moralischen Fragen vertrauen kann. Das wurde von Zeitgenossen mehrmals bestätigt. In diesem Fall aber liest sie das Buch ganz durch und erhält dadurch aus erster Hand Kenntnis von den vielen Liebesverhältnissen, die der Bankier mit römischen Frauen hat. Er schreibt mit eigenen Worten von mehreren außerehelichen Kindern, die er insgeheim unterstützen muss. Das passt nach Antonias Auffassung schlecht zu seinem Verhalten Agoria gegenüber. Antonia geht sofort zum Hause des Bankiers und tut ihm ihre Meinung persönlich kund. In den folgenden Jahren hat sie mit dem Tagebuch ein Erpressungsmittel in der Hand, wenn ihr Gaius Praetorius bei Geldnot nicht sofort helfen will.

In Antonias Haushalt gab es mehrere Juden. Schon zur Zeit Herodes des Großen, er starb vermutlich im Jahre 4 v. Chr., hatte sie viele Menschen aus Palästina kennen gelernt, die immer wieder zu Besuch nach Rom kamen oder für mehrere Jahre dort lebten. Mit Berenike und deren Sohn Herodes Agrippa, dem späteren jüdischen König – er regierte von 37–44 n. Chr. und war ein enger Freund von Caligula und Claudius, aber ein Gegner des Tiberius – pflegte sie kontinuierlich direkte oder briefliche Kontakte.

In einer der Kammerdienerinnen Antonias finde ich die Jüdin Priscilla, die mit dem Zeltmacher Aquila von Pontos verheiratet ist. Priscilla hatte auch Agoria in ihrer Bäckerei kennen gelernt. Agoria begleitet Priscilla zu jüdischen Versammlungen und fühlt sich in diesen Kreisen wohl. Durch diese beiden Frauen kommt Antonia in Berührung mit jüdischen Lehren und mit dem christlichen Glauben, der von Hermas gelehrt wird. Hier wird der alten Römerin auch der jüdische Reinkarnationsgedanke vermittelt, der zu dem neuen Glauben in dieser Fassung nicht im Gegensatz stehen soll. – Mit der anderen christlichen Gruppierung, die sich im Hause des römischen Senatoren Rufus Pudens trifft, wo später auch der Jünger Petrus wirkt, steht Antonia zu dieser Zeit kaum in Berührung. Pudens ist ihr aber von früher her bekannt.

Etwa im Jahre 38, Caligula regiert schon einige Zeit als Kaiser, ist ein den Römern schon bekannter griechischer Redner zu Besuch in Rom. Er ist Philosoph und hat einen Sitz im Areopagiten-Rat inne; das bedeutet: er ist in Athen eine Art Ratgeber, der dem Volk und den Politikern in schwierigen Fragen zur Seite steht. Er heißt Dionysios. Von einer Terrasse herab hält er eine Rede es kann im Forum Augusti sein. Viele Menschen sind versammelt auch Antonia und ihre Freundinnen sind anwesend. Als Dionysios Areopagita mitten in der Rede über das Salz der Erde ein Gleichnis erzählt, entnimmt er einem Becher auf dem Marmoraltar neben ihm mit der linken Hand etwas Salz und verstreut es über die Zuhörer. Ein Salzkörnchen trifft die alte Antonia an der Stirn. Sie erwacht irgendwie aus ihren Gedanken und rennt wie auf jugendlichen Beinen nach Hause. Es wird berichtet, dass sie im hohen Alter immer besser zu Fuß wurde.

An dieser Stelle füge ich ein Zitat Rudolf Steiners ein, das ich im zweiten Vortrag des Zyklus »Das Johannes-Evangelium« (GA 103, S. 32-33) gefunden habe:

»Es ist von mir schon öfter darauf hingewiesen worden, dass der große Apostel des Christentums, Paulus, seine gewaltige, flammende

Rednergabe dazu benutzt hat, den Völkern das Christentum zu lehren, dass er aber auch gleichzeitig eine esoterische Schule begründet hat, deren Vorsteher Dionysios Areopagita war, der in der Apostelgeschichte (17,34) erwähnt wird. In dieser christlich-esoterischen Schule zu Athen, die unmittelbar von Paulus selbst begründet war, wurde die reinste Geisteswissenschaft gelehrt.«

Die anderen Frauen suchen sie erst nach der Rede in ihrem Hause auf. Sie finden Antonia im Bett liegend. Sie sieht krank aus und ist an den Beinen bis zur Hüfte vollständig gelähmt. Auf ihre Bitte hin tragen Agoria und Priscilla sie am zweiten Abend zum jüdischen Friedhof, der in der Gestalt einer unterirdischen Katakombe existiert. Hier nimmt sie teil an ihrem ersten christlichen Abendmahl. In dem schlichten, von Kerzen erleuchteten, unterirdischen Begegnungsraum erlebt die alte Antonia eine Art Verwandlung. Am nächsten Morgen geht sie ohne jede Hilfe auf eigenen Beinen in ihre Wohnung zurück.

Sie entscheidet sich zu den nächsten Schritten, die sie aus den äußeren römischen Ereignissen hinausführen sollen. Sie nimmt das Tagebuch von Gaius Praetorius und lässt es sich von ihm für einen hohen Geldbetrag abkaufen. Bis ins Detail trifft sie alle Vorkehrungen für einen dramatisierten Selbstmord und kauft sogar einen echten Leichnam, damit hinterher nichts entdeckt werden soll. – Nach einiger Zeit verschafft sie sich in Griechenland, in der Nähe von Korinth, unter dem Namen Johanna eine neue Identität.

Nachdem die Juden und Christen im Jahre 46 von ihrem Sohn, Kaiser Claudius, aus Rom vertrieben wurden, verbündet sie sich mit ihren Freundinnen, die mit Aquila von Pontos nach Korinth gekommen sind. Hier in Griechenland und wahrscheinlich auch auf Reisen nach Athen und Ephesos lernt sie einige der Christen kennen, die die Ereignisse in Palästina mitgemacht hatten.

Als Antonia in ihrer neuen Identität einmal durch geheime Boten ihren jahrelangen Briefwechsel mit dem ehemaligen Statthalter in Syrien, Moesia Pomponius Flaccus, der im Jahre 33 gestorben ist, nachträglich holen zu lassen versuchte, kam einer dieser Boten, Menos, mit einer der mehreren Frauen namens Salome sowie anderen Christen in Kontakt. Menos kehrt unverrichteter Dinge nach Korinth zurück. Er bringt aber neue Berichte und Grüße von den Christen im Heiligen Land mit und sogar direkte Grüße von einer Salome, die Antonia vor vielen Jahren in Rom begegnete. – Antonia minor alias Johanna stirbt als Christin, über 90 Jahre alt, etwa zu der Zeit, als der Sohn ihres Enkelkindes Agripinilla – der neue Kaiser Nero – sich in Delphi eine apollinische Einweihung erzwingt. Es ist das Jahr 55.

Ich werde später zurückkommen auf diese Zeit vor zweitausend Jahren im Umkreis des Mysteriums von Golgatha – das ist Rudolf Steiners Begriff für die Ereignisse von Leben, Tod und Auferstehung Jesu Christi. Es wird mir z.B. wichtig sein zu zeigen, welche Folgen in späteren Inkarnationen mit der damaligen Art der Aufnahme oder Nichtaufnahme des Christentums zusammenhängen können. Dazu ist es aber zuvor notwendig, alle weiteren irdischen Schritte in der begonnenen Reihe aufzuzeigen. Der nächste Schritt führt dann ins Hochmittelalter, zur Zeit vor und nach dem zweiten Kreuzzug im zwölften Jahrhundert.

Ein deutscher Kanzler, Erzbischof von Mainz, Diplomat und Reichslegat in Italien

Die Beschäftigung mit Rudolf Steiners Hinweisen in den Karmavorträgen über Chartres-Lehrer und -Schüler veranlasste mich, wie früher erwähnt, zu einem umfangreichen Studium des zwölften Jahrhunderts. Ich erzählte schon, dass ich zur Persönlichkeit Christian von Buchs zunächst durch diese geschichtlichen Studien und die darauf folgende erkenntnismäßige Gedankenarbeit gekommen war. Später haben sich dann viele Ergebnisse dieser Erkenntnisarbeit durch meditative Forschung bestätigt.

Wie im vorigen Lebensbericht werde ich das, was ich in Meditationen imaginativ erarbeitet habe, von dem trennen, was ich aus geschichtlichen Quellen fand. Da ich diese Inkarnation und die Zeit, in der sie sich entfaltet, viel gründlicher erforscht habe als die anderen, werde ich hier mehr Raum lassen für Beschreibungen von Ereignissen und Persönlichkeiten.

Es ist bekannt, dass Christian I. von Buch mütterlicherseits einem thüringischen Grafengeschlecht aus Bucha bei Querfort, etwa 40 km nördlich von Weimar, entstammt. Ein älterer Bruder ist bei den Friedensverhandlungen zu Venedig im Jahre 1177 nachweisbar. Christian tritt in den späten 50er-Jahren als Probst von Merseburg auf. Nach dem Mord am Mainzer Erzbischof Arnold von Seelenhofen 1160 wird er von einer fürstlichen Koalition, welcher z.B. der Landgraf Ludwig II. von Thüringen, »der Eiserne«, und Konrad von Staufen, Pfalzgraf am Rhein angehören, entgegen der Wahl der Mainzer Kirche zum neuen Erzbischof vorgeschlagen. Kaiser Friedrich I. Barbarossa aber lehnt dies ab. – Schon im zweiten Teil erwähnte ich diese Ereignisse.

Anfang der 60er-Jahre wird er von dem deutschen Gegenpapst Viktor IV. wegen seiner schon bekannten Kenntnisse mehrerer Sprachen nach Dänemark gesandt, um im Kirchenschisma den skandinavischen Klerus für seine Sache gegen Papst Alexander III. zu gewinnen. 1162 tritt er als Kanzler die Nachfolge an für Rainald von Dassel diesen Posten besetzt er bis 1166. Nachdem sich Konrad I. von Wittelsbach im Jahre 1165 schließlich zu Alexander III. bekennt, erhält Christian von Buch den Mainzer Erzbischofstuhl, den er bis zu seinem Tode innehat.

Als Christian I. von Mainz wirkt er weiterhin für Friedrich Barbarossa als dessen Statthalter und Abgesandter in Italien. 1167 reist er mit Herzog Berthold IV. von Zähringen nach Deutschland, um zwischen aufständischen Fürsten in Sachsen und Herzog Heinrich dem Löwen zu vermitteln, 1168 dann zusammen mit Heinrich dem Löwen und dem Erzbischof von Köln, Philipp von Heinsberg, zu diplomatischen Verhandlungen mit den englischen und französischen Königen. Mit ähnlichem Auftrag befindet er sich 1170 in Byzanz am Hofe Kaiser Manuels I. Komnenos. Seine Mitwirkung am Frieden von Venedig 1177, wo Papst Alexander III. seitens der Deutschen die volle Anerkennung zuteil wird, schreibt man ihm als seine größte diplomatische Leistung zu. Die letzten Jahre seines Lebens wirkt er in Mittelitalien, um die deutschen Interessen zu vertreten und dafür breiteren Rückhalt unter den Fürsten zu gewinnen und nun den neuen Papst Lucius III. persönlich zu unterstützen. Zu dieser Angelegenheit schreibt Ernst W. Wies in seinem Buch »Kaiser Friedrich Barbarossa. Mythos und Wirklichkeit« (München 1990):

»Am 30. August 1181 starb Papst Alexander. Zum Nachfolger wählten die Kardinäle Erzbischof Hubald von Ostia, Weggefährten Alexanders und Mitarbeiter am Frieden von Venedig. Er bestieg als Lucius III.

den päpstlichen Thron. Seine Stellung in Rom war schwach. Er lebte politisch nur durch des Kaisers Schwertarm und Legaten in Italien, Erzbischof Christian von Mainz. Er eilte zum Schutze des Papstes herbei, um die Römer, die das papstfreundliche Tusculum belagerten, zu verjagen. Allein der Schrecken seines Namens hatte die Römer weichen lassen. Jedoch am 25. August 1183 starb dieser gewaltige Mann, Kriegsheld, Diplomat, Erzbischof, Gelehrter mit umfassenden Sprachkenntnissen, der anlässlich einer Gesandtschaft in Griechenland die Geschichte des Presbyters Johannes übersetzt hatte, ein Liebhaber der Frauen und des Lebens, an einer Fiebererkrankung. In seinen Anfängen erbitterter Gegner der Päpste, jetzt ihr Verteidiger. Und nun ordnete Papst Lucius für Christian von Mainz für alle deutschen Stiftskirchen eine 30-tägige Totenfeier an. Christian ist in seiner Person ein Beispiel der wundersamen Umkehrung der Dinge im letzten Jahrzehnt der Herrschaft Friedrich Barbarossas.«

Aus meinen meditativen Erlebnissen über Christian von Buch – ich werde seinen Namen weiterhin so schreiben – werde ich die Imaginationen erzählen, die eine Ergänzung des geschichtlich Bekannten darstellen. Dadurch wird sich auch eine Art biographischer Überblick ergeben. Im Anschluss daran werde ich auch einige Persönlichkeiten seines Umkreises näher beschreiben, die mit ihm oder gegen ihn kämpften.

Als er sieben Jahre alt wird, bekommt Christian von seinem Großvater, dem Vater seiner Mutter, ein Silbermesser mit Lederschutz und Lederband zum Geburtstag geschenkt. Dieses Messer begleitet ihn durch sein Leben in verschiedenen Schicksalssituationen.

Als er etwa neun Jahre alt ist, liegt sein Vater auf dem Sterbebett. Er ist ein Diener der Kirche gewesen. Da sein ältester Sohn vom Landgrafen Ludwig II. als Ritter aufgenommen wird, muss der jüngere Sohn Christian, sobald er alt genug ist, Geistlicher werden. Der Knabe gelobt ihm dies und der Vater stirbt in Frieden. Wahrscheinlich 1147, Christian ist zwölf Jahre alt, reist König Konrad III. durch Deutschland, um Gefolgsmänner und Ritterschaften für den zweiten Kreuzzug zu versammeln. In Merseburg ruft er auf zur Kreuznahme; Mann für Mann reiten die Thüringer aus dem Hause, um sich dem Kreuzzug anzuschließen und wer zu jung ist oder zu alt, der will doch den König wenigstens flüchtig zu sehen bekommen. Christian erhält vom Landgrafen die Erlaubnis, neben seinem Bruder her mit nach Norden zu reiten. Zum ersten Mal reitet er sein eigenes Pferd und als er nicht weit vom König die wunderbar ausgerüsteten Ritter sieht, möchte er am liebsten ein solcher werden, der neben dem König reiten darf.

Nach dem gemeinsamen Mahl im Freien auf der Hochebene südwestlich von Merseburg kommt Ludwig der Eiserne zu Christian, fasst ihn um die Taille, hebt ihn hoch in die Luft und sagt: »Dich nehme ich, wie ich deinen Bruder genommen habe, zu einem meiner nächsten Ritter.« Als er auf der Erde steht, sagt der Junge lakonisch: »Lieber Herr Landgraf, das geht aber nicht. Am Sterbebett meines Vaters schon vor drei Jahren habe ich gelobt, ich würde ein wahrer Kirchenmann werden.« Der Landgraf spricht weiter: »Nun gut, mein Sohn, aber dann mache ich dich zum Kirchenfürsten und wir machen gemeinsame Sache.«

Den heranwachsenden Knaben habe ich erschaut, wie er immer mit seiner zwei Jahre älteren Cousine Johanna in einem Flusstal spielt. Am liebsten halten sie sich in der Nähe der Mühle auf, die der Müller Beowulf betreibt. Er wird von den Bauern meistens Wulf genannt, so auch von den Kindern, die er gerne um sich sieht, weil er sie dann als Boten irgendwohin schicken kann. Er muss ja in der Saison den ganzen Tag seinen Betrieb bewachen, wodurch er stets zu wenig Zeit hat, sich um seine anderen Pflichten zu kümmern. Wenn die Bauern mit ihrem Getreide kommen, müssen die Kinder aus dem Weg gehen. Dann sitzen sie immer auf dem oberen Stockwerk in der dunklen Mühle, über den Köpfen der redenden Männer, und hören alles an, was es an Geschichten und Gerüchten in Grafschaft und Reich gibt. In dieser »Schule des Müllers« erhält der junge Christian seine ersten Kenntnisse vom Aufstieg des jungen Herzogs Heinrich, der später unter dem Namen »der Löwe« bekannt wurde; von den Zwistigkeiten zwischen dessen Onkel Herzog Welf VI. und König Konrad; von einem europäischen Kirchenschisma mit zwei Päpsten; darüber, warum der Landgraf, der in seiner Jugend einst so freundlich und nachsichtig war zu jedermann, jetzt zum Eisernen geworden war – und von vielen anderen Geschichten und Legenden.

Im fünfzehnten Lebensjahr kommt der erste Umbruch in seinem Leben. Für Christian ist durch das Eingreifen des Landgrafen im Reichskloster von Corvey ein Platz geschaffen worden. Vor der Abreise geht er durchs Dorf, sagt seinen Verwandten, Freunden und Bekannten Lebewohl. Johanna findet er zunächst jedoch nicht. Er geht zur Mühle, um sich auch von Wulf zu verabschieden. Kaum hat er das Dunkel betreten, hört er hinter den Mehlsäcken Johanna weinen. Er versteht sogleich, was vorgeht. Christian nimmt sein Messer, geht langsam nach vorn und schlitzt einen Mehlsack auf. Verwunderlich ist, in der laufenden Imagination das feine Geräusch des herausrieselnden Mehls zu erkennen, das sich am Boden langsam aufhäufelt.

Der Jüngling mit hoch ausgeholtem Messer steigt mit nackten und von kaltem Schweiß nassen Füßen über das Mehl. Einen Moment lang steht er hinter dem Müller, der mit nacktem Rücken und heruntergezogenen Hosen über der armen Jungfrau liegt. Im Moment des Ergusses ritzt Christian dem Müller ein Kreuz in den Rücken. Wulf springt auf und sein Schrei wird weit über die Grafschaft gehört. Christian aber nimmt Johanna in seine Arme, trägt sie laufend flussabwärts und wäscht sie vorsichtig. Auf der Wasseroberfläche schaue ich etwas Mehl, vermischt mit dem Blut des Müllers, das von Christians Füßen kommt; jetzt fließt es hinunter, vermischt mit Wasserschaum. Kurz darauf finden sich die zwei jungen Menschen zum für dieses Leben von Christian von Buch einzigen sexuellen Liebesvollzug zusammen. Das erkundet sozusagen die Imagination. Johanna wird später Nonne in einem Kloster namens Heiligenbrunn.

Nach diesem dramatischen Ereignis findet der junge Christian von Buch seinen Weg zum Kloster Corvey, das seit 1146 dem Oberhaupt des Abtes Wibald von Stablo untersteht. Der schon über 50 Jahre alte Abt ist ein einflussreicher Staatsmann. Er ist ein Ratgeber König Konrads und ein enger Freund Papst Eugens III. und dem späteren Papst Hadrian IV.

Als ich vor kurzem zum ersten Mal das heutige Corvey besuchte, befand ich mich in dem Bezirk des einstmaligen Klostergartens. Es gelang mir, eine Imagination zu bekommen: Ein Mönch zeigte dem jungen Christian die verschiedenen Kräuterpflanzen und Christian muss mit einem Rechen eine Fläche sorgfältig für die Saat vorbereiten. Am liebsten hält er sich jedoch in der Bibliothek auf, in der ihm der Mönch Eloph auch geheime Bücher zu lesen erlaubt über Themen, die die drei griechischen Liebesarten Agape, Eros und Sexus behandeln. Diese im Mittelalter zu Corvey gehörende Bibliothek wird heute im Vatikan aufbewahrt. – Unter der Obhut von Abt Wibald lernt er in den nächsten Jahren mehrere Fremdsprachen wie Latein, Französisch, Italienisch und sogar Griechisch.

Durch seinen Aufenthalt in Corvey und auf Reisen in die Umgebung lernt er die Art und Weise kennen, wie ein großer Teil des deutschen Adels sich in den verschiedensten Situationen zu verhalten pflegt. Als Augenzeuge verfolgt er die Zwistigkeiten zwischen Abt Wibald und den zwei Grafenbrüdern Volkwin und Widukind von Schwalenberg, die mehrmalig mit Gewalt gewisse Rechtsansprüche gegenüber dem Reichskloster geltend machen. Der Streit wird eines Tages vor Gericht in der nahe gelegenen Stadt Höxter ein Ende finden. Widukind erbost sich wegen der ihm vorgeworfenen Schuld und tötet eigenhändig den zu Gericht sitzenden Stadtgrafen Dietrich von Höxter. Dadurch geht der Streit weiter und findet zu Lebzeiten Wibalds zu keiner Lösung.

Die Auseinandersetzungen um den Reformprediger Arnold von Brescia, den Papst Eugen III. in Rom als Häretiker verurteilte und der zur Zeit von dessen Nachfolger Hadrian IV. im Jahre 1155 ermordet und verbrannt wurde, sind in Corvey viel erörtert worden. Abt Wibald, der ein naher Freund dieser beiden Päpste war, lässt jedoch in vertraulichen Gesprächen mit Christian und anderen Mönchen seinen Standpunkt durchschimmern, dass er für einige Gesichtspunkte des Arnold, der auf Durchreisen in Corvey Halt gemacht hatte, gewisse Sympathie hege. Als vehementer Kritiker des Papstums hatte Arnold von Brescia in Rom eine republikanische Bewegung in Gang gesetzt, die aber durch die gemeinsamen Maßnahmen von Kaiser und Papst zerschlagen wurde.

1158 begleitet Christian von Buch, jetzt 23 Jahre alt, Abt Wibald auf einer Diplomatenreise nach Byzanz. Der Abt wurde von Kaiser Friedrich Barbarossa ausgesandt, um Verhandlungen mit Kaiser Manuel zu führen. Der junge Dolmetscher Christian unterhält sich gern mit der deutschgebürtigen Kaiserin Irene, der ehemaligen Bertha von Sulzbach, und erhält durch sie Kenntnis von dem oben erwähnten griechischen Manuskript über die Legende des Presbyters Johannes. – Bei diesem ersten Besuch in Ostrom schafft sich Christian von Buch mit Kaiser Manuel und einigen seiner Ratgeber gute Kontakte, die er später bei seiner Wirksamkeit in Italien nutzen kann.

Auf der Rückreise fragt Wibald, der krank geworden ist, den jungen Gesandten, ob er sein Nachfolger als Abt werden möchte. Wenn er zustimme, werde er ihn in die weiteren Arbeitsaufgaben einweisen, sobald sie ins eigene Land zurückkehren. Christian von Buch bittet um einige Tage Frist, ehe er die Antwort gibt. In diesen Tagen aber stirbt

Wibald und die Nachwelt hat nichts über dieses Gespräch erfahren. Christian will aber gar nicht Abt werden. Das wiederum war Wibald vor seinem Tode nicht bewusst geworden.

Zu dieser Zeit ist er zum Dompropst in Merseburg ernannt worden. Ich schaue ihn, wie er in der Stiftsschule junge Kleriker unterrichtet, unter denen ich einige finde, die später als Gehilfen Wickmann von Zeitz, dem Erzbischof von Magdeburg, zur Seite stehen, als slawische Grenzgebiete zur Kirche einbezogen werden sollen. Sobald er seine Pflichten zugunsten des sacerdotium – die heilige Pflicht des kirchlichen Dienstes – erfüllt hat, findet er sich mit dem Markgrafen Otto von Meißen zusammen. Er reitet mit dem Markgrafen, dem man später den Beinamen »der Reiche« gab, und besichtigt dessen Besitzungen. In ihm findet er später viel Unterstützung, auch in Form von Ritterschaften, die ihm nach Italien folgen.

Unter den Rittern des Markgrafen begegnet er zuallererst Friedrich von Haussen, dem Ritter und Minnesänger, der ihn später viele Jahre lang in Italien begleitet. Auf ihn werde ich noch zurückkommen. Durch ihn tritt er in gute Beziehungen zu Wickmann, bei dem der Minnesänger seine Erziehung genossen hatte. – Auf einem Landgut dieses Erzbischofs habe ich mehrere Ereignisse wie z.B. die Bestrafung eines Kuhdiebes, geschaut, die ihre karmischen Folgen erst in der heutigen anthroposophischen Heilpädagogik suchen.

Nachdem die Mainzer ihren eigenen Erzbischof 1160 ermordet hatten, dämmerte es ihnen, dass sie den Mord gegenüber dem Kaiser würden büßen müssen. Ernst W. Wies schreibt dazu (a.a.O. S. 165):

»So suchten sie unter den großen Familien einen Nachfolger, von dem sie Schutz erhoffen durften. Sie wählten Rudolf von Zähringen. Nicht nur, dass Rudolf ein Bruder des Herzogs Berthold von Zähringen war, er war auch Schwager Heinrichs des Löwen und mit dem Kaiser verwandt. Man durfte erwarten, dass der Kaiser dem Zähringer Hause, durch den Verlust des burgundischen Rektorats, einen gewissen Wiedergutmachungsbonus in Anrechnung bringen würde. Eine Fürstenversammlung unter der Leitung des Erzbischofs und Kanzlers Rainald von Dassel jedoch anullierte die Wahl und exkommunizierte die Mainzer Bürgerschaft.«

Die Schwester dieser Brüder, die bis 1162 mit Heinrich dem Löwen verheiratet ist, heißt Clementia von Zähringen. Ihre gemeinsame Tochter, Gertrude, wird Ehefrau des jungen Herzogs von Schwaben, Friedrich von Rothenburg, einem Sohn des ehemaligen Königs Konrad III. Dieser Herzog ist eines der vielen Opfer der Malariaepidemie des Jahres 1167 in Rom. Im Herbst dieses Jahres reitet Christian von Buch mit Berthold von Zähringen als Friedensunterhändler nach Sachsen. Wahrscheinlich bringen sie der Witwe die Nachricht vom Tod ihres Mannes.

Als ich Anfang der 90er-Jahre meine schon im zweiten Teil erwähnten Mittelalterstudien betrieb, machte eine Anthroposophin mir gegenüber eine Andeutung über bestimmte karmische Zusammenhänge, in denen sie Genaues über gewisse Beziehungen zwischen den Beteiligten in einem Familiendrama im Mittelalter zu erzählen wusste. Meine Erkenntnisarbeit führte mich zum Kreis der oben genannten Persönlichkeiten; dass die Anthroposophin sogar selbst jene Gertrude war, bestätigten später die Imaginationen. Nachdem Gertrude später mit dem dänischen Thronprätendenten und nachmaligen König Knut VI. verheiratet wurde, liegt es nahe zu behaupten, dass Christian von Buch an dieser Vermittlung mitgewirkt hat, weil er schon durch seine frühere Gesandtschaft Kontakte zu den Dänen gehabt hatte.

In dem Siebenjahresabschnitt 1160 – 67 steht Christian von Buch in engster Beziehung zu Rainald von Dassel; es wird gesagt, dass Ersterer sich nahtlos in die Politik des Anderen gestellt habe. Die Historiker fanden in Urkunden keinerlei Anspielung auf eine Rivalität zwischen Rainald und Christian, vielmehr tritt ein Bild grundsätzlicher Übereinstimmung der politischen Ansichten zu Tage. Rainald von Dassel wird von dem italienischen Chronisten Acerbus Morena aus Lodi folgendermaßen beschrieben (Wies a.a.O. S.114f.):

»Rainald, der erwählte Erzbischof von Köln, der zuerst Kanzler genannt wurde, dann aber Erzkanzler für Italien gewesen ist, war von mittlerer Größe und kräftig; er hatte ein schönes Angesicht von frischer Farbe; seine Glieder waren wohlgestaltet und von angemessener Länge, sein Haar war dicht und fast blond, er war beredt und bestens gebildet, wortgewandt, vorsichtig und sehr scharfsinnig; äußerst begierig, die Ehre des Kaisers zu erhöhen, und zwar so sehr, dass der Kaiser auf niemandes Rat mehr gab als auf seinen; ebenso war er freigiebig, heiter, leutselig, hochherzig, ertrug sehr geduldig Strapazen, und durch seinen Scharfsinn und sein Werk ist die Herrlichkeit des Kaisertums außerordentlich erhöht worden.«

Wies schreibt über seinen Werdegang Folgendes (a.a.O. S. 115):

»Seine erste Ausbildung hatte er an der Stiftsschule zu Hildesheim erhalten, die zu den vornehmsten und besten Schulen Sachsens zählte. Er hatte, wie viele vornehme adlige Kleriker der Zeit, die hohe Schule zu Paris besucht. Lateinische und griechische Klassiker waren ihm wohl bekannt, wie uns ein Briefwechsel mit Abt Wibald von Corvey und Stablo berichtet. Erstaunlich ist, dass der kurienfreundliche Abt Wibald ihn, der so harte Positionen gegenüber Rom bezog, dem Kaiser empfahl. Ebenso stand Rainald in der Gunst des kaiserlichen Oheims Bischof Otto von Freising. Gegen 1130 war Rainald in das Domkapitel von Hildesheim eingetreten, ab 1149 erschien er dort als Probst und behielt diese Würde bis zu seiner Erhebung zum Kölner Erzbischof.«

Mir ist klar geworden, dass Christian Rainald in seiner Zeit als Kleriker in Corvey kennen gelernt hat und zwar durch die Vermittlung des Abtes Wibald.

In den ersten Jahren nach dem 1159 aufkommenden Kirchenschisma, bei dem Rainald zu einem der eifrigsten Gegner des gregorianischen Gedankens vom Vorrecht des Papstes über den Kaiser wurde, hat er sich im alexandrinischen Lager viele Gegner geschaffen. Sein erbittertster Feind, der englische Philosoph und spätere Bischof von Chartres, Johannes von Salisbury, schrieb, seine Kritik sei nicht gegen seinen Glauben, sondern nur gegen die andere Kirchenverfassung gerichtet.

Als sich das Schisma 1166 zur Zeit des vierten Italienzuges Kaiser Friedrich Barbarossas immer mehr verschlimmerte und die deutschen Fürsten mit großen Heerscharen über die Alpen zogen, wurde Rainald krank und konnte sich erst mehrere Monate später dem kaiserlichen Heer in der Lombardei zugesellen. Der Hauptzweck dieses Zuges war, Papst Alexander III. zu besiegen, den kaiserfreundlichen Gegenpapst Pascalis auf den römischen Stuhl zu setzen und dann Süditalien und das normannische Sizilien zu erobern. In allen modernen Biographien über Barbarossa, die von hoch geschätzten Historikern geschrieben wurden, wird Rainald von Dassel immer als der größte Gegner Alexanders bezeichnet. Er starb ja im August 1167 und hat damit nicht die Auflösung des Schismas erleben können.

In den im neunzehnten Jahrhundert gesammelten und veröffentlichten Regesten der kölnischen Erzbischöfe im Mittelalter habe ich Hinweise gefunden, dass Rainald vor seiner Erkrankung in Köln aufgrund der Verbindung zu einem Magister Girard Pucelle zu der Vorstellung gekommen sein kann, ein Kompromiss im Schisma könne auch gewaltlos gefunden werden.

Wer war dieser Girard Pucelle? Er war ein französischer Gelehrter, der in Paris und Chartres, sowie in Bologna ausgebildet worden war. Als freier Magister wirkte er als Lehrer und Ratgeber in Fragen der klassischen sieben Künste und des Kirchenrechts. Eine Zeit lang tat er dies neben Johannes von Salisbury und Thomas Becket am Hofe des englischen Primas, des Erzbischofs Theobald von Canterbury. Er hat wahrscheinlich Rainald von Dassel schon in Frankreich kennen gelernt. 1166 taucht er bei Rainald von Dassel als dessen Ratgeber in Köln auf. Die weiteren Ereignisse habe ich in folgender Weise meditativ erschaut:

Rainald hat sich vor kurzem übergeben; er liegt zu Bett und ist matt und erschöpft. Er hat die rechte Hand auf dem Magen liegen, der linke Arm liegt über dem andern Arm, sodass die linke Hand an seiner rechten Seite herunterhängt. Auf seinem Oberhemd ist ein schön gesticktes Kreuz zu sehen. An der linken Seite des Bettes steht ein Mann in dunklem Gewand mit einem ärmellosen Oberhemd. Er trägt einen quadratischen schwarzen Magisterhut, an dem rechts die charakteristische Troddel herunterbaumelt, ähnlich den noch heute z.B. in den U.S.A. getragenen Examenbaretten. Ich erkenne den Mann sofort als Girard Pucelle.

Er erzählt dem kranken Erzbischof von seinen letzten Briefen an den englischen König Heinrich II. Plantagenet und an seinen Freund Johannes von Salisbury, der sich im französischen Exil befindet. Er hat den Zustand im Reich beschrieben und über den kaiserlichen Zug gegen Alexander berichtet. Rainald sagt nichts, hebt aber seinen linken Arm und richtet den kleinen Finger gegen das Antlitz des Anderen. In letzter Zeit hatte Rainald den Magister so verstanden, dass dieser bereit sei, der alexandrinischen Partei die deutsche Auffassung einzuimpfen; jetzt versteht er, dass der Magister vielleicht etwas Anderes vorhat. Girard legt seine rechte Hand an Rainalds rechte und spricht etwa Folgendes:

»Es wird durch diesen Zug gegen den rechtmäßigen Papst, wenn dieser mit Gewalt von seinem Stuhl vertrieben wird, nicht nur gegen seine Person und einen Teil der heiligen Kirche aufbegehrt, sondern gegen Christus selber. Wenn du bereit bist, diesem Zug die Waffen abzunehmen, werde ich Alexander sofort kompromissfähig machen können.«

Unterdessen hatte Rainald seinen Arm gesenkt; jetzt hebt er ihn wieder, ohne den kleinen Finger zu zeigen, und sagt mit leiser Stimme:

»In meinem Zustand erkenne ich die Richtigkeit deiner Worte. Ich werde mit allen mir zur Verfügung stehenden Mitteln versuchen, eine Beendigung des Schismas zu erreichen.« – Dieses Gespräch widerspricht allem, was geschichtlich über Rainald von Dassel bekannt ist. In den weiteren Ereignissen, die durch äußere Quellen überliefert sind, gibt es für die Zeit kurz vor seinem Tode keinerlei Andeutung eines Verhandlungsverfahrens mit diesem Hintergrund zwischen ihm und Papst Alexander.

Ich bin seinem Weg nach dieser Krankheit, seinem Verhältnis zu Christian von Buch in seinem letzten Lebensjahr und den dramatischen Ereignissen in Rom bis zu seinem Tode meditativ bis in Einzelheiten nachgegangen und ich habe die geschichtlichen Beschreibungen mit meinen imaginativen Schauungen verglichen. Einige überraschende Motive daraus sowie karmische Details, wenn man es so nennen will, werde ich gleich wiedergeben; zuvor jedoch eine geschichtliche Untersuchung im Wortlaut von Ernst W. Wies. Ich halte es für wichtig, diese Ereignisse im Jahre 1167 kennen zu lernen, wenn man einen Blick für karmische Zusammenhänge entwickeln möchte, darum verweile ich so gründlich bei den folgenden Ereignissen. Wies schreibt (a.a.O. S. 213ff.):

»Ein harter Winter lastete auf der Lombardei, als der Kaiser schon im Januar 1167 nach Rom aufbrach. Das Heer kämpfte sich seinen Weg durch knietiefen Schnee nach Bologna. Die Stadt nahm den Kaiser freundlich auf, stellte Geiseln und zahlte 6000 Pfund in bolognesischer Währung. Die beiden Kirchenfürsten Rainald von Dassel und Christian von Mainz hatten den Frieden zwischen den Seestädten nicht herstellen können. Aber die Pisaner verjagten ihren alexandrinisch gesinnten Erzbischof Villanus, der am 25. März 1167 die Flucht antrat und verpflichteten sich mit Eidschwur, den Kaiser auf seinem Sommerzug gegen Apulien, Kalabrien und Sizilien, namentlich mit ihrer Flotte, zu unterstützen. Die beiden Erzbischöfe blieben dauernd bemüht, neue Geldmittel aufzutreiben, denn die Soldforderungen der Brabanzonen waren wie ein Fass ohne Boden.

All dies scheint den Kaiser nicht behindert zu haben. Sein Ziel war Rom, das Schisma zu beenden, die kaiserliche Macht über Rom und die Kirche auszubreiten; dann, so muss seine Hoffnung gewesen sein, mussten sich alle Probleme lösen.

So konnte es seinen Vormarsch nicht hindern, dass sich am 7. April 1167 die Städte Cremona, Bergamo, Mantua, Brescia und Ferrara und noch einige andere zusammentaten und in dem zwischen Mailand und Bergamo gelegenen Kloster Puntida einen Schwurbund schlossen, dessen Text die Not der lombardischen Städte und die Härte der kaiserlichen Faust zeigt:

›Da es besser ist, rühmlich zu sterben … , als in Schande und Unterdrückung zu leben, so versprechen wir eidlich, dass jede Bundesstadt der anderen Hilfe leisten soll, sobald ihnen der Kaiser oder einer seiner Befehlshaber neues Unrecht zufügt, alles dieses jedoch unbeschadet der dem Kaiser geschworenen Treue.‹

Aber diese letztere, um des äußeren Scheines willen hinzugesetzte Bedingung blieb Floskel. Immer mehr Städte traten dem Bunde bei, verjagten an einem festgesetzten Tage alle Befehlshaber des Kaisers und beschlossen die Wiederherstellung Mailands. Doch der Kaiser ignorierte den Brand, der sich da in seinem Rücken entfachte. Er teilte sein Heer nach bewährtem Muster deutscher Kaiser auf dem Wege nach Rom. Er selbst zog mit dem Hauptteil entlang der Adriaküste nach Süden, während die beiden Erzbischöfe, Rainald und Christian, durch Tuszien, entlang dem Tyrrhenischen Meer nach Rom vorstoßen sollten. Indessen etablierten sich die Städte des lombardischen Bundes, unterstützt durch byzantinisches und sizilianisches Gold. Der kaiserliche Statthalter für die Lombardei, Graf Heinrich von Diez, verunsichert über die bedrohlichen Nachrichten des Bundes, der als der ›lombardische Bund‹ in die Geschichte einging, erhöhte den Druck.

Ende April 1167 gelang es den Streitkräften des Bundes, die Mailänder wieder in ihre zerstörte Stadt zu führen. Sofort und mit ungeheurer Energie und den Goldstrom aus Byzanz und Sizilien nutzend, begannen die Milanesen den Wiederaufbau ihrer Stadt. Die offene Flanke des Bundes war das noch immer kaisertreue Lodi. Man versprach den lodesanischen Kaufleuten Steuerfreiheit, man verpflichtete sich, um Lodi – aus Mitteln des Bundes – eine zwei Ellen breite und zwölf Ellen hohe Mauer zu ziehen. Weitere Hilfen für Lodi wurden angeboten. Auf seine Anforderung sollte jede Bundesstadt mit 1000 Kriegern Lodi zu Hilfe eilen. Unter dem Eindruck dieser Angebote, aber auch wohl aus der gesamtlombardischen Intressenlage heraus trat Lodi dem lombardischen Bund bei. Am 27. Mai 1167 folgte Piacenza; rechnet man dazu die

Städte des Veroneser Bundes, dann war Oberitalien wieder vom Kaiser abgefallen. Dafür schworen Bologna, Faenza und Imola dem Kaiser die Treue und entrichteten Bußgelder oder Steuern.

Aber es gab noch andere Erfolge. Der stürmische Rainald von Dassel hatte mit acht pisanischen Galeeren Civita Vecchia erobert und die päpstliche Besatzung gefangen genommen. Er zwang die Stadt, dem Kaiser Treue zu schwören. Dann zog er mit seinem kleinen, aber schlagkräftigen Heer in die Umgebung von Rom und brachte, wie die Vita Papst Alexanders zu berichten weiß, die einzelnen Städte durch Schrecken zum Abfall vom Papst. Das Vorhandensein kaiserlicher Truppen im Umfeld von Rom ließ die Städte und Dörfer, die der Stadt tributpflichtig waren, zu den Kaiserlichen überlaufen.

Die Römer erstellten ein Heer und bestraften die Abtrünnigen. Der besondere Hass der Römer richtete sich gegen das traditionell deutschfreundliche Tusculum. Die Römer wüteten, entgegen dem Willen Papst Alexanders, im Umfeld von Tusculum, sie zerstörten die Saaten, die Ölbäume und Weinstöcke. Graf Reino von Tusculum verbündete seine Truppen mit denen Rainald von Dassels, aber beide zusammen waren nicht stark genug, den Römern, 30 000 sollen es gewesen sein, in offener Feldschlacht entgegenzutreten. Rainald rief beim Kaiser um Hilfe. Der aber hatte sich vor Ancona festgebissen. Den Fürsten seiner Umgebung erschien es unehrenhaft, die Belagerung Anconas, Stützpunkt des byzantinischen Kaisers, aufzugeben. Es müssen aber auch hier wieder die Animositäten der deutschen Fürsten gegen den allmächtigen Günstling des Kaisers aufgebrochen sein. Anders Rainalds geistlicher Waffenbruder, Erzbischof Christian von Mainz, der ihm zu Hilfe eilte.

Rainald hatte mit seinem kleinen Heer Schutz hinter den Mauern von Tusculum gefunden. Die Römer schlossen die Stadt ein. Da erschien der Erzbischof Christian von Mainz mit seinem Aufgebot. Ihrer Überlegenheit vertrauend, hoben die Römer die Belagerung Tusculums auf und zogen, bereit zur offenen Feldschlacht, dem Heer Christians von Mainz entgegen.

Der Mainzer Erzbischof erkannte die römische Überzahl und verlegte sich aufs Verhandeln. Die Römer, ihrer Stärke gewiss, verspotteten die Deutschen: ›… der Kaiser wäre sehr gütig, dass er ihnen seine Erzpriester sende, um ihnen die Messe zu lesen … Sie wollten ihnen aber in anderem Tone etwas vorsingen.‹ So entbrannte am zweiten Pfingsttage, dem 29. Mai 1167, die Schlacht in der neunten Stunde in der Nähe von Tusculum am Berge Porkus und dauerte bis zum Abend. Christian von Mainz hatte der riesigen römischen Übermacht 500 Ritter und 800 Brabanzonen entgegenzustellen. Dennoch hatte er einen kleinen, auserlesenen Teil seiner Schar in einen Hinterhalt gelegt. Rainald sah von den Mauern von Tusculum die große Not der Deutschen, die in dem Heer der Römer zu versinken drohten. Da befahl er, der Mann, der nach dem Gesetz seines Lebens immer bis zum Äußersten gehen musste, den Aufbruch. Mit seinen 300 kölnischen Rittern und der Besatzung von Tusculum brach er durch die Tore, hinein in den Feind. Er selbst trug das Banner des heiligen Petrus und stimmte den Schlachtgesang der Deutschen, ›Christus qui natus‹ (Christus ist geboren), an. Die Deutschen stießen mit Wucht in den Rücken des römischen Heeres. Jetzt brach auch Christian von Mainz aus seinem Hinterhalt hervor, griff von der Seite den Gegner an und trennte das feindliche Heer.

Dies war der Tag, dies war die Stunde des Rainald von Dassel. Alles auf eine Karte setzend, erzwang er den Sieg. Die mitreißende Tapferkeit des Erzbischofs, der, seinen Rittern voran, auf den Feind eindrosch, und der Schrecken der Römer, denen der ›furor teutonicus‹ noch von Friedrichs Krönungstag her in Erinnerung war, entschieden die Schlacht. Die römische Reiterei, von drei Seiten angegriffen, erkannte die wirklichen Kräfteverhältnisse nicht mehr, verließ und verriet ihr Fußvolk und verlor sich in panischer Flucht. Bis vor die Mauern von Rom verfolgten die deutschen Ritter den fliehenden Feind. Wer ihren Schwertern entging, verfiel den Mörderhaufen der Brabanzonen.

Die Zahlen, die uns die Quellen überliefern, sind abenteuerlich. Nach einigen Angaben standen 40 000 Römer im Felde. Die Zahl der Gefallenen variiert von 1500 bis 12 000 und im gleichen Verhältnis die Zahl der Gefangenen.

Nur die Geistesgegenwart Papst Alexanders, der in dieser Stunde der Bedrohung die Verteidigung Roms übernommen hatte, rettete die Stadt vor einem Handstreich der Erzbischöfe, denen sich Truppen von Alba und Tivoli und andere Bewohner der Campagna angeschlossen hatten. Mit dieser Truppenmacht konnte Rom eingeschlossen werden. Der entschlossene Rainald von Dassel verwarf alle Friedensangebote der Römer. Er forderte die Auslieferung Papst Alexanders und seiner Kardinäle.

Erst dann war der Sieg vollkommen, war das Schisma beendet, hatten die Mühen, Kämpfe und Leiden der vielen Jahre ihren Sinn. Erst dann erstrahlte des Reiches Herrlichkeit über das Abendland. Erst dann, wenn Rom, wie einst, dem französischen König, erklärt hatte, eine deutsche Stadt zu sein und der Bischof von Rom der Bischof des deutschen Kaisers war, erst dann war der Sieg erreicht, der Sinn erfüllt.

Mitte Juli 1167 traf der Kaiser vor Rom ein. Mit ihm sein Papst Paschalis und dessen gesamter Hofstaat. Kaiser und Kanzler waren sich einig, dass der Kampf um Rom mit der Gefangennahme Papst Alexanders enden müsse. Die Gefahr um Alexander verdichtete sich. Auch mit dem Gold der Normannen war die Gunst des wankelmütigen Roms nicht auf Dauer zu erkaufen. Der Biograph Papst Alexanders III., Kardinal Boso, berichtet, dass in den Tagen der Kämpfe um Rom Kardinal Konrad von Wittelsbach, abgesetzter Erzbischof von Mainz, im kaiserlichen Lager erschienen sei, um einen Verhandlungsfrieden herbeizuführen.

Der Kaiser, vor seinem größten Triumph, machte einen moderaten Vorschlag: Sowohl Papst Alexander als auch Papst Paschalis sollten zurücktreten. Alsdann sollte die Gemeinschaft der Kardinäle einen neuen, allgemeinen Papst wählen. Er selber, der Kaiser, verspreche, sich in keiner Form in die Wahlverhandlungen einzumischen. Dann machte er einen an die Adresse der Römer gerichteten, sehr subtilen Vorschlag: Würde man so verfahren, dann wolle der Kaiser sämtliche römischen Gefangenen sowie die ganze römische Beute freigeben. Hier wird der Diplomat Friedrich sichtbar, der die Papstfrage mit der Rückgabe der gefangenen Römer und der eroberten Beute verquickt. Tatsächlich zeigte dieser Appell an römischen Egoismus und römische Habgier bald die gewünschten Folgen.

›Einstimmig drangen die Römer darauf, dass Alexander diese Bedingungen annähme, ja sie behaupteten, er sei, um seine Schafe vor dem Untergang zu erlösen, verpflichtet, sich noch Härterem zu unterwerfen. Aber ungeachtet dieser Bedrängnis antworteten die Bischöfe und Kardinäle dem Kaiser: Nur Gott könne den Papst richten, über alle menschlichen Gerichte sei er erhaben. – Hiermit waren die Römer umso weniger einverstanden, da ihnen Friedrich, wenn sein Vorschlag durchgehe, bestimmte Hoffnungen zur Rückgabe der Beute und Gefangenen machte. Täglich traten mehrere zu ihm über, und der Papst, der solange als irgend möglich ausgeharrt hatte, verließ endlich in aller

Stille Rom und rettete sich, zum Verdruss des Kaisers, über Terracina nach Gaeta und von dort nach Benevent.‹ (Wies zitiert hier aus der Chronik des Erzbischofs Romuald von Salerno.)

Der Papst floh in der Kutte eines Mönchs und blieb zwei Jahre lang in Benevent. Bald sollte sein Widerpart, der deutsche Kaiser, im Knechtsgewand über die Alpen nach Deutschland fliehen.

Einen Tag nach der Eroberung der Peterskirche, es war ein Sonntag, wurde Papst Paschalis III. feierlich inthronisiert. Dann erteilte er 15 Erzbischöfen und Bischöfen die Weihe als sichtbares Zeichen seiner päpstlichen Macht und Würde.

Am 1. August, zwei Tage später, nahm der Papst eine Festkrönung an Friedrich vor. Dann wurde Beatrix, die schon den Titel einer Kaiserin führte, von Paschalis zur Kaiserin gesalbt und gekrönt.

Der Kaiser vergaß seine Getreuen nicht. Vor allem den Mann nicht, der ein Jahrzehnt lang um diesen Tag gekämpft hatte, der in seiner kompromisslosen Konsequenz auch dem Kaiser mitunter ein Ärgernis war. Hier, in der Peterskirche in Rom, feierte der Kaiser erneut die Verdienste des Kölner Erzbischofs Rainald von Dassel um das Imperium. Für seine vielen Großtaten und besonders für seinen Sieg vor Tusculum, den er mit der kölnischen Ritterschaft erstritten hatte, verlieh der Kaiser durch Urkunde dem Kölner Erzstift den Reichshof Andernach mit Zoll, Münze und Gerichtsbarkeit, ferner den Reichshof Eckenhagen mit seinen reichen Silberbergwerken.

Hatte die Flucht Papst Alexanders den Kaiser um den eigentlichen Triumph gebracht, selbst das Schisma zu beenden, so hatte sein Sieg doch die Machtverhältnisse offen gelegt. Unter dem Eindruck kaiserlicher Siege und Macht stellten die Römer 400 Geiseln und schworen Kaiser und Papst Paschalis die Treue. Die pisanischen Kriegsschiffe, die in der Tibermündung eingelaufen waren, mögen die römischen Denkprozesse beschleunigt haben.

Der Kaiser und seine Getreuen, die glauben durften, die abendländische Welt nach ihrem Willen geformt zu haben, wurden nun, auf dem Gipfel des Triumphes, Opfer einer Katastrophe. Es war kein feindliches Heer, keine neue Koalition von Feinden, die dieses Ereignis auslöste, es war die Natur! In der grellen Sommerhitze des 2. August 1167 stürzte ein sintflutartiger Regen, der eine malariaähnliche Fieberwelle auslöste, das deutsche Heer in den Untergang. Im Wechsel von Wolkenbrüchen und Hitzeschauern wurden an die 25 000 Menschen dahingerafft. Da starben vom Fieber geschüttelt in Rom der junge Herzog von Schwaben, König Konrads Sohn und Vetter des Kaisers, der jüngere Herzog Welf, der Pfalzgraf Heinrich von Tübingen, die Grafen von Sulzbach, von Nassau, von Hallermund, von Lippe; es starben die Bischöfe von Verden, Lüttich, Regensburg, Augsburg, Speyer, Zeitz und Prag.

›Da beschloss auch Rainald von Dassel seine tätige Laufbahn. Er starb am Vorabend des Festes der Himmelfahrt Mariens, am 14. August 1167, nachdem er die Sakramente der Kirche mit großer Frömmigkeit empfangen und seinen letzten Willen niedergelegt hatte.‹ (zitiert aus Godefr. Mon. ad. a. 1167.)

Den Gepflogenheiten der Zeit gemäß wurde sein Leichnam ausgekocht, entbeint, und dann wurden die Gebeine nach Köln gebracht, dort auf der Südseite der Marienkapelle des Domes, deren Altar Rainald durch ein Marienbildnis aus der Mailänder Beute geschmückt hatte, zur letzten Ruhe bestattet.«

Nach diesem langen, aber notwendigen Bericht eines modernen Historikers stelle ich einige imaginative Darstellungen in die Schilderung der Ereignisse des Jahres 1167 hinein:

Als Rainald von Dassel nach seiner Krankheit im Herbst 1166 mit seinem Ritterkontingent über die Alpen gezogen war, suchte er Christian im kaiserlichen Lager bei Lodi auf. Ich sehe die beiden Kirchenfürsten im Zelt des Mainzer Erzbischofs in dem Moment, als Christian mit seinem Messer Brot zerteilt. Rainald ist gerade mit seiner Rede über das Angebot von Girard Pucelle fertig. Christian gibt ihm Brot und antwortet:

»Das weißt du ja, lieber Freund, dass der Schismatiker Roland (gemeint ist Alexander III.) nicht von seinem falschen Standpunkt abweichen wird. Er muss zuerst von seinem Stuhl enthoben werden. Dann können wir neue Verhandlungen einleiten.« – Rainald hört geduldig zu und kaut langsam das Brot fertig. Dann spricht er:

»Nun gut, mein Bruder, ich lasse dein Urteil, bis wir Rom erreicht haben, gelten. Bis dahin lasse ich das Wort des Magisters auf sich beruhen. Wie sich dann die Positionen zeigen, werden wir sehen, ob wir seine Hilfe brauchen oder nicht.« Die beiden verabschieden sich einstweilen.

Ich verfolge imaginativ die beiden Heerführer auf ihren weiteren Strapazen mit Packpferden und Wagen, sehe den Weg Christians nach Rom und sein Herunterreiten aus den Sabiner Bergen. Ich schaue die Position Rainalds im Turm von Tusculum, wie er da tagelang auf die deutschen Streitkräfte wartet und ihm einmal der Gedanke kommt: »Vielleicht sollte ich jetzt selber durch geheime Gesandte das Wort des Magisters prüfen?«

Dann aber reißt ihn das Auftreten Christians aus diesen Gedanken. Er sieht die bedrohte Situation seines Waffenbruders durch die römische Übermacht. Er sieht weit im Westen dunkle Wolken sich zusammenbrauen, dann einen Blitz. Er wird von seinem ihm selber bekannten Willensimpuls ergriffen; dann Trompeten und Fahnen. Rainald zieht vorwärts zu Pferd, begegnet Christian, gemeinsam singen sie: »Christus ist geboren« und schlagen das römische Ritterheer in die Flucht. Ich schaue die Gefangenen, die Getöteten, den Einmarsch in die Stadt Rom, den die zwei Erzbischöfe und ihre Scharen jetzt zusammen mit dem mitten in den Nachgefechten erschienenen jungen Herzog Welf VII. antreten, den beide von früherer Zusammenarbeit her gut kennen.

Dann habe ich das Gewitter mit Platzregen geschaut. Schon vor dem Einfall des Unwetters in Rom flieht Alexander mit seinen nächsten Kardinälen in einem Boot den Tiber flussabwärts. Ich schaue ihn auf einem Stuhl sitzend unter einem Schirmdach mitten in dem kahnähnlichen Flussfahrzeug mit niedrigen Kanten. Der Regen hat die Flüchtlinge schon erreicht. Das Boot liegt wegen der vielen Menschen samt Gepäck tief im Wasser. Das Deck steht einige Dezimeter hoch unter Wasser. Ich beobachte den Papst ganz aus der Nähe und erkenne, dass Alexander Angst hat. Angst vor dem Ertrinken! Er kann nicht schwimmen.

Seine roten Pantoffeln mit den nach oben gebogenen Spitzen fallen mir plötzlich ins geistige Auge. Ich richte mein Bewusstsein auf sie und sehe, dass sie unter Wasser stehen! Die goldene Naht an den Seiten der Papstschuhe ist durch das wellige Wasser noch zu erkennen. Er hatte keine Zeit gehabt, etwas Anderes anzuziehen. In der Eile hatte er nur eine Mönchkutte über die Papstgewänder gezogen. Jetzt, außer Gefahr, trägt er wieder seine Tiara. – Die Folgen der nassen Füße im Wasser konnte ich weiter verfolgen: Alexander holte sich eine Erkältung, die ihn bis zu seinem Tode schwächte und von der er nie ganz genas. Die karmischen Fäden dieser Erkältung für die betreffende Individualität lassen sich bis in unsere Gegenwart konkret nachweisen.

Die Folgen der Augusthitze nach dem Platzregen über Rom zeigen sich in der Seuche. Imaginativ sehe ich die Fliegen, die sich überall sammeln, z.B. auf dem auf Holzbrettern ausgelegten, als Nahrung bestimmten Fleisch. Das Wasser und die Kloaken in den Straßen stinken. – Ich beobachte Rainald, wie er Wasser aus einer Rinne trinkt, die wahrscheinlich von einem verseuchten Brunnen kommt. Als er erkennt, dass auch er krank ist, erinnert er sich der Worte Girard Pucelles. Er versteht, dass Christian und er selbst sich falsch verhalten haben. Diese Erkenntnis nimmt er mit sich in den Tod. Sie gehört bis zum heutigen Tage nicht zu den bekannten Tatsachen der europäischen Geschichte. Ich schaue den stolzen Mann, wie er kranke Freunde und Leichname aus dem verseuchten Stadtgebiet trägt. Durch diese Taten schafft er sich ein gutes Karma.

Ich konnte Rainalds Geistseele nach dem Tode verfolgen. Die karmische Essenz, die er für die Zukunft aus seinem Lebenspanorama bekommt, ist enthalten in den drei Begriffen: Beredsamkeit, Geduld und Innigkeit.

So weit mein Versuch, das Verhältnis Christians von Buch zu einigen seiner Zeitgenossen (Ludwig II. von Thüringen, Wibald von Stablo und Corvey, Berthold von Zähringen und Rainald von Dassel) zu beschreiben. Ich habe mich in meiner Karmaforschung bemüht, an meinen gegenwärtigen Beziehungen zu denselben Individualitäten bauend, Christians Bekanntschaft mit und seinen Verbindungen zu vielen anderen Personen imaginativ nachzugehen, so z.B. in Bezug auf Adele von Vohburg, der ersten Gattin Barbarossas und seiner anderen Gattin, Beatrix von Burgund, dann Hildegard von Bingen, Heinrich dem Löwen, den Brüdern Konrad und Otto von Wittelsbach, Obizo Malaspina, dem Gegenpapst Calixt III. und vielen anderen. Ich muss davon absehen, über all diese interessanten Beziehungen zu erzählen, um Einiges aus der weiteren Biographie Christians zu berichten, was sein Verhältnis zu einigen seiner engsten Freunde und Bekannten und zu Kaiser Friedrich Barbarossa zeigt.

Ende des Jahres 1175 hatte Christian von Buch die dem lombardischen Bund angehörende Stadt Bologna in offener Feldschlacht besiegt.

Am 14. März 1176 besiegt er die Truppen König Wilhelms II. von Sizilien unter der Führung der Grafen Roger von Andria und Tancred von Lecce bei Carsoli nordöstlich von Rom. Damalige Augenzeugen schildern den Feldherrn Christian von Buch auf diese Weise: Seine wilden Brabanzonen führt er zu Pferde gegen den Feind. Über dem Panzer trägt er ein hyazinthenfarbiges Oberkleid, auf dem Kopf einen vergoldeten Helm; mit einer dreiknotigen Keule soll er im Gefecht neun Männer niedergeworfen und einmal 28 angesehenen Personen mit einem Stein die Zähne ausgeschlagen haben.

Bischöfen war es verboten, Menschenblut zu vergießen, zogen sie ins Feld, so durften sie kein Schwert tragen. Die Auffassung der damaligen Zeit erlaubte es ihnen aber, Feinden mit einer Keule den Schädel unblutig einzuschlagen. Wie Christian die Kunst des Keulenschwingens ausübte, habe ich mehrmals erschaut.

In mehreren Imaginationen schaue ich Christian mit seinen Rittern wahrscheinlich im Frühjahr 1176 die Nordseite des Apennin, in mehrere Gruppen aufgeteilt, hinabreiten. Sie befinden sich auf dem Gebiet des zuvor geschlagenen Bologna. Einige Bologneser, die sich in den Bergen versteckt halten, locken die Gruppe um Christian in einen Hinterhalt. Sein naher Freund, der tapfere Ritter Willibald, wird umringt und vom Pferd geworfen. Christian bespricht, mitten im Kampf, die verhängnisvolle Situation mit dem nächsten Ritter namens Giorgio. Da er selber an der Schulter verwundet ist, beschließt Christian den Rückzug. Er sieht, dass Willibald getötet wird. Giorgio empfängt das Pferd des toten Ritters und sie begeben sich zunächst zu einem Kloster bei Modena.

In einem Nonnenkloster bei Lodi werden sie alsdann einige Wochen von Nonnen gepflegt. Ich schaue Christian nackt beim Bade in einem Holzzuber. Im Kloster befinden sich einige Zisterziensermönche, die ihm vom Aufzug neuer deutscher Streitkräfte durch den Kölner Erzbischof Philipp von Heinsberg in Como, nördlich von Mailand, berichten. Christian von Buch ruht sich aber noch weiter aus. Er ist von Erinnerungen an Reinald von Dassel eingenommen. Ich schaue, wie die vierunddreißigjährige Nonne Maria warmes Wasser, das von einer anderen Nonne geholt wird, über den einundvierzigjährigen Mann gießt. Sie erzählt ihm Geschichten aus dem Leben von Papst Alexander III., den sie wegen seines Mutes in Verfolgung und Flucht schätzt. In seinem

Gedächtnis dämmern ihm die Worte Rainalds über den Magister Girard Pucelle. Er erzählt ihr von seinen Gedanken und von Erlebnissen aus seinem Leben.

An diesem letzten Maitag erfährt Christian von der kaiserlichen Niederlage von Legnano. Nicht die Nonnen übermitteln ihm diese Nachricht, nicht seine eigenen Spione, nicht die nochmals auftretenden Zisterzienser, sondern der Kaiser selbst: In eigener Person steht Friedrich Barbarossa plötzlich im Klostergastzimmer vor Christian, der sich sofort aufrafft und seinen Herrn umarmt. »Was kann ich für dich tun, Kaiser Friedrich?« fragt er. »Ich brauche schlichtweg deinen Rat, Christian«, antwortet der Kaiser und fährt fort: »Wie können wir mit Alexander verhandeln, ohne das Gesicht zu verlieren?« Das für die Historiker so rätselhafte Verschwinden des Kaisers inmitten der Schlacht von Legnano und sein Wiederauftreten nach drei Tagen in Pavia findet durch diese Imagination seine Erklärung.

Wie Christian von Buch von diesem Tage an seinen Herrn und Kaiser weiter stützte und gleichzeitig die Umwandlung im Sinne Girard Pucelles begann, beweisen die weiteren Ereignisse, die 1177 zum Frieden von Venedig führten.

Viele weitere Einzelheiten und Verhältnisse habe ich in der Akasha im Leben Christian von Buchs gefunden: z.B. ein Gespräch zwischen ihm und Heinrich dem Löwen aus dem Jahre 1168; die Begegnung zwischen Kaiser und Papst in Venedig; tragische Ereignisse im Haushalt von Acerbus Morena; dramatische Umstände in einem italienischen Kloster, die dazu führen, dass ein Mönch vor dem Gericht vom Abt durch das Herausschneiden der Zunge bestraft wird; das Verhalten von Papst Lucius III. beim Miterleben des Todes des Christian von Buch 1183 . Einige bedeutsame und für das Verständnis der karmischen Zusammenhänge wichtige Ereignisse möchte ich noch beschreiben.

In der Zeit nach dem Frieden von Venedig wirkt Christian von Buch in Italien weiterhin als kaiserlicher Statthalter, jetzt aber auch im Einverständnis und Bunde mit Papst Alexander. Dieser setzt seine letzten Kräfte dafür ein, um im Frühjahr 1179 eine der größten Kirchenversammlungen des zwölften Jahrhunderts einzuberufen und zu veranstalten: das dritte Laterankonzil, das von Kirchenhistorikern vermutlich wegen seiner wenigen äußeren Resultate als nicht sehr bedeutend angesehen wird, das aber aus anthroposophischer Sicht aufgrund der Anwesenheit ganz besonderer Teilnehmer als eine für die Zukunft wichtige karmische Begegnungstatsache angesehen werden muss. Zu diesem Konzil gehört die eine von nur zwei überlieferten Anekdoten über den bedeutenden Chartreslehrer und »doctor universalis« Alanus ab Insulis.

Die überlieferte Anekdote besagt, dass der im Zisterzienserkloster von Citeau zurückgezogen lebende große Humanist seinen Abt zu diesem Konzil in Rom begleiten darf, aber nur als dessen Pferdeknecht. Alanus möchte aber so gerne wenigstens einen Tag an den Verhandlungen teilnehmen, und sei es nur, um incognito den alten Gelehrtengenossen zuzuhören. So darf er heimlich unter der Kutte des Abtes mit in den Versammlungssaal, muss aber versprechen, sich still zu verhalten und nichts zu sagen. Dann kommt der Moment, in dem keiner in der Versammlung eine bestimmte Frage, die gestellt wird, beantworten kann. Alanus aber lässt seine Stimme hören und antwortet auf die Frage. Sofort wird bemerkt, dass niemand außer dem Teufel oder Alanus so etwas sagen könne. Der versteckte Philosoph muss sich zeigen und wird von der ganzen Versammlung geehrt.

Bei der Datierung der Wirksamkeit Christians von Buch zu dieser Zeit in Mittelitalien stieß ich auf eine Lücke, die genau der Zeit im Frühjahr entspricht, als das Konzil abgehalten wurde. Es wäre also denkbar und sogar folgerichtig, dass er dort dabei war, weil er ja durch die Zustimmung Alexanders nach dem Schisma seinen Stuhl als Primas der deutschen Kirche – der Mainzer Stuhl hatte im Mittelalter einen bestimmten Vorrang vor den anderen Erzbistümern – behalten konnte. Auch wäre es nach der Handlungsweise der damaligen Zeit undenkbar, dass er nicht dabei gewesen wäre, selbst wenn er kein stimmberechtigter Priester gewesen wäre. Die vermutlich noch erhaltenen Listen der Konzilsteilnehmer habe ich bis jetzt leider nicht einsehen können.

Nach solchen Überlegungen führte ich meine meditative Forschung durch. Das Resultat beschreibe ich folgendermaßen:

Christian von Buch bahnt sich seinen Weg durch die Volksmenge vor einem Gebäude, das ich mir als die Lateranbasilika vorstelle, in der das Konzil stattfindet. Durch eine Türe vorne links betritt er den schon überfüllten großen Raum und erhält einen Platz an der Wand, der durch ein Podest etwas erhöht ist.

Von diesem Platz aus hat Christian gute Sicht auf die Teilnehmer, die dort auf nach hinten zu ansteigenden Bankreihen sitzen, und zum Papst selber, der inmitten seiner Kardinäle auf einem Thron sitzt. Ich beobachte durch die Augen Christians den Vorgang mit dem hervortretenden Alanus und wie der alte Johannes von Salisbury, jetzt Bischof von Chartres, sich erhebt und eine Ansprache hält.

In einem ruhigen Augenblick mitten in der Schau stelle ich mir nochmals die Frage: Kann es wahr sein, dass Alexander III. heute, im 20. Jahrhundert, derjenige Mensch ist, der sich schon mehrmals aus meinen Forschungen ergeben und bestätigt hat? Alexander wendet sein Haupt nach links und sieht mich an. Sein damaliges ernstes Gesicht verwandelt sich von innen; sichtbar wird ein lächelndes Gesicht, das ich wiedererkenne als einen bestimmten Anthroposophen, zu dem die gefundenen karmischen Fäden schon geführt hatten.

Ich schaue, wie Christian nach der Versammlung Johannes aufsucht und sich mit ihm versöhnt. Dieser hervorragende Humanist des zwölften Jahrhunderts hatte ihn in einem Brief an einen alexandrinischen Freund ja einmal satirisch als Antichrist bezeichnet. Die damalige Umarmung der beiden sehr unterschiedlichen Kleriker – aus dem heutigen Blickwinkel muss man beide als Platoniker bezeichnen –, die ich schaue, muss ich für den heutigen karmischen Ausgangspunkt und die dort wartenden besonderen spirituellen Aufgaben als etwas Gutes erkennen.

Im Spätsommer 1179 geriet Christian von Buch in die Haft der Grafenbrüder Conrad und Rainer von Montferrat. Sie waren ihm jetzt nach einem Streit, den Conrad mit dem deutschen Legaten gehabt hatte, feindlich gesonnen und hatten sogar mit dem byzantinischen Kaiser Manuel ein schriftliches Bündnis abgeschlossen. Dieser Kaiser wollte den gefürchteten Heerführer sogar umbringen lassen. Er wurde aber von Conrad von Montferrat, dem späteren König von Jerusalem, der in Kontakt mit den Templern stand, nicht getötet, sondern ein ganzes Jahr im Gefängnis gehalten. Rainer von Montferrat war sein Wächter. Erst im September 1180 wurde er gegen hohes Lösegeld freigelassen.

Ich schaue wie Christian in einem Turmraum der Burg Aquapendente sitzt. Er unterhält sich häufig mit einer Frau namens Eugenia, die ich als Schwester oder Verwandte der Grafenbrüder sehe. Er wird gut versorgt und hat reichlich Zeit zum Nachdenken, Lesen und Schreiben, wozu er sich bisher in seinem stürmischen Leben kaum Zeit genommen hatte. Ich halte es für wahrscheinlich, dass Christian von Buch hier die Johanneslegende übersetzt hat. Es bleibt allerdings noch viel zu erforschen.

Vieles andere muss ich in diesem Zusammenhang übergehen, um schließlich ein Bild zu vermitteln, das aber in die Zeit nach seinem Tode gehört.

Es wird wahrscheinlich das Jahr 1190 geschrieben. Die Geistseele des Christian von Buch, Arjuna, schwebt in der seelischen Nähe seines noch inkarnierten Freundes Friedrich von Haussen, dem Minnesänger. Er gehörte seit dem Tode seines Herrn zur Ritterschaft des jungen Königs Heinrich, Barbarossas Sohn. Jetzt aber folgt er dem Kaiser auf dem dritten Kreuzzug. Arjuna sieht seinen Freund zu Pferde, das Gebirgsmassiv des Taurus hinaufreiten. Er sieht, wie sich das Pferd aufbäumt und seinen Kopf hin- und herwirft; der Ritter wird nach vorne rechts abgeworfen. Friedrich von Haussen stürzt mit dem Nacken gegen einen Felsblock und ist auf der Stelle tot. Arjuna sieht eine zarte bläuliche Flamme aus dem geöffneten Munde des Minnesängers aufsteigen. Die Sängerseele entweicht aus dem Mund und nimmt ihren Weg über die Todesschwelle. Dann begegnen sich die beiden Geistseelen, Arjuna nimmt die Freundesseele in seine Geisthülle auf und führt sie zu anderen Begegnungen in der nachtodlichen Welt.

Eine Königin ohne Krone

Im Folgenden komme ich zu einer Inkarnation, die zunächst, wenn ich sie zu den meinigen zu zählen versuche, wohl von vielen Lesern nur als Provokation betrachtet werden wird. Ungeachtet dieses eventuellen Vorwurfs werde ich meine Forschungen, die mich zu der Erkenntnis führten, dass ich die jetzt darzustellende Persönlichkeit war, weiterhin genau schildern.

Wie oben schon erwähnt, bekam ich die ersten imaginativen Hinweise auf eine frühere Inkarnation – die des Ronald B. Dixon im 19. Jahrhundert, auf die ich später zurückkommen werde – als Siebzehnjähriger. Als Einundvierzigjähriger kam die erkenntnismäßige Entdeckung der Inkarnation als Christian von Buch. Dann kam neunzehn Monate später die erste Imagination mit der Bestätigung dieser mittelalterlichen Inkarnation und in derselben Woche hatte ich den ersten Hinweis zu Agamon. Die nächsten Imaginationen brachten Ergebnisse über Ray, Ramischanda und Schamu'radhin. Als ich diese Zusammenhänge fand, wollte ich versuchen, mit Hilfe der geistigen Freunde und Wesenheiten weiter zurück bis in die Zeit Lemuriens zu gelangen. Das gelang. Retana zeigte sich. Von dort aus schuf ich eine Fragesituation, die zum Ziel hatte, jede Inkarnation zu finden und zudem die karmischen Hauptmotive von Inkarnation zu Inkarnation zu verfolgen. Das gelang, und die Leben von Tanamira, Areldingun, Schida Dong und Antonia tauchten auf. Nach Christian von Buch kam ich dann in ein Frauenleben, das ich unmissverständlich während der Schau mit dem der Maria Stuart verbinden musste.

Ich bin absolut ehrlich: War dies in der Meditation zunächst eine reine Erkenntnis, so war ich nach der Meditation doch erstaunt, ja erschrocken. Bis dahin hatte ich überhaupt wenig Kenntnis von dieser Persönlichkeit. Nur ein wenig wusste ich z.B. durch das Drama Friedrich Schillers, den ich früher viel gelesen hatte. In dieser mehrere Stunden dauernden imaginativen Reise kam ich zuletzt nochmals zu Ronald B. Dixon und von dort aus zu meinem heutigen Leben.

Ich entschloss mich, bevor ich in Geschichtsbüchern oder Biographien über Maria Stuart nachzulesen begann, zuerst zu versuchen, rein imaginativ so viel wie möglich aus der Akasha herauszufinden. Es ergab sich aus den vielen Sequenzen eine Art biographischer Überschau: die ersten Kindheitsjahre in Schottland, die Jugendjahre in Frankreich, eine Reise nach Spanien, die dramatischen Jahre in Schottland und dann die Gefängniszeit bis zur Hinrichtung und bestimmte nachtodliche Erlebnisse. Dann ging ich über zu den Büchern und fand, dass das Allermeiste des Erschauten stimmte; einiges musste ich anders beschreiben oder interpretieren und einzelne Erlebnisse konnte ich nicht wiederfinden, wie beispielsweise eine Reise, die, wie ich behauptete, nach Spanien führte. Im Laufe der Zeit musste ich den Maria Stuart-Komplex zunächst liegen lassen. Es wurde mir im Alltag alles zu viel, erschien mir unglaubwürdig, ja geradezu hochmütig und unverschämt, sich so viele geschichtlich bekannte Menschen als eigene Inkarnationen zuzuschreiben.

Als mir die Reinkarnationsreihe durch viele sich gegenseitig stützende Motive aus eigener Forschung und durch Bestätigungen anderer Menschen, die selbst auch über Ereignisse mit mir Karmaübungen gemacht hatten, immer vertrauter wurde, schuf ich die Möglichkeit, das Leben zwischen dem Tode des Christian von Buch und der Geburt Maria Stuarts zu erforschen. Da zeigte sich, warum dieser in der äußeren Welt des Mittelalters wirkende Mensch jetzt zur Blütezeit der Renaissance sich, vor den rosenkreuzerischen Aufgaben des kommenden siebzehnten Jahrhunderts, einem bestimmten Impuls an der Spitze der monarchischen Macht anzuschließen hat. Ich werde versuchen, meine Forschungen über Maria Stuart und ihre Zeitgenossen ohne Vorbehalt zu vermitteln. Ich halte es dann für notwendig, im vierten Teil einige zu ihr gehörende karmische Zusammenhänge über andere Individualitäten nach rückwärts wie vorwärts anzugeben.

Nochmals konnte ich die Geistseele Christian von Buchs erschauen als diejenige Individualität im Geistigen, die ich von Anfang an als Arjuna bezeichnet habe. Ich konnte eine Situation verfolgen, in der sie sich, umgeben und getragen von höheren Wesenheiten, in einer Art Übergang von der letzten Inkarnation zur nächsten befindet. Ich schaute diesen Teil des ganzen Vorganges zuerst von außen, dann konnte ich erleben, dass er zu mir gehörte und ich konnte dadurch alles als etwas gegenwärtig Anwesendes erleben.

Diese Geistseele hat, auf der Brust deutlich erkennbar, ein für die physische Welt gemeintes Werkzeug um den Hals hängen. Als eine Art Symbol hängt mir das Messer aus dem Leben des Christian von Buch um. Dieses Messer wird mir von meinem Engel abgenommen und alle Kräfte, die damit zusammenhängen, werden von mir entfernt. Mein Engel bekommt dann etwas anderes in die Hände. Er hängt mir ein neues Realsymbol um den Hals: eine rote Rose. Ich komme durch diese Handlung zu der Erkenntnis, dass mich im bevorstehenden Leben als Frau andere Verhaltensweisen und Schmerzerlebnisse erwarten.

In einer anderen Situation stehe ich von geistigen Wesenheiten und denjenigen Individualitäten umgeben, denen ich in der kommenden Inkarnation neu begegnen muss und denen, die mir die entsprechenden Schmerzen zufügen werden. Aus dem Inneren meines Wesens wächst von unten nach oben eine Kraftsäule, die auf dem Kopf in einer Art Kronenschmuck endet. Ich entdecke sofort, was in mir vorgeht, und ich kann das, was als ein monarchisches Symbol auf meinem Kopf entsteht, nicht als meinen Impuls erkennen. Sogleich hebe ich die Hände und versuche, die Krone nach hinten abzuwerfen. Damit will ich sagen, dass ich die Monarchie als solche, mit der ich im Mittelalter rechtmäßigerweise in Verbindung gestanden hatte, nicht mehr unterstützen möchte. Ich empfange aber von dem geistigen Umkreis, der in der beschriebenen Art in mir wirkt und sich imaginativ zeigt, die Einsicht, dass jetzt die Zeit bevorstehe, in der einige Individualitäten versuchen können, die Monarchie von innen her umzuwandeln. Weil ich als Christian von Buch im Falle der Krönung Heinrichs VI. damals die karmischen Befugnisse überschritten und mitgewirkt hatte an der Befestigung der Monarchie bis zu einer Erbfolge, die nicht hätte eintreten sollen, kann ich jetzt dieses Karma selber auf meine nächste Person übernehmen.

Mehrmals wächst die Krone auf meinem Haupt von innen heraus und jedes Mal werfe ich sie nach hinten zurück. Ich erkenne diesen Vorgang als einen langwierigen, der mir als Geisteskampf sehr schmerzhaft ist. Ich erkenne, dass ich mich aus karmischen Gründen im nächsten Leben zwar mit dem betreffenden Umwandlungsversuch befassen muss, aber nicht selber inmitten der Ereignisse zu stehen brauche. Ich kann meine freien Gedanken benutzen, um im Gespräch mit anderen Individualitäten und den höheren Wesen zu entscheiden, welche Position ich in der betreffenden Konstellation wählen soll. Daraufhin akzeptiere ich die Wahl der geistigen Symbolsituation mit der Krone als eine für mich mögliche physische Zukunftssituation und überlasse mich dann den Händen der geistigen Welt, die die entsprechenden Vorbereitungen dazu trifft.

In einer Unterweisung erfahre ich, dass das sich auf Erden schon seit dem Mittelalter weiterentwickelnde esoterische Christentum, jetzt Rosenkreuzer-Strömung genannt, im kommenden siebzehnten Jahrhundert durch bestimmte Maßnahmen in die Öffentlichkeit treten soll. Meine karmischen Genossen und ich erhalten die Aufgabe, von der Oberschicht der europäischen Gesellschaften ausgehend, durch eine besondere Konstellation der verschiedenen Königshäuser der katholischen Kirche neue Impulse zugunsten ihrer Entweltlichung zu geben.

Der Impuls geht dahin, die europäische Gesellschaft auf das Rosenkreuzertum vorzubereiten.

Im Nachhinein bin ich darauf gekommen, dass sich einige Individualitäten, mit denen ich karmisch verbunden war, in dieser geistigen Fragesituation vor dem Maria Stuart-Leben von der gemeinsamen Aufgabenmöglichkeit fern gehalten haben. Dadurch mussten andere Individualitäten deren Positionen übernehmen. In dem geschichtlichen Prozess kann man von diesem Hintergrund zunächst vielleicht nur sehr wenig wiederfinden. Vieles von dem, was aber wahrscheinlich scheiterte, versuche ich heute aus dieser Perspektive zu verstehen.

Noch eine andere Imagination hatte ich, die ich in diese »Zeit« einzuordnen versuche. Ich habe mich in der nachtodlichen Situation erschaut, wie ich, mit meinem Freund »Friedrich von Haussen« sozusagen zur Linken und tausenden anderer Individualitäten einen großartigen Unterricht mitgemacht habe. Ich erkannte diese Situation als zu dem gehörend, was Rudolf Steiner als die »geistige Michaelschule« beschrieb, in welcher der künftige Zeitgeist Michael, mit seinen aus freiem Wollen entschlossenen Mitarbeitern, während mehrerer Jahrhunderte in der Geistwelt bestimmte Zukunftsaufgaben entwickelte. Ich möchte diesen Vorgang wie folgt beschreiben:

Es gibt einen von allen Seiten offenen Licht-Substanz-Raum, zu dem alle Menschenindividualitäten Zugang haben. Man sitzt gleichzeitig sozusagen nebeneinander in Reihen, wie auch ineinander und übereinander, während man teilnimmt an dem, was unterrichtet wird. Jeder hat in seine beiden Hände zwei Substanzen verschiedener Herkunft empfangen, die sich mit den griechischen Begriffen »Alpha« und »Omega« bezeichnen lassen. Die eine Substanz kommt aus der Vergangenheit, die andere aus der Zukunft. Ich spürte diese Substanzkugeln, die uns von den Engeln in die Hände gelegt wurden, als etwas wie kraftausstrahlende Samen. Die jedem in gleicher Weise gestellte Aufgabe war, die Kugeln miteinander zu verbinden. Und zwar solchermaßen, dass die Vergangenheit mit der Zukunft eine den Substanzen entsprechende neue Form erhielt, so dass diese Verbindung einmal auf dem irdischen Plan sichtbar werden könne. Für die irdische Vorstellungsweise ließe sich dieser Prozess vergleichen mit der Aufgabe, Wasserstoff und Sauerstoff in einer ihnen gemäßen Weise miteinander zu verbinden; das Ergebnis wäre, dass sie ihren gasförmigen Zustand aufgeben und zu

Wasser werden. – So erkannte ich, dass diese geistige Plastizierarbeit neben anderen Aufgaben lange Zeit hindurch von Michael und seinen Heerscharen für Menschengeister zwischen den Inkarnationen zur Verfügung stand.

Durch diese Imagination wurde mir klar, dass nicht nur diejenigen Individualitäten, die mit Rudolf Steiner am ersten Goetheanum in Dornach irdisch mitbauten, sondern auch viele andere, die damals nicht inkarniert waren, an der geistigen Vorbereitungsarbeit teilgenommen hatten. In den künstlerischen Gestaltungen des ersten Goetheanumbaus wurde für kurze Zeit – bis die Brandstiftung in der Silvesternacht 1923 alles vernichtete – dasjenige sichtbar, was in der geistigen Michaelschule in der oben beschriebenen Art geübt worden war.

In großartigen Imaginationen, die mir gegeben wurden, konnte ich den weiteren Weg der Individualität Arjunas verfolgen, als sie sich für die nächste Inkarnation vorbereitete.

Ich stand bei ihr und erlebte mich als sie in dem Moment, da sie eine höhere Sphäre verlassen sollte, um den Abstieg zur Erdensphäre anzutreten. Sie stand balancierend auf einer kleinen blauen Kugel, die sie unbeschreiblich anzog, öffnete die Arme und Hände nach oben und ließ die umfassende Sternenweisheit in sich einströmen. Den dann folgenden Augenblick kann ich aber nicht in angemessener Weise wiedergeben. – Ich stehe als Arjuna in dem Sternen- und Planetenlicht und schaue hinunter auf die wunderschöne funkelnde Kugel unter meinen Füßen. Dann entdecke ich das Verhältnis zwischen mir und dieser Kugel: Es ist die Erde! Ich bin ein kosmischer Mensch! Ich möchte dorthin gehen, um die erhabenen Kräfte der geistigen Welt auf der Erde zu offenbaren.

Dann folgt der Abstieg, der zugleich ein Verkleinerungsprozess ist. Arjuna wird von Wesenheiten der höheren Hierarchien sozusagen durch einen Tunneltrakt, der nach unten hin immer schmaler wird, hinuntergepresst. Mir kam der Gedanke, dass die Engelwesenheiten den sich inkarnierenden Menschen wie in einer Traubenkelter mit ihren Füßen zertreten. Es ist ein schmerzlicher, aber glücklicher Prozess. Am Ende des Traktes tritt ein neuer »Jahrgang« des Arjuna hervor mit seinem individuellen Engel als Beschützer seines »Wesensmarkenzeichens«.

Ich schaue ein Zimmer mit einem Bett, in dem ein Mann und eine Frau sich in Liebe begegnen. Am Ende des Bettes steht der Engel mit einem kleinen Arjuna, den er in seiner Seelenwärme hütet. Nach den vorigen von unglaublicher Wärme und Lichtfülle durchwobenen Imaginationen folgt eine Imagination, in der die irdische von draußen kommende Kälte mit Nebel und Wind mich in einem Schlosszimmer in Schottland im Hier und Jetzt schier zum Erfrieren bringen. Ich schaue eine Geburt, von der die Menschen, die anwesend sind, viel erwarten. Das Kind ist umschwebt von der Frage: »Was erwarten denn die Menschen von mir? Ich verstehe es nicht. Ich habe etwas Wichtiges vergessen. Ich habe das Gefühl, als ob es schon zu spät ist, das Richtige zu tun.«

Ich verfolgte dann in vielen Imaginationen das heranwachsende Mädchen mit dem Namen Maria durch verschiedene Erlebnisse in einem Schloss, in der Natur, in einer Klosterkirche, in einem Schiff, unter schön gekleideten Menschen und großen Pferden in einem fremden Land, das ihr zur Heimat wurde; dazu eine Liebesbeziehung, eine geheime Reise nach Spanien, die Rückkehr nach Schottland, Tanz und Musik in verschiedenen Schlössern, dramatische Ereignisse und Kampfszenen, eine Begegnung mit einem kritischen Pfarrer, Fluchtszenen, Menschen, die zu Hilfe kommen, Ereignisse in der Gefangenschaft bis zur Hinrichtung und Erlebnisse nach dem Tode. Ich werde diese Imaginationen erzählen.

Die kleine Maria ist etwa vier Jahre alt; um den Hals trägt sie ein Schmuckstück. Sie fühlt sich in den großen Zimmern zu Hause, in denen ihre Mutter, die Königin, und andere liebe Frauen immer auf sie aufpassen. Ihr älterer Bruder James ist auch in der Nähe. Sie denkt an ihren schon kurz nach ihrer Geburt verstorbenen Vater, den sie nur auf einem Gemälde gesehen hat. Es kann sein, dass ein Bild ihres Vaters in das Schmuckstück auf ihrer Brust gemalt ist. Ich konnte es nicht direkt herausfinden. Maria geht durch nicht erleuchtete Zimmer zu einem Trakt des Gebäudes, den sie eigentlich nicht betreten darf. Sie weiß, dort ist das ehemalige Zimmer des verstorbenen Königs, ihres Vaters, der sie liebt, auch wenn er nicht da ist.

Lange steht sie in dem dunklen Zimmer und versucht die Gesichter auf den dunklen Gemälden zu erkennen. Da steht plötzlich James bei ihr und sagt: »Du weißt ja, Maria, dass es nicht erlaubt ist, hier zu sein. Weil ich der zukünftige König sein werde, musst du mir für dieses Vergehen gleich etwas bezahlen.« Er sieht sie streng an und nimmt ihr mit einer raschen Bewegung den Schmuck ab. »Jetzt gehört es mir und du darfst keinem sagen, warum ich es von dir bekommen habe, dann werde ich nicht verraten, dass du unerlaubt hier gewesen bist.« Damit verschwindet er schnell aus dem Zimmer und lässt sie allein zurück. Sie sinkt weinend zu Boden und bleibt da sitzen, bis ihre Mutter sie nach einiger Zeit findet. Sie möchte der Mutter nicht erzählen, warum sie so traurig ist.

Es ist der Tag des Abschieds von der Mutter. Maria soll ihre Verwandten im Heimatland ihrer Mutter besuchen. Den eigentlichen Grund für die in Schottland geheim gehaltene Reise kennt sie nicht. Sie freut sich darauf, so viel Neues erleben zu können. Ihrem Herzen ist immer wohler zumute, wenn sie draußen in der sonnenlichten Natur ist, als in den dunklen und kalten Gemäuern. Und auf dieser Reise muss sie viel draußen sein. Einige Tage weilen sie in einem Kloster auf einer kleinen Insel in einem See. Der alte Mann, den die Erwachsenen den Abt nennen, ist so nett. Mitten in der Nacht, als sie nicht schlafen kann und durch ein Fenster sieht, dass die Mönche mit Kerzen in die Kirche ziehen, geht sie dorthin, versteckt sich in einer Seitenkapelle und hört dem schönen Gesang zu. Sie schläft auf dem Boden ein und als der Abt sie am Morgen findet und sie fragt, warum sie dort geschlafen hat, zeigt sie mit der Hand auf ein Bild und sagt: »Die Gottesmutter hat mir erlaubt, bei ihrem Kind zu sein.« Der Abt sagt nichts, er wird auch nicht böse. Das tut ihr im Herzen wohl.

Als sie an Bord des Ruderbootes gehen soll, ruft ein in Eisenketten sitzender Ruderer ihr zu: »Du kleines Symbol des alten Aberglaubens, dich möchte ich gern nach Frankreich hinüberfahren, damit unser Land einmal frei werden kann.« Der Mann wird von den Wächtern durch Schläge zum Schweigen gebracht. Später in ihrem Leben wird Maria demselben Mann als ihrem Glaubensfeind John Knox wiederbegegnen.

Mehrere Situationen aus der weiteren Kindheit und Jugend übergehe ich hier. Von den verschiedenen Beziehungen zu Menschen am Hofe der Katharina von Medici möchte ich nur eine Episode mit ihrem Gemahl, König Franz II. von Frankreich, erzählen. Es ist immer behauptet worden, dass sie wegen seiner Krankheit, an der er etwa ein Jahr nach der Heirat starb, keine sexuelle Beziehung hatten. Ich habe folgendes Erlebnis erschaut: Das frisch verheiratete Ehepaar reitet auf seinen Pferden zu einer Wiese, auf der sie schon als Kinder gespielt haben. Die Pferde lassen sie frei grasen. Das hohe Gras ist von vielen Blumen aller

Arten durchdrungen. Die Wiese dehnt sich im Sonnenlicht zwischen einem Hügel und einem Tal. Die zwei Liebenden spazieren Hand in Hand zu einem einsamen großen Baum hinauf. In dessen Schatten, vom Gras umhüllt, begegnen sie sich mit einer Liebe, die sie in ihrem damaligen Leben nie vergessen wird und die er durch die Schmerzen der Krankheit und durch den Tod bis in das nächste Erdenleben hinein mit sich tragen wird. – Maria Stuart erlebte durch die Liebe zu diesem Menschen und durch die Begleitung seiner Schmerzen und seines Todes etwas, an das sie all die Jahre der eigenen Gefangenschaft in England immer wieder gedacht hat. Es waren solche Gefühle, die auszudrücken sie sich fast nicht gestattete.

Nach Franz' Tod wurde über eine Heirat mit dem spanischen Prinzen Don Carlos gesprochen und verhandelt. Elisabeth von Valois – eine Tochter der französischen Königin Katharina von Medici und spätere dritte Gemahlin des spanischen Königs, Philipp II., des Vaters von Don Carlos – war eine Jugendfreundin Marias gewesen. Ich habe erschaut, wie Maria Stuart wahrscheinlich im Frühjahr 1560, einige Monate vor der Rückfahrt nach Schottland, eine geheime Reise nach Spanien unternimmt. Auf halber Strecke macht die kleine Gruppe Halt in einem Kloster der sogenannten »Grauen Brüder« in Südfrankreich. Maria wird von einem Mönch gut bewirtet, sie können dort übernachten und bekommen neue Pferde.

In Spanien unterhält sie sich mehrere Tage lang mit Elisabeth. Sie weilen in einem kleinen Schloss, das sich, so behaupte ich, in der Nähe der Ostküste befindet. Die jungen Frauen baden zusammen und unterhalten sich über die Herren, die zu Besuch kommen. Elisabeth, die schon viel Lebenserfahrung hat, erzählt und zeigt Maria, wie man mit den Männern im Bett umgehen soll. Sie spielen beide im großen Himmelbett, sie seien »krank«, wenn Don Carlos und König Philipp zu Besuch kommen, können aber die Herren, die nacheinander einzeln in das Zimmer kommen, nicht von sich fern halten. – Einige karmische Hintergründe zwischen Maria, Elisabeth und Don Carlos werde ich später beschreiben.

Wie sich diese Spanien-Reise in die bekannten zeitlichen Fakten der Biographie Maria Stuarts einordnen lässt, weiß ich nicht. Später bei der Lektüre der zwei großen Biographien – von Antonia Fraser und Michel Duchein – sah ich, dass die Verifizierung schwierig sein wird. Ich weiß nur, dass ich die geographische Positionsbestimmung in der Forschungssituation genau durchgeführt habe und meine, dass ich mich dabei nicht geirrt habe: Es hat eine solche Begegnung zwischen den vier Personen in dieser Art gegeben.

Weil mich das weitere Leben der Maria Stuart in Schottland und England aufgrund von Umständen, die ich später kommentieren werde, noch heute sehr stark berührt, möchte ich viele Ereignisse, die ja geschichtlich sehr bekannt sind, einfach übergehen. Auf ihr Verhältnis mit James Hepburn, Earl of Bothwell, und auf den Mord an Henry Stuart, Lord Darnley, ihrem zweiten Ehemann, werde ich jedoch im vierten Teil dieses Buches zurückkommen. Das Verhalten John Knox' ihr gegenüber war nicht einfach, wird aber meines Erachtens in negativer Richtung überinterpretiert.

Ich habe einen seiner Besuche bei ihr imaginativ wiedererlebt. Die Beiden stehen vor einem Gebäude und sprechen über Glaubensfragen. Knox versucht in freundlicher Art sie von der katholischen Messe abzuhalten. Sie widerspricht ihm ebenso freundlich, aber bestimmt, wendet sich um und steigt die Freitreppe hinauf. Sofort begleitet er sie einige Absätze weit. Sie lässt sich nicht von seiner Intensität beeinflussen, sondern wechselt das Thema und lädt ihn zum Teetrinken ein. Er bewahrt die Ruhe, bleibt auf der Treppe stehen, lehnt die Einladung dankend ab, verbeugt sich hochachtungsvoll und geht die Treppe wieder hinunter.

Um allen Zweifeln gerecht zu werden, die ich selbst der Erkenntnis meines Zusammenhangs mit der Persönlichkeit der Maria Stuart gegenüber hegte, wollte ich so detailliert wie möglich die Hinrichtung am 8. Februar 1587 auf Schloss Fotheringhay schauen und wiedererleben. Dies zu tun, war eine besondere geistig-seelische Arbeit.

Ich verfolge, wie sie, wegen ihres Rheumatismus auf zwei Krücken gestützt, in die große Halle geht. Nach mehreren Zwischenfällen – die Dienerinnen fangen z. B. an zu weinen – wendet sie sich um und sieht ihre beiden Henker an. Sie tragen schwarze Kapuzen über den Kopf gezogen, in denen nur Löcher für die Augen sind. Maria werden die Augen mit einem Taschentuch verbunden. Sie kniet nieder und möchte sich mit dem Kopf nach hinten auf den Richtblock legen. Sie wird aufgefordert, sich umzuwenden. Das tut sie und nach erneuten Zwischenfällen stellt sie sich auf den Todesschlag ein. Sie weiß in diesem Moment nicht, von welcher Seite der Beilschlag kommen wird, da sie nicht weiß, auf welcher Seite der Henker steht und auf welcher Seite sein Helfer. Dann kommt der erste Schlag von links. Sie merkt aber, dass sie noch lebt.

Dann erinnert sie sich an die schwarzen Henkergesichter mit den offenen Augenlöchern und weiß sofort, wo sie diesen zwei Männern früher begegnet war. Sie weiß plötzlich, dass sie selbst in einem früheren Leben als Statthalter namens Ray in Nubien gelebt hat und als solcher einmal zwei Nubier, die von den ägyptischen Oberherren wegen Diebstahls angeklagt waren, zum Tode verurteilt hat. Jetzt weiß sie aber, dass die beiden damals unschuldig ihr Leben lassen mussten. Als sie dieser Erinnerung nachgeht, fallen noch zwei Schläge, bis die Enthauptung vollzogen ist.

Ich konnte die Schmerzen und Gefühle in diesem imaginativen Vorgang bis in meinen physischen Leib miterleben. Ich wollte aber, während ich jeden Schritt in der Handlung verfolgte, gleichzeitig die zwei Henker suchen durch die Frage nach ihren heutigen Identität. Ich bat Christus, mir die Imagination rückwärts zu bewegen und die Stelle, bei der Maria den Henkern in die Augen schaute, zu wiederholen. Es wurde mir alles noch einmal so gegeben, dass ich die zwei früheren Nubier, die späteren Henker, sodann in meinem jetzigen Erdenleben wieder finden konnte. Diese Erkenntnis warf ein gnadenvolles Licht auf viele Episoden in meinem heutigen Leben, in dem ich mit diesen wiederverkörperten Henkern viele schöne Erlebnisse hatte. Daraufhin ging die Imagination nochmals weiter und ich erlebte auch die Hinrichtung ein zweites Mal.

Nach dem Tode bleibt »Maria« als Arjuna in der Nähe ihrer Freunde und versucht, deren Schrecken, Leiden und Trauer zu erleichtern. Sie kümmert sich um ihren kleinen Lieblingshund, der sich unter ihrem Unterrock versteckt hatte und nun völlig verstört ist. Sie schaut, wie der Hund, dessen Fell von ihrem Blut getränkt ist, viel Chaos unter den anwesenden Menschen anrichtet. Sie »weint« ihren Hund an, bis er durch verständnisvolle Menschen vom Leben befreit wird.

Dann wird sie von anderen Verstorbenen und höheren Wesenheiten »abgeholt«. Sie wird in ein geistiges Lichtboot gelegt und von diesem nach »oben« getragen. In diesem Schiff »liegend« macht sie ihren Rückblick auf das letzte Leben durch. Ich empfange ihre ersten Gedanken, nachdem sie die innere Ruhe nach der grausamen Hinrichtung wiedererlangt hat. Sie sprach an ihre geistige Umgebung folgende Bitte aus: »Ich möchte in einem nächsten Leben fern von jeglicher weltlichen Aufmerksamkeit ganz anonym leben.«

Ich verfolgte das Leben der »Maria Stuart« nach ihrem Tode weiter. Von unten schaute ich aus dem irdischen Blickwinkel das sich während der nächsten Jahrhunderte langsam nach oben bewegende Lichtschiff. Es warf nach unten auf die Erdoberfläche eine Art Lichtschatten, der sich langsam über Europa ausbreitete. Aus diesem Lichtschatten heraus, so musste ich feststellen, haben die Dichter von Brantôme bis Schiller gedichtet.

Ein Musiker, Quäker und Eisenbahningenieur, der unter die Indianer aufgenommen wurde

Die Ereignisse des nächsten Lebens habe ich nur aus Imaginationen bekommen. Bis heute habe ich nicht nach geschichtlichen Dokumenten geforscht. Es lebte in Amerika bis Anfang der 30er-Jahre ein berühmter Anthropologe und Indianerforscher fast gleichen Namens, Ronald Burrage Dixon. Wahrscheinlich ist er ein jüngerer Verwandter von Ronald Baltimore Dixon, dessen Biographie ich hier verfolgen möchte.

In Dublin, der Hauptstadt Irlands, wurde etwa im Jahre 1843 in der Famile Dixon ein Knabe geboren. Als der kleine Ronald Fünf ist, wandert die Familie nach Amerika aus. Ich habe erschaut, wie der Kapitän des Ozeandampfers dem kleinen Jungen erlaubt, kurz das Schiff zu steuern. Er unterhält sich mit den Seeleuten und darf auch mit in den Maschinenraum. In Boston angelangt, lädt der Kapitän Ronald mit seiner Familie ein in eine Kneipe im Hafen, zu der Ronald später in seiner Jugend oft zurückkehrt, um dem Kapitän und seinen Seeleuten zu begegnen.

Während der Jahre, in denen Ronald zur Schule geht, wohnt die Familie in der Nähe Bostons, weil sein Vater bei einer Schiffsgesellschaft angestellt ist. Später, als er in einer Eisenbahngesellschaft tätig wird, ziehen sie mehrmals weiter nach Westen um. Ronald muss zur Schule gehen. Viel lieber aber verbringt er seine Zeit in einem Zirkus. Vermittelt durch eine alte Frau, die Nachbarin der Familie, freundet er sich mit einem Tierwärter und Tierbändiger an. Die Nachbarin händigt ihm Pakete mit Kuchen und Nahrungsmitteln aus, die er dem Wärter geben soll. Vielleicht ist er ein Sohn dieser Frau. Der Wärter ist stumm, und Ronald wagt nie, die Frau näher darüber zu befragen.

Als Ronald achtzehn Jahre alt ist und sein Vater in der Eisenbahnverwaltung arbeitet, muss die Familie mit mehreren Pferdewagen einen Umzug nach Westen durchführen; dabei werden sie von Indianern überfallen. Ehe Hilfe durch Soldaten kommt, die die feindlichen Indianer in die Flucht schlagen, wird Ronalds Schwester von einem Pfeil getötet. Sie war eine tüchtige junge Geigerin gewesen, von der die Eltern viel erwartet hatten. Ronald fühlt sich mitschuldig an ihrem Tod, weil er sie zu dem Umzug, den sie aus eigenem Antrieb nicht unternehmen wollte, überredet hatte.

Ronald, der für sich eine andere Laufbahn ausersehen hatte, setzt sich von nun an nur noch für die Musik ein. Er übernimmt die Violine seiner Schwester und sucht ihre Musikerfreunde in Boston und New York auf. Er findet einen alten und einflussreichen Geigenlehrer, der ihn zum Virtuosen ausbilden möchte. Einige Jahre macht er freudig die Musikschule durch, dann aber, eines Tages mitten in einer praktischen Spielprüfung, wird ihm blitzartig klar, dass er das falsche Instrument spielt. Sofort legt er die Violine auf einen Stuhl, entschuldigt sich und zum großen Erstaunen der Mitschüler und zur Blamage für seinen Lehrer verschwindet er unverzüglich und setzt keinen Fuß mehr in diese Schule.

Er sucht stattdessen einen Klavierlehrer auf, den er bei einem Konzert kennen gelernt hat. Der nimmt ihn auf und bald schon ist Ronald sein liebster Schüler. Es kommt der Tag von Ronalds erstem Solokonzert. Er spielt wahrscheinlich Haydn-Sonaten. In dieser Imagination konnte ich, durch Ronalds Verhalten beim Spiel, zwar die innere Bewegung der Musik innerlich mitmachen, nicht aber die äußere Musik hören. Der Zeitpunkt dieses Konzerts ist um das Jahr 1864. Mitten während des Konzerts spürt Ronald plötzlich in seinen Händen einen merkwürdigen Schmerz. Er versucht weiterzuspielen, aber seine Finger werden immer steifer und zu seiner Verzweiflung muss er das Spiel unterbrechen. Sein Lehrer entschuldigt ihn vor dem erstaunten Publikum und sagt, es werde eine kleine Pause geben. Statt der Pause aber musste das Konzert abgebrochen werden, weil die Lähmung in Ronalds Händen nicht verschwand, weder in den nächsten Tagen noch in den nächsten Wochen. Die Ärzte konnten ihm nicht helfen.

In seiner Verzweiflung folgt er dem Rat seines Vaters, in die Dienste der Eisenbahngesellschaft einzutreten. Während des immer noch andauernden Bürgerkrieges hatte er viele seiner besten Mitarbeiter als Soldaten sterben sehen müssen. Ronald hatte sich von diesem Krieg und allem, was damit zusammenhing, durch verschiedene Maßnahmen fern gehalten. Jetzt sieht er keinen anderen Ausweg, als seinem Vater als Nachtwächter an der Eisenbahnlinie zu helfen. Als er nach einigen Monaten merkt, dass die Lähmung seiner Hände verschwindet, bemerkt er auch, dass die Sehnsucht, Konzertpianist zu werden, nicht mehr in seiner Seele lebt. Er beschließt, bei seinem Vater zu bleiben. So findet er durch praktische Arbeit in den nächsten Jahren seinen Beruf als Eisenbahningenieur. Er wird Kartenzeichner und arbeitet mit an der praktischen Bestimmung des Schienenverlaufs und den dafür nötigen Vermessungen in der Landschaft. So vergehen für ihn mehrere Jahre, die er selbst aber in eher mürrischer Grundstimmung erlebt.

Seine einzigen Freunde findet er bei den Quäkern. Schon als junger Musiker hatte er in einem Quäker namens William einen Musikerfreund gefunden. Dieser äußerte seine Kritik in Bezug auf manches in Ronalds praktischer Eisenbahnarbeit, weil er mit vielen Indianern persönlich befreundet war. Unter den Quäkern in Amerika war es seit den Zeiten William Penns Tradition geworden, sich mit der Sache der Indianer zu identifizieren. Ich schaute, wie Ronald sich mit dem älteren William im Garten seiner weiß gestrichenen Villa unterhält und wie er in der Menschengemeinschaft der Quäker das innere Licht sucht, das in der einzelnen Seele durch gemeinsames Schweigen von Gott entzündet werden kann.

William hat eine Verlobte, die Kindergärtnerin Siwe. Sie ist eine leidenschaftliche Gegnerin des Eisenbahnausbaus durch ein bestimmtes Indianerreservat friedlicher Lakotas in der Nähe ihrer Stadt. Sie versucht durch Ronald die Leitung der Eisenbahngesellschaft, in der sein Vater sitzt, dazu zu bewegen, eine andere Strecke um das Reservat herum zu wählen. Sie setzt sich ein für eine Unterschriftenkampagne, die aber die festentschlossenen Herren überhaupt nicht beeindruckt. Ronald, der neutral sein möchte, kann nichts dafür oder dagegen tun.

Dann kommt das tragische Ereignis, dass Siwe sich vor eine Lokomotive wirft und ihr Leben für die Sache der Indianer opfert. Ronald kennt den Lokomotivführer namens Marcus persönlich. Alle, besonders aber Marcus, trifft dieses Ereignis sehr. William versinkt nach dem Tode seiner Geliebten in eine tiefe Depression, aus der er sich sein Leben lang nicht mehr zu erheben vermag. Er möchte sich für die Sache der Indianer einsetzen, findet aber keine Kraft dazu. Er kann die Tragik dieser Ureinwohner nur innerlich weiter mitbegleiten.

Ronald wird in derselben Zeit mit dem Auftrag betraut, mit den Lakotas über die Bahnstrecke durch ihr Büffelland zu verhandeln. Er steht dann am Verhandlungstag dort, wo die Schienen aufhören. Einige hundert Meter hinter ihm wartet die Leitung mit den Arbeitern im Lager. Ronald trägt Geld in der Tasche und hält in der rechten Hand die Karte, die er selber als einen neuen Kompromissvorschlag ausgearbeitet hat. Langsam kommt von Westen her eine kleine Gruppe Indianer angeritten. Sie halten vor ihm an, bleiben aber auf den Pferden sitzen. Ronald grüßt sie und wird vom Häuptling in der fremden Sprache zurückgegrüßt. Ein Indianer übersetzt alles ins Englische. Ronald spricht in seiner Sprache weiter und erklärt, was auf der Karte eingezeichnet ist und sagt, dass die Weißen bereit sind, einen viel höheren Geldbetrag als sonst üblich zu bezahlen. Der Häuptling sagt, sie hätten kein Interesse am Geld des weißen Mannes. Sie möchten weiterleben, wie sie in diesem Lande immer gelebt haben. Der Häuptling mit dem Namen Gerasawak macht eine kleine Bewegung mit seiner Hand auf das Gewehr, das an seiner Schulter hängt. Der Dolmetscher erklärt, der Name seines Häuptlings bedeute »Derjenige, der mit Feuerwaffen schießt«.

In diesem Moment erlebt Ronald, wie sein Herz in einer ganz anderen Weise berührt wird als von der Musik oder der Quäkerversammlung. Was ist das? Er schaut die Indianer an, sieht ihre ernsten und melancholischen Gesichter und die tiefen, dunklen Augen. In ihm reift der Entschluss: »Ich möchte mein Leben für diese Menschen einsetzen. Das ist meine Lebensaufgabe.« Zur Überraschung der Indianer reißt Ronald plötzlich die Karte entzwei und wirft sie auf den Boden indem er sagt: »Ich verstehe eure schwierige Situation. Lasst uns in Frieden zusammenleben. Ich werde nicht mehr für die Eisenbahn arbeiten. Ich möchte ein Vertreter eurer Sache werden.« Die Indianer glauben ihm, steigen von den Pferden und setzen sich mit Ronald auf den Boden, um die Friedenspfeife zu rauchen. Die Eisenbahnleitung versteht bald, was geschehen ist und es gelingt seinem Vater nicht, ihn zurückzugewinnen.

Ronald bricht aus seiner europäischen Lebensweise aus und tritt von nun an in engen Kontakt mit den Indianern. Er wird dem Stamm von Gerasawak vorgestellt und findet viele neue Freunde. Er lernt ihre Sprache und sein Umschwung wird von vielen anderen Stämmen wahrgenommen, die ihn auch als Unterhändler gegenüber den Weißen verpflichten möchten.

Der Medizinmann Takatimas aus einem anderen Lakotastamm nimmt ihn als Lehrling auf. Eines Tages geht Ronald mit ihm zu einem Berg, wo er ihn über die Götter der Elemente unterrichtet. Takatimas macht ein Feuer und durch eine Tierhaut gestaltet er aus dem Rauch verschiedene Zeichen. Ronald fragt ihn, was für einen Bericht er hinausschicke. »Ich verkünde dem Geist der Luftbewegungen, ich verkünde dem Geist, der das Wetter schafft, deinen Namen. In unserer Sprache heißt du Ariloma, der Friedsame.«

Für Ronald wird dieses Gespräch mit Takatimas auf dem Berg zu einer kleinen Initiation. Er versteht, dass sein Name jetzt in der nächsten Zeit von immer neuen Indianern aufgenommen wird. Er erlebt von nun an, dass wohin er auch kommt – bis nach Kalifornien – die Menschen schon von seinem Kommen wissen. Er lernt verschiedene Indianervölker mit ihrer unterschiedlichen Kultur und Sprache kennen. Bei den Hopi lebt er sehr gern und unter die Maidu und die Schasta-Akkomawi in Kalifornien wird er gleichfalls aufgenommen.

Überall wo er hinkommt, nimmt er kleine Dinge aus der westlichen Welt mit, die er als Geschenke unter die Indianer verteilt. Er bringt etwas für die Kinder, für die Frauen und für die Männer mit. In einem Hopistamm verliebt sich ein Häuptling in seinen weißen Hut. Den möchte er sehr gern haben. So tauscht Ronald/Ariloma den Hut gegen ein schönes auf Tierhaut gemaltes Bild, das einen alten Schöpfungsmythos darstellt.

Zu diesem Stamm gehörend lebt ein Indianer allein in der Einöde. Ariloma entwickelt zu ihm eine enge Freundschaft. Es zeigt sich aber, dass der Mann eine verkleidete Frau ist, die in der Einsamkeit, weil es in der Siedlung nicht gestattet ist, Bücher der Weißen zu verstehen versucht. Ariloma fängt an, sie Englisch zu lehren. Sie hat aber das dringende Bedürfnis, Bücher aus dem Land im Osten jenseits des großen

Ozeans zu bekommen. So entsteht die besondere Situation, dass der ehemalige Musiker aus Boston, der in Europa geboren ist, an der amerikanischen Ostküste Indianergegenstände verkauft, um seiner Freundin in der Einöde Bücher z. B. von Goethe zu geben und vorzulesen.

Als Ariloma mit Takatimas eine Zeit verabredet hat, den Unterricht zur eigentlichen Medizinmann-Einweihung fortzusetzen, empfängt er die dringende Bitte von Gerasawak, zu ihm zu kommen. Er verabschiedet sich von Takatimas, gelobt ihm, dass er wiederkommen werde, sobald die Angelegenheit erledigt ist. Sie werden sich aber nie mehr wiedersehen, weil Ronald in Ereignisse verwickelt wird, die ihn viel Zeit kosten. In der Zwischenzeit stirbt Takatimas.

Gerasawak ist nochmals über die Weißen empört. Sie haben ja schon vor vielen Jahren die Eisenbahnschienen durch sein Büffelland gelegt. Nun machen sie vom Zug aus Jagd auf die Büffel, was nur Unruhe und Elend in die Harmonie der Naturordnung bringt. Was kann Ariloma für seinen Bruder tun? Sein leiblicher Vater ist ja Vorsitzender der Eisenbahngesellschaft. Ronald nimmt Kontakt auf zu seinem Vater, dem er viele Jahre nicht mehr begegnet ist. Sein Vater freut sich, seinen Sohn wieder zu sehen, er kann aber die Cowboys nicht mehr von dieser Jagd abhalten. Ronald reitet selbst in die Gegend und versucht, die Jäger im Zug anzusprechen. Er erntet von einem Mann, den er von früher kennt, aber nur die Drohung, dass er selbst erschossen werde, wenn er sich nicht sofort entferne.

Ronald/Ariloma reitet weg, stellt sich auf eine Anhöhe und wartet. Aus gewissem Abstand sieht er die gejagten Büffel. Dann plötzlich entdeckt er in der Nähe der Büffelherde ein Pferd mit einem Mädchen, das wohl wegen des Staubs nicht gesehen oder begriffen hat, in welcher Gefahr es sich befindet. Ariloma pfeift zu ihr hinüber, aber sie hört ihn nicht. Sie sind zu weit von einander entfernt. Ariloma sieht, wie das Mädchen dann die heranlaufenden Büffel entdeckt. Sie wendet das Pferd, aber in dieser heftigen Bewegung fällt sie herab und bleibt am Boden liegen. Ihr Pferd rennt weg in Richtung der Siedlung Gerasawaks. Rasch, aber vorsichtig nähert sich Ariloma der Stelle, an der das verletzte Mädchen liegt. Er denkt an alles, was er von Indianern über Tiere gelernt hat, er erinnert sich der vielen Situationen, in denen er Vögel im Fluge gezeichnet hat. Er hält sein Pferd an, weil ihm aufgeht, dass er das Mädchen vor den wilden Büffeln nicht mehr retten kann.

Ariloma sammelt sein Bewusstsein von der göttlichen Welt und richtet sein Gefühl auf den Ort, an dem das Mädchen liegt. Er sieht, dass die Büffel um sie herumlaufen. Er sieht, dass die Jäger vom Zug aus viele Büffel erlegen. Er sieht einen verletzten Büffel, der sich sterbend vor das Mädchen legt, als wolle er den kleinen Menschen schützen. Er verfolgt, wie die Büffelherde sich nach Süden verzieht und die Gegend in tödlicher Ruhe zurück bleibt. Nur die aufgeregten Schreie der Jäger durchschneiden die Luft. Ariloma reitet zu der Stelle, an der das Mädchen liegt. Als er sie auf die Arme nimmt, erkennt er sie: Es ist Hawatha, die Tochter und einziges Kind Gerasawaks. Sie wurde von einem Büffelhuf getroffen; sie ist tot!

Ariloma reitet mit dem Leichnam der siebenjährigen Hawatha zu Gerasawak, der schon nach seiner Tochter gesucht hatte. Ihr Pferd war ohne das Mädchen nach Hause gekommen. Unerlaubterweise hatte sie mit ihrem Pferd einen Ausritt gemacht. Gerasawak ist von Trauer und Wut ergriffen. Nun wird er mit eigener Hand Rache üben. So kommt die tragische Situation zustande, dass Gerasawak eines Tages Ronalds Vater mit einem Gewehrschuss tötet. Danach kann Ronald nicht verhindern, dass sein lieber Freund Gerasawak ins Gefängnis kommt, wo er viele Jahre bis zu seinem Tod verbleiben muss.

Ronald Dixon, mit seinem indianischen Namen Ariloma, »der Friedsame«, entdeckt nach diesen traurigen Ereignissen, dass auch sein Lehrer Takatimas gestorben ist. Ich konnte in der Akasha seinen weiteren Weg nicht verfolgen und bekam den Eindruck, dass er sich von der westlichen Welt, in der er geboren und aufgewachsen war, abgewandt und seine Spuren völlig ausgewischt hat, sodass noch heute sein Weg auch in der Akasha schwer zu finden ist. Vielleicht hat er sich unter den Hopi oder den Schasta-Ackomawis niedergelassen. Wahrscheinlicher ist aber, dass er sich eine Indianerfrau genommen hat und mit ihr bis zu seinem Tode – wie ich glaube in den ersten Jahren des zwanzigsten Jahrhunderts – in der Einöde lebte.

IV

Meine Initiation

»Von der Initiationswissenschaft glauben die meisten Menschen, dass sie nur theoretische Wirkungen habe. Sie hat Lebenswirkungen. Und eine solche Lebenswirkung ist diejenige, die ich eben jetzt angedeutet habe. Bevor der Mensch die Initiationswissenschaft hat, ist ihm immer das eine wichtig, das andere unwichtig aus einem dunklen Drange heraus. Der Initiierte möchte sich am liebsten auf einen Stuhl setzen und die Welt ablaufen lassen, denn es kommt nicht darauf an – so könnte es sich bei ihm einstellen –, ob das eine geschieht und das andere unterbleibt und dergleichen, da gibt es dann nur eine Korrektur – es wird ja nicht so bleiben, weil die Initiationswissenschaft auch noch etwas anderes bringt –, da gibt es nur eine Korrektur: zurückblicken in frühere Erdenleben. Da liest er dann aus seinem Karma die Aufgabe für sein Erdenleben ab. Da tut er dann dasjenige, was ihm seine früheren Erdenleben auflegen, bewusst. Er unterlässt es nicht, weil er meint, dass seine Freiheit dadurch beeinträchtigt wird, sondern er tut es, weil er, indem er auf das kommt, was er erlebt hat in früheren Erdenleben, zugleich gewahr wird, was in dem Leben zwischen dem Tod und einer neuen Geburt war, wie er es da als vernünftig eingesehen hat, die entsprechenden Folgetaten zu tun. Er würde sich unfrei fühlen, wenn er nicht in die Lage kommen könnte, seine sich ihm aus dem vorigen Erdenleben gestellte Aufgabe zu erfüllen.«

Rudolf Steiner in einem Karmavortrag in Dornach, 23. Februar 1924 (GA 235)

Das Ich

Das Ringen um das Ich und das Verstehen des Ichs als seelisches Bewusstseinszentrum war mir in meinem ganzen Leben ein Hauptanliegen. Durch das Studium der geschriebenen Werke Rudolf Steiners, die ich schon als Jüngling las, errang ich mir zunächst ein philosophisches Verständnis vom Menschen-Ich. Durch das Studium des Buches »Mensch und Tier« von Hermann Poppelbaum und gleichzeitige Lektüre nichtanthroposophischer Literatur zur darwinistischen Evolutionslehre bekam ich noch einmal eine Erkenntnishilfe, um meine eigenen Gedanken und Vorstellungen auf diesem Gebiet überprüfen zu können.

Im Herbst 1978, als ich neu in das künstlerische Schaffen hineingekommen war, fragte mich Urban Forsén in »Robygge«, ob ich bereit wäre, kurze Texte zu einigen Schriften und Vortragsreihen Rudolf Steiners für einen Postversandkatalog zu schreiben. Dieser Auftrag, den ich viele Herbstabende hindurch ausführte, gab mir die Gelegenheit, Steiners grundlegende Schriften nochmals durchzugehen. So las ich noch einmal viele Kapitel seiner »Grundlinien einer Erkenntnistheorie der Goetheschen Weltanschauung«, »Wahrheit und Wissenschaft«, »Die Philosophie der Freiheit«, »Das Christentum als mystische Tatsache« sowie andere Werke Steiners und versuchte, sein Anliegen mit eigenen Worten in kurze Sätze zusammengefasst verständlich zu formulieren. Dadurch erfuhr ich die ersten Einblicke in die schöpferische Möglichkeit des geistigen Ichs des Menschen im Gedankenleben.

Im März 1979 las ich Steiners Vorträge »Anthroposophie. Eine Einführung« und hielt in einer Diskussionsrunde am Seminar ein Referat zu Fragen im ersten Vortrag, die mich angesprochen hatten. Wie sich das Ich zur Bewusstseinsseele und zur Erinnerungstätigkeit verhält, waren Fragen, die ich mir in dieser Zeit stellte.

Einige Jahre später, als ich meine Aufsätze über den »Kampf gegen das Ich« in »Antropos« schrieb, befasste ich mich mit den »Leitsätzen« Steiners und fand in Carl Ungers Schrift »Aus der Sprache der Bewusstseinsseele« eine große Hilfe zur weiteren Gedankenschulung. Diese Erkenntnisbemühungen zur Schulung des Denkens verfolgte ich neben der künstlerischen Tätigkeit, die eine Schulung des Gefühlslebens förderte. In der praktischen und handwerklichen Arbeit mit Ausstellungen,

Schreinertätigkeit und allem Drumherum ergab sich eine vielfältige Schulung des Willenslebens, die sich während all dieser Jahre im sozialen Umgang mit Künstlerfreunden und Arbeitskollegen entfaltete.

Die Auseinandersetzungen in verschiedenen Studien, die ich damals betrieb und die zu diesen Aufsätzen im Jahre 1982 führten, ließen in mir den Gedanken reifen, dass das Ich in seiner Erscheinungsform im normalen Bewusstseinsblick nur ein Fragment einer viel größeren Wesenheit zu sein scheint. Die Suche nach diesem umfassenderen Selbstwesen wurde mir in den kommenden Jahren zu einem tiefen Seelenanliegen.

Ich betone diesen Hintergrund in meinem Leben nochmals, weil deutlich werden soll, dass ich keine Mühen scheute, das Ich in allen Erscheinungsformen zu beobachten, sowohl bei mir selbst als bei anderen Menschen. Durch wichtige Studien in der Zeit der Heilpädagogik und durch eine bedeutsame Vortragsreihe von Hans Glaser zur Sinneslehre auf der nordischen Sommertagung in Jyväskylä, Finnland, ebenfalls 1982, habe ich das Menschenbild Rudolf Steiners durch lebendige Beispiele ergründen können.

Eine weitere lang andauernde Beschäftigung, die ich hier gern erwähnen möchte, die ich Anfang der 80er-Jahre betrieb und die sich in einem Aufsatz in »Antropos« 1984 niederschlug, galt der Beziehung Rudolf Steiners zu Friedrich Nietzsche. Ich schrieb dort:

»Im Buch über Nietzsche stellte sich Steiner die Aufgabe, den Typus des Übermenschen zu zeichnen und ihn zugleich so zu charakterisieren, dass sein eigenes Bild des ›Übermenschen‹ oder des ›höheren Menschen‹ auf andere Möglichkeiten hinweist. In Steiners eigenem Leben sehen wir, wie tief er die Tragik im Leben Nietzsches und dessen Miterleben der Tragik des 19. Jahrhunderts erlebte. Und hier werden wir auf die charakteristische Tatsache aufmerksam gemacht, dass gerade Nietzsche ihm die Möglichkeit gab, mit den theosophischen Kreisen in Berlin in Kontakt zu kommen, wo er im Weiteren die Anthroposophie entwickeln konnte. Anlässlich des Todes von Nietzsche wurde Rudolf Steiner gebeten, in diesem theosophischen Kreis einen Vortrag zu halten. Nietzsche war also der Kontaktpunkt beim Übergang vom ›dunklen Zeitalter‹ zu unserer Zeit gewesen, der dem Menschen die Möglichkeit gibt, Erkenntnisse höherer Welten zu entwickeln, um in der menschlichen Seele dasjenige zu neuem Leben zu erwecken, was göttliche Weisheit oder Theosophie heißt. So konnte Steiner, nach übermenschlichen seelisch-geistigen Anstrengungen, die Ideen Nietzsches vom ›Übermenschen‹ und von der ›ewigen Wiederkunft des Gleichen‹ verwandeln in Anthroposophie und ein modernes Verständnis des Reinkarnationsgedankens. Und anstelle von Nietzsches Gedanken im Buche ›Antichrist‹, die eine vollständige Verneinung des Christentums beinhalten, konnte Steiner eine Tätigkeit beschreiben, die von dem seit dem Golgatha-Geschehnis mit der Erdenentwicklung verbundenen kosmischen Christus ausgeht, einem Christus, der ohne Bedingtsein von Kirchen und Glaubensgemeinschaften sich dem aus Freiheit suchenden modernen Menschen zuwendet.«

Wie viele andere Zeitgenossen Steiners wurde mir auch die Individualität Friedrich Nietzsches am Ende dieses Jahrhunderts, in ihrer Suche nach der sogenannten Kulmination der Anthroposophie und in ihrem Mitgestalten derselben, zu einem spirituellen Anliegen, indem ich mich jetzt wiederum mit ihr befasse, nun aber in ganz neuer, realmenschlicher Art.

Die philosophische Auffassung des Ichs – die mir während der 80er-Jahre ein Anliegen geblieben war und der ich beständig immer deutlicher nachgehen muss, um sie weiterzuentwickeln – erlebte eine Herausforderung, als ich 1996 die ersten Imaginationen bekam. Musste ich die bisherige Auffassung aufgeben, oder konnte sie mir in der ganz neuen Bewusstseinssituation helfen? Ich machte die Erfahrung, dass ich das frühere Gedankenerlebnis der Ich-Tätigkeit im imaginativen Bewusstsein nicht verwerfen musste, sondern sie umstülpen konnte. Im Nachhinein konnte ich sehen, dass die Auffassung des Ichs im Denken ein Same gewesen war, der sich in der Imagination nun zu einer Pflanze entfaltete. Das Ich sog das Denken in sich auf und ließ es als Licht um sich strahlen, sodass dieses das Ich als ein lebendiges, sich ausbreitendes Wesen in Erscheinung treten ließ. – Ich versuche hier in meiner unvollkommenen Sprache diesen Vorgang zu beschreiben. Bei Steiner finden wir viele und bessere Beschreibungen dieses Aufrechthaltens des Ich-Bewusstseins in der imaginativen Welt.

Ich wollte mit diesem Abschnitt nur andeuten, wie wichtig es mir im Herbst 1996 erschien, mein Ich weiter zu entwickeln und zu unterstützen, als ich den Mut fasste, die weitere imaginative Tätigkeit zu entwickeln, die mir ja schon bald viele geistig-seelische Prüfungen bereiten sollte. Neben der meditativen Arbeit wurde es mir dann unabdingbar wichtig, erneut einige Schriften und Vorträge Steiners durchzugehen, weil in mir weiterhin auch Zweifel an den eigenen Ergebnissen aufkamen.

Luzifer und Ahriman

Die Mysteriendramen Steiners sind mir vertraut. Ich habe sie teilweise auf Deutsch und in schwedischer und norwegischer Übersetzung gelesen und sie bei Aufführungen in Dornach und Järna gesehen. Dadurch ist mir klar geworden, in welcher Weise die geistigen Gegenmächte Luzifer und Ahriman einen Menschen, der einen geistigen Schulungsweg geht, begleiten, prüfen, sich ihm in den Weg stellen und ihn zu hindern versuchen.

Im sozialen Leben konnte ich viele Jahre lang Fragen bezüglich geistiger Gegenmächte untersuchen, ohne zunächst Schauungen zu haben. Nach den imaginativen Erlebnissen wurde mir dieser Bereich der geistigen Welt aber auch durch seelisch-geistige Beobachtung sichtbar. Ich möchte meine ersten Erfahrungen zu diesem Thema hier kurz mitteilen.

Im Frühjahr 1996 begegnete ich durch eine Freundin, die ich schon lange kannte, jener Frau, die mir später die geschilderte Imagination über Willibald brachte. Die erste Begegnung machte auf uns beide keinen tieferen Eindruck. Bei der zweiten Begegnung im September konnten wir das feststellen. Jetzt aber, als wir zu Besuch bei ihrer Freundin waren, lebte sofort zwischen uns eine Stimmung auf, die fast nicht auszuhalten war: Eine starke, anziehende Kraft, die aber, wie ich später erfahren sollte, bei ihr eine Angst verbarg. Mit der Freundin trafen wir uns noch mehrmals in diesem Herbst. Die Stimmung zwischen uns blieb bestehen. Bei mir wuchs die Sympathie, bei ihr entstand jedoch eine Haltung, die ihr sagte, sie solle vorsichtig sein. Sie konnte meinen Gefühlen nicht entgegenkommen.

In dieser Situation entschloss ich mich, die viertägige Karmaübung zu machen und auf sie anzuwenden. Am vierten Morgen kam die Imagination. Danach saß ich im Zimmer mit dem Bewusstsein, dass sie über fünfzig Kilometer weiter nach Norden wohnte und sich dort aufhielt, und in meinem Ich erwachte die Gewissheit, dass meine Gefühle ihr gegenüber nicht nur von mir geschaffen waren. In den Liebesgefühlen zu ihr konnte ich eine Art übersinnlicher Farbe entdecken, die von einem dritten Wesen ausströmte. Dieses Wesen, behauptete ich, musste Luzifer sein. Nach der Imagination waren meine Gefühle für sie, oder genauer: die dringende Notwendigkeit darin, sie lieben zu müssen, vergangen. Übrig geblieben war diese andere Qualität, die ich als »Farbe« bezeichnete. Jetzt verfolgte ich im Geistigen diese Farbenflut und konnte eine Gestalt erkennen, die sozusagen hinter der Frau gestanden hatte.

Ich wandte mich an Christus, ohne ihn schauen zu können, mit der Bitte mir zu helfen. War es Luzifer erlaubt, mich in dieser Art zu verführen? Ich erlebte in mir sogar den Nachklang des Dranges, diese Frau sexuell begehren zu wollen. Dann erschien eine lichte Gestalt, die ich später als meinen Engel erkannte, der eine Haltung einnahm, die mir sagen sollte: Luzifer ist in vollem Recht, dich zu verführen, weil du dieser Frau gegenüber in karmischer Schuld stehst. – Nach den weiteren, im dritten Teil bereits beschriebenen Imaginationen bezüglich jenes Hinterhalts in der mittelalterlichen Verkörperung, erkannte ich, dass in meinem Wesen noch etwas Anderes und viel Älteres enthalten war, dass sich also noch eine andere Tatsache in einem anderen Leben versteckte, die mich heute drängte, den Kontakt mit der Frau weiterhin zu suchen.

Ich gelangte dann in der weiteren Arbeit zu einem Überblick über unsere gemeinsamen karmischen Verhältnisse durch viele Inkarnationen. In jener Frau erkannte ich den Indianerkenner William und Elisabeth von Valois. In Rom fand ich sie als einen jungen Athleten namens Amtherion, der als Freund von Antonia minor in den Gladiatorenkämpfen seinen Tod gefunden hatte. In Griechenland war sie Deidera, die Frau Agamons. In Ägypten erfuhr ich sie als Chaembasa. In China war sie der Tempelpriester Ranga Jia und in Indien der Hohepriester des südlichen Volkes, Brahmakatzar. Schamu'radhin nahm die Frau des verstorbenen Jägers in die Gamamila auf und Retana erlebte das Ertrinken seiner ersten Gemahlin. In allen diesen Inkarnationen erkannte ich die Frau, in die ich mich diesmal verliebt hatte. Ich schaute eine Individualität, die in dem dramatischen Element des Lebens andere Menschen auf die Lebensfreude aufmerksam machen möchte.

Als ich den späteren Jahren von Ray in Nubien nachzugehen versuchte, um die Beziehung zwischen ihm und Chaembasa zu verfolgen, entdeckte ich einen dunklen Schatten über bestimmten Ereignissen am Nil. Ich ging diesem schwarzen »Deckel« nach und entdeckte hier in dem für mich noch nicht zugänglichen Dunkel »den Ursachentopf« der soeben geschilderten besonderen Farbe, die ich bei Luzifer gefunden hatte. Der Schöpfer dieses geistigen Dunkels wurde mir dann plötzlich wahrnehmbar: Es war das Wesen Ahrimans. Ich erkannte ihn als ein Wesen, das mir nicht gestattete, heute von meinen Taten der Vergangenheit zu wissen. Er versuchte die Kraft, die aus meinem karmischen Vergessen entstanden war, in erlaubter Weise für seine eigenen Zwecke zu benutzen.

Ich wandte mich nochmals an Christus und entdeckte, dass er mir diesmal helfen konnte. Es war mein heutiges Recht als geistiges Wesen, alle karmischen Zusammenhänge – dies wurde mir von meinem Engel vermittelt – bezüglich dessen, was ich damals am Nil erfahren oder getan hatte, zu kennen. Durch intensivste innere Anstrengung ging ich mit meinem Ich in Ahrimans Schatten hinein und merkte, dass um mich her ein Licht entstand. Die Imaginationen von Rays Flucht mit Chaembasa traten zum ersten Mal auf, sowie die weiteren Ereignisse, die zu ihrem tragischen Tod und seiner Einweihung in Dendera führten, wie ich sie im dritten Teil geschildert habe.

Der Entschluss zur Initiation

Als ich einmal in einem Vortrag von dem Gefühl der besonderen Lebenswirkungen nach meinen geistigen Erlebnissen und Schauungen meiner früheren Erdenleben sprach und sagte, ich wäre in gewisser Weise mit meinen karmischen Aufgaben fertig, dachten einige Zuhörer, ich meinte, ich sei mit meinen gesamten Inkarnationen fertig. Dies ist natürlich ganz und gar nicht der Fall. Das Eintreten dieses Gefühls, das man karmische Freiheit nennen kann, ist aber so bemerkenswert, dass es einen vor die Aufgabe stellt, in jedem Fall eine Karmaforschung betreiben zu wollen und wäre es auch nur für den kleineren, persönlichen Umkreis gedacht. – Später las ich nochmals den Vortrag Rudolf Steiners, dem das Zitat zu Anfang des vierten Teiles entnommen ist. Da konnte ich feststellen, dass meine Erfahrungen genau dem entsprachen, was Steiner dort beschreibt.

Diese Erfahrung, die mit dem letzten Teil des Grundsteinspruchs zu tun hat – »Aus Herzen gründen / Was wir / Aus Häuptern / Zielvoll führen wollen« –, schafft in dem jeweiligen Leben einen individuellen Zeiten-Wende-Beginn. In dieser Situation – es war in den Wochen im November 1996, über die ich im zweiten Teil schrieb – entschied ich mich für eine bewusste Zusammenarbeit mit der geistigen Welt. Ich entschloss mich, falls die geistige Welt mich dazu für reif befinden würde, diejenigen Prüfungen und Übungen zu durchlaufen, die zu einer modernen Einweihung im Sinne Rudolf Steiners gehören.

Ich lebte in meiner geistigen Heimat, in der Hütte, mit »Sigrid« zusammen. Mit ihrer Gegenwart führte ich meine Forschungen durch und sie stärkte mein Wesen in dieser Zeit durch übersinnliche Kräfte. Eines Tages, in der Meditation, bemerkte ich mit ihr zusammen, dass der normalerweise fast runde Raum, in dessen Mitte eine sich immerzu verändernde Lichtsäule lebte, jetzt um einen Bühnenraum erweitert war. Wir wurden dann von unseren Engeln auf diese Bühne geführt und vor einen Altar gestellt. Ich schaute zwei Gestalten, die eine in Blau, die andere in Rot gekleidet. Von diesen zwei Individualitäten, die ich mit den Namen Christian Rosenkreuz und Rudolf Steiner in Verbindung setzen wollte, wurden wir in einem besonderen geistigen Vorgang vereinigt.

In dem sogenannten »Hüllenzyklus«, einer Reihe von Vorträgen in Den Haag 1913 (erschienen als GA 145), beschreibt Steiner anhand von Beispielen verschiedene Veränderungen, die auftreten, wenn ein Mensch in seiner inneren Schulung und Suche der geistigen Welt weiterkommt. Er spricht von der Paradiesesimagination und der Parzivalimagination. Nach der oben geschilderten Imagination wusste ich, wovon er damals gesprochen hatte.

In der nächsten Meditation gingen diese Initiationsereignisse weiter. Ich musste mich innerlich mit »Sigrid« verbinden und geistig mein Wesen in ihr Wesen opfern. Dieser Vorgang – man könnte ihn auch eine Handlung nennen – war von solch ungewöhnlicher Art, dass es fast unmöglich ist, ihn näher zu beschreiben. Am Sonntagmorgen wachte ich auf und erlebte, dass ich nicht aufstand; statt dessen war ich ganz im Inneren von »Sigrid«, die jetzt meinen physischen Körper völlig durchdrang. So fand ich mich ganz unbrauchbar und konnte nicht, wie früher, eine Meditation durchführen und die nächste Woche wie geplant vorbereiten. Während des Sonntagvormittags machte ich – oder richtiger gesagt: »Sigrid« – eine Wanderung durch die bereits erwähnte norwegische Industriestadt. Es war ein seltsames Erlebnis, mich mitten in meinem eigenen Leib zu erleben und mich gleichzeitig von meiner geistigen Braut als Mutter getragen zu fühlen. Ganz kraftlos kam »ich« nach Hause und wusste nicht, wie das alles weitergehen sollte. »Ich« durfte noch lange nicht mit jemandem darüber sprechen, musste »mich« aber trotzdem mit den Hausbewohnern unterhalten. »Ich« ging aber mit einer neuen Art Hoffnung an diesem Abend zu Bett und fiel in einen abgrundtiefen Schlaf.

Sehr früh am Montagmorgen erwachte ich inmitten der Fortsetzung meiner »chymischen Hochzeits«-Imagination. Ich erlebte eine geistige Geburt durch eine Art »Kaiserschnitt« aus dem Schoß von »Sigrid«. In den nächsten Tagen fand ich mich wieder als Lehrer und Maler, und »Sigrid« war weiterhin bei mir. Ich musste sie aber für längere Zeit geistig pflegen, weil sie von meiner besonderen Geburt eine »Wunde« zurückbehalten hatte.

Als ich in der Aufgabe meines normalen Selbst während des Sonntags die Zukunft erwartete, wurde ich in einer individuell angepassten Parzivalimagination zu einem dritten Menschheitslehrer geführt, den ich mit dem Namen Mani verband. Der Grund dafür, dass ich diese geistige Individualität mit Mani in Beziehung setzen wollte, liegt darin, dass sie durch ihre Anwesenheit während dieser Begegnung mit dem Hüter die Ereignisse mit ihm in einen Zusammenhang mit dem brachte, was mir später als besondere manichäische Aufgaben gezeigt wurde. Das, was ich im nächsten Abschnitt beschreiben möchte, hängt mit den Folgen dieser Begegnung mit Mani zusammen, weshalb dies hier schon erwähnt werden musste.

Der große Hüter

In diesen Tagen wurden mir mehrere Imaginationen gegeben, namentlich auch die Paradiesesimagination, die mich in meiner Suche und meinem Streben nach dem höheren Ich, dem Urselbst, zu einem bis dahin für das Erdenbewusstsein geheimen, höheren Urnamen führten. So wie in der Legende der Offerus zu Christofferus wird, kann für jeden Menschen sein Urname zu einem Christ-Namen entwickelt werden.

Mir wurde gezeigt, wie ich einstmals als Arjuna aus dem Paradies zu meiner allerersten physischen Inkarnation als Mann in der lemurischen Zeit gerufen wurde. Die Bedeutung des Namens Arjuna wurde mir in dieser Weise gegeben: »Stell dir vor, du wartest auf jemanden, der über die irdischen Hügel zu dir kommt. Er trägt in seinen Händen ein Gefäß mit einem Getränk. Das, was er dir auf diese Weise übergibt, kannst du mit keinem anderen Begriff beschreiben als: ›Friede‹.«

Arjuna bedeutet also: Friedensvermittler. Als ich diesen Urnamen in mein Bewusstsein aufnahm, erfuhr ich eine durchgreifende Verwandlung meines ganzen Wesens, ich erlebte sie als eine Art Erleuchtung, die bis in den physischen Körper hineinreichte. In dieser Situation habe ich zum ersten Mal entdeckt, welche Wirklichkeit in den Begriff »Chakra« gehüllt wird und was eine gesunde Erweckung und Aufrichtung der Kundalini-Kraft bedeuten kann. Unten werde ich diese Tatsache noch genauer beschreiben.

Ich wurde weiterhin davon unterrichtet, wie ich durch besondere Formen der Sprachgestaltung mit den Inkarnationsnamen auch von anderen Menschen – durch eine Verbindung des Christ-Teils aus dem Namen des Christus – im Aussprechen den Christ-Namen des Betreffenden finden könne, der dann zugleich den Urnamen in sich trüge. Als ich später mit mehreren Inkarnationen verschiedener Individualitäten gearbeitet hatte, für die ich auch historische Namen gefunden hatte, konnte ich diese Methode zur Überprüfung benutzen. Für jeden einzelnen Versuch der zugehörigen Inkarnationen konnte ich dann, jedes Mal wenn ich wahre Verbindungen aufgestellt hatte, den betreffenden Christ-Namen hören.

Für mich selber bedeutete die Entdeckung des Urnamens das immer stärkere Herannahen des Urselbsts zur Inkarnation in meine gegenwärtige Konstitution. Den Menschheitsrepräsentanten, Christus – »nicht ich, sondern Christus in mir« – durfte ich als Kulmination meiner Initiation erleben. Diese meditative Situation und die dazu gehörigen geistigen Erlebnisse, würden, wenn man sie nicht verhüllt beschriebe, einige Leser wahrscheinlich in Verlegenheit und Unverständnis versetzen. Um das zu verhindern, gebe ich im Weiteren nur ganz kurze Beschreibungen und lapidare Andeutungen. Es geht um Erlebnisse am Abgrund, an der Schwelle zur geistigen Welt, wo der große Hüter als »Liebes-Geistes-Wesen« in michaelischer Gestalt dem Geistesschüler sein noch unvollkommenes Wesen in Imaginationen von »Geist-Tier-Gestalten« zeigt. Und es geht um Erlebnisse in geistigen Regionen jenseits der Schwelle. Es wurden mir am Abgrund, in einer Reihe von Imaginationen, die Begegnungen mit und Verhältnisse zu irdischen Tieren aller Art gegeben, die ich in früheren Inkarnationen gehabt hatte – ich habe sie meinen früheren Schilderungen eingefügt. Ich kam zu der Einsicht, dass solche karmischen Tierbegegnungen damals durch das Hereinwirken meines höheren Selbsts hervorgebracht worden waren. Ich fand, dass der morgenländische Glaube, ein Mensch könne sich in einem Tier inkarnieren, in verhüllter Form eine alte vergessene Einweihungsweisheit umschrieb.

Der große Hüter unterwies mich, wie ich innere Seelenübungen durchführen solle, um diese Geistes-Tiere, die dem eigenen Gedanken-, Gefühls- und Willensleben in mir entsprachen, ganz in mein Menschentum zu integrieren. Ich entwickelte mit meinem Geistesfreund »Schilbur« – dem kleinen Hüter – eine Zusammenarbeit, durch die ich mich in einem geistigen Schiff, ausgehend von der geistigen Heimat, auf einem Weg hin und her über den Abgrund bewegen konnte. Dieses Überschreiten des Abgrundes, das ein verwandelndes Bearbeiten der drei geistigen Tiergestalten bedeutete, war gleichzeitig ein Absterben der jeweiligen Persönlichkeit. Ich musste durch besondere innere Übungen versuchen, ein seelisch-geistiges Todeserlebnis zu erreichen. Ich versuchte besondere Atemübungen zu entwickeln, welche ich später bei Rudolf Steiner in ähnlicher Art in den Veröffentlichungen aus der sogenannten »Esoterischen Schule« beschrieben fand. Die inneren Schmerzen, die totale Verlassenheit und die Finsternis, die dadurch erlebt werden konnten, kann nur derjenige verstehen, der Ähnliches durch sein Karma oder durch Übungen erfahren hat.

Eine Art Examination der großen Hütersituation folgte nach weiteren Erlebnissen in geistigen Regionen jenseits des Abgrunds. Hier entdeckte ich, dass auch der physische Leib durch ein »Sich-Selbst-Ergreifen« miteinbezogen werden konnte in bestimmte plastische Umwandlungsvorgänge – die man Christotoli, Christusberührungen, nennen kann. Diese Reihen von Übungen und Vorgängen wurden mit einer Art »Damaskus-Erlebnis« beendet. Auch wurde ich tiefer hineingeführt in apokalyptische Motive. Das heißt, ich erschaute zukünftige menschliche Entwicklungsmöglichkeiten und bekam Hinweise auf eine manichäische Herausforderung gegenüber dem Bösen. Der große Hüter leitete diese unglaublichen Vorgänge liebevoll und ernst, unter Aufrechterhaltung meiner inneren Freiheit.

Der Apokalyptiker Johannes schildert in seinem Offenbarungsbuch in der Bibel eine Lichtgestalt, die in der rechten Hand sieben Sterne hält, von deren Munde ein zweischneidiges scharfes Schwert ausgeht, und deren Gesicht der Sonne gleicht, wenn sie in voller Kraft leuchtet.

Es übersteigt alle irdische Phantasie und ausgedachten Bilder, wie ich in dieser geistigen Schulung in meinem eigenen Wesen die Liebe des Christus aus dem eigenen Munde herausströmen erlebte, um dadurch ein Abgrund-Wesen, das seinen göttlichen Ursprung total vergessen zu haben schien, ein wenig durch Christi »Liebes-Wortes-Licht« berühren zu können. Die uralte Sexualität in meinem physischen Leib wurde durch diese Verwandlung zur Dienerin des Logos, ein Motiv, das hier nicht ausführlicher verfolgt werden soll, das aber meines Erachtens zum Kern der modernen Mysterien gehört. Was der östliche Yoga als Kundalini beschreibt, erkannte ich in dem michaelischen Yoga in meinem ganzen Wesen durch »Urselbst-Aufnahme-Atmung« als das »nicht ich, sondern Christus in mir«.

Das was Rudolf Steiner in »Wie erlangt man Erkenntnisse der höheren Welten?« (GA 10) als den Erwerb der sogenannten vier Eigenschaften schildert – die Fähigkeit, »das Wahre von der Erscheinung zu scheiden, die Wahrheit von der bloßen Meinung«, die »richtige Schätzung des Wahren und Wirklichen gegenüber der Erscheinung«, die Ausübung gewisser Tugenden und die Liebe zur inneren Freiheit –, habe ich, vor den oben geschilderten Erlebnissen, in meiner Seele geübt. Nach diesem Durchgang kam ein Aufleuchten der Lotusblumen, was eine Wochen und Monate währende besondere Nachwirkung mit sich brachte. Die Schilderung im Johannesevangelium, als Maria Magdalena im Auferstandenen einen Gärtner zu sehen glaubt, ist eine Hindeutung auf dieses Geheimnis. Diese geistigen Ereignisse und christotolischen Maßnahmen verursachten neun Monate lang verschiedene Nachklänge in der Bewusstseinsseele, die mich stärkend auf neue große Prüfungen im Leben vorbereiteten.

Tier und Mensch

In den früheren Inkarnationen hatte ich viele Begegnungen mit und Verhältnisse zu Tieren gefunden und konnte dadurch meine jugendliche Sehnsucht, Tierarzt zu werden, verstehen. Eine besondere Tatsache in diesem Zusammenhang, die auch bei römischen Historikern erwähnt wird, war zum Beispiel, dass Antonia minor auf dem Gelände ihres Sommerhauses bei Neapel große, lebensgefährliche Fische im Gartenteich mit Schmuck behängte.

Vom Hüter wurde ich beauftragt, diesen Tiersituationen von jenseits der Schwelle nachzugehen, um neue Erkenntnisse meines Wesens zu suchen. Was aus dieser Arbeit entstand, bezieht sich auf geistige Themen, die in der anthroposophischen Schulungsliteratur sehr wenig beschrieben sind. Auch ich kann sie in diesem Zusammenhang nur skizzenhaft andeuten.

Mein Verhältnis zu Hunden am Gardasee als ~10-jähriger

Als ich nochmals Ramischanda auf dem Rücken des Führerelefanten in der Zähmungssituation nachging, entdeckte ich, dass seit dem Augenblick, da sie dem Elefanten ins Auge hineingeblickt hatte, ihr »höheres Ich« in diesem Tier wirksam war. Ramischanda erlebte diese Tatsache dadurch, dass sie selbst auf dem Rücken des Tieres aus dem Elefanten eine göttliche Kraft der Dankbarkeit spürte. Beim ersten Erleben derselben Ereignisse hatte ich diesen Unterschied in der Imagination nicht wahrgenommen.

In der Situation, in der die Kinder um Schida Dong den Drachen über dem See nochmals schauten, entdeckte ich, dass an der Entstehung der Drachen-Imagination »die höheren Iche« von Schida und den anderen Kindern mitgewirkt hatten. Ich konnte aus den Augen des Drachen die fliehenden Kinder am Ufer schauen und das seltsame Gefühl einer Art Wächteraufgabe erleben. Ob die geistige Kraft der Priesterschaft, die durch Wächter von der verbotenen Anwesenheit der Kinder im Wald erfahren hatte, auch dabei mitgewirkt hatte, habe ich nicht untersucht.

Bei solchen Erfahrungen in der Hütererziehung habe ich feststellen können, dass die östliche Idee von der Menscheninkarnation in Tieren ein später Abglanz der alten Mysterienweisheit ist, dass sich »das höhere Ich« des Menschen in Tiere inkorporieren kann.

Diese und weitere Erkenntnisse bereiteten mich vor auf die Begegnung mit meinen geistigen Tieren. Der kleine Hüter, mein guter Helfer Schilbur, trat in einer neuen Gestalt auf. Er trat auf mit Stierkopf, Krokodilbauch und Elefantengliedern. Er war sogar mit einem Rüssel ausgerüstet. Er ist in dieser Gestalt durch mein einseitig entwickeltes Gedankenleben, Gefühls- und Willenswesen seit Schamu'radhins Zeit mehr und mehr in eine geistige Gefangenschaft geraten. Jetzt durfte ich ihn dadurch zu befreien versuchen, dass ich diese geistigen Tiergestalten durch besondere innere Übungen zähmen sollte, um sie in mein höheres Ich zu integrieren. Wenn ich das bewusst durchmachen konnte, durfte er mir auch weiterhin bei jeder Überfahrt über den Abgrund beistehen.

Die Umwandlung der Sexualität

Ich habe in meinem Leben ein sogenanntes normales Verhältnis zum Sexualleben gehabt. Ich habe erfahren, dass Sexualität bei wahrer Liebe zwischen zwei Menschen nicht nur körperliche und seelische Seiten des gemeinsamen Glücks hat, sondern durch Geduld, Zärtlichkeit und Aufmerksamkeit gegenüber dem Partner auch zu einem geistigen Lebensgefühl führen kann. Die negativen Seiten der Sexualität durch einseitige Aufmerksamkeit auf die eigene Person kenne ich auch.

In den 70er-Jahren lernte ich einen jungen Mann kennen, der musikalisch begabt war. Ich empfand seine Jugendlichkeit und Begeisterung für das Leben als etwas Erfrischendes. Nach vielen Jahren begegnete ich ihm eines Tages wieder. Er war seelisch leicht wieder zu erkennen, physisch aber war er nicht mehr derselbe. Der junge Mann war durch eine Geschlechtsumwandlung zu einer Frau geworden. Sie hatte einen neuen Namen angenommen und lebte jetzt glücklich mit ihrem »neuen« Körper. Endlich konnte sie ihre innersten Impulse, wie sie erzählte, in der Welt zeigen. Durch mehrere Jahre begegnete ich ihr immer wieder und konnte ihr Leben als Frau mit allem Liebeskummer anhand ihrer Erzählungen nachvollziehen. Veranlasst durch diese ungewöhnliche Begegnung, machte ich mir viele Gedanken zu den Fragen über Mann, Frau und Sexualität.

Die Tätigkeit, die ich als »Christotoli« bezeichnet habe, möchte ich kurz ein wenig weiter andeuten. – Es gab in dem ersten Goetheanum unten an den Treppen vor dem Aufstieg zum sogenannten Rotbuchenraum mit dem roten Fenster besondere Treppengeländerstützen. Eine dieser Betonplastiken steht heute im zweiten Goetheanum. Mir wurde berichtet, dass diese Plastik, die eine gewisse Ähnlichkeit mit einem Schwan hat, die inneren Gebilde des menschlichen Ohres nachgestaltet.

Nach meinen Erfahrungen bei der Umwandlung der Sexualität durch den Unterricht des großen Hüters, die zur Erweckung der Kundalini führten, erlaube ich mir zu sagen, dass diese Plastik auch ein künstlerischer Ausdruck der Äthergestalt des Sexualorganes sein könnte. Dass nach Steiner der Mann einen weiblichen Ätherleib und die Frau einen männlichen Ätherleib hat, wird in diesem Zusammenhang zu einer notwendigen Erkenntnis werden müssen.

Nach solchen Erfahrungen ist mir aber klar geworden, dass die Liebe aus dem Bann der karmischen Notwendigkeit gelöst und frei in den Dienst einer Liebe zu allen Lebewesen gestellt werden kann. Die Geisteshaltung, die daraus in der Seele entstehen kann, hält Freiheit und Liebe im Gleichgewicht. Aufgrund dieser Einsicht begann ich, viele Menschen, mit denen ich in karmischen Konflikten gestanden hatte, aus Liebesstreben in der Meditation innerlich geistig zu »besuchen«, um sie um Verzeihung zu bitten für meine Unachtsamkeit, Ungeduld, Gewaltsamkeit und Hartnäckigkeit. Durch seelisch-geistige Liebeszärtlichkeit versuchte ich auch, ihnen allen ihr Verhalten mir gegenüber, das ich negativ erlebt hatte, zu verzeihen. Im weiteren Verlaufe unserer Leben hier oder in der Zukunft wird sich zeigen, ob meine Bemühungen in dieser Hinsicht einige Erfolge gebracht haben.

Eine neue Lebenssituation

Schon in der Lebenskrise 1995 erlebte ich meine Situation so, dass mein Leben eigentlich zu Ende gekommen war. Ich hatte keine Freunde, die mit mir Kontakt hielten, oder, wie ich es damals empfand, ein eigentliches Interesse an meiner schwierigen Situation zeigten. Ein Jahr später, nach den beschriebenen tiefgreifenden Erlebnissen, hatte ich das Gefühl: mein Leben ist wirklich zu Ende, aber ich lebe! Ich erlebte mich als ein Lichtwesen, als ein Liebewesen. Ich verstand aber sofort, dass ich diese Erkenntnisse nur langsam in das Leben mit den Mitmenschen einordnen könne. Über viele Erlebnisse würde ich, auf lange Zeit zumindest, schweigen müssen.

Durch die Erleuchtung erfuhr ich, dass sich die Sinnesbeobachtungen veränderten. Das Hören war intensiver geworden. Das Sehen war ein anderes. Ich konnte im Autobus sitzen, Geschäfte anschauen, durch die Fenster hineinsehen in die innersten Zimmer, in denen Menschen arbeiteten, und etwas von ihrem Schicksal erfahren. Ich ging auf der Straße, blickte die ganze Straße entlang und erlebte jeden Menschen, der vorbeieilte. Bei Menschen in meiner Arbeitsumgebung erfuhr ich, wie sich die verschiedenen Chakras bewegten und mir Erkenntnishilfe gaben, bei wem ich mich auf diese oder jene Weise verhalten sollte. Ich war in eine seelisch-geistige Intensität hineingekommen, die mir eine Vorstellung davon gab, was es heißt, ein Engel zu sein. Aber ich hatte ja noch einen physischen Körper und zwar war es der alte Körper, den ich schon seit 42 Jahren gut kannte.

Ich versuchte aus meinen früheren Erdenleben zu erfahren, was meine weitere Aufgabe sein sollte. Ich setzte das, was ich erfuhr, in ein Verhältnis zu dem, was ich wusste über die anthroposophische und allgemeine Weltentwicklung seit dem Tode Rudolf Steiners. Ich stellte fest: »Ich möchte einen Weg suchen, der eine geisteswissenschaftliche Karmaforschung noch einmal neu begründen kann. Ich muss mich mit anderen Menschen in Verbindung setzen, die auf demselben Wege streben.« Seit der Jahreswende 1996/97 arbeite ich bewusst in dieser Richtung. Dieser Entschluss führte leider dazu, dass ich einen Bruch mit meiner Familie in Järna und anderen Freunden dort vollzogen habe. Die Seelenschmerzen, die dadurch auf beiden Seiten entstanden, sind für mich zu einem neuen Schicksalsmotiv geworden, das ich in meinen Meditationen und Gebeten zu bearbeiten versuche.

Das Licht, das vom Menschen selber ausgeht

In anthroposophischen Kreisen wird manchmal ein Ausdruck Rudolf Steiners angewendet, ohne dass er in den betreffenden Kontext gestellt wird. Es betrifft den terminus technicus »Herr des Karma«. In der Vortragsreihe »Von Jesus zu Christus« beschrieb Steiner den Hintergrund dieses Ausdrucks als die Bezeichnung für ein Amt in der geistigen Welt, das auch die Individualität, die sich hinter dem Namen Moses verbirgt, einmal innehatte. Im übersinnlichen Fortschreiten in unserer Zeit übernimmt aber Christus dieses geistige Richteramt, das den Zusammenhang des Menschenkarma mit der geistigen Führung auf eine neue Stufe heben wird. In Steiners Wortlaut kommt dann eine entscheidende Beschreibung vor, die ich als Ausgangspunkt nehmen möchte, um etwas Selbsterlebtes zu diesem Thema hinstellen zu können: »Genau ebenso, wie sich auf dem physischen Plan zu Beginn unserer Zeitrechnung das Ereignis von Palästina abgespielt hat, so spielt sich die Übertragung des karmischen Richteramtes an den Christus Jesus in unserem Zeitalter in der nächsthöheren Welt ab. Und diese Tatsache ist es, die so hereinwirkt in die physische Welt, auf den physischen Plan, dass der Mensch ein Gefühl dafür entwickeln wird in der Art: mit alledem, was er tut, schafft er etwas, gegenüber dem er dem Christus Rechenschaft schuldig sein wird. Und dieses Gefühl, das in einer ganz natürlichen Art im Laufe der Menschheitsentwicklung nunmehr auftritt, wird sich umgestalten, sodass es die Seele mit einem Lichte durchtränkt, das von dem Menschen selber ausgeht nach und nach, und das beleuchten wird die Christus-Gestalt innerhalb der ätherischen Welt. Und je mehr dieses Gefühl, das eine erhöhtere Bedeutung noch haben wird als das abstrakte Gewissen, sich ausbilden wird, desto mehr wird die Äthergestalt des Christus in den nächsten Jahrhunderten sichtbar werden.« (GA 131, 3. Vortrag)

Nach den tiefgreifenden übersinnlichen Erfahrungen habe ich viele neue Menschenbegegnungen gehabt, in denen ich das Gefühl bekam, dass sie von einer ungewöhnlichen seelischen Lichtesqualität eingehüllt wurden. Die Art einer solchen Begegnung ist von solch einer intimen Besonderheit geprägt, dass es schwierig ist, die richtigen Worte zu finden, um sie zu beschreiben. – Ich werde nun von einer derartigen Begegnung erzählen, die diese für mich neuen spürbaren Qualitäten hatte, die aber auch im weiteren Verlauf zu einer bestimmten karmischen Vertiefung führte, die für einen größeren Menschenkreis fruchtbar wurde.

In einer Stadt hielt ich einmal einige Vorträge zur Frage der Karma-Erkenntnis. Nach einem Vortrag kam eine junge Studentin zu mir, die von dem Gehörten begeistert war, mich aber auch fragte, ob ich bereit sei zu einem Gespräch mit ihr über ihre persönlichen Lebensfragen. Ich bejahte dies sofort und wir vereinbarten einen für beide günstigen Termin.

Dem ersten Gespräch folgten in den kommenden zwei Wochen noch weitere. Ich lernte vieles kennen aus ihrer Biographie und ihrer heutigen Lebenssituation. Sie erzählte von ihrem Freundeskreis und dem gescheiterten Verhältnis zu einem Freund, den sie noch sehr lieb hatte. Ich beobachtete, dass sie mir vom Hals bis zu den Füßen fast wie gelähmt vorkam. Wie sie sich kleidete und bewegte, zeigte ein Symptom einer Art Nicht-mit-dem-Unterleib-sich-identifizieren-Wollens. Im Denken, Sprechen und im Künstlerischen war sie aber voll wach und innerlich beteiligt.

Der Austauch zwischen uns, in dem sich ein seelischer Vertrauensraum entwickeln durfte, löste bei ihr eine Krisensituation aus, die ihre unbewusste Angst zu Tage brachte. Sie zeigte mir ihre Tagebücher. Sie waren voll schöner Gedichte und kleiner farbiger Bilder, die aber immer Beschreibungen von Trauer, Angst und Schmerz enthielten. Viele Bilder zeigten eine Menschengestalt, oft von hinten, mit großen Wunden im Leib, aus denen Blut strömte.

Ich war tief berührt von ihrer Situation und entwickelte eine seelische Liebe zu ihr, die ich, an Christus gewandt, in meine Meditation hineintrug. Ich gestaltete die viertägige Karmaübung, ohne dass sich daraus imaginative Bilder ergaben, so wie ich es früher gewöhnt war. Stattdessen hatte ich ganz besondere Träume, die wahrscheinlich karmische Situationen von ihr zeigten.

In einem Traum verfolgte ich ein Ereignis nahe am Ufer eines Meers. Ein größeres Holzboot, etwa im Wikingerstil, naht mit mehreren Männern vom Meer her. Sie rudern schnell an Land, um Feinden zu entkommen, die sie in einem anderen Boot verfolgen. Einige Männer aus dem ersten Boot werfen sich ins Wasser, das hier in Ufernähe voller Schilf ist. Die anderen erreichen das Ufer und verstecken sich im Wald. Einer der Männer im Wasser, der sich im Schilf zu verstecken versucht, hat einen Sack mitgenommen. Darin hat er wichtige Dokumente und Kleinode einer heiligen Stätte mitgebracht, die nicht in die Hände der Feinde gelangen sollen. – Als das andere Boot nahe herankommt und diese Männer mit ihren Rudern das Schilf niederschlagen, um jemanden zu finden, taucht er mit dem Rucksack unter und verharrt lange unten im kalten Wasser, ohne die geringsten Wellen oder Luftblasen zu produzieren. Als er nach mehreren Minuten Luft holen muss, erfährt er, dass die Feinde immer noch ganz in der Nähe weilen. Die Abenddämmerung kommt aber bald, sodass der Schatzhüter sich immer besser unter einem niedergeschlagenen Schilfbüschel verstecken kann. Stundenlang verhält er sich ruhig im Wasser; der Rucksack wird ihm aber langsam zu schwer. Den Sack mit dem Schatz fest im Griff, ertrinkt er schließlich aus Erschöpfung, mit dem Gedanken, dass die Feinde nach seinem Tode die Gegenstände vielleicht doch noch finden würden.

In einem anderen Traum gab es folgende Situation: Eine Gruppe von Männern, die wie spanische Conquistadoren aussehen, sitzt in munterem Gespräch in einem Zimmer. Es stellt sich heraus, dass ein Mann, der der Anführer der Gruppe zu sein scheint, nach einem gemeinsamen Vorhaben in der nächsten Stadt sich wegen seiner gewaltsamen Art, durch die er einen vornehmen Bürger beleidigt hat, jetzt vor Gericht verantworten muss. Sie besprechen die Möglichkeit, ihm darin beizustehen und sich gemeinsam vor Gericht stellen zu lassen, weil sie alle ja an seiner Schuld beteiligt waren. Dann erhebt ein Mann in der Gruppe Einspruch dagegen, da er ja immer versucht hatte, den Anführer von seiner unbeherrschten Art abzubringen. »Wenn du nicht mehr zu uns gehören willst, kannst du ja gehen«, sagt der Anführer aufgebracht. Der den Einwand gemacht hatte, wird unsicher, nimmt aber seine Sachen und geht langsam zur Tür. Der Anführer steht auf, nimmt seinen Dolch und wirft ihn dem Freund nach. Der Dolch trifft den Mann in den Rücken. Bevor er sich noch umwenden kann, haben auch die anderen Gruppenmitglieder ihm ihre Dolche in den Rücken geworfen. Der Verantwortung für seinen Tod konnte sich nun keiner aus der Gruppe entziehen; sie mussten den Henkertod erfahren.

Beim Aufwachen nach diesen Träumen hatte ich das Gefühl, dass es sich bei diesen zwei dramatischen Sterbesituationen um frühere Erlebnisse der jungen Studentin handelte. Nach reiflicher Überlegung erzählte ich ihr und mit ihrer Erlaubnis auch anderen Menschen ihrer Umgebung von den Träumen. Die dramatischen Inhalte konnte sie aufnehmen, doch versetzte sie das Bewusstsein davon in einen noch schlimmeren Angstzustand. Ich versuchte all meine Seelenkräfte, die mit Verwundung, Mitgefühl und Gewissen zu tun haben, heranzuziehen, um eine Lichthülle um sie zu schaffen. Es waren besondere Augenblicke, zu erleben, wie sie aus eigener Intuition anfing, die Angst hinauszuschreien. Nach weiteren Gesprächen in den nächsten Tagen stellte sich jedoch heraus, dass sie ärztliche Fürsorge brauchte. Vermittelt durch einen ihrer Lehrer bekam sie dann auch die notwendige Hilfe.

Durch die Begegnung mit der jungen Studentin, die zu dieser unerwarteten Übungssituation einer nicht-abstrakten Seelenschulung führte, meinte ich ein Seelenlicht erfahren zu haben, das unmittelbar mit dem Christus-Wirken zu tun hatte. In diesem Gefühl, mit einem unsichtbaren Herrn des Karma etwas mitgestalten zu können, unterwirft man sich nicht einer Macht, die sagen will, was man zu tun hat, sondern man versucht aus dem Nichts, aus dem, was man noch nicht kann, zu handeln, zu dienen und zu pflegen. Im Nachhinein, wenn das Licht in anderen Lebensumständen noch da ist, kann man erfahren, ob man etwas Richtiges oder Falsches getan hat.

Eine Zeitraum-Frage zur Reinkarnationsreihe

Ich habe meine Inkarnationen seit China in eine Parabel eingetragen, mit dem Golgatha-Mysterium im Jahre 33 als Zentrum, um verschiedene Zusammenhänge zu verfolgen. Eine Verbindung zwischen dem Jahr 747 v.Chr. und 1413 n. Chr. schafft eine diagonal nach rechts oben führende Gerade. Das Leben Rays liegt in einer dazu etwa parallel verlaufenden Linie zu meiner heutigen Inkarnation. Das Leben von Agamon steht in einer ähnlichen Verbindung zu dem des Christian von Buch.

Eine in die andere Richtung führende Linie kann ich zwischen Schida Dong und Maria Stuart ziehen. Eine parallel zu dieser ebenfalls nach unten führende Linie kann ich von Ray ausgehend zeichnen und komme damit zur Zeit Karls des Großen, etwa zwischen 750–850 n. Chr. In dieser Zeit des achten und neunten Jahrhunderts, für die ich für mich selber keine Inkarnation fand, finde ich aber Inkarnationen vieler Individualitäten, die im ersten Jahrhundert das Christentum noch nicht aufnahmen, aber mit Antonia minor in karmischem Zusammenhang standen.

Als ich die nachtodlichen Umwandlungen Antonias zu verfolgen versuchte, entdeckte ich sie in einem geistigen Zustand zusammen mit anderen Verstorbenen, die von der geistigen Welt aus die notwendigen Imaginationen für den geistigen Gralstempel für Gralssucher auf der Erde mitschufen.

Der Zeitrhythmus mit immer kürzeren Abständen zwischen den Leben für die vier Inkarnationen zwischen Schida und Antonia entspricht demselben Rhythmus, der sich zeigt zwischen Christian von Buch und meinem jetzigen Leben. Die lange Zeit zwischen Antonia und Christian mit der »fehlenden« Inkarnation in der Zeit Karls des Großen, entspricht der Zeit zwischen Ramischanda und Schida, in deren Zwischenraum, der urpersischen Kultur, ich für mich ebenfalls keine Inkarnation fand. Warum das so ist, weiß ich noch nicht. Vielleicht werden diese »fehlenden« Inkarnationen später gefunden, oder es verbergen sich hier interessante karmische Geheimnisse.

Karmische Zusammenhänge

Auf Einiges, was bereits im Geleitwort beschrieben wurde, möchte ich nun noch einmal näher eingehen.

Die Forschungen, die ich bis Ostern 1997 durchgeführt hatte, gaben mir viele Schlüssel zum Verständnis darüber, mit welchen Individualitäten ich dieses Leben bisher gelebt habe. Hinter fast allen Namen der verschiedenen Männer und Frauen, die ich im dritten Teil geschildert oder erwähnt habe, konnte ich Individualitäten aus meinen karmischen

Umkreisen in verschiedenen Ländern wiederfinden. Ich konnte uns durch die Lebensläufe verfolgen und verstehen, warum der eine oder andere Umstand in karmischen Beziehungen entstanden ist. Um dem Leser bei der Suche nach den Zusammenhängen von Leben zu Leben zu helfen und eventuelle Spekulationen zu verhindern, möchte ich für einige wenige dieser Individualitäten, sofern sie heute als Verstorbene in der geistigen Welt leben, die karmischen Zusammenhänge, wie ich sie heute verstehe, enthüllen. Über andere, die noch in ihrer diesmaligen Inkarnation stehen, gebe ich einige Zusammenhänge frei, die aber nicht bis zur Gegenwart gezeigt werden sollen.

Ich verstehe diese Veröffentlichung als Studien- und Forschungshilfe für geistsuchende Menschen, die eine anthroposophische Karmaforschung mitentwickeln wollen. Alles, was ich in diesem Buche an geistigen Erlebnissen und karmischen Tatsachen wiedergebe, ist von solch ernsthafter Art, dass ich um Feingefühl bitte, wenn jemand etwas davon öffentlich benutzen und mitteilen will. Die folgenden karmischen Zusammenhänge muss man dann, wegen der hier sehr gedrängten Überschau immer in die zuvor im dritten Teil beschriebenen Lebenszusammenhänge einordnen. In einigen Beispielen nenne ich noch einzelne Namen, die früher in den Inkarnationssituationen nicht auftraten, die aber dennoch erwähnt werden sollen.

Bei der Beschreibung der karmischen Zusammenhänge, die ich unten für die Individualitäten gebe, die in meinen Inkarnationen immer wieder aufgetaucht sind und in denen einige Motive bis zur Gegenwart verfolgt werden, habe ich sämtliche Dinge so anonymisiert, dass niemand, der glaubt sich wiederzuerkennen, sich dadurch verletzt zu fühlen braucht.

Wie ich zu diesen karmischen Verbindungen gekommen bin, kann ich hier leider nicht bis in alle Einzelheiten nachzeichnen. Bei vielen Zusammenhängen konnte ich – aus den erinnerten Beziehungen, die ich zu jedem dieser Menschen in meinem Leben hatte – in meditativen Schauungen zu deren entsprechenden Inkarnationen kommen. Anhand einiger charakteristischer Beispiele werde ich diesen Forschungsweg, der an Rudolf Steiners Hinweise anknüpft, weiter unten nochmals andeuten. In anderen Schauungen stand ich geistig vor bestimmten Personen, die ich nicht sofort wiedererkennen konnte. Im Tagesbewusstsein des normalen Denkens lebte ich für längere Zeit mit der Frage, zu wem diese Imaginationen gehörten. In unerwarteten Situationen, mitten in einem Gespräch oder nach einer Begegnung mit einem Freund oder Kollegen, konnte plötzlich eine intuitive Einsicht des Zusammenhangs auftreten. In wieder anderen Fällen beschäftigte ich mich lange erkenntnismäßig mit der betreffenden Frage, bis sich ein karmischer Zusammenhang gedanklich am Schreibtisch oder imaginativ in der Meditation zeigte. In einigen Fällen erwachte ich nach dem Schlaf am nächsten Morgen mit der entsprechenden Einsicht.

Mit den hier dargestellten Ergebnissen habe ich, seit ich sie fand, mehr als zwei Jahre gelebt. Ich bin ihnen mittels verschiedener Überprüfungsverfahren, auch im Vergleich mit Ergebnissen anderer Menschen, nochmals nachgegangen.

Der Diamant

Eine Art Schwesterseele der oben beschriebenen Individualität des William meine ich in Amerika als dessen Verlobte Siwe wieder zu finden, die sich vor die Lokomotive warf und sich dadurch das Leben nahm. Zu der Zeit, als die andere Schwesterseele in Elisabeth von Valois inkarniert war, lebte sie meines Erachtens in deren Nähe in Spanien als Don Carlos.

In Imaginationen über das Mittelalter schaute ich den Ritter Giorgio, einen Kollegen und nahen Freund des Ritters Willibald. Im griechischen Leben von Agamon und Deidera bekamen sie einen Sohn, Emterion. In Nubien sollte der Prinz Gubomba Chaembasa heiraten. In China hatte Schida Dong eine Verwandte, die Musikerin Matunga. In Indien meine ich dieselbe Individualität als den Shiwapriester Thadgathiwan wieder zu finden und in Atlantis und Lemurien sollte sie eines der zwei erwähnten Kinder sein.

Über Emterion wurde berichtet, wie er die von seinem Vater verfertigten kristallenen Opfergaben in Athen verkaufte. Über Don Carlos gibt es folgenden Bericht, der sich auf die Zeit seiner Verhaftung bezieht, während derer er den Gedanken an Selbstmord nicht aufgab. In einem Brief schrieb der venezianische Gesandte Sigismondo Cavalli über eine neue Verrücktheit des Infanten von Spanien: »... da er gehört hatte, dass ein eingenommener Diamant einen Menschen töte, verschluckte er einen aus dem Ring, den er an der Hand trug; weil es aber ein harter Gegenstand und nicht pulverisiert war, kam er nach einigen Tagen zum Vorschein, ohne ihm im Geringsten geschadet zu haben«. Wenn ich versuchen soll, in einem Satz die Mission dieser Individualität – von der hier mehrere Inkarnationen nicht erwähnt werden – Thadgathiwan-Matunga-Gubomba-Emterion-Giorgio-Don Carlos-Siwe zu beschreiben, dann entsteht folgende Charakteristik: Sie versucht, die Jugendkräfte in den Menschen für das ganze Leben fruchtbar zu machen.

»Er war beredt und bestens gebildet«

Es ist meine Ansicht, dass im Sohn Maria Stuarts, Jacob VI. von Schottland und I. von England, dieselbe Individualität lebte wie in Rainald von Dassel. In der Römerzeit meine ich sie als Drusus zu erkennen, dem Mann Antonias, und in Griechenland als Agamons Freund Haftoteles. In Indien sehe ich dieselbe Individualität im Onkel Ramischandas, dem Keramiker und Flechthandwerker Bugthamar. Im Merkurorakel soll er einstmals den Namen Thamuthamas bekommen haben, der Trinni'dadama im Vulkanorakel die neue Mauertechnik vermittelte.

Der italienische Chronist Acerbus Morena, der den deutschen Kanzler Rainald von Dassel mehrmals erlebte, schildert ihn um 1162 so: »Rainald, der erwählte Erzbischof von Köln, der zuerst Kanzler genannt wurde, dann aber Erzkanzler für Italien gewesen ist, war von mittlerer Größe und kräftig; er hatte ein schönes Angesicht von frischer Farbe; seine Glieder waren wohlgestaltet und von angemessener Länge, sein Haar war dicht und fast blond, er war beredt und bestens gebildet, wortgewandt, vorsichtig und sehr scharfsinnig; äußerst begierig, die Ehre des Kaisers zu erhöhen, und zwar so sehr, dass der Kaiser auf niemandes Rat mehr gab als auf seinen; ebenso war er freigiebig, heiter, leutselig, hochherzig, ertrug sehr geduldig Strapazen, und durch seinen Scharfsinn und sein Werk ist die Herrlichkeit des Kaisertums außerordentlich erhöht worden.«

In diese Worte aus dem hohen Mittelalter kann man versuchen, das Bild des Merkureingeweihten hineinzudenken, der die neue Mauertechnik mit äußerst lebendigen Bewegungen und geformtem Gesang vermittelt. Dann kann man sich vorstellen: die Gestalt des melancholisch gestimmten, hochgebildeten englischen Königs Jacob I., der feinsinnige Gedichte schreibt und den Dramatiker William Shakespeare unterstützen möchte. Dass diese Individualität im zwanzigsten Jahrhundert dann in irgendeiner Weise in der Pflege der Impulse der zwei Goetheanum-Bauten Rudolf Steiners stehen könnte, ergibt sich wie von selbst.

Die Pythia

Den Eingeweihten aus dem Vulkanorakel, Trinni'dadama, meine ich in Dithelia wieder zu finden, der Pythia in Delphi, sowie in Kaiser Augustus dem Großen und in Eleonore von Aquitanien.

Bei der Untersuchung der Wirksamkeit der Pythia kam ich dazu, dass sie durch die Fragen, welche ihr die Priester in Delphi von den herbeigereisten Fragestellern aus dem gesamten Mittelmeerraum vermittelten, aufgrund ihres besonders entwickelten Ätherleibes in inneren Kontakt kam mit diesen verschiedenen geographischen Orten. Sie wurde sozusagen auf eine besondere Weise mit diesen Gebieten karmisch verbunden, was ihr im nächsten Leben als Augustus half, den Mitstreiter Marcus Antonius auf die Seite zu drängen, um die ganze Macht über das römische Reich zu gewinnen.

In der Individualität Trinni'dadama-Dithelia-Augustus-Eleonore von Aquitanien lebt der Impuls, durch Opfern der Willenskräfte eine Erweiterung der sozialen Lebensgemeinschaft zu schaffen.

Der Damaszener Dolch

Antonias Enkelkind Gaius Caligula fand ich als Frau in der »Monden-Perioden-Werkstatt« im atlantischen Marsorakel mit dem Namen Mirtelliam'gila. In Indien fand ich sie in der südlichen Kultur wieder und in China hieß sie Bami Dong. Es war Schidas Großvater, der bei ihrer ersten Entbindung anwesend war. In Ägypten fand ich einen Verwalter namens Mubital in Karnak, dann eine Tempeldienerin namens Apalia auf der Akropolis. Im Sohn Barbarossas, dem König und Kaiser

Heinrich VI., erkenne ich dieselbe Individualität. Durch Christian von Buch erhielt er die nötige Hilfe zum Erwerb der deutschen Königskrone.

Einige Leben dieser Individualität waren erfüllt von Humor, Dramatik und Gewalt. In einem Roman über Leben und Werk des sagenumwobenen Philosophen und Wanderpredigers im 1. Jahrhundert Apollonius von Tyana, beschreibt Maria Schneider die Umstände um den Mord an Kaiser Caligula und berichtet, wie Apollonius davon Nachricht empfängt:

»Als bald darauf die Nachricht von der Ermordung des Caligula nach Ionien kam, erfragte ein römischer Sklave die Wohnung des Apollonius, und als er vor diesem stand, überreichte er ihm einen kleinen Damaszener Dolch. ›Marcus, des Julian Vater, sendet dem Apollonius von Tyana den heiligen Dolch, der den Tyrannen hingerichtet hat‹, verkündete der Mann feierlich. ›Mein junger Herr, Julian Marcus, fiel, als er des Kaisers Herz durchstoßen hatte. Mein junger Herr hat mir befohlen, dich im Fall seines Todes aufzusuchen und mich dir zu Eigen zu geben, auf all deinen Wegen, in jeder Gefahr. Sein Vater schickt mich zu dir. Ich und der Dolch sind dein.‹

Apollonius schwieg lange, saß mit geschlossenen Lidern – sehr blass. Dann hob er den Kopf, sah den Sklaven, einen intelligenten jungen Menschen, prüfend an und sagte mühsam:

›Ein Wanderprediger dieser wunderlichen Hebräer – ihr seht sie manchmal in Rom – hat in Antiochia ein schönes Wort gesprochen, das hierher kam: Niemand hat größere Liebe als der, so sein Leben lässet für seine Freunde‹. – Und nach einer Pause: ›Wer herrscht jetzt in Rom?‹ – ›Der Oheim des Gajus, der schwache Claudius, und mit ihm – Messalina, sein entartetes Weib‹, antwortete der Bote dumpf und hoffnungslos. ›Viele wollten die Republik. Aber die Soldaten holten den hervor, der sich im Palast versteckt hatte, und huldigten ihm als Jupiter Imperator. Alles geschah – so scheint es – zu überstürzt, zu wenig vorbereitet. Auch Marcus, meines toten Herrn Vater, ist tief enttäuscht.‹ Apollonius seufzte auf. Grübelnd sah er vor sich hin. Dann fragt er den Mann mit sehr weicher Stimme: ›Wie heißt du, und was kannst du?‹ – ›Ich heiße Paris, und ich bin Schnellschreiber‹, antwortete der Sklave. ›Es trifft sich gut, Paris, dass dieses deine Kunst ist. Du und Melytos, der Schönschreiber, ihr kommt mit mir, wenn ich gen Osten ziehe.‹«

Drei Begriffe, die in diesem Romankapitel vorkommen: Damaszener Dolch, Schnellschreiber und Schönschreiber kann man in der Seele bewegen, wenn man eine Miniatur aus der Großen Heidelberger Liederhandschrift (Codex Manesse, um 1300) anschaut, auf der Kaiser Heinrich VI. als Minnesänger abgebildet ist. Es könnte ein Bild von einer Individualität entstehen, die die starre Gewalt in der Menschheitsgeschichte in bewegte Sprache umwandeln will.

Rotkäppchen

Den Stauferkaiser Friedrich Barbarossa habe ich in Kaiser Claudius, in Maathorneferure und in dem »Sonneneingeweihten« Tami'tame'scham erkannt. Diese Individualität verfolgte ich auch in meiner Nähe als Mantilasakam, den Großvater Ramischandas mütterlicherseits, als Mengong Dong, ein Sohn Schidas, und als eine Frau in Athen namens Klamydia, die Agamon bei den dortigen Theateraufführungen kennen lernte.

In der römischen Geschichte ist der Wolf als Bild von Anfang an dabei. Romulus, der Gründer der Stadt Rom, und sein Bruder Remus wurden nach dem Mythos von einer Wölfin ernährt. Der Wolf als Symbol wurde in der späteren römischen Geschichte aus diesen und anderen Ursachen mit der leitenden Position der Gesellschaft, mit den Aufgaben des Kaisers verbunden.

Es wird erzählt, dass als Antonia die Jüngere eines Tages mit den ihr Nahestehenden einen Spaziergang im Freien machte und ein Augir – ein Mann, der die Rätsel der Vögel und die Bedeutung der Mythologie versteht – sich in ihrem Gefolge befand, folgende Episode geschah: Während die Erwachsenen über Ereignisse im Reich reden, laufen die Kinder und Jugendlichen spielend umher. Plötzlich spritzt Blut auf die weißen Kleider einiger Mädchen. Niemand begreift zunächst, woher es kommt. Der Augir zeigt zum Himmel, wo ein Adler fliegt, der ein Wolfsjunges gefangen hat. Wie gebannt betrachten alle den dramatischen Flug.

Dann plötzlich verliert der Adler seine Beute und das Wolfsjunge stürzt genau über der Versammlung herab. Jeder springt zur Seite, nur der zerstreute Claudius Drusus, der älteste Sohn Antonias, der zudem gehbehindert ist, bleibt stehen. Das Wolfsjunge fällt ihm direkt in die Arme. Der Augir starrt den Jüngling mit großen Augen an. Dieses

Zeichen kann nicht falsch ausgelegt werden. Antonia erkennt, dass die Götter gesprochen haben und verlangt von dem Eingeweihten, Bescheid zu bekommen. Der verharrt zunächst aber in Schweigen. Sie nimmt ihn dann zur Seite und erfährt den Zusammenhang.

Als Claudius viele Jahrzehnte später von der germanischen Leibgarde zum Kaiser ausgerufen wird, wissen einflussreiche Bürger in bestimmten römischen Kreisen, denen die Geschichte aus seiner Jugend bekannt ist, dass er der Richtige ist, und sie können der Wahl zustimmen.

Ich habe also herausgefunden, dass die Individualität, die in Kaiser Claudius lebte – einem Römer, der damals das Christentum nicht aufnahm, das tat er erst in einer Fraueninkarnation zur Zeit Karls des Großen – auch in Kaiser Friedrich Barbarossa inkarniert war. Äußerlich betrachtet hatte dieser in einer ähnlichen Situation zu stehen wie in der Römerzeit, aber das Symbol eines Herrschers im mittelalterlichen Deutschland war nicht mehr der Wolf sondern entweder Bär oder Löwe. Im Nordosten Deutschlands kämpften Albrecht der Bär und der Sachsenherzog Heinrich der Löwe lange miteinander, und der Rotbart musste mehrmals versuchen, zwischen ihnen zu schlichten. Nach jahrelanger Einhelligkeit in der Kirchen- und Außenpolitik musste Barbarossa den Löwen absetzen und ihn des Landes verweisen, weil der Herzog im Laufe der Jahre versucht hatte, seine lokalen Sonderinteressen im ganzen Reich geltend zu machen.

Eine Version der Kyffhäusersage berichtet, dass Friedrich Barbarossa nicht beim dritten Kreuzzug gestorben sei, sondern sich im goldenen Berge über der Stadt Tilleda im Burgenland aufhalte und dort weiter lebe. Er sitze an einem steinernen Tisch im Innern des Berges und lasse seinen roten Bart wachsen, um auf eine neue Zeit zu warten, in der der Glanz des Reiches wieder geboren werde, im Zusammenhang mit der Wiederkunft Christi.

Ich habe diese Individualität im zwanzigsten Jahrhundert als Frau inkarniert gefunden. Sie hat eine Biographie erschaffen, in die das Märchen vom »Rotkäppchen« eingeschrieben ist. – In Atlantis erlebte diese Individualität als Tami'tame'scham die radikalste Veränderung der atlantischen Atmosphäre durch die Feuertempel; als Maathorneferure, der hethitischen Frau von Ramses II., war sie ein lebendiger Beweis des ersten Friedensvertrags der Welt zwischen zwei Großmächten; als Kaiser Claudius trieb sie die Juden und Christen in die Katakomben, ja verjagte sie schließlich aus Rom; als Barbarossa kämpfte sie mit Kreuz und Schwert für die Sache der Christen. In der Gegenwart schafft sie, durch »die Bitterkeit im Magen des Wolfes«, in einer modernen sozialen Katakombensituation, in der sie zu leben hat, eine Verwandlung, die durch Verwunderung, Mitgefühl und Gewissen farbige Hüllen für den Menschheitsrepräsentanten schafft.

»Lasset vom Osten befeuern, was durch den Westen sich formet«

In Heinrich dem Löwen sehe ich Agripinilla, Kaiser Claudius' vierte Gemahlin und Mutter des Lucius Domitius, der unter dem Namen Kaiser Nero bekannt ist. Dieselbe Individualität erkenne ich als Pharao Ramses II. und in Atlantis als den Marseingeweihten Abtra'muthin, der Gamu'radhin in die Tierkunde der Höhlenmalerei einführte.

Über diese Individualität und ihren karmischen Weg durch die Menschheitsgeschichte, in der sie oftmals im Vordergrund stehend wirkte – auch in noch anderen bekannten Persönlichkeiten, die ich hier nicht erwähnen möchte – könnte ich viel schreiben, weil sie so viel geleistet hat. Folgende Worte aus der Grundsteinmeditation Rudolf Steiners fassen besser als alle Beschreibungen von Taten das Gesamtbestreben zusammen, dem sie in ihren vielen Inkarnationen äußerlich kulturell und künstlerisch diente: »Lasset vom Osten befeuern, was durch den Westen sich formet.«

Das Eselein

Die Mutter Agripinillas, Argippina major, die mit Germanicus, dem Sohn der Antonia verheiratet war, fand ich im Mittelalter als Abt Wibald von Stablo und Corvey wieder. Diese Individualität lebte auch, wie ich meine erschaut zu haben, in dem Indianerhäuptling Gerasawak. Sie trug im Marsorakel den Namen Magni'magisan. Sie hatte Schamu'radhin die Aufgabe vermittelt, die zu seinem Fall führte. In Eleusis stand sie als der Wagenlenker Amtherion rechts vorn am Wagen bei der Einweihung Agamons.

In ihrer heutigen Inkarnation lebte diese Individualität jahrelang in einer Umgebung, die ihren eigentlichen Lebensimpulsen kein Verständnis entgegenbrachte. Ich konnte bei ihr das Märchen »Das Eselein« entdecken. In Atlantis war sie, wie schon gesagt, ein Repräsentant des Marsorakels und hatte die besondere Aufgabe, die Eselshäute für das Sonnenorakel zu besorgen. In bestimmten Ereignissen verlor dieser sein Amt und musste dann mit seinem nächsten Mitarbeiter aus dem Orakel ziehen.

Der Vater Schamu'radhins

Den hervorragendsten Ratgeber Karls des Großen, den irischen Mönch und späteren Abt von Tours, Alkuin, finde ich im ersten Jahrhundert als eine junge Christin, Tamara, in der Katakombe in Rom zu der Zeit, als die alte Antonia die Taufe empfing. Dieselbe Individualität erkenne ich auch in dem weltbekannten griechischen Dramatiker Sophokles.

Mit dem atlantischen Namen Tadga'menerthin war sie eindeutig der Vater Schamu'radhins gewesen. In Indien hieß sie Margatudin, der Prinzgemahl von Schamiranda. Als Frau mit Namen Ming Dong gebar sie Schida und im Hathortempel überwachte sie als der Hohepriester Maanthorthebin die Einweihung Rays.

Als Richenza lebte sie dann im Hochmittelalter als Frau und Witwe eines Ritters König Konrads III. namens Vinzenz von Schauenburg. Im letzten Jahrhundert fuhr sie als Marcus den Zug, der Siwe tötete. – Nach schon einer durchlebten Inkarnation in diesem Jahrhundert lebt diese Individualität jetzt nochmals auf der Erde, mit der Intention, gemeinsam mit anderen, die heute auch noch Kinder sind, das, was sich aus der eventuellen Kulmination der Anthroposophie vor der Jahrtausendschwelle entfaltet, in etwa zwanzig Jahren weiterzuentwickeln.

Der Klavierlehrer

Die Mutter Tame'mani'schams, Tame'xan'dima, die eine Zeit lang im Sonnenorakel lebte, kam wieder als Vater Ramischandas, König Gumatamar. In China wurde Schida eine Freundin zuteil, Schiwabej, die aus dem Schinto'schin-Tempel gesandt wurde.

Als Enthramada lebte sie als die Mutter Rays. In Epidauros begegnete Agamon der Priesterin Elitania aus dem Aphaia-Tempel. Trajanus hieß ein Verwandter von Antonia minor, der in Gallien Major war. Als Kander stand diese Individualität im Dienste Karls des Großen und als Disa von Medebach lebte sie als Nonne in einem Kloster bei Mainz, das zum Erzbistum des Christian von Buch gehörte.

In seinem Klavierlehrer begegnete Ronald Dixon derselben Individualität wieder.

Der Geigenlehrer

Mehrfacher Kampfbruder des Erzbischofs Christian von Mainz in Italien war der Bischof Udalrich II. von Treffen, der von Kaiser Friedrich zum Patriarchen von Aquileja ernannt wurde. In ihm lebte meines Erachtens die Individualität, die einstmals, unter dem Namen Trusteri'gamon, wegen Schamu'radhins Schicksal nicht den Weg zurück zum Sonnenorakel finden durfte.

Sie wurde die Mutter Ramischandas, die Königin Muritama. Als der Eunuch Barigong diente sie bei Schida Dong. Mit dem Namen Muustragathichaem wurde sie in die Nut-Mysterien eingeweiht und war danach Baumeister bei Steinplastik-Arbeiten von Ramses II. In Olympia und Sparta unternahm Agamon mit dem Kutscher Trapestarion Wettkämpfe. Dieselbe Individualität ging in die Geschichte ein als dritte Frau des Claudius, Messalina; durch ihre sogenannten Sexualorgien, deren Teilnehmer strafrechtlich verfolgt wurden, kam das unmoralische Leben vieler Römer und Römerinnen zu einem Ende.

Ronald Dixon begegnete dieser Individualität wieder in seinem Geigenlehrer, den er tief enttäuschte, als er unerwartet die Geige niederlegte.

Das Drachenmotiv

In dieser Art könnte ich für über hundert weitere Individualitäten die karmischen Zusammmenhänge durch drei oder mehrere Inkarnationen angeben.

Einige Menschen habe ich schon früher in diesem Buch erwähnt, weil sie mein Leben mitgeformt haben. Da sie schon seit mehr als sieben Jahren verstorben sind, möchte ich sie, um den karmischen Hintergrund aufzuzeigen und weil ich sie auch schon in Gesprächen und Vorträgen vorgestellt habe, hier in die karmischen Zusammenhänge eingliedern. Meine liebe Mutter und stille Wandergefährtin auf dem Wege zur Anthroposophie, Turid Marianne Sæther (1930–87), geborene Mikalsen, vermittelte mir die Imagination von ihr als Trage'mitram, der Mann mit den Komposthäufchen im Merkurorakel.

Diese Individualität fand ich dann später in Djingotan, Schidas Gemahl, wieder und in der Schauspielerin Lysistrate in Eleusis. In Rom erkenne ich sie in Agoria, die durch Antonia minor zur Bäckerin wurde. In Italien hatte Christian von Buch einen zweiten Ritter mit dem Namen Giorgio, der auch Minnesänger war. Im Zirkus in Boston begegnete Ronald derselben Individualität in dem stummen Tierwärter.

Eine Erinnerung, die in mir als Bestätigung lebt, ist die folgende: Es gab in meiner Heimat eine Fotografie von meiner Mutter aus der Zeit, als sie ein kleines Mädchen von zwei, drei Jahren war. Sie war abgebildet mit einem schwarzen Schlafanzug orientalischen Stils. In gelbroten Farben war ein besonderes Motiv auf dem Oberteil abgebildet: ein Drache. – Als Kinder durften wir mitunter den Anzug aus einer Schublade hervorholen, um ihn zu betrachten. Heute wird dieses schmucke Kleidungsstück bei meiner Schwester aufbewahrt.

Der Zeltmacher

Meine liebe Handarbeitslehrerin, die Heilpädagogin Åslaug Nysæther (1920–1980), fand ich als im Venusorakel wirkende Eingeweihte. Sie gehörte auch zu den Trägern des Seidenhandwerks in Dong'du. Im Hathor-Tempel in Dendera stand diese Individualität als die Hohepriesterin Dendraa beim Sterberitual Rays.

Nach Rom kam sie als der Zeltmacher Aquila von Pontos; er bereitete Antonia minor, die mit ihm durch seine Frau, ihre Kammerdienerin Priscilla, in Kontakt gekommen war, auf den christlichen Glauben vor. In Italien wirkte dieselbe Individualität als der Geschichtsschreiber Acerbus Morena, auf dessen Hof in Lodi Christian von Buch sich gern aufhielt.

Die soziale Säule

In dem verstorbenen Waldorflehrer Stig Pedersen erkannte ich eine Individualität, die in Bertha von Sulzbach unter dem Namen Irene als Kaiserin von Byzanz lebte, sowie in dem jüdisch-christlichen Lehrer Hermas in Rom, der aus Alexandria stammte.

In dem Versuch im zweiten Teil, das Erlebnis mit dem Verstorbenen Stig Pedersen zu beschreiben, kommt das Motiv mit der sozialen Säule vor, welches die sich sammelnde Kraft und weite Milde dieser Individualität am besten kennzeichnen kann.

Der Sturz in den Kot

Den verstorbenen Künstler und Lehrer Kurt Wegner fand ich wieder in dem Sohn und Nachfolger Ludwigs des Eisernen als Landgraf von Thüringen, Ludwig III., der seine Ausbildung in Frankreich und wahrscheinlich auch in Chartres erhielt. Er war ein Bruder des Hermann von Thüringen, der etwa um 1206 den sogenannten Sängerkrieg auf der Wartburg abhielt.

In einer kleinen Schrift über die Ludovinger erzählt Hilmar Schwarz eine alte Geschichte aus Thüringen, in der ein Streit zwischen Landgraf Ludwig III. und den Einwohnern von Erfurt ein unerwartetes Ende nahm:

»Im Jahre 1184 ereignete sich in Erfurt ein gar schreckliches Unglück. Der Kaiser hatte seinen Sohn Heinrich in die Stadt beschieden, damit er zwischen beiden Parteien vermitteln sollte. In der Dompropstei trafen sie mit ihrem Gefolge und vielen thüringischen Adelsleuten zusammen. Als alle versammelt waren und die Wucht der Argumente besonders schwer wog, gab der Fußboden nach und viele Anwesende stürzten in die Tiefe. Über 60 Männer sollen umgekommen sein, darunter fünf Grafen. Sie ertranken elendig im meterdicken Kot, der sich unter dem Gebäude angesammelt hatte. Damals starben Graf Heinrich von Schwarzburg und Burchard, der Burggraf der Wartburg. König Heinrich und der Landgraf kamen mit dem Schrecken davon. So war die Streitschlichtung zwar nicht gedacht, deswegen aber doch nicht wirkungslos. Zumindest verstummten kurzfristig die Nachrichten über weiteren Zank zwischen den Kampfhähnen.«

In dem öffentlichen Gerichtsprozess gegen die anthroposophische Heilmittelherstellung der schwedischen Weleda Mitte der 70er–Jahre vertritt Kurt Wegner mit mutvoller Kraft und scharfer Formulierungskunst die anthroposophischen Ansichten gegen die Ankläger aus der traditionellen Schulmedizin. Etwas von dem alten Landgrafen, der auch »der Milde« oder »der Fromme« genannt wurde, tritt nochmals auf. Er hat damals tatkräftig dazu beigetragen, dass sich die anthroposophische Heilkunst in Schweden und damit in ganz Skandinavien zu ihrer weiteren Entfaltung auf eine neue, stabilere Grundlage stellen konnte.

Sich als verlorenen Sohn erleben

In dem praktischen Denker, Heilpädagogen und Inspirator der biologisch-dynamischen Landwirtschaftsmethode in Schweden, Hans Glaser (1903–90), erkannte ich die Individualität des bayrischen Herzogs Welf VI., der nach dem Tode seines einzigen Sohnes Welf VII. 1167 zu einem der größten Geldgeber und klösterlichen Wohltäter des zwölften Jahrhunderts wurde. Zu seinen Hoffesten in Gunzenlee kam z. B. der junge Dichter Walther von der Vogelweide. Das ist durch Chroniken bestätigt.

Über Welf VI. gibt es viele interessante Geschichten, eine besonders humorvolle erzählt der Historiker Karl Jordan in einer Biographie Heinrichs des Löwen. Welf stand in früheren Jahren in ständigen Auseinandersetzungen mit König Konrad III. Im Sommer 1140 wurde Welf bei der Feste Weinsberg bei Heilbronn geschlagen, sodass die Stadt schließlich kapitulieren musste:

»An die Einnahme der Feste knüpfte die bekannte Erzählung von den »treuen Weibern« von Weinsberg an. Der König – so wird berichtet – habe den Frauen freien Abzug aus der Burg gestattet, ihnen jedoch erlaubt, das mitzunehmen, was sie auf ihren Schultern tragen könnten. Daraufhin hätten die Frauen in langem Zug auf ihren Rücken ihre Männer herausgetragen, um sie vor der Gefangenschaft zu bewahren. Konrad sei durch diese List überrascht gewesen, habe aber erklärt, er wolle das einmal gegebene Wort nicht brechen. Man hat diese Erzählung wiederholt als eine spätere Sage verworfen. Da sie aber auf eine zeitgenössische Quelle zurückgeht, ist sie durchaus glaubwürdig.«

In einer Tagebuchaufzeichnung von November 1961 schrieb Hans Glaser:

»Dass meine Seele zwischen Furcht und Hoffnung lebt? Ja, das stimmt. Ohne diese innere Labilität bin ich ja nicht Mensch. Erst wenn ich mich in ihr als verlorener Sohn erlebe, bin ich gestimmt, den Christus zu suchen.«

In einer anderen Aufzeichnung vom Juli 1957 schrieb er:

»Ich beklage mich über die Tyrannen außer mir. Habe ich nicht noch mehr Gründe, mich über die Tyrannen zu beklagen, die in meinem Körper walten?«

Wie zeigen sich karmische Motive heute?

Durch die schon gegebenen Beschreibungen sollten viele karmische Motive aus früheren Zeiten angedeutet werden. Um manches noch deutlicher zu zeigen, möchte ich einige Beispiele geben, die mir klar gemacht haben, wie konkret alte karmische Fäden sich in die heutigen Ereignisse einzumischen scheinen. Ich greife aus einigen von mir beschriebenen Inkarnationen etwas heraus, das sich heute auf bestimmte Weise zeigte, oder ich beschreibe auch umgekehrt zuerst etwas aus der Gegenwart, das dann seine Erklärung in einem früheren Leben findet.

Zu den oben erwähnten methodischen Vorgehensweisen gebe ich hier einen vertiefenden Hinweis, der direkt an Rudolf Steiners Methoden in seiner Karmaforschung anknüpft. In den ersten Karmavorträgen beschreibt er mehrmals mit konkreten Beispielen, wie er ausgehend von einem »prägnanten Punkt« im Leben des betreffenden Menschen zu wahren Imaginationen über frühere Inkarnationen derselben gekommen ist. Er spricht einmal von »signifikanten Eigentümlichkeiten«, ein andermal von »Okkultismus im Leibe«, ein drittes Mal von »starken Anhaltspunkten«. Ich werde im Folgenden aber nicht seine Beispiele wiederholen – jeder kann sie nachlesen – sondern weiter von eigenen Beispielen berichten.

In meiner Forschung habe ich die Erfahrung gemacht, dass man Steiners Arbeitsmethoden sehr gut folgen kann. Vielmals bin ich durch solche von ihm erwähnten scheinbar »unwichtigen« Motive auf einen karmischen Zusammenhang gestoßen. Entweder konnte ich in der meditativen Forschung von solchen Anhaltspunkten im gegenwärtigen Leben ausgehen, oder ich konnte bei gefundenen imaginativen Tatsachen über eine erschaute Persönlichkeit in früherer Zeit durch solch eine Eigentümlichkeit zum richtigen Menschen in der Gegenwart kommen.

Die folgenden Beispiele, die eine Verbindung aufzeigen werden zwischen der Gegenwart und einigen meiner früheren Inkarnationen, beziehen sich auf Menschen, die ich selbstverständlich gekannt habe oder heute noch kenne. Einige sind seit vielen Jahren verstorben. Die anderen Beispiele sind ein wenig umgeschrieben, damit man die betreffenden Menschen nicht ohne Weiteres wiederkennen kann. Um den Leser zum Üben und Forschen auf dem Gebiet der Karma-Erkenntnis anzuregen und ihn in dieser Richtung zu fördern, gebe ich diese Beispiele weiter.

Atlantis und die Gegenwart

Durch eine Gegenüberstellung meiner heutigen Biographie mit dem Lebenslauf von Schamu'radhin/Gamu'radhin finde ich eine umgekehrte Spiegelung. Meine Kindheit und Jugend in Sunndal gibt Hinweise auf die Erlebnisse, die Gamu'radhin in dem großen Tal des Saturnorakels hatte. Meine Jahre in Schweden als Künstler und Kunstlehrer entsprechen Gamu'radhins Jahren mit der Höhlenmalerei und dem Aufbau der Fafagatimir-Stadt. Meine Erfahrungen nach 1996 entsprechen der Wirksamkeit Schamu'radhins als Gamamila-Steuermann. Mein Initiationsmärchen ist ein imaginativer Hinweis auf heutige wie damalige Ereignisse im Allgemeinen, aber in auf das konkrete gegenwärtige Leben interpretierten Bildern.

In vielen gegenwärtigen Menschenbegegnungen finde ich ähnliche alte atlantische Fäden, die darauf warten, bewusst zu Tage zu treten. Alte magische Fähigkeiten und die Verbundenheit mit der elementarischen Welt, die in atlantischen Inkarnationen notwendigerweise aufhören mussten oder durch Fehlhandlungen verloren gingen, können heute durch bewusste Schulung in metamorphosierter Form wieder errungen werden. Um diese Tatsachen zu beschreiben, erwähne ich einige konkrete Beispiele.

Eine junge Frau machte ihren Eltern Kummer, weil sie Astrologie studieren wollte statt andere gewöhnliche Fächer wie z. B. Psychologie. Ich verfolgte diese Individualität zurück bis in atlantische Zeiten. Ich fand einen Eingeweihten im Sonnenorakel, der zu der Werkstatt gehörte, in der man die sich inkarnierenden Seelen zur Erde heranzog. Ich gab diesem suchenden Menschen die Adresse eines anthroposophischen Astrosophen. Seitdem ist sie sich selber treu geblieben und die Eltern haben ein Verständnis für ihre Eigenart entwickeln können.

In einer anderen Frau, die mit der Eurythmie einen Weg suchte in sozialer oder heilender Wirksamkeit, dabei aber in gewisse Zweifel geraten war, fand ich in der damaligen Wirksamkeit aus dem Venusorakel eine Hebamme, eine sogenannte »Mamiugama«, in deren Umkreis die anderen Eingeweihten die betreffenden Verwandten innerlich prüften, um für die durch das Sonnenorakel herangeleiteten Seelen die richtigen Eltern zu finden.

Eine dritte Frau hatte über zwanzig Jahre unter Schlaflosigkeit gelitten. Kein Arzt konnte ihr helfen. Nur längere Aufenthalte in Südafrika konnten sie ein bisschen erkraften. Ich fand, dass sie in Atlantis als Eingeweihte im Venusorakel stand, die mit Kräften des eigenen vergrößerten Ätherleibes immer zwei Menschen, die als Eltern zusammengeführt worden waren, bei den Frühlingsfesten in einen lethargischen Schlaf versetzte.

Bei einer Mutter und ihrer Tochter, die ihr Leben lang unter autistischen Symptomen gelitten hatten, fand ich ungünstige Mischungen von Einweihungen aus den Merkur- und Venusorakeln, die zu einer unerlaubten Geburt außerhalb des normalen Jahresrhythmus geführt hatten. Die beiden hatten sich mit anderen ausgeschlossenen Eingeweihten in Kontakt gesetzt, was ihren Ausschluss befestigte.

Einen Mann, der sein ganzes Leben lang vergeblich nach seiner Abstammung als mögliches deutsches »Besatzerkind« im zweiten Weltkrieg in Norwegen gesucht hatte, fand ich in Atlantis wieder als einen außerhalb des Jahresrhythmus geborenen Hauptmannssohn. Als dieser von seinem Stamm ausgeschlossen und bei einer späteren Rückkehr nicht wieder neu aufgenommen wurde, zerstörte er die Siedlung und brachte durch einen Steinhaufenrutsch vielen Menschen den Tod.

In dieser Art könnte ich noch zahlreiche weitere Beispiele beschreiben und jedes durch präzise karmisch-biographisch-symptomatologische Erläuterungen ergänzen. Ein karmisches Gesetz mit atlantischen Mustern ist aber hoffentlich auch durch diese wenigen Andeutungen schon deutlich geworden.

Zu dem wichtigen Hinweis Rudolf Steiners über das Spiegelungsgesetz zwischen der ägyptischen Kulturepoche und der unsrigen gibt es meines Erachtens eine karmische Verbindung zwischen gegenwärtigen Initiationsmotiven und atlantischen. Atlantis scheint wieder in unserer karmischen Mitte aus dem »Akasha-Ozean« aufgestiegen zu sein. Wir können diesen geistigen Kontinent aus der Urvergangenheit ganz verleugnen und die Folgen der damaligen Inkarnationen nur als gegenwärtigen Zwang durch Leiden weitertragen oder aber als ein solches Karma erkennen, das sich in Zukunftskräfte umwandeln lässt.

Die Aufgabe einer geisteswissenschaftlichen Atlantisforschung, die mit Rudolf Steiners Impulsen in Einklang steht, umfasst als Erstes, diese Zusammenhänge durch zahlreiche Beispiele und Beschreibungen zu ergründen, gleichzeitig dazu den betreffenden Menschen in ihren Lebenssituationen zu helfen, mit diesen Perspektiven eine angemessene Zukunft zu erbauen.

Die Elefanten

Ich habe versucht eine Gesprächsform zu entwickeln, in der ich den betreffenden Gesprächspartner in meiner Anwesenheit zu einer Meditation zu inspirieren versuche, durch die das Hütte-Bauen erübt werden soll. Seelisch-geistig anknüpfend an das Christus-Wort »Wenn zwei oder drei Menschen in meinem Namen beisammen sind …« kann ich in dieser Art »Karmastunde«, die zeitlich aber immer länger als eine Stunde dauert, Menschen zu einem Geist-Erinnern verhelfen und sie dabei begleiten. Dies entspricht einer Form von Rückführungssmethode, die ich in Anknüpfung an die von Rudolf Steiner begründete Freie Hochschule geschaffen habe und individuell verantworte. Ich nenne diese karmische Hilfeleistung »Erinnerungsbegleitung«. Ich gebe hier ein Beispiel aus dieser Wirksamkeit wieder.

Der Frau mit den autistischen Problemen, die ich oben in den atlantischen Beispielen kurz erwähnte, habe ich in ihrem heutigen Leben zu helfen versucht durch Biographiearbeit, Ermunterung zur Meditation, Dankbarkeitsübungen und Erinnerungsbegleitung. Sie bekam in einer Karmastunde Imaginationen aus mehreren Leben. Zum Beispiel erkannte sie sich in einem indischen Dorf, in das plötzlich fremde Menschen auf Elefanten kamen, die ihre Hütte niedertrampelten. Sie erlebte voller Schrecken und Verzweiflung erneut wieder mit, wie viele Mitglieder ihrer Familie getötet wurden. Sie erschaute sich, wie sie mit einem Sohn einen Fluss entlang durch den Wald floh und sich später in einem anderen Dorf bei einer Verwandten versteckte.

Ihre Schilderung der Imaginationen war detailreich und entsprach meinen eigenen Erfahrungen von dieser Zeit, nun aber aus dem Blickwinkel des anderen Volkes, da Ramischanda und Gangathami, als zwei der Elefantenführerinnen, in schöne Farben gekleidet, auftauchten (das musste *ich* mir nach ihrer Beschreibung sagen). Gangathami hatte ich schon früher wieder gefunden in einer mir karmisch verbundenen Frau, die die heutige Schwester dieser begleiteten Frau ist. In der imaginativen Begegnung erkannte sie in den beiden Elefantenführerinnen ihre heutige Schwester und mich.

Der königliche Altar von Wang

Als ich vor zwei Jahren einmal einen Freund besuchte, den ich als König Wang wiedererkannt hatte, zeigte er mir die jüngsten Resultate seiner Hobbytätigkeit. Der schon über siebzigjährige Mann führte mich die Treppen hinauf zu seiner Werkstatt in einer Scheune. Voller Staunen stand ich vor einer unglaublichen Überraschung:

Auf dem großen Dachboden befanden sich zahlreiche kleinere und größere Holzmöbel und Schnitzarbeiten. Begeistert zeigte er mir einen großen Schrank mit zierlichen Motiven um die Türen. Er sah aus wie ein alter Holzaltar! Dies hatte er alles im letzten Winter gemacht. Die besondere Situation gab die Gelegenheit zu einem guten Gespräch mit ihm und seiner Frau über karmische Zusammenhänge.

Die Nachfolgerfrage

Als ich das Leben des Schreibers Ray erforschte und seinen unerlaubten Verkauf der alten Papyrusschrift entdeckte, fand ich den karmischen Hintergrund zu einem Ereignis in meinem Leben, das mich viele Jahre lang begleitete und mich wegen seiner seelisch schmerzhaften Folgen noch lange Zeit danach beschäftigte.

Nachdem ich als geschätzter Mitarbeiter in einem jährlich wiederkehrenden Kurs über Farbenlehre mit einem Kollegen die Verantwortung für diesen Kurs übernehmen sollte, wurde mir aufgrund besonderer Ereignisse die Nachfolge doch nicht übergeben. Der umfangreiche zweiwöchige Kurs mit Vorträgen, Experimenten und Malübungen wurde üblicherweise in der Zusammenarbeit von fünf Kollegen durchgeführt. Als ich im Jahre 1992 den Kurs nur unter Mithilfe eines einzigen anderen Kollegen halten konnte, weil die anderen drei wegen anderweitiger besonderer Arbeitsumstände kurzfristig absagen mussten, wurden – trotz des Gutachtens eines Kollegen in leitender Funktion, der jeden Tag beim Kurs anwesend war – später im Kollegium versteckte Anspielungen verbreitet, ich hätte den Kurs sehr schlecht und gegen die gemeinsamen Intentionen durchgeführt.

Vor dem karmischen Hintergrund der verfehlten Nachfolgerschaft Rays in Nubien, die jetzt ihren Schatten in die Gegenwart hineingeworfen hatte, konnte ich die heutige Nachfolgerfrage, die zunächst wegen unerklärlicher sozialer Missverständnisse keine entsprechend sachliche Antwort erfahren konnte, in neuem Licht verstehen. – Die im normalen Alltag fast unerträglichen Gefühle, die nach Schikanierung im Arbeitsleben zwangsläufig auftreten, können durch karmische Erkenntnisse ertragen und umgewandelt werden.

Das Äpfelschneiden

Als nächstes Beispiel wiederhole ich hier etwas aus der Geschichte mit meinem verstorbenen Schullehrer. – In der vierten bis sechsten Klasse unterrichtete er immer so, dass er auf verschiedenerlei Weise Äpfel zur Demonstration verwendete. Beim Rechnen teilte er die Äpfel mit einem Taschenmesser. Die Besonderheit dabei war folgende: Als wir Schüler jeder für sich Aufgaben lösen sollten, saß er auf dem Katheder, teilte die

Apfelstücke in noch kleinere Stückchen, um sie aufzuessen. Gleichzeitig dazu aber reinigte er sich mit dem kleinen Messer die Ohren. – Viele Jahre nach seinem Tod hörte ich, er habe als Knabe von seinem Großvater ein Taschenmesser bekommen, das ihm aber später verloren ging, woraufhin er sich dann viel Mühe machte, ein ähnliches Messer zu finden und zu erwerben.

In der Erforschung der Kinderjahre des Christian von Buch stieß ich auf den Müller Beowulf. Damals ritzte der Knabe Christian mit seinem Messer dem Müller in den Rücken, als er Beowulf bei der Vergewaltigung seiner Cousine Johanna entdeckte. – In dem Müller aus dem Mittelalter erkannte ich nun meinen Schullehrer durch den Hinweis aus seinem besonderen Umgang mit dem Taschenmesser.

Das Schimpfen

Weil ich in meinem Leben wiederholt mehrere Jahre in der anthroposophischen Heilpädagogik als Lehrer, Maler und Farbgestalter gearbeitet habe, wollte ich versuchen, einigen Verhältnissen zwischen Betreuern und Betreuten karmisch nachzugehen. Aus vielen interessanten Beispielen, die mich ins Mittelalter führten, erzähle ich hier von einem Fall.

Zu einem Institut kam aus einer anderen Institution eine erwachsene Frau, die verschiedene Probleme aufwies. Man konnte ihr zunächst z. B. beim Mittagessen überhaupt nicht nahe treten, geschweige denn sie berühren. Sie zeigte das Symptom, immer zu schimpfen. Schon von weitem hörte man ihre schrille Stimme, die die schlimmsten Kraftausdrücke um sich schleuderte, ohne jemanden direkt persönlich damit zu meinen.

Einer der Betreuer vermochte ihr besser zu helfen als die anderen Mitarbeiter und sie während der Arbeit z. B. mit den Kühen im Stall ein wenig vom Schimpfen abhalten.

Ich konnte diese Frau in einer männlichen Inkarnation des zwölften Jahrhunderts wiederfinden. Ich schaute die Verhältnisse, die entstanden, als sich das Christentum, auch mittels gewaltsamer Maßnahmen, ostwärts in ehemals slavische Gegenden ausbreitete: Es ist wahrscheinlich in der Zeit des Wendenkreuzzugs um 1148. Eine Gruppe slavischer Herren hat sich zusammengeschlossen, um von dem nächsten Bischof namens Wickmann von Zeitz das in Beschlag genommene Land zurückzugewinnen. Sie kämpfen aber erfolglos gegen den Kirchenfürsten, der sich auf einem ihrer früheren Besitztümer ein Landgut eingerichtet hatte.

Mehrmals entsenden sie einen geschickten Bauern dorthin, um Vieh zu stehlen. Lange kann er diese nächtlichen Aktionen ungehindert durchführen, zur Befriedigung seiner Auftraggeber. Eines Nachts aber wird er von den bischöflichen Dienstmännern entdeckt und muss sich für seine Taten vor dem Bischof selbst gerichtlich verantworten.

Als er im Hof des Landgutes vor den gewaltigen Bischof tritt, hält ihm dieser eine lange Rede mit Beispielen aus der Geschichte, wie Diebe früher bestraft wurden. Mehrmals während der Rede versucht der Bauer sich zu rechtfertigen, wird aber jedes Mal vom Bischof mit harter, laut schimpfender Stimme unterbrochen, der sagt, er wisse schon alles über seine Taten. Der Bauer kommt überhaupt nicht zu Wort. Ruhig muss er die über ihn verhängte Strafe anhören und sie anschließend schmerzlich entgegennehmen. Er wird vom Bischof selbst eigenhändig ausgepeitscht und nach damaligem Brauch noch weiter hart bestraft. Er kommt mit dem Leben davon, hält sich aber bis zu seinem Tode von den bischöflichen Ländereien fern. – Der Bauer ist wiedergekommen als die schimpfende Frau und der Bischof als ihr nächster Betreuer.

Der Kleptomane

In einer sozialpädagogischen Einrichtung, in der ich Lasierarbeiten durchführte, konnte ich anhand des Lebens von Ronald Dixon eine Untersuchung anstellen.

Es gab dort zwei Betreute unterschiedlicher Problematik und ihren Betreuer. Der eine Betreute, ein gutmütiger Mann, war stumm, verstand aber alles, was man sagte. Er verrichtete am Liebsten praktische Arbeiten draußen im Freien. Der andere arbeitete nur ungern auf dem Hof. Er saß viel lieber in seinem Zimmer, um fernzusehen und mit Menschen zu sprechen. In seinen Taschen hatte er immer Münzen, die er auf kunstvolle Weise zwischen den Fingern bewegte.

Wie jede Woche, reisten die drei Männer eines Tages in die Stadt, um ins Cafe zu gehen und Einkäufe zu machen. Als ich mich nach einem Arbeitsdurchgang in meinem Gästezimmer ausruhen wollte, entdeckte ich, dass meine Geldbörse, die auf dem Tisch gelegen hatte, entleert worden war. Ich begriff sofort, dass der zweite Betreute ein Kleptomane war. Ich rief den Betreuer an und die Sache konnte freundschaftlich geklärt werden.

Das Eingetroffene gab mir die Möglichkeit, diese Situation karmisch zu erforschen. In dem Betreuer entdeckte ich den bereits beschriebenen Kapitän des Atlantikdampfers, der gern in eine Bostoner Kneipe ging. Den Kleptomanen schaute ich als die Besitzerin dieser Kneipe, die immer im Halbdunkel hinter der Theke saß. Sie war schwarz gekleidet und hatte sich seelisch hart gemacht, um hier in der Männerwelt am Hafen ihren Betrieb ertragen zu können. Manchmal musste sie sich die betrunkenen Seeleute mit eigenen Fäusten vom Leibe halten. Sie hatte aber einen Mitarbeiter, einen mexikanischen Musiker, der für sie auf seiner Mandoline spielte und spanische Lieder sang. Dieser Mexikaner hatte keine Freude mehr an seiner Arbeit; am liebsten wäre er dem Kapitän nach Europa gefolgt. Die Besitzerin versuchte aber mit allen Mitteln, ihn für sich in der Kneipe zu halten, weil er mit seinem Gesang viele Kunden anlockte. In dem Stummen erkannte ich den singenden Mexikaner wieder.

»Dahin zielt die anthroposophische Bewegung ...«

In mehreren Vorträgen über karmische Zusammenhänge des Jahres 1924 sprach Rudolf Steiner über die zu erwartende Zusammenarbeit zwischen Platonikern und Aristotelikern am Ende dieses Jahrhunderts. In Arnheim, Holland, sprach er am 18. Juli 1924 (enthalten in GA 240) folgendes:

»Und so haben wir, ich möchte sagen, fortwirkend in der Anthroposophischen Gesellschaft den Aristotelismus, nur heute spiritualisiert, und seine weitere Spiritualisierung erwartend. Dann werden, am Ende des zwanzigsten Jahrhunderts, diejenigen kommen, von denen heute so mancher da ist, aber vereinigt mit denen, welche die Lehrer der Schule von Chartres waren. Dahin zielt die anthroposophische Bewegung: beide in sich zu vereinigen.«

Am Ende desselben Vortrags meißelte er dieselbe Erwartungshaltung noch deutlicher in die geistige Zeitplastik der anwesenden Seelen ein. Ob sie gerade in physischen Leibern inkarniert waren oder ob sie aus der michaelischen Vermittlung diese Worte aufnehmen durften – sie konnten dieses Ziel nicht verpassen, wenn sie mit diesen Strömungen karmisch verbunden waren:

»Ich will mit diesem nur andeuten, wie spirituelle Bewegungen hereinragen in die Gegenwart. Das aber, was heute nur wie durch kleine Fenster hereinschaut, muss in der Zukunft durch jene Verbindung zwischen den Führern der Schule von Chartres und den Führern der Scholastik eine Einheit werden, wenn die spirituelle Erneuerung, die auch das Intellektuelle in das Spirituelle heraufführt, mit dem Ende des zwanzigsten Jahrhunderts eintritt. Dass das eintrete, dürfen sich die Menschen des zwanzigsten Jahrhunderts nicht verscherzen!«

Wie steht es heute im letzten Moment dieses Jahrhundert-Endes mit dem Verscherzen? Haben wir – tausende und abertausende von Menschen des zwanzigsten Jahrhunderts, die karmisch eigentlich bestens dafür vorbereitet waren, den eigenen karmischen Hintergrund zu erkennen, um zu wissen, in welche Richtung sie schauen müssten, um die Anderen zu finden – diese Aufgabe verpasst? Ich glaube, wir sollten warten, bis das Jahrhundert wirklich ganz zu Ende gekommen ist und uns dann zusammenraffen, um einen Rückblick zu unternehmen, inwiefern es uns gelungen oder nicht gelungen ist, die erwartete Einheit zu schaffen.

Mit diesem Buch konnte ich hoffentlich zeigen, wie ich als ein Repräsentant dieser Aufgabensuche gerungen und mich bemüht habe, einen Weg zu gehen in dem Bewusstsein, nichts verscherzen zu wollen. Das Erwachen in der Empfindung, wie jeder selber in dieser Frage darinnen steht, könnte von einem Augenblick zum andern viel Pessimismus und Erschöpfung zum Verschwinden bringen und zum Guten wandeln.

Was ich jetzt am Ende dieser karmischen Autobiographie beschreiben möchte, betrifft Motive, die für mich selber bis heute in gewisser Hinsicht noch rätselhaft sind. Dessen ungeachtet möchte ich das Folgende hinstellen, um einige Aufgaben zu skizzieren, die mit bestimmten Aspekten des zukünftigen Manichäismus zu tun habe

So gibt es zum Beispiel die Aufgabe, in der übersinnlichen Erdensphäre »geistige Gefängnisse« für Dämonen zu bauen. Ich habe dies versucht, indem ich während einer Flugreise einen doppelwandigen durchsichtigen Hangar mit einer Art »Mausefalle« als Modell meditativ erbaute. Er war geografisch in einer ägyptischen Wüste lokalisiert. Ich »sah« mir dieses geistige »Dämonengefängnis« an und gab ihm einen »Namenscode«. Dann bat ich Christus, mir irgendwo in der Welt eine Situation zu zeigen, in welcher gerade eine kriminelle Handlung ausgeführt wurde.

Folgende Imagination stellte sich ein: Eine Straße in einer Stadt, die ich nicht erkennen kann; es ist dunkel. Straßenlaternen beleuchten den Bürgersteig auf der rechten Seite. Mein Blickwinkel ist ein bisschen von oben in der Mitte der rechten Fahrbahnseite. Vorne stehen mehrere Autos geparkt. Weiter hinten gibt es auf dem Bürgersteig eine typische rote schwedische Telefonzelle. Dann entdecke ich zwei Menschen, die an der Zelle vorbeilaufen, um zum nächsten Auto zu gehen. Es ist ein Mann mit seiner kleinen Tochter.

Der Mann hält an und richtet einen Revolver auf ein Haus weiter hinten, wo elektrisches Licht aus einem Fenster auf den Gehweg fällt. Damit verstehe ich die Situation. Ich bin in diesem Augenblick resolut und weiß, was ich tun muss. Ich schaue in der Seele des Mannes ein dunkles geistiges Wesen, einen antisozialen Dämon, der ihn besetzt hat. Der Mann bleibt einen Moment stehen. Ich richte mein Ich auf den Dämon und spreche ihn an. Ich sage ihm, dass er an den falschen Ort gekommen ist. Es gibt für ihn in Zukunft andere, erhabenere Aufgaben. Wenn er in Christi Namen und in meinem Namen – ich atme sie ihm aus meinem höheren Ich zu – diesen Menschen verlässt, wird er sie erhalten können.

Ich befehle ihm, dorthin zu fahren, wo für ihn und seine Freunde ein neues Haus gebaut wurde. Dreimal spreche ich eine Bitte an ihn aus, mit dem Codenamen des Dämonenhangars in »Ägypten« und schaue, wie ein dunkler Komet sich von der Straße entfernt. Ich verfolge in einem Augenblick mit meinem inneren Auge, wie der Dämon über »Europa« hinwegfliegt und in dem Hangar landet.

Der Mann hat den Griff um seine Tochter gelockert. Ich wende mein Ich zu ihm hin und sage ihm, dass er die Hilfe Christi bekommen werde, um eine andere Lösung zu schaffen als diejenige, die er sich selbst ausgedacht hat. Er solle seine Tochter zu ihrer Mutter gehen lassen. Ich sage zu dem Mädchen, dass es keine Angst mehr haben müsse, weil Christus ihr und ihren Eltern zu einer guten Lösung verhelfen werde. Ich bitte sie, nach Hause zu laufen. Sie wird ihren Vater wiedersehen können. Ich schaue, wie das Mädchen zum Haus zurückläuft. Der Mann steht still und versteht nicht, wie ihm geschieht. Ich sage zu ihm, er solle seinen Revolver auf den Reifen seines Autos richten. Ich schaue ihn, wie er dreimal schießt. Ich »höre« es knallen. Ich bitte ihn, den Revolver von sich zu werfen und sich selbst auf den Bürgersteig zu werfen. Ich schaue, wie er dies tut. Ich sage, er solle warten, bis die Polizei komme und er brauche keine Angst mehr zu haben, weil Christus ihn beschütze und ihm weiter helfen wolle.

In der nächsten Zeit erlebte ich mehrere solcher »imaginativer Kriminalszenen«. Eine Situation mit einem Leichenschänder war so grausam und schmerzlich, dass ich lange Zeit davon mitgenommen war. Ich konnte aber nie durch Nachrichten oder Zeitungen herausfinden, ob das, was ich so real erlebt und seelisch-geistig mitgeschafft hatte, tatsächlich in der physischen Wirklichkeit stattfand. Mir haben diese Erfahrungen eine konkrete Auffassung davon gegeben, was wir in Zukunft von Manichäern zu erwarten haben. Dass unsere vielfach gewaltgesättigte Umwelt zu einem sozialen Umschwung zum Guten gebracht werden kann durch geistige Maßnahmen, die ich als »weiße Magie« begreife, zeigt sich an diesen Hinweisen zu meinen manichäischen Übungen.

Bernard Lievegoed schrieb in seinem letzten Buch »Über die Rettung der Seele« von der kommenden Verkörperung der Individualität des Mani-Parzival. Sie wolle sich in der nächsten Zukunft zusammen mit vielen anderen Individualitäten, die jetzt noch Kinder sind oder noch auf eine Inkarnation warten, zusammenfinden, um eine globale Bewegung in Gang zu setzen, die man als menschheitliche Seelen-Rettungsaktion bezeichnen könnte. Ich glaube, es ist an der Zeit, neue Wege in den zwischenmenschlichen Beziehungen zu suchen, die auf allen Ebenen ganz auf die Liebe gegründet werden sollen. Wenn man mit Karma-Erkenntnis anfängt und durch persönliche Schwellenerlebnisse weiterschreitet, die eigenen Doppelgängertendenzen zu durchschauen anfängt, die geistigen Prüfungen mit Schwestern und Brüdern in gemeinsamer Geistsuche bespricht und pflegt – dann schafft man mit an einem Boden, auf dem die kommenden Manichäer ihren Weg finden können. Das ist der Weg dessen, der selbst von sich sagte: »Ich bin der Weg, die Wahrheit und das Leben.«

Das Thema des zukünftigen Manichäismus tangiert und durchstrahlt ein anderes Thema, welches hier nur ganz kurz angedeutet werden soll, nämlich das des sogenannten kommenden physischen Auftretens des Urhebers aller dämonischen Gewalt, des Ahriman selbst. Es ist anzunehmen, dass die kommende Inkarnation des Mani und die derjenigen, die mit ihm sich zusammenfinden werden und wollen, mit der einmaligen Inkarnation Ahrimans in einem irdischen Menschenleib in der nächsten Zukunft in bestimmter Art zusammenhängen werden.

Der beste Weg, sich auf diese Ereignisse, die unvermeidlich stattfinden werden, vorzubereiten, ist Karmaerkenntnis zu betreiben und Karmaforschung aus den Seelengründen zu wollen und zu unterstützen, weil ja Ahriman und mit ihm die anderen geistigen Widersacher immer versucht haben und es fortwährend weiter versuchen werden, das Mysterium der Reinkarnation und des Karma zu zerstören und das Ich der Menschen von ihren karmischen Gütern abzusondern. In einem Karmavortrag in Dornach am 4. August 1924 (enthalten in GA 237), wenige Wochen vor seiner letzten Erkrankung, sprach Rudolf Steiner folgende Worte, die ich in diesem Zusammenhang zitieren möchte:

»... Ich habe Ihnen gesagt von dem Wiedererscheinen derer auf Erden, die jetzt an die Spiritualität herankommen, die es ganz ehrlich und intensiv meinen; das wird am Ende des Jahrhunderts sein. Aber gerade diese Zeit möchten die Ahrimangeister am stärksten benützen, weil die Menschen von dem Intelligenten, das sie befallen hat, so befangen sind, weil die Menschen so unglaublich gescheit sind. Man hat ja schon Angst heute, einen gescheiten Menschen zu finden! Aber man muss diese Angst fortwährend haben, denn fast alle sind gescheit, so dass man aus der Angst über die Gescheitheit der Menschen gar nicht herauskommt. Und es ist so, dass diese Gescheitheit, die herangezüchtet wird, benützt wird von Ahriman. Wenn nun die Körper auch noch besonders dazu geeignet sind, dass das Bewusstsein heruntergetrübt werden kann, dann geschieht es eben, dass Ahriman selber in Menschengestalt inkorporiert auftritt …«

Eine strikt ablehnende Haltung gegenüber den geistigen Schulungs- und Forschungsschritten, wie sie hier beschrieben worden sind, würde ahrimanischen Geistern einen Zugang zu Menschenseelen erleichtern. Mit den Worten Steiners: »… Auf diesem Gebiete sich Unterscheidungsvermögen aneignen, das ist dasjenige, was so restlos notwendig ist, meine lieben Freunde.«

Das heutige Karma meines ägyptischen Mysterienverrates

Bis in die letzten Tage dieser Niederschrift habe ich mich mit der Frage beschäftigt, warum ich so viel an karmischen und geistigen Tatsachen erlebt habe. Seit 1996 bin ich vielen Menschen begegnet, die mir eigene geistige Erfahrungen erzählten, doch konnte mir niemand alle seine Inkarnationen, noch solch eine Mannigfaltigkeit von geistigen Begegnungen, wie ich sie hier mitgeteilt habe, aufzeigen. Bin ich also nur ein abnormales Beispiel für die Erscheinungen, die am Ende dieses Jahrhunderts auftreten sollten? Wie kann ich mich von diesem Gesichtspunkt aus in dieser »Unnormalität« verstehen? Viele Anthroposophen, auch Menschen, die mich schon jahrelang kennen, bezweifeln die Authentizität meiner Erfahrungen. Einige behaupten, sie seien nur Phantasien und ich befände mich in psychischer Gefahr. Sie möchten mir sehr gern helfen und mich vor weiteren »Phantasien« bewahren.

Ich war während dieser zwei Jahre oftmals in Zweifel, konnte und wollte das Erlebte nicht glauben. Die Tatsachen und imaginativen Beobachtungen sprachen aber ihr eigene Sprache. So habe ich versucht, mich selber weiter zu verfolgen und zu untersuchen. Diese Veröffentlichung soll das erste umfassende Dokument dieser Selbst-Untersuchung sein.

Es hat sich mir gezeigt, dass die Individualität, die hinter dem indianischen Medizinmann Takatimas stand, dieselbe ist wie die Mutter Chaembasas, Kamitirida. Ich habe gesehen, dass die Hathor-Einweihung Rays eigentlich gelungen war. Er hatte aber dabei die egoistische Sehnsucht nicht aufgegeben, die verstorbene Freundin wiederzufinden. Inmitten seiner geistigen Schauungen erkannte Ray, dass dadurch seine Einweihung in gewisser Hinsicht eine erzwungene war und er erkannte, dass er mit dieser Einsicht nicht leben dürfe. So wurden ihm in der damaligen Inkarnation die Früchte der Einweihung im Leben nicht zuteil. Weil die Leitung von Dendera ihn nicht vorher durchschaut hatte, stand sie ihm gegenüber in Schuld. Auch in späteren Zeiten, nicht einmal in Griechenland konnte er dieses positive Karma mehr ernten. Die ägyptischen Mysterien zur Zeit Rays hatten noch eine direkte Beziehung zur geistigen Welt, aus der die atlantischen Orakelweisheiten entstanden waren, die eleusinischen zur Zeit Agamons hingegen nicht mehr. So muss man die Eleusiseinweihung von Agamon in einem anderen karmischen Interpretationszusammenhang betrachten.

Erst in der Begegnung mit Takatimas konnte Ronald nochmals der Möglichkeit begegnen, eine Einweihung zu erhalten, die eine direkte Linie zu den atlantischen Mysterien aufrechterhalten hatte. Als er diese Möglichkeit aber nicht sofort aufgriff, weil er aus moralischen Überlegungen seinem Freund Gerasawak helfen wollte und Takatimas in dieser Zeit starb, konnte er auch in jener damaligen Inkarnation das alte Einweihungskarma aus Ägypten nicht mehr wieder aufgreifen.

Durch die Anthroposophie Rudolf Steiners, die durch die Grundlegung neuer Mysterien alle alten Mysterien potenziell in sich aufgenommen hat, wurde es mir nochmals möglich, dieses ägyptische Karma zu ernten. Ich habe ein anthroposophisches Leben geführt und, so gut es mir in einem praktisch-künstlerischen Leben möglich war, anthroposophische Studien, Meditationen und Karmaübungen betrieben. Auf diesem Wege entstanden meine ersten geistigen Erlebnisse. Die eigentliche Einweihung, die ich im zweiten und vierten Teil beschrieben habe, muss ich dem besonderen ägyptischen Karma zuschreiben.

Durch bewusst gesuchte Karmaerkenntnis kann jeder seine schlummernden Schicksalsmotive finden, die für die Gegenwart und Zukunft in sich ruhend Früchte bergen, gleichgültig ob man in früheren Leben

Einweihungen empfangen hat oder nicht. Man könnte sagen, dass die früheren Eingeweihten in einer heutigen Inkarnation das Karma haben, ihre Einweihungen nun individuell oder im Bündnis mit Initiations-suchenden Schwestern und Brüdern zu erneuern. Das nicht zu tun, würde bedeuten, einen Teil der Aufgabe der Kulmination der Anthroposophie am Ende des 2. Jahrtausends zu verscherzen. – Noch ist Zeit!

Reinkarnation und Karma als Metamorphose

Es ist wahrscheinlich deutlich geworden, dass ich die im dritten Teil beschriebenen Verkörperungen als Teile meiner eigenen Erdenwanderung erkannt habe. Ungeachtet dieser persönlichen Erkenntnis kann man die Reihe einmal rein als mögliche Einheit anschauen, um einigen Motiven nachzugehen, die auf karmische Entwicklungstendenzen deuten können.

Es gibt mehrere durchgehende Motive in diesen Leben, die anhand von Begriffen wie z. B. Kontinuität, Kompensation und Konsequenz verfolgt werden können. Bei Schamu'radhin wird eine Vielfalt von Themen angelegt, die durch die weiteren Leben aufgegriffen wird. Sie gehen durch Entwicklungen, ziehen sich zusammen, verschwinden zeitweilig oder treten in den Hintergrund, um dann wieder in einem späteren Leben deutlich in einer neuen Form aufzutauchen. Man kann die vielen Inkarnationen als eine große »Pflanze« sehen oder aber die verschiedenen Themen dieser Leben als Pflanzen, die wie ein großes lebendiges Gebilde ineinander greifen. Goethes Gedanke der Metamorphose – die Verwandlung von Lebensformen –, den Rudolf Steiner aufgegriffen und weiterentwickelt hat, lässt sich in diesen Zusammenhang gut einfügen.

Das Motiv des merkurialen Elementes, das mit Weitergeben, Kontaktschaffen, Vielsprachigkeit, Dolmetschertätigkeit, Diplomatie und Briefschreiben zu tun hat, erscheint in mehreren der beschriebenen Leben. Es sind Variationen desselben Themas, das eine deutliche Kontinuität bis hin zu einem gewissen Höhepunkt im Mittelalter bei Christian von Buch anklingen lässt. Ein anderes Motiv der Kontinuität ist, dass viele Inkarnationen in Zeiträume fallen, die große politische oder kulturelle Veränderungen zur Folge hatten. Ich sehe dies im Zusammenhang mit der Tatsache, dass in mehreren Inkarnationen eine Einweihung stattgefunden hat (bei Schamu'radhin, Areldingun, Ramischanda, Ray und Agamon). Darin zeigt sich auch eine Kontinuität. Eine andere oft vorhandene und damit wahrscheinlich zusammenhängende Tatsache ist die, dass mehrere Leben im direkten Dienst des jeweiligen politischen Systems standen.

In jedem Leben gibt es Motive, die karmische Konsequenzen für die nächstfolgenden Inkarnationen haben. Ich kann hier nur wenige Beispiele für einen solchen Sachverhalt nennen. Zunächst: Die Schuld gegenüber der Tierwelt, die Schamu'radhin auf sich nehmen musste, reichte bis hinüber zu dem übernächsten Leben als Areldingun, der die Stiere auf Kreta einzufangen versuchte, um sie zähmen zu können. Das gelang ihm nicht und die Konsequenz aus der atlantischen Zeit wirkte weiter bis zu Ramischanda. Ihr gelang es zuerst, in Verbindung mit den Schiwa-Mysterien dieses Karma zu erfüllen. Das durch mehrere Inkarnationen entstandene positive Verhältnis zu Tieren hat sich als kontinuierliches Motiv herausgeschält und in allen Leben weiter entfaltet – bis in unsere Zeit.

Ein anderes Motiv: die Kompensation zwischen Beweglichkeit und Ruhe. Es erscheint bei Tanamira, indem sie im ersten Lebensdrittel durch die Lähmung der Beine zur Entwicklung des Erzählens von Geschichten kam. Hier wirkte sich der moralische Fall der magischen Tätigkeit des Steuermannes aus dem Merkurorakel im nächsten Leben bei Tanamira als das physische Abstürzen vom Berghang aus. Schida Dong musste die Gewalttaten an dem südlichen Volk damit kompensieren, dass sie durch Opferwilligkeit in den Dienst des Schinto'schin-Tempels trat. Eine andere Art Kompensation der Trennung durch den Tod Chaembasas im Leben Rays erlebte Agamon, als er dieselbe Individualität als Lebensgefährtin bekommen durfte. Es war auch eine Kompensation der nicht ausgeführten Einweihung Rays, die Ariloma durch die Erziehung von Takatimas zuteil werden sollte. Eine indianische Einweihung war ihm aber nicht beschieden, sodass diese aus dem alten Ägypten stammende Kompensation bis heute warten musste.

Eine interessante Metamorphose des atlantischen »Magi Thagawan«, der schamanischen Kraft der Hände, zeigt sich bei Areldingun als seine Fähigkeit, die Zeichen der Elemente durch die Sprache des Druidentums zu meistern, eine Sprache, die ebenfalls durch bestimmte Gesten der Arme und Hände ausgeübt wurde. Bei Schida Dong bildete sich einerseits eine Geschicklichkeit im Umgang mit Seidenstoffen heraus, andererseits entwickelte sie die Kunst der Holzbearbeitung für die Tempelgeräte. Bei Ray ging dieses In-den-Händen-Leben in das Schreibertum über. Bei Maria Stuart tauchte dieses Motiv nochmals auf, als sie in den Jahren der Gefangenschaft verschiedenste Handarbeiten ausübte.

Ferner gibt es das Motiv der Musik, das immer wieder auftaucht. Schamu'radhin entwickelte und bediente seine Blasinstrumente selbst. Tanamira trug ihre Geschichten in einer Art Gesang vor. Im Umkreis von Ramischanda und Schida Dong waren mehrere Musiker wirksam. Ray lernte die Geheimnisse der ägyptischen Klappern kennen. Im Umkreis Christians von Buch waren mehrere Minnesänger und Maria Stuart spielte Saiteninstrumente und liebte den Tanz. Noch zwei kontinuierlich wiederkehrende Motive möchte ich erwähnen, die in den Inkarnationen immer wieder vorkommen. Erstens geht es um das Motiv der Boote und Schiffe, entweder als Fortbewegungsmittel oder als Tempel- bzw. Einweihungsmotiv. Retana ist schon in den ersten Anfängen menschlicher Kultur ein Bootshauer. Bei Schamu'radhin stehen die Gamamila-Schiffe im Zentrum seiner Tätigkeit, das heißt seines Schicksals. Tanamira lebt viele Jahre im Volk der Schiffskultur an der Westküste des atlantischen Kontinents, bis sich für sie die Möglichkeit ergibt, selber die Überfahrt mitzumachen. Auch Areldingun ist mit dem Leben am Meer vertraut. Bei Ramischanda tritt dieses Motiv fast ganz in den Hintergrund, um bei Schida Dong als Teil des Berufes ihres Mannes wieder hervorzutreten: das Leben am Nil bringt es mit sich, dass Ray häufig Dienstreisen in den Flussschiffen machen muss. Bei ihm ist sogar die Benutzung des Gebährstuhls als eine Verwandlung desselben Themas zu sehen. Im Hathortempel zu Dendera gehörte das Götterschiff zu den wichtigsten Motiven der Tempelfeste.

In den Leben Agamons, Antonias und Christians von Buch tritt das Motiv wieder in den Hintergrund, für den Letzteren war jedoch die Möglichkeit, die Flotte Venedigs benutzen zu dürfen, die notwendige Voraussetzung, einen Sieg über die feindliche Seestadt Ancona zu erringen. – Für Maria Stuart waren zwei Seereisen von großer Bedeutung: zunächst ihre Abreise von Schottland als Mädchen, später, als Witwe, die Rückkehr in ihr Königreich. Bei dieser Rückfahrt war sie über die Behandlung der angeketteten Rudersklaven so empört, dass sie sie von diesem Joch befreite. - Der kleine Ronald Dixon hatte das große Glück, einmal kurz den Atlantikdampfer steuern zu dürfen. In seinen Jahren unter den Indianern gehörte es zu seinen liebsten Vergnügungen, mit Freunden auf dem See zu paddeln.

Das zweite Motiv, das ich noch erwähnen möchte, betrifft das Verhältnis zwischen einem weltoffenen und einem aus der Öffentlichkeit zurückgezogenen Lebensstil innerhalb einer Inkarnation. Beide Tendenzen gehören zusammen, bedingen einander, tauchen immer wieder in neuen Metamorphosen und Verhältnissen zueinander auf. Bei Schamu'radhin geht es um die Polarität zwischen der Reisetätigkeit und der Schöpfung der Gamamila. Eine interessante Beobachtung ist, nebenbei bemerkt, dass alte oder zurückgegebene Gamamila-Schiffe, die nicht mehr zu steuern waren, an dem Ort, an dem sie ihre Funktionsfähigkeit verloren, aufgegeben und dem Austrocknen überlassen wurden. Diese Orte galten als heilig, besondere Einweihungen fanden dort statt. Es ist anzunehmen, dass für die Schiffs-Steinsetzungen, die man Jahrtausende später in Nordeuropa vornahm, solche Stellen ausgewählt wurden.

Bei Tanamira begegnen wir der Polarität zwischen äußerer Wanderschaft und seherischer Empfänglichkeit für Imaginationen, bei Areldingun zwischen der Arbeit für den Menschen in Irland und den Versuchen mit wildem Vieh auf Kreta. Ramischandas Jugend ist nahezu ausschließlich der Schulung zur Zähmerin gewidmet, ihr Leben als Erwachsene steht jedoch als Elefantenführerin ganz im Dienst des Volkes. Schida Dong führte, von einigen dramatischen Ereignissen in ihrem chinesischen Umkreis abgesehen, ein eher harmonisches Leben, geprägt von Pflege der Religion und treuer Handwerkstätigkeit. Ray bewegte sich einerseits zwischen dem Lesen alter Papyri und praktisch-künstlerischer Arbeit, andererseits zwischen geographisch weit ausgedehnten politischen Aufgaben und dem Tempeldienst in Dendera. Agamon kann, nach vielen Jahren des sportlichen und des diplomatischen Dienstes, seine letzten Jahre in schöpferischer Zurückgezogenheit in Eleusis verbringen, wo er sich der Beschäftigung mit den griechischen Mythen widmet.

Bei Antonia ereignet sich ein Bruch zwischen Weltzugewandtheit und Zurückgezogenheit, indem sie sich während der Jahre des Caesarenwahns in Rom ein Leben im absoluten Inkognito in Griechenland verschaffen kann. Christian von Buch muss am Ende seines Lebens ein Jahr im Gefängnis verbringen, was ihm die notwendige Ruhe bringt, sich - lange Zeit nach den Jugendjahren im Kloster - wieder verstärkt der Pflege seines inneren Lebens widmen zu können.

Maria Stuart muss achtzehn Jahre der Gefangenschaft erleben; eine Zeit, in der sie vielleicht auch für die Jahre als geheime Christin im ersten Jahrhundert »büßen« konnte. Ronald Dixon zieht sich in seinen letzten Jahren ganz aus der Welt zurück. Es war daher für mich mit einigen Schwierigkeiten verbunden, diese Jahre in der Akasha zu finden.

Für die Gegenwart besteht die Aufgabe, diese beiden beschriebenen Tendenzen in ein gesundes Verhältnis hinsichtlich der beiden Welten zu bringen und eine dynamische Harmonie zu erlangen. Für die Meditation ist das Bild des Merkurstabs ein gutes Übungsfeld.

Bei Ronald Dixon kommt zudem noch eine Einzelheit vor, an der man zuerst leicht vorbeigeht, ohne weiter darauf zu achten. Es ist die Begegnung mit dem Quäkertum. Hier meine ich ein Phänomen zu sehen, in dem wahrscheinlich ein Ende und ein Neuanfang zu erkennen ist. Durch seine Erlebnisse bei diesen stillen Zusammenkünften, bei denen oft kein Wort fiel und man eine Stunde lang schweigend dasaß, konnte Ronald Dixon einen Zugang zum Indianertum finden. Das ließ gleichzeitig in seinem Wesen, ohne dass er sich dessen bewusst wurde, etwas anklingen, was mit der atlantischen Vergangenheit zu tun hatte. Das Schweigen und stille Dasitzen des Quäkers Ronald Dixon zeigt eine totale Metamorphose der merkurialen Beweglichkeit und marshaften Stärke dieser Individualität, die sie zur Begegnung und der Arbeit mit den Indianern führte. Äußerlich konnte sie dadurch die Vergangenheit in die Gegenwart des neunzehnten Jahrhunderts integrieren, innerlich entstand dadurch das Karma, das sie zur Anthroposophie des zwanzigsten Jahrhunderts führen sollte.

Wie ich schon im Geleitwort deutlich gemacht habe, sollte dieses Buch keinen wissenschaftlichen Charakter bekommen. Nichtsdestoweniger möchte ich hier zum Schluss einiges andeuten, wodurch dem Leser vielleicht klar werden kann, warum ich meine Tätigkeit als Forschung verstehe. Einen wissenschaftlichen Charakter erreicht eine Arbeit erstens dann, wenn man sich mit Arbeiten anderer Forscher auseinandersetzt und dabei zeigt, wie man sich zu diesen stellt; zweitens, wenn man seine eigenen Ergebnisse und Schlussfolgerungen immer wieder kritisch überprüft, sie eventuell revidiert und zeigt, wie man vorgegangen ist, um zu neuen Standpunkten zu kommen. Etwas zu dieser Fragestellung möchte ich hier anfügen und anschließend eine Stellungnahme anhand eines aktuellen Zeitphänomens versuchen.

Es war in diesem Buch nicht meine Absicht, meine Ergebnisse mit denen anderer Menschen und Forscher zu vergleichen oder sie durch solche prüfen zu lassen. Im Verhältnis zu den atlantischen Motiven und Fragestellungen insbesondere in Bezug auf das zwölfte Jahrhundert hätte ich dies vielfältig tun können. Ich entschloss mich aber, mich auf das zu beschränken, was zuerst als Bericht von mir hingestellt werden sollte. Es wird sich zeigen, inwiefern sich zukünftig die Möglichkeit ergeben wird, wissenschaftliche Arbeiten zu diesen zahlreichen Themen geschichtlicher Art zu schreiben.

Es sollten aber ausreichend Beispiele gegeben werden, wie ich anhand der Übungen und Ansätze Rudolf Steiners an eine geisteswissenschaftlich-anthroposophische Methode angeknüpft habe, die mich zu den beschriebenen Ergebnissen geführt hat. Meine übende Arbeit z. B. anhand der sogenannten »Vier-Tage-Übung« ist insofern auch eine Auseinandersetzung mit Rudolf Steiners eigener Beschreibung dieser Übung, die allgemein-menschliche Züge enthält. Als ich durch meine Art zu üben zu Erfolgen kam, habe ich eine neue Beschreibung dieser Übung mit dreizehn Schritten gewagt. Diese Interpretation habe ich vielen Menschen in Vorträgen, Seminaren und Gesprächen vermittelt. Mehrere Menschen sind dabei zu eigenen Erfolgen gekommen. Ich will damit sagen, dass etwas, was mir einmal gelungen ist, von anderen aufgenommen und nach derselben Vorgehensweise praktiziert werden konnte, bis dahin, dass sich bestimmte karmische Ergebnisse einstellten, die mir dann wiederum berichtet wurden. Ein solches praktisches Verfahren, bei dem andere Übende denselben Weg gehen können, ist m. E. in sich auch ein erstes Kriterium von Wissenschaftlichkeit.

So sind meine Beschreibungen des »Bauens einer Hütte« inzwischen auch von vielen Menschen entweder bestätigt worden, weil sie Ähnliches aus eigener Erfahrung schon kannten, oder sie sind aufgegriffen und durch Beispiele in Form mannigfacher neuer individueller Erfahrungen belegt worden, die ich durch Berichte der betreffenden Persönlichkeiten mitverfolgen konnte und weiterbegleiten darf. Was mir durch meine Tätigkeit so begegnet ist, könnte ohne Weiteres in einem eigenen Buch beschrieben werden, um die Fülle der Karma-Erkenntnisse und der Geistessuche der heutigen Menschen zu zeigen. Dabei müssten u. U. auch kontroverse Ergebnisse beschrieben werden, etwa dann, wenn sich unterschiedliche karmische Hintergründe derselben Persönlichkeiten ergeben haben.

Es gibt in meiner Arbeit ein Gebiet, das mein Urteilsvermögen erweckt hat. Es geht um Zusammenhänge, die sich innnerhalb der imaginativen Erlebnisse zunächst nur fragmentarisch ergaben. Solche inneren Bilderfolgen, die ich zuerst nicht einordnen oder deuten konnte, ließ ich zunächst liegen. Bei späteren Forschungen traten einige derselben Inhalte wieder auf, aber jetzt in einen größeren Zusammenhang hineingestellt. Inhalte, die nicht mehr aufgetaucht sind, lasse ich als Fragen in mir leben, bis ich sie einmal einordnen kann oder sie als Fälschungen oder visionäre Beimischungen meiner Imaginationsbestrebungen erkennen kann. Durch diese Art des Auftretens innerer Bilder lernte ich, vorsichtig mit dem Übersinnlichen umzugehen und entsprechende Schlussfolgerungen daraus zu ziehen, bis ich mehr Material gefunden hatte. Das eigene, immer zu schnell in Wirkung tretende Vorstellungsleben konnte ich dabei über längere Zeit beobachten und einigermaßen kontrollieren lernen.

Was ich in dem Buche an Beispielen veröffentliche, sind Motive und Inhalte, die ich meines Erachtens grundsätzlich durch verschiedene Bewusstseinsarten geprüft habe. Das bedeutet: Ich habe sie in mein Gedankenleben aufgenommen und erwogen, ob sie geeignet sind anderen Menschen übergeben zu werden. Dabei bin ich nach derselben Regel verfahren, die ich früher als bildender Künstler benutzt habe im Zusammenhang mit Bildern und deren öffentlicher Ausstellung. Da musste ich all jene Bilder im Atelier stehen lassen, die noch nicht fertiggemalt waren oder solche, die nur als persönliche Stufen auf dem Weg gelten konnten, Bilder, auf denen sozusagen die Farbe noch nicht »getrocknet« war. Ich empfinde dieses Buch mit seinen vielen imaginativen Beispielen jetzt als »trocken« genug für eine Veröffentlichung.

In den Jahren, bevor ich die ersten Imaginationen bekommen hatte und noch durch normale Erkenntnisarbeit meine Untersuchungen zum zwölften Jahrhundert betrieb, stellte ich für mich privat mehrere Reinkarnationsbehauptungen zwischen damals und heute auf. In späteren Schauungen kam ich jedoch bei einigen dieser Behauptungen zu anderen Resultaten, die sich seitdem gehalten haben, indem ich auch bei diesen Beispielen zu genügend ergänzenden Gedankengriffen gekommen bin, die die Richtigkeit der meditativen Inhalte untermauert haben.

So stellte ich z. B. bei Hildegard von Bingen zunächst eine Verbindung zu einem Menschen auf, der heute eine tiefe Religiosität mit sozialem Wirken in eindrucksvoller Art verbunden hat. In seinem heutigen menschlichen Umkreis meinte ich sogar mehrere Verbindungen zur damaligen Situation gefunden zu haben. Diese Behauptung aber erwies sich später als falsch, als ich eine andere Persönlichkeit, von ersterer im geographischen und sozialen Sinne nicht weit weg wohnend und wirkend, als die wiedergeborene Hildegard von Bingen erkannte. Ausschlaggebend für diese Erkenntnis war nicht nur die heutige Beschäftigung dieser Persönlichkeit mit Heilpflanzen, die ich als ein Verbindungsmotiv fand, sondern viel mehr wurde mir wichtig nachzugehen, in welcher Art sie mit einem anderen Menschen, den ich als den heute inkarnierten Konrad von Wittelsbach erkannte, in inniger Freundschaft stand. Dieser Konrad war in den Jahren 1160–65 als Erzbischof von Mainz tätig gewesen und erreichte für Hildegard eine für ihre späteren Lebensjahre entscheidende Zustimmung hinsichtlich ihres Wirkens.

Ein anderer Bereich, in dem ich mich einige Male geirrt habe, betrifft in der Meditation anhand innerer Bilderfolgen auftretende Hinweise zu gegenwärtigen Namen der betreffenden damaligen Persönlichkeit, die ich erschaute. Beispielsweise erlebte ich deutlich ein inneres Hören des heutigen Vornamens des John Knox, als Maria Stuart ihm auf der Treppe begegnete. Ich setzte sofort in der Meditation den aufgekommenen Namen in Verbindung mit einem Verwandten von mir, mit dem ich in einem gewissen Verkehr stehe.

Es dauerte mehrere Monate, bis meine Vorstellung sich als falsch erwies. Ich hielt einen Vortrag in einer Stadt, in der ich mehrere karmische Beziehungen wieder gefunden habe. Nach dem Vortrag hatte ich ein Gespräch mit einem Menschen, der denselben Vornamen trug wie mein Verwandter. In der Art, wie er mir jetzt positiv gegenübertrat, erkannte ich die Art, wie einst John Knox sich negativ zu Maria Stuart verhalten hatte. Die Anerkennung meiner heutigen Tätigkeit, die wie ein Blitz aus einer kurzen Bemerkung hindurchleuchtete, entzündete in mir ein intuitives Verstehen großer karmischer Geheimnisse. Ein inneres Verzeihen, das ich aufgriff und welches in einem Augenblick Jahrhunderte überbrückte, schuf die Möglichkeit des bewussten Willens zu einer zukünftigen Zusammenarbeit.

Bis in die Zeit der letzten Umarbeitung des Buches lebte ich in der Überzeugung, bestimmte karmische Zusammenhänge in Bezug auf Henry Stuart, Lord Darnley, Maria Stuarts zweiten Gemahl, der am 10. Februar 1567 ermordet wurde, und James Hepburn, Earl of Bothwell, Maria Stuarts dritten Gemahl, erkannt zu haben. Deswegen hatte ich sie mit zwei Menschen aus meinem heutigen Lebensumkreis in Verbindung gesetzt.

Die Interpretation, die ich nach bestimmten Inhalten in eigenen Imaginationen vorgenommen hatte, hatte die Täuschung zu einer glaubwürdigen Vorstellung entwickelt. Eine tragische Episode vor einigen Jahren im Leben einer Frau lieferte mir einen weiteren Anlass, sie als den reinkarnierten Darnley zu vermuten. Diese Frau war früher mit einem Mann verheiratet, von dem sie geschieden worden war. Sie lebten aber nicht weit voneinander, sodass die Frau ihren ehemaligen Mann in seiner Arbeit innerlich begleiten konnte. Dieser hatte zusammen mit einem Kollegen ein Motorboot gekauft, um ihren Betrieb besser zu entwickeln. Eines Tages kam die Nachricht, dass beide Männer durch eine Explosion an Bord des Motorboots umgekommen seien. Ich meinte, jene zwei Männer im 16. Jahrhundert wiedergefunden zu haben, die die Explosion in Schottland inszeniert und danach den Tod Darnleys durch Ersticken herbeigeführt hatten.

Ganz andere Ereignisse, die später in meinem Leben mit anderen Menschen stattgefunden haben, brachten mir letztendlich einen anderen und neuen karmischen Zugang zu sowohl Darnley als auch Bothwell und einigen ihrer Zeitgenossen in Schottland und England, die die erste Verbindung widerlegt haben. Ich konnte diese neuen Forschungen einleiten, ausgelöst durch Auseinandersetzungen um meine Person, die auftraten, nachdem ich öffentlich mit Karmaforschung aufgetreten war. Sie haben mir karmische Erkenntnisse über viele Persönlichkeiten der damaligen Zeit geliefert – Erkenntnisse allerdings, denen gegenüber man ein besonderes Maß an Geduld und Gelassenheit entwickeln muss, um die heute noch sehr komplizierten sozialen Bedingungen ertragen zu können.

Diesen Irrtum in meiner eigenen Forschungsarbeit stelle ich hier bewusst als »Musterirrtum« dar, weil er sowohl von der Seite der imaginativen Beobachtung als auch von dem geschilderten physischen Ereignis her die zu schnell entwickelte falsche Vorstellung weiterhin zugehagt hat. Daran möchte ich illustrieren, dass der Karmaforscher sich in einer besonderen Verantwortung befindet, wenn er anderen Menschen seine Ergebnisse mitteilen will. Ich bin mir bei der Veröffentlichung dieses Buches auch der okkulten Tragweite meiner Verantwortung voll bewusst.

Heute versuche ich viel vorsichtiger und klüger mit meinem karmischen Wissen umzugehen, als ich es in den ersten Monaten meiner öffentlichen Tätigkeit getan habe. Karmische Erkenntnisse liefern in der Regel völlig neue Schlüssel, um vergangene und heutige Motive zu verstehen und einzuordnen. Im Falle des Lebens von Maria Stuart scheinen mir noch viele Verwicklungen übrig geblieben zu sein, die besondere Schwierigkeiten auch im gegenwärtigen Leben erzeugt haben und noch erzeugen werden, sowohl in Bezug auf das Forschen wie auf die Dimension der Bewältigung im Alltag. Ich meine z.B. gefunden zu haben, dass das Geburtshoroskop mit dem Planetenstand in den Tierkreiszeichen dem Grundcharakter der vergangenen Inkarnationen entspricht. Bei mir steht zum Beispiel Saturn im Skorpion, was durchaus dem Lebenslauf Maria Stuarts entsprechen würde. Ich deute dies dahingehend, dass in ihrem Leben das Thema des Todes immerwährend in verstrickten und komplizierten Intrigen auftrat und durchlebt wurde, so zum Beispiel bei den Morden an ihrem italienischen Sekretär David Riccio am 7. März 1566 und ihrem Gatten Darnley ein Jahr später sowie in den verschiedenen Affären in ihrer Gefängniszeit, nach welchen viele Personen den Henkertod fanden. Ich werde dies alles allerdings noch weiter erforschen müssen, um bestimmte karmische Fäden zu finden.

Die Erforschung der damaligen karmischen Verhältnisse um Maria Stuart würde wahrscheinlich noch heute innerhalb verwickelter Lebensumstände stattfinden müssen, weil die geistige Lage der Kräfte des Saturn im Skorpion vor dem geistigen Blick in reinster Ausprägung dasteht. Es benötigt deswegen eine innere Kraft des Entwickelns der Freiheit durch Überwindung von besonderen Todeskräften im eigenen Wesen, um dahinter zu kommen. Der oben beschriebene »Musterirrtum« hat mir diesen Zusammenhang ein wenig klarer gemacht, was mich jedoch keineswegs davon abhält, weiter zu forschen, um all denjenigen karmischen Zusammenhängen nachzugehen, die mir wichtig scheinen, um alte durch mich selber oder durch andere verursachte moralische Schuld zu erkennen. (Die Erforschung und Beschreibung der Schuldfrage in der karmischen Entwicklung gehört übrigens zu den kompliziertesten Themen, weswegen sie hier nicht weiter behandelt werden konnte. Einige zu mir gehörende Schuldzusammenhänge sind jedoch in einem früheren Kapitel erwähnt worden.)

Es gab in den letzten Jahren einen Fall der Auseinandersetzung mit dem Reinkarnationsphänomen, der besonders in anthroposophischen Zusammenhängen immer wieder besprochen und diskutiert wurde. Ich meine die Tatsache, dass die Schwedin Barbro Karlén sich öffentlich als die reinkarnierte Anne Frank vorgestellt hat. Eigentlich möchte ich zu ihren Äußerungen im heutigen Stand nicht weiter Stellung nehmen. Weil ich in öffentlichen Sitzungen jedoch mehrmals gebeten wurde, zu diesem Fall etwas zu sagen, fühle ich mich hier verpflichtet, eine Art offener Antwort zu geben, wie ich mich zu ihr verhalte.

Ich bin Barbro Karlén noch nicht begegnet und die aus schriftlichen Darstellungen und Beobachtungen durch Dritte vorhandenen Zeugnisse genügen mir nicht, um einen echten Ansatz zu finden, geisteswissenschafliche Forschung an diesem Phänomen zu betreiben. Dass bei mir, wie bei vielen Lesern, die ihr nicht begegnet sind, ein unbefangenes positives Erscheinungsbild entstanden ist, sagt aber zunächst nichts über die Wahrheit in diesem vermeintlichen Fall von Reinkarnation.

Meines Erachtens geht es nicht um die Frage, ob Barbro Karlén Anne Frank gewesen ist oder nicht, sondern vielmehr darum, dass Barbro Karlén einmal aufgetreten ist und dies von sich behauptet hat. Diejenigen, die sie kennen oder ihr begegnet sind, sollten sich fragen, was sie damit zu tun haben könnten. Spricht es etwas in ihren Herzen an oder nicht? Wenn ja, dann sollten sie einen Weg suchen, um ihre karmischen Wege zu diesem Menschen zu finden; wenn nein, dann sollten sie sich vielleicht lieber mit anderen drängenden Fragen der Gegenwart beschäftigen. Ich bin allerdings der Meinung, dass die Tatsache, wie Barbro Karlén sich mit ihrem Bekenntnis vor das Forum der Öffentlichkeit hingestellt hat, etwas über eine Zeitforderung, über ein tiefes Schicksalsbedürfnis der Gegenwartsmenschen aussagt. Die Art, wie sich viele Anthroposophen kritisch oder euphorisch gegenüber ihrem Auftreten verhalten haben, zeigt mir aber deutlich einen Mangel in den eigenen Kreisen: dass nämlich eine Karma-Erkenntnis im Sinne Rudolf Steiners dort noch nicht genügend betrieben worden ist. Wäre das der Fall, hätte man Barbro Karlén vielleicht viel gelassener und brüderlicher (bzw. schwesterlicher) begegnen können. Es scheint mir, dass manche Anthroposophen aus Mangel an Beispielen in den eigenen Reihen hier jemanden gefunden haben, der ihr schlechtes Gewissen vor der Welt ein bisschen beruhigen konnte.

Jetzt komme ich zu schwierigen Fragen, die in Zusammenhang mit Rudolf Steiners eigenem Vorgehen gestellt werden können. Wir wissen nicht, in welcher Art Steiner sich damals für die Weiterentwicklung der Individualitäten z. B. hinter dem amerikanischen Präsidenten Woodrow Wilson geistig-seelisch eingesetzt hat. Er offenbarte ja interessanterweise seine karmischen Forschungen über Wilson für die Anthroposophen im selben Jahr 1924, in dem dieser starb. Hat Steiner nicht eine persönliche Verantwortung gegenüber dieser Individualität übernommen, die u. U. sogar karmische Folgen für diese gehabt haben mag, als er sich damals mit deren fremden und für die Menschheit negativ wirkenden Intentionen auseinandersetzte, deren direkte Folgen wir jüngst noch im Balkankrieg sahen? Und in ähnlicher Richtung weitergedacht: Müsste nicht jeder, der nicht im Stande ist, einen anthroposophischen Geistesforscherstandpunkt aufzuweisen, die eigenen Urteile über Barbro Karlén in der Art zurückhalten, dass eine »menschliche Brücke« zu ihr erhalten bleibt? Wenn man z. B. findet, dass vieles in Barbro Karléns Beschreibungen mit gewissen Tatsachen aus dem Leben Anne Franks nicht übereinstimmen kann, sollte man diese Unstimmigkeit selbstverständlich ernst nehmen. Aber sollte man nicht mit einem Urteil warten oder ein solches nur als vorläufig erwägen? Echte Forschung sollte ja Öffnungen für neue Einsichten lassen, die ja auch zeigen können, warum jemand zu eventuellen Fehlinterpretationen gekommen ist.

Mit diesem Kommentar zum Fall Barbro Karlén-, der ja nichts über ihre Individualität sagt, wollte ich ausdrücken, dass mein »Fall« auch besser in direkter Gegenüberstellung von Mensch zu Mensch erforscht und geprüft werden sollte. Es gibt schon mehrere Urteile, die auch über mich gefällt worden sind, von denen ich durch Dritte erfahren habe, sei es als negative oder positive Kritik, die aber der Sache der Anthroposophie als total fremd erschien, weil dabei kein seelisches Element einer Herzensbeziehung vorhanden war, die eine Brücke in die Zukunft zwischen uns hätte bauen können. Der Unterschied zwischen Vorurteilen und Urteilen sollte uns viel deutlicher vor Augen stehen, wenn es um Erfahrungen und Erlebnisse übersinnlicher Art geht.

Karma-Erkenntnis führt dazu, dass sich eine realitäts- und lebensbezogene Willenshaltung zu entwickeln beginnt, die die Anthroposophie als Gemütsinhalt in den menschlichen Seelen findet. Wenn man sich selbst oder einen Anderen karmisch erkennt, hört die Neigung, diesem oder anderen Menschen gegenüber negative Gefühle zu hegen, langsam auf. Wenn man es trotzdem tut, erfährt man *in sich selbst* und *nicht* beim Anderen die Wirkung »böser« Geistwesen viel stärker als früher. Man sucht deswegen einen weiteren Weg der Selbsterkenntnis und Geistesschulung in individueller Art, aber in gemeinsamer Suche mit anderen Menschen. Individuelle Esoterik wird zu sozialer Esoterik. In diesem Sinne ist Karma-Erkenntnis und Karmaforschung in hohem Maße ein sozialer Impuls. Rudolf Steiners Idee einer Dreigliederung des sozialen Organismus findet damit einen neuen Gemeinschaftsboden und er kann tatsächlich in den Herzen der anderen Menschenseelen als realisierbares Ideal gefunden werden, weil man entdeckt, dass man ohne die Eingliederung der Anderen nicht weiterleben kann und ohne sie auch früher nicht hat leben können.

»Dort lebt Erwartung, Liebe, Demut«

Dies Buch zu schreiben bedeutete, zu wandeln unter unsichtbaren Menschen und geistigen Wesenheiten. Während der Zeit der Niederschrift ist es mir gelungen, einzelne Stellen aus dem früher Erforschten deutlicher herauszuarbeiten und einige Motive in gewissen Details zu korrigieren. Viel Material, das ich gern mit hinzugenommen hätte, musste ich weglassen, weil es nicht in den Zusammenhang passte oder noch genauer erforscht werden muss. Anderes, was ich erforscht habe, kann ich nicht veröffentlichen, weil es in die Freiheit der betreffenden Persönlichkeiten eingreifen würde, die um mich leben oder für die ich etwas erforscht habe.

Ich merke, dass ich nicht mehr viel zu schreiben habe. Es ist der Nachmittag des 18. Dezember 1998. Ich wollte das Buch vor Weihnachten fertigstellen. Es ist mir gelungen. Ruhe breitet sich um meine müde Seele. Die Finger sind steif geworden, zum Glück aber nicht gelähmt von den vielen Stunden am Computer; doch nun möchten sie nicht mehr jeden Tag auf die Tastatur des kleinen Macintosh klopfen, den ich von einem Freund in Schweden für diese Arbeit ausleihen konnte.

Draußen senkt sich Nebel über die einmal von den Römern bestellten Hügel des schönen Saarlandes. In der Welt gibt es politische Unruhe. Wenn ich die Nachrichten im Rundfunk richtig verstanden habe, sind nochmals Luftwaffenangriffe der Amerikaner auf Bagdad zu befürchten. Die Liebe und das Vertrauen zu fremden Menschen sind in der Weltpolitik noch nicht zu einer Realität geworden. Was wären die Konsequenzen für die Weltgesellschaft, wenn die führenden Persönlichkeiten in Wirtschaft, Politik und Kulturleben den praktischen Karmagedanken der wiederholten Erdenleben erkennen und den Willen entwickeln könnten, ihre früheren Leben zu suchen und zu finden? Und warum betreiben noch so wenige Anthroposophen das nötige Üben in dieser Richtung, um ihr Karma zu finden?

Ich erblicke mein kleines gelb lasiertes Arbeitszimmer. Vor mir auf dem Tisch steht eine Reproduktion von Rembrandts Gemälde des Evangelisten Matthäus. Ein junger Engel flüstert dem alten Mann, der einen Stift in der Hand hält, etwas ins Ohr. Weiß ich immer, welche Wesenheiten mir ins Ohr flüstern? Da steht eine Postkarte mit einer

Fotographie der Maitreya-Plastik Mirokoku-Bosatsu aus dem japanischen Koryuji-Tempel. Wo in der Welt sind heute Bodhisattvas inkarniert, sofern einer von ihnen jetzt hier auf Erden weilt? Sie meditativ zu suchen, ist wohl eine erhabene Aufgabe. Daneben steht eine Karte mit einem Nofretete-Kopf. Kann man auch ihr hier wohl irgendwo in neuer physischer Gestalt begegnen? Auf Stapeln von Briefen, Aufsätzen und Korrekturauszügen liegt ein Buch über die Hopis, eine Biographie Maria Stuarts, eine andere Friedrich Barbarossas, ein Roman von Robert Graves über Claudius und eine Karte des atlantischen Meeresbodens. Ich möchte noch viele Reisen in meinem Leben machen, um bestimmte Orte in ihrer heutigen Gegenwart zu erleben.

Auf dem Drucker steht ein kleiner Elefant, den meine Frau Constanze mir geschenkt hat. Auf einem Regal von Ikea stehen Fotografien meiner Kinder, die ich zu selten besuche. Daneben gibt es eine Postkarte mit einer Abbildung des Mosaiks in der Engel-Kapelle auf dem Odilien-Berg, ein Bild von einer sogenannten Agamemnon-Maske aus der Akropolis von Mykene und drei Aquarelle mit dramatischen Motiven, die ich 1989 gemalt habe. Da liegen mehrere Fotografien, unter anderen eine aus dem Jahre 1912 von Sigird Mørch-Reiersen, die ich vor kurzem von ihrer Tochter bekam. Da liegt Sophokles' »König Ödipus«, ein kleiner Bildband über Elefanten, die Rowohlt-Monographie über Ramses II. und die Wartburg-Schrift über die Ludovinger.

Vor kurzem habe ich Platons gesammelte Werke gekauft. Sie warten auf dem Regal. Da stehen auch einige Vortragsreihen von Steiner, ein paar Bücher über Elementarwesen, ein Buch über höfische Kultur, ein Exemplar der »National Geographic« und andere Zeitschriften. In einem anderen Regal habe ich meine kleine Geschichtsbibliothek. Man könnte auf die Idee kommen, dass alles, was hier erzählt wurde, nur ein phantasiegeschmückter Auszug aus meiner Lektüre sei. Wenn dem so wäre, nun, dann wäre vielleicht immerhin eine gut verkäufliche Geschichte entstanden, aber ...

Meine übrigen Bücher, Malereien und anderen Gegenstände sind in Järna geblieben. Auf dem Boden und auf dem Kaffeetisch liegen Stapel von Papieren, Notizen, Briefe von vielen Freunden in mehreren Ländern, die über ihre meditative Tätigkeit berichten; viele habe ich beantwortet, aber andere warten noch auf mich.

Auf dem Heizkörper, der auf Stufe 3 gestellt ist, steht eine Reproduktion von Raffaels »Verklärung Christi«. Ich blättere in dem Buch »Der Mensch als Gestalter seines Schicksals« des tschechisch-schwedischen Heilpädagogen Hans Glaser. Es enthält seine Tagebuch-Aufzeichnungen, die kürzlich im Verlag am Goetheanum herausgegeben wurden. Er schrieb in meinem Geburtsjahr 1954 einige Worte, die ich an den Schluss dieser karmischen Autobiographie stellen möchte.

> »Wieder in sich lebendig machen:
> jeder Tag birgt in sich die Möglichkeit eines Neuanfangs.
> Wenn man all sein Denken und Tun hineinstellen kann in einen Verzichtsraum. Dieser Verzichtsraum ist ein Freiheitsraum.
> In diesem gibt es weder Hast noch Faulheit, weder Angst noch Hoffnung. Dort lebt Erwartung, Liebe, Demut.«